(社)한국지역균형연구원 연구총서

기후변화와 녹색성장

이성근 · 안성조 · 김상곤
김종수 · 박성환 · 노광욱

法 文 社

서 문

지구는 크게 지권, 수권, 기권, 생물권으로 구성된다. 이들은 서로 에너지를 주고받으며 끊임없이 변화하는 동적인 시스템의 성격을 갖고 있다. 최근 지구환경이 크게 변화하고 있다. 세계 도처에서 지진과 화산활동, 기후변화와 지구온난화 그리고 생물다양성의 파괴 등으로 나타나고 있다. 이는 세계 인구의 급격한 증가, 경제성장을 위한 무분별한 자연환경 훼손과 탄소배출 등이 원인이다. 이와 같은 지구환경의 변화 즉 기후변화와 지구온난화에 대한 대응전략으로 녹색성장이 대두되었다. 녹색성장은 경제와 환경의 조화로운 발전을 의미한다.

그러면 지구환경을 지속가능케 하면서 경제성장을 어떻게 도모할 수 있는가? 우리는 이를 녹색성장에서 찾고자 한다. 이는 녹색에너지, 녹색경제, 녹색실천, 그리고 국제사회협력의 범주로 구분할 수 있다. 첫째, 기후변화와 지구온난화의 효과적 대응을 위해서는 녹색에너지가 매우 중요하다. 녹색에너지는 신재생에너지 공급과 에너지의 수요관리 그리고 에너지의 안전으로 구분된다. 둘째, 녹색경제시스템의 구축이다. 이를 위해서는 녹색산업과 기술의 발전 그리고 녹색기업의 육성이 요구된다. 셋째, 녹색사회의 실천이 필요하다. 이를 위해서는 녹색생활, 녹색 NGO, 녹색거버넌스, 녹색교육이 뒷받침되어야 한다. 마지막으로 기후변화와 지구온난화의 대응을 위해서는 국제사회의 협력이 요구된다. 최근 국제사회에서 기후변화와 지구환경문제에 대한 공동대응을 위해 국제협약과 국가적 대응 그리고 국제개발협력이 다양한 형태로 일어나고 있다.

따라서 이 책의 구성은 크게 5편으로 구성되어 있다. 제1편은 기후변화와 저탄소 녹색성장의 기초를 다룬다. 제2편은 저탄소 녹색성장과 녹색에너지 관리이고, 제3편은 저탄소 녹색성장과 녹색경제시스템의 구축이며, 제4편은 저탄소 녹색성장과 녹색사회의 실천을 다룬다. 제5편은 기후변화와 국제사회의 협력과 대응을 다루고, 마지막으로 기후변화와 저탄소 녹색성장의 전망과 과제를 다룬다. 부록에서는 영문 서문과 목차를 수록하였다. 이는 저자가 몸담고 있는 대학의 학과가 교육부 주관 국제개발협력분야 대학특성화사업으로 선정되어 교육과정개발사업에 부합하기 위함이다. 또한 이 책은 최근 우리나라가 국제개발협력사업의 일환으로 해외연수프로그램을 다수 운영하고 있어, 해외연수 참가자들에게 기후변화와 녹색성장 관련 정보를 제공할 수 있다.

왜 우리는 기후변화와 녹색성장을 학습하고 실천하며 전파해야 하는가? 첫째는 지구촌 시민으로서 지구환경변화에 대한 범우주적 보편타당한 가치관 형성을 위해 필요하다. 둘째로 세계는 기후변화와 지구온난화에 효과적 대응과 녹색성장 사회의 실현을 위해 녹색관련 지식에 기반한 녹색실천가를 요구하고 있다. 셋째는 녹색성장사회에 지식계층의 솔선수범과 사회지도층의 책무성이 요구되기 때문이다. 넷째는 기후변화와 녹색성장을 위해 정부, 민간, 개인이 참여하는 녹색거버넌스를 통한 녹색성장사회 실천의 확대가 요구되기 때문이다. 다섯째는 기후변화와 녹색성장사회를 위해서는 국제사회의 협력이 중요하다. 아울러 글로벌 녹색인재양성이 중요하기 때문이다. 무엇보다도 이 책의 궁극적 목표는 기후변화와 녹색성장에 대한 이해를 확대하는 데 있다. 또한 우리가 살고 있는 지구촌의 환경변화를 알고 실천하도록 동기를 부여하는 데 있다.

이번에 발간하는 기후변화와 녹색성장은 종전의 녹색성장과 지역경영이란 책의 내용이 광범위하여 두 권으로 분권하여 출판하게 되었다. 하나는 기후변화와 녹색성장의 총론편이고, 다른 하나는 녹색경영론으로 부문편이다. 따라서 기후변화와 녹색성장에는 기후변화와 녹색성장의 기초를 다루고 녹색에너지와 녹색경제를 새로이 추가하였다. 기후변화와 국제사회의 협력과 대응에서는 국제협약의 내용과 주요 국가의 대응 그리고 저탄소 녹색성장과 국제개발협력을 신설하였다. 또한 결론으로 기후변화와 저탄소 녹색성장의 전망과 과제도 추가하였다. 또한 각 장마다 주요개념과 이슈에 대한 tip과 참고자료를 추가하였다.

이 책의 집필에는 기존의 대표저자인 이성근과 안성조, 김상곤, 김종수, 박성환 박사에 추가로 노광욱 박사가 참여하였다. 이성근은 기후변화와 녹색성장의 기초, 녹색성장과 국제개발협력, 그리고 전망과 과제, 안성조는 녹색에너지, 김상곤은 녹색경제, 김종수는 녹색사회 실천, 박성환은 저탄소 녹색성장관리와 녹색거버넌스, 그리고 국제개발협력, 노광욱은 기후변화와 국제협약의 내용과 주요 국가의 대응을 주로 담당하였다.

저자들은 이 책의 독자층이 다양하리라고 생각한다. 대학의 지역 및 국제개발,

정치 · 행정, 경제 · 경영, 토목 · 건축, 도시 · 환경 등 학부생과 대학원생, 이 분야의 국가 및 지방공무원과 연구원, 녹색성장 관련 직업의 종사자, 기업의 CEO, 그리고 시민단체 관계자 등이 대상이다.

저자들은 이 책을 집필하면서 기후변화와 저탄소 녹색성장의 국내외 많은 학자들의 연구업적과 우리나라 저탄소 녹색성장 분야의 정책보고서 및 자료집에 크게 의존하였다. 이들 국내외 학자들과 정책당국에 지면을 빌어 감사드린다.

이 책의 출판과정에 대구경북연구원의 안성조 박사가 편집위원으로 수고하였다. 또한 영남대학교 대학원 지역 및 복지행정학과 석 · 박사 통합과정의 서준교 군이 편집과 교정과정에 수고해 주었다.

아울러 출판의 기회를 주신 법문사 사장님과 편집과 교정을 담당해 주신 김진영 님께 감사를 드린다.

이와 같이 많은 분들의 도움에도 불구하고 이 책에는 부족함과 오류가 있으리라 생각한다. 앞으로 독자 여러분들의 좋은 의견과 비판을 받아서 더욱 알차게 수정 · 보완해 나갈 것을 약속드린다.

대표저자 이성근

차 례

제1편 기후변화와 녹색성장

제 2 편 녹색에너지

제 4 편 녹색실천

제 5 편 기후변화와 국제사회의 협력과 대응

제 1 편

기후변화와 녹색성장

본 편은 기후변화와 녹색성장을 이해하기 위한 도입부분이다. 저탄소 녹색성장의 주요배경이라 할 수 있는 지구환경변화의 내용과 특징, 기후변화와 지구온난화의 원인과 영향, 그리고 저탄소 녹색성장의 의의와 관리에 대해 살펴본다.

제1장

지구환경변화

제1절 지구환경의 의의

1. 지구환경의 개념

지구는 광활한 우주의 작은 일부로서 인간이 살아가는 터전이다. 보통 지구라고 하면 땅덩어리로 이루어진 고체 지구만을 연상하기 마련이다. 그러나 지구를 이루는 것은 고체 지구뿐만 아니라 고체 지구를 감싸는 바다와 대기, 그리고 그곳에서 살고 있는 생물들을 모두 포함한다.

그래서 지구는 보통 지권, 수권, 기권, 생물권 4개의 권역으로 구분되며 4권역은 물질과 에너지를 서로 주고 받으며 시간적으로 끊임없이 변화하는 하나의 시스템이 지구환경이다(최덕근, 2004).

2. 지구환경 이해의 필요성

지구환경(global environment)은 지권, 수권, 기권, 생물권 4권역 사이의 상호작용으로 이루어진 하나의 동적인 시스템이다. 이들 4권역 사이의 교류가 어떠한 경우에는 매우 빠르게 일어나지만, 어떠한 경우에는 오랜 시간이 걸리기도 한다. 4권역의 변화는 궁극적으로 지구의 환경에 영향을 미치게 된다. 그런데 인간에 의한 산업화, 자연환경의 파괴, 폭발적인 인구의 증가는 지구환경을 보다 급격하게 변화시키고 있다.

지구환경의 변화에 효과적으로 대처하기 위해서는 지구의 구성요소와 지구환경이 어떻게 변화하여 왔으며, 지구환경이 어떻게 변화할 것인가에 대한 이해가 필요하다. 지구환경에 대한 지식과 이해는 인류의 생존에 필수적이며, 인간사회의 행복을 위해서도 중요하다.

제2절 지구환경의 구성요소

1. 지권

대기와 바다의 밑으로 지권(geosphere)이 자리하고 있다. 고체 지구는 균일하지 않기 때문에 여러 부분으로 나뉘어져 있다. 구성성분의 차이를 기초로 하면 가장 밀도가 높은 내부구형의 핵[1], 이보다는 밀도가 낮은 맨틀[2], 그리고 가장 가벼우며 지구의 맨 바깥 껍질을 이루고 있는 지각이라는 세 개의 주요부분으로 나뉜다.

지각(crust)은 어디서나 같은 두께를 가지는 층이 아니다. 바다 밑에서는 얇으며, 대륙이 위치하고 있는 곳들은 두껍다. 지각이 비록 고체 지구 전체의 두께와 비교해 볼 때 별로 중요하지 않은 것처럼 보이기는 하지만, 이 역시 오늘날의 지구를 만들어낸 동일한 일반적 과정들에 의해서 만들어진 것이다(김경렬 외, 2004).

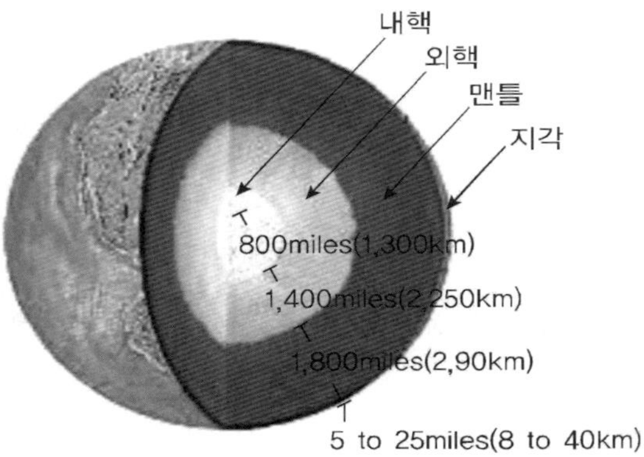

[그림 1.1.1] 고체지구의 내부

지각은 고체 지구를 감싸는 껍질로 대륙지각은 평균 35㎞(10~70㎞), 해양지각은 평균 7㎞(5~8㎞)정도로서 지구반경에 비하면 매우 얇다. 지각의 표면에 퇴적층(이암(泥巖), 사암 등)이 약 5㎞의 두께로 존재하고 그 극히 일부가 생태계에 매우 중요한 토양이다. 토양이란 암석이 풍화하여

1) 핵(核, core)은 맨틀보다 깊은 곳, 즉 2,900㎞ 아래의 지구 중심부를 말한다. 지진파 탐사에 의하면, 핵은 다시 두 부분으로 나뉘어 깊이 2,900㎞에서 5,100㎞ 사이의 구간을 외핵(outer core), 5,100㎞ 아래의 중심부를 내핵(inner core)이라고 한다.

2) 맨틀은 보통 670㎞를 경계로 그 위를 상부 맨틀(upper mantle), 그리고 아래 2,900㎞ 깊이까지를 하부 맨틀(low mantle)이라고 부른다. 이 층은 맨틀과 핵의 물질이 반응하여 매우 불균질한 상태를 이루고 있으며, 동시에 두 부분을 분리시키는 역할을 담당하고 있다.

만들어진 미립자상의 광물표면에 동식물, 미생물이나 그 사해·분해물이 퇴적된 것으로서 식물생육의 근원이 된다(御園生 誠, 2008).

고체지구의 바깥부분은 여러 가지 힘이나 응력이 작용할 때 이에 어떤 방식으로 행동하느냐에 따라 나눠지기도 한다. 암석권(lithosphere)은 지각과 최상부 맨틀(평균 약 100㎞ 깊이)을 포함하는 단단한 지구의 최외부층을 가리킨다. 암석권을 형성하고 있는 단단한 암석의 밑으로는 암석들이 약해지며 지구 내부 깊은 곳에 있는 불균일한 열의 분포에 대응하여 서서히 움직일 수 있다. 1960년대에 발견된 판구조론은 암석권이 1년에 수cm의 속도로 지구표면 위에서 움직이는 약 12개의 큰 판으로 나뉘어 있다고 주장한다. 이는 전 세계에 분포하는 지진, 화산, 대륙이동, 산맥형성 등과 같은 지질현상을 설명해 주고 있다(조석주 외, 2009).

2. 수권

지구는 때때로 푸른 행성으로 불린다. 수권(hydrosphere)이란 바다에서 대기 중으로 증발하며, 육상에 비를 내리고 대양으로 다시 흘러들어가면서 끊임없이 움직이는 물 전체를 가리킨다. 전 대양은 분명히 수권의 가장 두드러진 특징으로서 지구 표면의 약 71%를 평균 3,800m의 깊이로 덮고 있다. 이는 지구가 가지고 있는 물의 약 97%에 해당한다. 수권은 또한 지하나 강, 호수, 그리고 빙하에서 발견되는 담수(3%)를 포함한다. 더욱이 물은 모든 생명체의 중요한 구성요소이다. 후자에 속하는 물은 작은 부분을 차지하고 있지만, 육지에 살고 있는 생명계에 절대적으로 필요한 담수를 제공하고 있다. 또한 강, 빙하 및 지하수는 우리 행성의 여러 다양한 지형을 조각하고 만들어낸다(김경렬 외, 2004).

물은 증발, 강우 등에 의해 응축을 반복하여 순환하고 있지만, 그 주기는 10일 정도로 계산된다. 해양의 심층류와 표층류는 한랭지에서 순환되면서 3개의 대양에 걸쳐 1,000년 이상의 주기로 대순환을 하고 있다고 한다. 세계의 연평균 강수량은 약 880㎜이지만, 지역에 따라 큰 차이가 있고 연강수량 200~300㎜이하의 건조지에서부터 적도부근 2,000~4,000㎜까지 다양하다. 지표에 있어서 물의 순환은 강수와 증발이 대부분으로 강수 중 20%가 육상에 내려 그 중 60%가 증·발산되고 나머지 40%가 표류수와 지하수로 수자원이 된다. 즉 수자원이 되는 양은 전 강수량의 10%이하이다(御園生 誠, 2008).

3. 기권

지구는 대기(atmosphere)[3]라는 이름의 생명을 제공하는(life-giving) 기체상의 덮개로 둘러싸여 있다. 고체 지구와 비교해볼 때 대기는 매우 얇으며 또한 희박하다. 약 반 정도가 고도 5.6㎞ 아래에 모여 있으며, 90%가 지표면에서 단지 16㎞ 이내에 존재한다. 상공에는 성층권(지상 10~50㎞)이 있다. 성층권 중 지상으로부터 25~35㎞의 영역에는 오존농도가 비교적 높은 오존층이 있지만, 실제로 오존의 농도는 그다지 높지 않다. 게다가 상공으로 갈수록 물질의 밀도가 극히 작아져서 온도도 급격히 하락한다.

대기는 우리가 숨쉬는 공기를 제공할 뿐만 아니라 태양으로부터 오는 강력한 열과 위험한 복사로부터 우리를 보호해준다. 대기와 지표면, 그리고 대기와 우주 사이에서 지속적으로 일어나고 있는 에너지의 교환은 우리가 날씨라 부르는 효과를 만들어낸다. 만약 지구가 달과 같이 대기를 갖고 있지 않았다면, 우리 행성은 지구 표면을 그렇게 동적으로 만들어주고 있는 많은 과정들과 상호작용이 진행되지 못하면서 생명이 없는 행성으로 변하였을 것이다(김경렬 외, 2004). 기권에 대한 인류의 관심은 특히 증가하고 있는데 대기의 농도변화와 온실효과에 따른 온난화 등 각종 영향 때문이다.

4. 생물권

네번째의 권역인 생물권(biosphere)은 인간, 동물, 식물, 미생물 등 지구상의 모든 생물을 포함하며 단단한 지권, 수권, 그리고 대기권에 속해 있다. 미생물은 생태계에 있어서 물질의 생산과 분해하는 중요한 역할을 맡고 있다. 알려진 생물 150만종의 대부분이 동물(절반은 곤충)과 고등생물이지만 미지의 생물을 포함하

---

3) 대기(大氣)는 행성이나 우주에 있는 천체를 감싸는 기체로 이루어진 막이다. 공기는 지구의 대기이다. 대기의 성분이나 양은 지역, 때, 고도에 따라 크게 달라진다. 대기의 구성성분은 에어로졸(aerosol), 수증기와 질소(N_2) 78.05%, 산소(O_2) 20.95%, 아르곤(Ar) 0.93%, 그리고 네온(Ne), 헬륨(He), 메탄(CH4), 크립톤(Kr), 질소산화물(N_2O), 수소(H2), 오존(O_3) 등을 합하여 0.04%이다. 이중 이산화탄소, 메탄, 오존, 질소산화물은 수증기와 함께 온실가스의 역할을 하여 지구의 기온을 올리고 내리는데 중요한 역할을 한다(최덕근, 2004).

면 전체는 1천만~1억종이 넘을 것으로 추정되고 있다(御園生 誠, 2008).

식물과 동물은 생명활동의 기본을 물리적 환경에 의존하고 있다. 그러나 생물들은 그들의 물리적 환경에 단지 대응하는 것 이상의 일을 하고 있다. 셀 수 없는 상호작용을 통하여 생명체들은 그들 주위의 환경을 유지하고 변형시키는 일을 돕고 있다. 생명이 없었다면 고체 지구, 수권, 그리고 대기권의 모습과 특성은 매우 달라졌을 것이다(김경렬 외, 2004).

제3절 지구환경의 변화

지구는 끊임없이 변화하고 있는 하나의 복잡하고 역동적인 시스템으로 지구를 구성하는 4권역은 상호밀접하게 연관되어 있다. 한 부분에서의 특정변화는 다른 부분에 밀접한 영향을 미친다. 지구환경은 자연적 평형유지를 위해 변화하는데 인간이 인지가능한 변화는 인간수명 이상의 긴 시간에 걸쳐 매우 느리게 일어난다.[4)]

그러나 몇 가지 예외가 있다. 첫째, 6천 6백만년 전 백악기 말기로 추정되는 혜성 또는 소행성의 충돌이다. 둘째, 화산분출로 다량의 가스와 먼지가 성층권(stratosphere)으로 분출되어 대기권으로 들어오는 태양 복사파를 우주로 반사시킴에 따른 지표온도의 냉각이다. 셋째, 인간이 야기한 변화이다. 인간이 지구환경의 4권역에 중대한 영향을 미칠 수 있음을 인지한 것은 아주 최근이다(김동주 외, 1997).

이하에서는 지구의 4권역별로 지구환경의 변화와 인구증가, 산업화, 자연환경 파괴 등 인간이 야기한 변화가 범지구적인 환경변화에 어떠한 영향을 미치고 있는지에 대하여 알아보기로 한다.

---

4) 최근 연구로 암석권의 지판이 움직이는 속도를 측정할 수 있게 되었는데 판의 운동 속도가 1~12cm/년 임을 알게 되었다. 따라서 인간의 수명을 70년으로 가정할 때 지판은 평생 동안 10m도 이동되지 못하는 것이다.

1. 지권의 변화

지권은 현재 대륙의 모양, 해양분지, 산맥, 지진, 화산 등을 통해 역동적인 지구시스템이 수권, 기권 등과의 상호작용으로 인한 동적인 지구의 변화를 보여준다. 그 중에서 지진, 화산활동, 암석의 순환, 사막화와 관련된 환경변화에 대하여 살펴보기로 한다.

1) 지진

지진(earthquake)은 지구내부에서 땅덩어리가 어긋날 때 일어나는 현상이다. 땅을 어긋나게 할 때 쓰였던 엄청난 에너지가 방출되면서 지표면의 땅은 파도처럼 요동치기도 하고 갈라지기도 한다. 즉 판구조운동에 의하여 지구내부에 저장된 탄성에너지의 순간적인 방출에 의하여 발생한다(탄성반발설).

지진피해는 단층작용으로 지면이 갈라지거나 지면이 침강 또는 상승하고, 진원으로부터 전파되는 지진파에 의하여 생기는 지면의 이동으로부터 발생한다. 지진의 일차적인 효과는 지반침하, 산사태, 기타 지면 붕괴현상을 일으키고, 가스관의 파괴나 전신주가 쓰러져서 생기는 화재도 있다. 해저에서 발생한 지진은 거대한 파도를 일으켜서 피해를 주는 쓰나미를 만들기도 한다(조석주 외, 2009).

2) 화산활동

화산(volcano)은 지구의 지각을 만드는 근본적인 지구조작용이다. 화산활동의 근본적인 원인은 지구의 내부열이다. 지구 내부의 암석이 녹은 액체인 마그마는 유체로서 주변 암석보다 가볍기 때문에 부력에 의해 지표로 상승한다. 화산활동은 마그마가 파이프 혹은 틈으로부터 용암으로 나올 때 혹은 폭발하여 화쇄물을 생성할 때 일어난다. 화산활동은 화산재 강하, 분류(lahars)[5], 용암, 가스, 화쇄류 등으로 나타난다.

---

5) 분류는 화쇄류가 강 혹은 눈 언덕을 만날 때, 화구 호수의 벽이 깨어져 갑자기 물을 방출할 때, 용암류가 빙하 얼음을 만날 때, 혹은 많은 비로 새로운 화산재 퇴적층이 이류로 변할 때 발생한다.

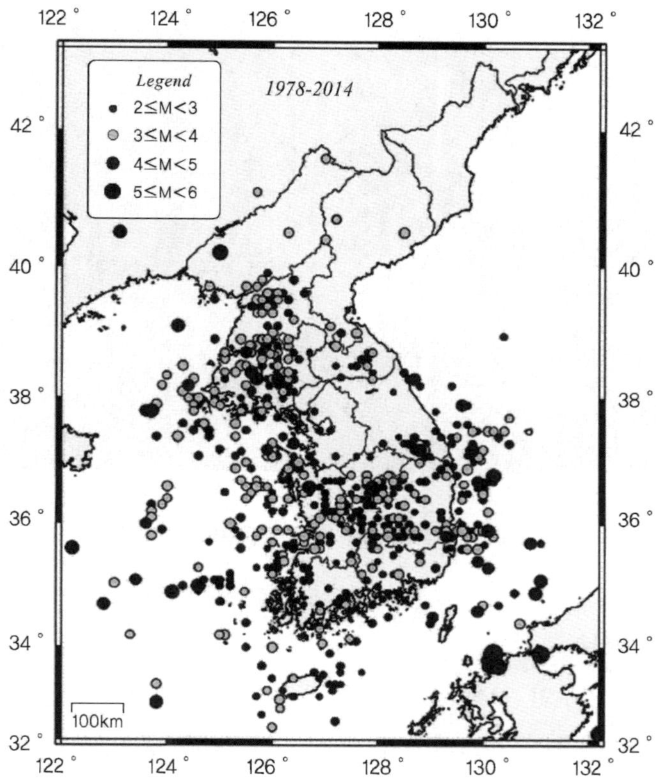

자료: 기상청 지진센터.

[그림 1.1.2] 한반도 지진발생 현황

화산분출은 인명과 재산에 피해를 입힌다. 화산분출은 날씨 및 기후변화와의 관계에서 지구시스템의 상호작용의 좋은 예인데 대기에 유황 성분의 가스가 주입되어 수천만 톤의 황산을 가지는 에어로졸을 형성한다. 에어로졸은 지구 표면에 도달하는 태양 복사를 차단하여 지구 온도를 1~2년 동안 낮추기도 한다. 그 예로 1992년에 있었던 피나투보 화산의 분출은 적어도 0.5°C의 지구 냉각을 가져왔다(조석주 외, 2009).

자료: 한국민족문화대백과.

[그림 1.1.3] 한라산 천연보호구역 백록담

3) 암석의 순환

지구시스템의 일부인 암석(rock)은 주로 광물로 구성되어 있는데 지구상의 암석은 끊임없이 순환한다. 마그마에서 생성된 화성암은 풍화, 침식, 운반, 퇴적 과정에 의하여 퇴적물로 바뀌고, 이 퇴적물은 지하 깊은 곳에서 굳어 퇴적암으로, 그리고 더 깊이 매물되면 변성암이 된다. 이 과정에서 먼저 형성된 퇴적암과 변성암도 지표에 드러나면 풍화, 침식, 운반, 퇴적의 과정을 거쳐 퇴적물을 만든다. 모든 암석은 매우 깊이 매몰되면 녹아서 마그마를 형성하고 새로운 암석의 순환을 시작한다.

지구 표면의 암석은 기후와의 상호작용에 의하여 화학적 풍화와 기계적·물리적 풍화에 의해 침식된다. 풍화작용에 의한 암석의 파쇄와 분열에 의해 토양이 생성되고 토양은 침식에 의해 이동된다. 침식은 주로 사면에서 발생하고 침식에 의해 생성된 강 상류의 입자들이 강 하류로 이동하게 된다. 종종 산사면의 붕괴에 의해 산사태가 유발되기도 한다(최덕근, 2004).

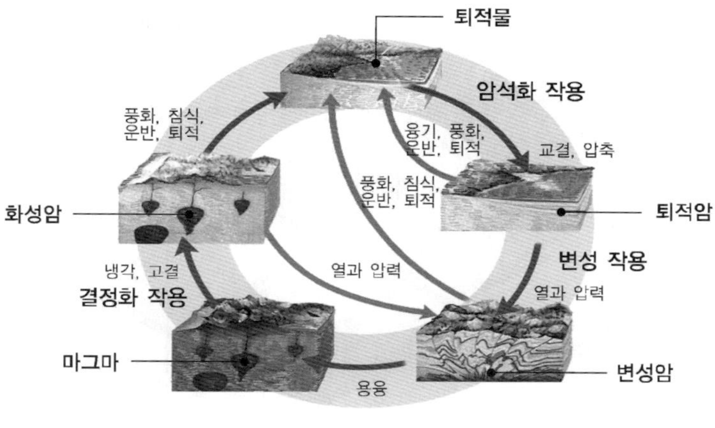

자료: 한국지질자원연구원.

[그림 1.1.4] 암석의 순환

4) 사막화

극 지역을 제외한 전 세계의 육지면적 중 25%는 다양한 종류의 사막이고 또한 연 강수량이 250~500㎜인 준사막지역이 존재한다. 한 지역의 기후변화는 반건조 지역을 사막으로 바꿀 수도 있는데 이러한 과정을 사막화라고 부른다(조석주 외, 2009).

사막화(desertification)는 지구 육지의 40%를 차지하는 건조지역에서의 주요 환경문제이다. 사막화 경향이 초식동물과 식생, 그리고 대기권이 서로 연관된 결과라는 가설로부터 인간과 환경사이의 복잡한 상관관계를 짐작할 수 있다. 초식동물이 건조지역의 식생을 소비함에 따라 지표면의 알베도(반사율)는 증가한다. 왜냐하면 초지보다는 모래나 노출암반에서 알베도가 더 크기 때문이다. 따라서 사막화에 의하여 우주공간으로 반사되는 태양 복사에너지량이 증가되면 결국 지표면의 냉각이 야기된다. 차가워진 지표면에서는 건조한 공기의 하강기류가 형성되며, 결국 강우량의 감소를 초래한다. 이러한 방식으로 질적저하가 초래된 지역은 점차 사막화된다(김동주 외, 1997). 이와 같은 사막화는 식생의 파괴 및 동식물군의 감소를 초래하여 생물다양성이 감소하는 원인이 된다(이성근, 2008).

자료: 두산백과.

[그림 1.1.5] 사막화의 메커니즘

2. 수권의 변화

수권, 즉 물의 권에서 물은 제자리에 있는 것이 아니라 끊임없이 이동한다. 바다와 육지에서 증발하여 구름을 이룬 물은 비와 눈이 되어 바다나 육지로 떨어진다. 육지에 떨어진 물은 땅 밑으로 스며들기도 하고, 강을 따라 바다로 흘러들기도 하며, 극지방에서는 빙하를 이루기도 한다. 이처럼 물은 지구를 끊임없이 돌고 돈다. 마치 사람의 몸에 피가 흘러 생명을 유지토록 하듯이 물은 순환하면서 지구에 새로운 생명을 불어 넣는다. 이 과정에서 물은 지구를 깨끗하게 씻을 뿐 아니라 지표면을 깎고 다듬어서 지구의 모습을 바꾸어간다(최덕근, 2004). 이하에서는 해양, 하천수 및 지하수, 빙하와 관련된 환경변화에 대하여 살펴본다.

1) 해양의 순환

지구 표면의 70.8%는 바다로 덮여 있다. 지구본에서 대륙과 해양의 분포를 비교해 보면 바다는 지구 표면에 골고루 분포하는 것이 아니라 북반구는 약 60%가 바다로 덮여 있고, 남반구는 80%가 바다이다. 이처럼 대륙과 해양의 분포가 다름으로 인하여 해류의 흐름도 달라지고, 전체적으로 지구의 기후변화를 야기한다(최덕근, 2004).

해양은 크게 두 층으로 나뉜다. 표면의 비교적 따뜻하고 가벼운 표층(surface layer)과 깊은 곳의 차고 무거운 심층(deep layer)이 있다. 두 층 사이에는 온도가 급격하게 내려가는 수온약층(thermocline)이 있다. 표층해류는 바닷물 전체의 약 10%를 차지하며 그 흐름은 바람이나 수온과 같은 기후적 요소와 대륙의 분포와 자전에 의하여 영향을 받는다. 표층해류는 코리올리 효과(coriolis effect)[6]에 의하여 북반구에서는 시계방향으로, 남반구에서는 시계반대방향으로 돈다. 심층해류는 매우 복잡한 흐름을 보여 주는데 북대서양에서 시작하여 인도양, 태평양을 거쳐서 북대서양으로 이어지는 대양의 컨베이어 벨트 순환(global ocean conveyer belt circulation)을 하며 한바퀴 도는데 약 이천년이 걸린다.

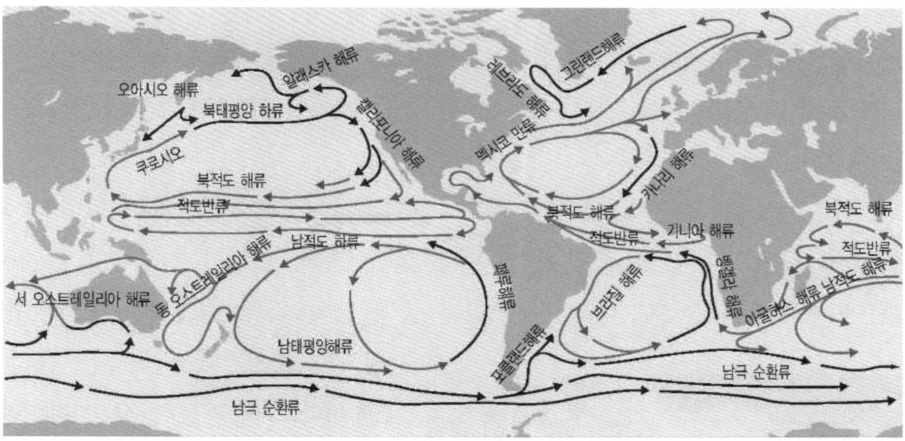

자료: 한국지구과학회(2009), 지구과학사전, 북스힐.

[그림 1.1.6] 전 세계 해양의 주요 표층 해류 모식도

하루 동안의 밀물, 썰물 외에 100~200년 정도의 기간에 걸쳐 전 지구적으로 일어나는 해수면 변동을 단순히 파악하기는 어렵지만, 수만년 또는 수억년의 기간에서의 해수면의 변화는 상당히 크다. 이러한 해수면의 변화는 장기간에 걸쳐 지구의 환경변화와 관련이 있다(최덕근, 2004).

---

6) 코리올리 효과란 회전운동하는 고체지구내에서 자유 운동하는 물체로 하여금 초기 운동방향과 상관없이 북반구에서는 오른쪽으로, 남반구에서는 왼쪽으로 선회하도록 하는 효과로서 19C 프랑스 과학자 Gaspard G. Coriolis는 어떻게 지구의 자전이 유체의 운동에 영향을 미치는지를 설명하였다.

2) 하천수와 지하수

물은 수권, 기권, 지권, 그리고 생물권 내에서 지속적으로 이동하고 있는데 이처럼 지구상에서 물이 끊임없이 순환하는 것을 물의 순환(water cycle)이라고 한다. 물은 주로 바다로부터 대기 중으로 증발하며 바람에 의해 상당한 거리를 이동하여 구름의 생성과정을 통해 바다와 육지로 떨어진다. 육지에 내린 물은 지표위를 흘러 하천이나 호수로 들어가기도 한다. 지표 유출과 지하수에 의해 공급되는 하천은 중력의 영향을 받아 바다로 향하는데 이 과정에서 침식작용, 운반작용, 퇴적작용을 한다.

또한 하천의 유량이 너무 많아서 수로의 용량을 초과하게 되는 경우 하천은 홍수(flood)의 형태로 둑을 넘어 흐르게 된다. 홍수는 모든 지질학적 위험중에서 가장 일반적이고 파괴적이다. 많은 비가 내리는 폭풍이 홍수를 일으키기도 하지만 하천에 대한 인간의 간섭으로 홍수를 야기하거나 악화시키기도 한다(김경렬 외, 2004).

지하수는 지구 수권에 있어서 1%도 안되는 부분으로 암반과 표토내의 공간에 담겨 있는 모든 물로 정의된다. 수문학적 체계에 있어서 지하수가 차지하고 있는 비중은 낮지만 호수나 하천에 있는 물의 양의 40배이고 세계 도처에 있는 빙하와 극지방에 갇혀있는 물의 약 3배이다. 사용가능한 물의 대부분을 포함해서 지하수의 절반이 지하 750m내에 있다. 이 층에 있는 물의 양은 전 지구의 면적에 분포시킨다면 약 55m의 수심에 해당하는 것으로 추정된다.

자료: 호주 국립 지하수 연구교육 센터(NCGRT) 웹사이트.

[그림 1.1.7] 지하수오염의 심각성

지하수는 물 순환에 있어서 작지만 총체적인 부분으로 끊임없이 움직인다. 대양으로부터 증발된 물의 일부분은 강우의 형태로 지표에 떨어지고 지하로 스며들어가 지하수 체계로 들어간다. 이렇게 천천히 움직이는 지하수의 일부분은 하천수로 도달하고, 대양으로 움직이는 물에 연결되며 그곳에서 새로운 순환체계가 시작된다(김동주 외, 1997).

지하수는 다른 자원과 마찬가지로 인간의 개발에 따른 과용 등으로 대규모 관개에 의한 고갈, 지면함몰, 오염 등의 환경문제가 야기되고 있다.

3) 빙하

빙하(glacier)는 지구표면의 10%에 해당하는 부분을 덮고 있다. 빙하는 지구의 두 기본 순환인 물의 순환과 암석의 순환의 한 부분이다. 물의 순환 측면에서 보자면 고지대나 고위도 지방에 내린 비나 눈은 곧장 바다 쪽으로 흐르지 않고 빙하의 일부가 된다. 물은 수십, 수백, 심지어 수천년동안 빙하의 얼음에 저장된다. 물이 빙하에 갇혀 있는 동안 이 얼음덩어리는 움직이면서 땅을 깎아내고 많은 양의 퇴적물을 만들어 이동시키고 퇴적시키는 등 수 많은 일을 해낸다. 이러한 활동은 암석의 순환의 기본적인 부분이다. 빙하는 수백, 수천년동안에 걸쳐 만들어진 두꺼운 얼음덩어리다. 빙하는 땅에 눈이 쌓이고 압축되고 재결정되어 생긴다. 빙하는 움직이지 않는 것처럼 보이지만 실제로는 그렇지 않다. 빙하는 아주 천천히 움직이고 있다. 유수, 지하수, 바람, 파도와 마찬가지로 빙하는 퇴적물을 모으고 이동시키고 쌓이게 한다. 오늘날 빙하는 세계 여러 곳에 있지만 대부분은 극지방이나 고산지대와 같은 곳에 위치하고 있다(김경렬 외, 2004).

자료: https://www.flickr.com

[그림 1.1.8] 녹아내리는 빙하

빙하는 지구환경에 많은 영향을 주고 있다. 특히 빙하기 동안 빙하가 여러번 성장, 후퇴하였다는 것을 확인시켜주는 가장 확실한 증거는 육지에 널리 나타나는 여러 개의 표석점토층과 해저퇴적물에 보존되어 있는 온전한 기후 순환기록일 것이다. 엄청난 양의 침식, 퇴적작용 외에 동물이 빙하 때문에 이주하게 된 것, 하천의 경로 변화, 거대한 얼음덩어리가 사라지면서 다시 솟아오르는 지각의 융기, 빙하의 존재 자체로 인한 기후변화 등이 빙하의 다른 효과들이다. 바다에서 빙하의 가장 광범위한 효과는 빙하가 성장, 후퇴함에 따라 일어난 전 지구적인 해수면 변동이다(김경렬 외, 2004).

3. 기권의 변화

지구가 다른 행성과 구별되는 특징은 생물과 액체상태의 물이 존재한다는 점이며 이는 대기가 없으면 불가능했을지도 모른다. 지구의 대기는 적당량의 태양에너지가 지구에 들어오도록 조절하며, 오존층을 형성하여 우주로부터 들어오는 유해한 광선을 막음으로써 생물이 안정적으로 생명을 유지할 수 있도록 해준다. 이하에서는 기권을 구성하는 태양 복사에너지, 기압, 바람, 강수, 기온, 기후 등에 따른 대표적인 기권의 변화에 대하여 살펴본다.

1) 탄소순환

대기에 포함된 가장 기본적인 물질이 바로 모든 생명체에 필수적인 탄소이다. 탄소순환에 있어서 핵심은 생물권인데, 이곳에서 식물은 기권으로부터 CO_2를 계속 흡수하며 광합성 작용을 통해 이를 분해하여 유기화합물을 형성한다. 동물은 식물을 소비하며, 신진대사 등 이들 유기화합물을 이용한다. 동물이 죽으면 이들 유기화합물은 대기 중의 산소와 반응하여 다시 CO_2를 생성한다. 생물권을 통한 이러한 물질이동은 매우 빨라서 대기 중의 모든 CO_2는 4~5년을 주기로 순환하고 있다.

생물권의 동식물 사체가 모두 CO_2로 분해되는 것은 아니다. 일부는 퇴적물로서 운반 퇴적된다. 즉 퇴적암을 형성하게 되며 일부 지역에서는 석유나 석탄 관상을 이루게 된다. 매몰된 유기화합물은 매우 느린 속도로 움직이는 암석 순환계로 흡수되며, 그 암석이 융기와 침식과정을 받아 지표로 노출되면 다시 기권으로 되돌아간다.

이러한 과정에 모든 인간 활동이 누적되면 매우 중대한 영향을 미칠 수 있다. 화석연료의 연소와 산림 감소를 통하여 CO_2는 암석권과 생물권으로부터 기권을 향하여 급속히 이동하게 된다. 이렇게 추가된 CO_2가 일반적인 생성속도 이상으로 수권으로 용해되거나 퇴적물로 매몰되지 못한다면 대기 중의 CO_2양은 필연적으로 증가하게 된다. 그러나 기권으로부터 CO_2가 제거되는 속도가 인간에 의해 CO_2가 첨가되는 속도보다는 느리기 때문에 결국 대기 중의 CO_2는 증가할 수밖에 없게 된다(김동주 외, 1997).

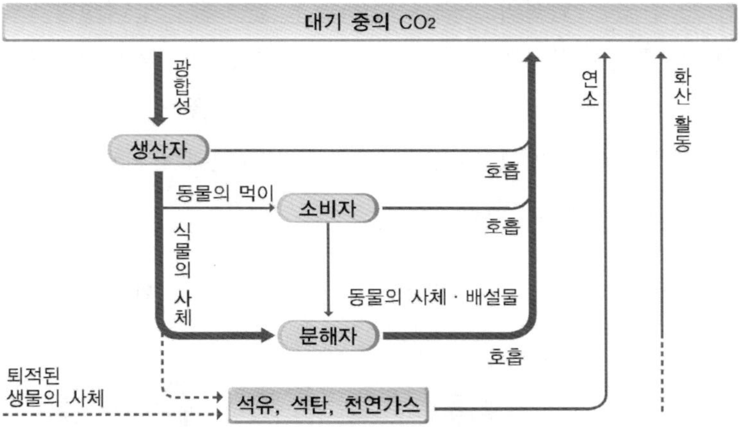

자료: (주)신원문화사.

[그림 1.1.9] 탄소순환

2) 온실효과

기권은 지구 기후 시스템을 움직이는 엔진이며 태양은 엔진을 작동하게 하는 에너지를 공급한다. 기권에 도달한 태양 복사에너지의 일부는 구름과 먼지에 의해 반사되어 우주공간으로 되돌아간다. 지표면에 도달된 복사에너지 중 일부는 육지와 해양에 흡수되고 나머지는 물, 눈, 빙하 및 기타 반사면에 의해 우주로 되돌아간다. 이러한 가시광선 영역의 반사 복사파는 파장이 짧다. 일부는 장파장의 적외선을 방출한다. 그러나 장파 복사파의 일부는 우주공간으로 빠져 나가지 못하고 대기 중의 수증기나 CO_2에 흡수된다. 이 복사에너지는 하부 기권에 보존되므로 지표 온도를 증가시킨다. 유리온실의 공기가 바깥보다 따뜻한 것도 이와 비슷한 효과 때문이다. 즉 기권의 기체와 같은 역할을 하는 유리 때문에 복사에너지의 방출이 억제된다. 따라서 이러한 현상을 온실효과(greenhouse effect)라 한다.

지구상에 생명체가 살 수 있게 만든 것도 온실효과 때문이다. 온실효과가 없었다면 지구표면은 태양계의 다른 행성들처럼 생명체가 살기에 부적당했을 것이다. 지구에 대기가 희박했다면 지표환경은 달과 비슷해서 태양광선을 받는 쪽의 온도는 물의 비등점까지 상승하는 반면 그 반대쪽은 결빙점 이하로 하강할 것이다. 공기가 거의 없는 화성의 표면은 얼어붙어 있어 지구의 극지방에서 발달하는 동결대 사막과 흡사하다. 반대로 금성은 태양에 훨씬 가까워서 대기의 밀도가 높음으로 온실효과에 의해 지표온도는 납을 녹일 수 있을 정도로 매우 뜨겁다(김동주 외, 1997). 온실효과중에서 인간의 활동에 의한 인위적 요인이 문제가 되는데 지구온난화의 원인이 되고 있다.

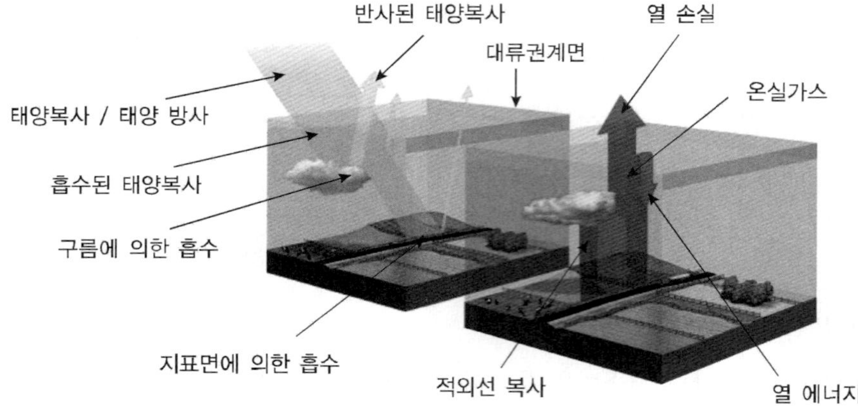

자료: 브리태니커 비주얼사전.

[그림 1.1.10] 자연적인 온실효과

3) 지구온난화

인간활동에 기인하여 대기 중 미량 기체(CO_2, CH_4, O_3, N_2O, CFCs)의 농도가 증가함에 따라, 21세기 하부 기권의 온도는 2～4℃ 증가할 것으로 예상된다. 19

세기 중반 이후로 지구의 평균온도는 0.5℃ 증가하였는데, 이는 온난화의 영향이 반영된 것으로 추정된다. 온난화의 속도는 매 10년당 0.3℃에 이를 것이며, 결국 최대 간빙기가 도래함으로써 인류 역사상 그 어느 때 보다도 따뜻해질 것으로 예상된다.

지구온난화(global warming)에 의해 야기될 수 있는 가능한 물리학적, 생물학적 변화로는 강수량 및 식생의 범지구적 변화, 빙하와 해빙 및 동결대의 용해, 범지구적인 해수면 상승, 토양 내 유기 물질의 분해 속도 증가, 고위도 지역의 영구 동결층에 갇혀 있던 가스 수화물의 분해 등이 있다(김동주 외, 1997).

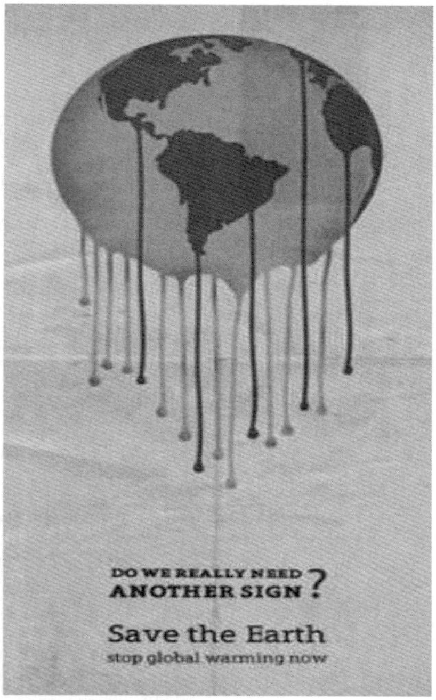

자료: 구글 웹사이트.

[그림 1.1.11] 지구온난화 풍자광고

4) 산성비

산성비(acid rain)는 화산폭발과 같은 자연오염원이나 산업화, 도시화에 따라 화석연료가 대량으로 소비되어 산성오염물이 빗물에 용해되면서 빗물의 pH(수소이온농도)가 5.6미만으로 낮아지는 것을 말한다(이성근, 2008).

대기 중의 황 가스는 산소 및 빗물과 반응하여 황산을 형성하는데, 황산은 이산화탄소와 빗물에 의해 형성된 탄산에 비해 더 강력하다. 굴뚝과 자동차 배기가스에서 배출된 질소 산화물 가스(NOx)에서도 일부 질산이 동일한 방법으로 형성된다. 적은 양의 황산과 질산이 무해한 빗물을 산성비로 바꾼다.

사람의 피부를 상하게 하기에는 너무 약하지만, 산성비는 약한 유기물과 고체 암석에 대하여 광범위한 피해를 입힐 수 있다. 산성 물질을 중화시키는 능력이 제한적인 토양으로 덮여 있는 지역의 호수와 하천이 산성화됨에 따라 캐나다, 미국 북서부, 스칸디나비아의 많은 호수에 살던 물고기들이 떼죽음을 당하기도 하였다. 미국의 1,000개 이상의 호수와 수천 마일의 하천에 대한 조사 결과, 호수의 75%와 하천의 50%가 산성비의 영향을 받고 있음이 알려졌다. 일부 산성화된 호수와 하천에서는 민물송어와 같은 물고기 종이 완전히 사라졌다. 캐나다 동부의 연어 번식지도 큰 영향을 받았다.

또한 산성비는 산림을 손상시키는데, 토양산성화와 직·간접적인 많은 피해를 끼친다. 공기 중에 있는 산성 수분은 시야를 좁게 만든다. 산성비는 직물, 그림, 금속, 암석에 눈에 띄는 손상을 유발하며, 돌로 된 기념비와 야외 조각들을 빠른 속도로 풍화시킨다. 캐나다에서만도 산성비에 의해 건물과 기념비에 매년 10억 달러의 피해가 발생했다(조석주 외, 2009).

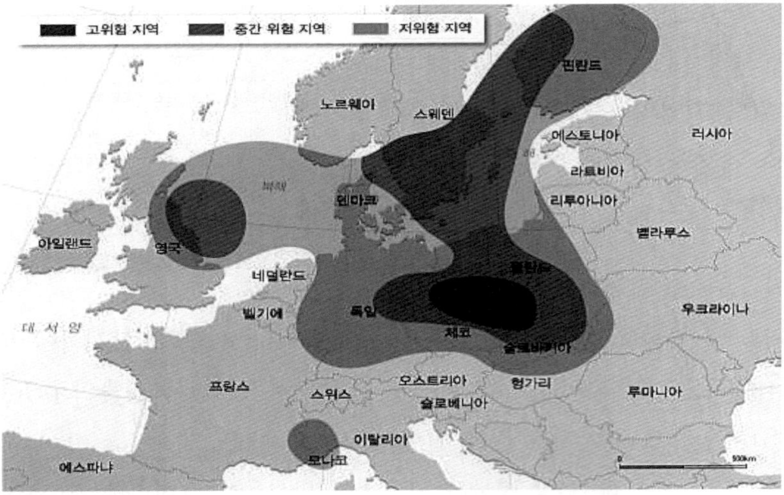

자료: 전국지리교사연합회(2011), 살아있는 지리 교과서, 휴머니스트.

[그림 1.1.12] 유럽의 산성비

4. 생물권의 변화

생태계의 종 다양도는 그 안에 있는 종의 수를 말한다. 생물다양성(biological diversity)의 가장 중요한 측정단위인 현존하는 종의 수도 감소하고 있다. 생물학자들에 의하면 150만 종이 공식적으로 분류되어 있지만 실제 1,000만 종 이상이 지구상에 살고 있다고 보인다. 멸종 속도를 정량화하기는 어렵지만, 대부분의 과학자들은 앞으로 30년 동안에 모든 종의 1/5이 사라질 것이며 100년 안에 절반이 멸종할 것이라고 생각하고 있다. 사회생물학자 Edward O. Wilson은 전 세계적으로 생물 종의 다양성이 빠르게 감소하는 것을 여섯번째 대멸종이라 부르기까지 하여 과거 다섯번째 대멸종[7]과 동일한 순위에 두고 있다(조석주 외, 2009).

자료: Elizabeth Kolber(2014), The Sixth Extinction, Henry Holt & Company.

[그림 1.1.13] 여섯번째 대멸종

종 다양도는 많은 요인에 영향을 받는데, 그 요인중에는 기후, 유성생식, 진화에 의한 혁신, 지역성, 그리고 생태학적 지위의 이용 등이 포함된다. 생물권은 다른 모든 지권에 영향을 받고, 또 영향을 준다. 생물권에 가장 영향을 주는 것은 기권과 수권이다. 인간은 생물권을 끊임없이 변화시키고 교란시킨다. 변화의 예로 삼림을 없애고 산성의 광산배수를 방류하고 먹이사슬, 토양풍화, 그리고 강과 호수의 부영양화를 통해서 유독성화학물질을 퍼뜨린다(김동주 외, 1997).

제4절 지구환경변화의 특징

지구환경의 변화는 지권, 수권, 기권, 생물권 모두에게 불확실한 전망을 나타낸다. 지구환경변화에 따른 환경문제는 특정 지역차원이 아닌 세계 각국에 해당되는 전 지구적인 관심사항이다. 지구환경문제의 성격과 대응의 필요성을 인식할

7) 지구에는 역사상 5번의 대멸종이 있었다고 한다. 1차 대멸종은 4억 4천 5백만년 전 고생대 오르도비스기말, 2차 대멸종은 3억 7천만년~3억 6천만년 전 고생대 데본기말, 3차 대멸종은 2억 5천 백만년 전 고생대 페름기말, 4차 대멸종은 2억 5백만년 전 중생대 트라이아스기말, 그리고 5차 대멸종은 6,500만년 전 중생대 백악기말에 각각 있었다.

때 지구환경문제의 해결이 가능할 것이다.

1. 지구환경변화의 광포성

환경문제는 개방체제적 특성으로 인해 공간적으로 광범위한 영향권을 형성한다. 즉 오염물질은 대기와 수계의 이동과정을 통하여 광범위하게 확산되는 성질을 가지고 있다(김종달, 2001). 예를 들어 중국 동부지역의 대기 오염물질이 우리나라와 일본까지 영향을 미치고 있으며, 프랑스 지역의 석탄광산에서 배출되는 오염물질이 라인강을 따라 벨기에와 네델란드에 서식하는 물고기를 폐사시키기도 한다. 이러한 환경오염의 광포성으로 말미암아 환경문제는 점차 세계화하는 경향을 띤다. 따라서 환경문제는 전 지구적 차원에서 공동노력이 필요한다.

2. 지구환경변화의 외부성과 부정적 효과

과학기술이 발달하면서 이전에 지구상에 존재하지 않았던 물질들이 대량으로 생산되어 지구생태계를 교란시키고 있다. 이러한 오염물질은 지구환경에 축적될 가능성이 크다. 환경문제는 경제주체들의 개발과 생산, 그리고 소비과정에서 다양하게 발생한다. 개발과정에서는 자연환경 훼손, 생태계의 파괴 등이 따르고 생산과정에서 매연, 폐수, 소음, 진동공해 등이 유발된다. 소비과정에서는 생활하수, 쓰레기 등 다양한 오염물질이 발생하게 된다. 이처럼 다양한 원인에 의하여 발생하는 환경문제는 문제해결이 어렵기 때문에 지구환경에 부정적인 영향으로 나타나게 된다.

3. 지구환경의 비가역성

자연환경은 파괴될수록 스스로 문제를 해결할 수 있는 자정한계능력을 벗어나게 된다. 자연자원은 한계수용용량을 초과하면 복원력이 떨어진다. 경제시스템의 유지를 위해 환경의 역할에 대한 이해가 필요하다. 어떠한 경제시스템도 자원대체과정에서 완전성을 기대할 수 없는 것이 지금의 현실이다. 천연자원의 기후조절, 홍수범람 방지, 그리고 생지화학적 순환의 유지 기능 등은 인위적으로 대처하기 어려운 것들이다. 지구환경의 비가역성이라는 특성 때문에 현 세대는 미래세대를 위해 환경을 보전하여야 한다.

4. 글로벌 공유자산의 파괴

환경문제는 상호작용하는 여러가지 요인들에 의하여 상승작용을 일으켜 문제를 더욱 악화시키기도 한다. 상승작용이 없으면 단순한 피해가 발생하지만 상승작용이 있으면 누적하여 피해가 발생한다. 또한 환경문제는 공간적으로 광범위하게 영향을 미치고 있을 뿐만 아니라 시간적으로도 그 문제의 발생과 영향의 발견간에는 상당한 시차가 존재한다. 오염의 영향이 오랜 시차를 두고 나타나기 때문에 원인과 결과사이에 존재하는 인과관계를 확인하는데 어려움이 있다. 이와 같은 원인에 따라 글로벌 공유자산의 파괴를 가져온다. 따라서 환경문제는 단편적이고 부분적인 방법이 아닌 전체적이고 종합적인 방법으로 문제를 해결할 수 있는 대책을 마련하여야 한다.

5. 범지구적 이해관계의 상충성

전 세계는 다양한 기준에 따라 유형화된다. 특히 경제발전 수준에 따라 선진국, 개발도상국, 후진국으로 구분된다. 이들 국가는 지구환경에 대해 상이한 대응을 한다. 또한 지구환경변화에 대한 공동대응에 대해서도 이견을 나타낸다. 자본주의에서 사회참여의 선택기회는 동일하나, 현실적으로 소득계층 구조로 인해 똑같은 대가가 주어지지는 않는다. 예를 들어 물과 공기는 공공재이기에 누구든지 마시고 이용할 수 있으나, 환경오염이 매우 심화된 상태에서는 깨끗한 공기와 물은 희소성이 짙어진 생활자원이 되기 때문에 소득이 높은 사람일수록 이를 향유할 기회가 상대적으로 많아지게 된다. 따라서 오염은 오염 그 자체에서 그치는 것이 아니라 소득계층별로 상이한 피해를 입히게 되고 이에 따라 상당한 사회적 비용을 치러야 하는 것이다.

추천자료

지구환경변화의 내용과 특징을 이해하기 위해서는 환경부와 국립환경과학원 등의 홈페이지를 검색해 볼 필요가 있다.

http://sees.snu.ac.kr(서울대학교 지구환경과학부)
http://www.me.go.kr(환경부)
http://www.nier.go.kr(국립환경과학원)

tip

불의고리

환태평양조산대 판과 만나는 주변의 지층판을 연결하여 불의고리라고 부른다. 태평양 동쪽 멕시코에는 코코스 판과 만나고 그 아래 남아메리카 대륙은 나즈카판과 만난다. 그리고 일본, 필리핀 그리고 알류산 열도, 쿠릴 열도는 유라시아판과 만나고, 멜라네시아 군도와 오스트레일리아는 인도-오스트레일리아 판과 만난다(두산백과).

에르츠 산지 산성비 피해

1970년대에 이르러 북반구 선진공업국의 산성비 피해 사례가 보고되면서 이에 대한 관심이 고조되기 시작했다. 1970년 체코슬로바키아와 독일 국경에 걸친 에르츠 산지는 동유럽의 알프스라 불릴만큼 아름다웠으나 산성비에 의해 1985년까지 15년 만에 황무지로 변하였다. 독일은 전체 국토의 3분의 1을 차지하는 산림 중 산성비 피해 면적이 55%나 되고 네덜란드의 전체 산림 면적 중 40%, 스위스의 경우는 33%, 프랑스는 20%가 산성비 피해를 입었다고 보고된 바 있다.

여섯번째 대멸종

첫번째 대멸종은 오르도비스기로 27%의 과와 57%의 속이 멸종하였고, 두번째 대멸종은 데본기로 19%의 과와 50%의 속이 멸종하였다. 세번째 대멸종은 페름기로 57%의 과와 83%의 속이 멸종하였고 네번째 대멸종은 트라이아스기로 23%의 과와 48%의 속이 멸종하였다. 마지막으로 다섯번째 대멸종은 백악기로 17%의 과와 50%의 속이 멸종하였다. 폴 에를리히 생물학 교수는 2015년 사이언스 어드밴스지를 통해 인간이 출현하기 이전에 100년 마다 1만개 동물 종 가운데 2개 종이 멸종한 것과 비교해 지난 세기에는 멸종 속도가 110배나 빨랐다고 밝히며 여섯번째 대멸종을 예고하였다.

지구의 주요 판

지구의 표면은 판이라 불리는 크고 작은 조각들로 나누어지며, 현재 지구의 겉모습은 수십억 년 동안 판들이 느리게 이동하고, 서로 부딪쳐 합쳐지고, 쪼개져서 만들어진 결과물이다. 현재 지구 표면에는 7개의 주요한 판들과 15개 이상의 작은판들이 있다. 대표적인 7개의 주요 판은 유라시아판, 태평양판, 아프리카판, 호주-인도판, 북아메리카판, 남아메리카판, 남극판이다(국립중앙과학관).

표층순환

해양의 표층에 나타나는 해수의 순환을 표층순환이라 한다. 표층순환은 표층에 가해지는 바람의 응력이나 해수면의 높이 차이에 의해 생성되는데, 표층해류의 성인이 주로 바람이기 때문에 풍성순환이라고도 한다. 우리나라 주변에서 볼수 있는 대표적인 표층해류의 예로는 동한난류, 황해난류, 대마난류, 쿠로시오해류 등이 있다(지구과학사전).

탄성반발의 원리

지진의 탄성반발의 원리는 다음과 같다. 소시지의 양 끝을 잡고 살짝 구부리면, 탄력을 갖고 있어서 잘 휘어지나 계속 구부리면 결국 부러지고 휘어졌던 부분은 처음처럼 꼿꼿한 상태로 돌아가는 것과 같은 원리이다(두산백과).

탄소평형

탄소순환에 의해 대기 중의 이산화탄소 농도는 대략 일정한 상태를 유지하게 되는데 이를 탄소평형이라 한다. 최근 석유 등의 소비가 증가함에 따라 그 평형이 깨어지고 있다(과학백과사전).

해수면 1m 상승의 영향

향후 100년 동안 해수면은 총 1m 정도 상승할 것으로 예상된다. 1억명 이상이 해발고도 1m가 안되는 지역에 살고 있다. 많은 도시들이 해안 방어선 구축에 천문학적 비용을 투자할 것으로 예상된다. 플로리다, 베트남, 방글라데시 같은 저지대는 폐허로 변하고 많은 섬나라가 사라질 것으로 전망된다(내셔널 지오그래픽).

탐구학습

1. 주요개념
   - 지구환경
   - 지권
   - 수권
   - 기권
   - 생물권

2. 토론과 과제
- 지구환경의 개념과 구성요소
- 지구환경변화의 특징과 내용
- 지구환경변화가 가져오는 환경문제
- 지구환경을 학습해야 되는 이유

참고문헌

김경렬 외(2004), 지구시스템의 이해, 박학사.
김동주 외(1997), 지구환경과학개론, Σ시그마프레스.
김종달(2001), 환경과 사회, 경북대학교.
이성근(2008), 국토와 환경의 이해, 영남대학교출판부.
조석주 외(2009), 지구의 이해 제5판, (주)시그마프레스.
최덕근(2004), 지구의 이해, 서울대학교출판부.
Jonathan M. Harris & Brian Roach(2013), Environmental and Natural Resource Economics, M.E.Sharpe.
御園生 誠(2008), 溫暖化と 資源問題の 現實的 解法, 丸善柱式會社.
打川 和男・內藤 高志(2008), 溫暖化對策の 基本と 構造みが よ～くわかる本, 秀和株式會社.

제2장

기후변화와 지구온난화

제1절 기후변화와 지구온난화의 의의

1. 기후변화의 의의

기후변화(climate change)는 기후변화 기본협약[1] 제1조 2항에서 직접 또는 간접으로 인간 활동에 기인하여 지구 대기의 구성을 변화시키는 자연적인 기후가 변성에 추가하여 일어나는 기후의 변화로 정의하고 있다.

기후변화는 자연적 원인과 인간에 의한 인위적 원인에 의하여 기후시스템이 점차 변화하는 것이다. 지구온난화로 인한 기후변화 발생은 산업혁명 이후 인류가 화석연료의 사용 증가 등으로 인하여 대기 중 온실가스 농도가 증가해 지구의 평균기온이 상승하였다. 인위적인 온실가스 배출량은 1970년 대비 2004년 약 70% 증가하였으며, 특히 이산화탄소는 약 80% 증가하였다. 기후변화로 인하여 전 세계 평균기온이 상승하였으며 열파・가뭄・홍수 등의 극한 기상현상이 증가하였고, 바람・강수량의 유형(pattern)교란 등 물리・생태계 전반의 변화가 발생하였다. 실례로는 2003년 유럽은 폭염으로 약 3만 5천명의 인명피해를 입었고, 2005년 허리케인 카트리나에 따른 피해액은 11조원에 달한다.

2. 지구온난화의 의의

지구의 기후시스템은 기권, 수권, 생물권, 지권 등으로 구성되어 있으며, 각 권역의 내부 혹은 권역간 물리과정이 서로 얽혀 현재의 기후를 유지한다. 기후

---

1) 기후변화에 관한 국제연합기본협약(The United Nations Framework Convention on Climate Change: UNFCCC)은 온실 기체에 의해 벌어지는 지구온난화를 줄이기 위한 국제협약이다.

시스템을 움직이는 에너지는 대부분 태양에서 공급되며, 기후시스템 속에서 여러 형태의 에너지로 변하고 최종적으로 지구 장파복사 형태로 우주로 방출되게 된다. 지구대기의 1%를 구성하는 온실가스는 태양으로부터 지구에 들어오는 짧은 파장의 태양 복사에너지는 통과시키는 반면 지구로부터 나가려는 긴 파장의 복사에너지는 흡수하여 지표면을 보온하는 역할을 한다. 이를 통해 지구 대기의 온도를 상승시키는 작용을 한다.

주요 온실가스 종류로는 교토의정서의 규정에 따른 이산화탄소(CO_2), 메탄(CH_4), 아산화질소(N_2O), 과불화탄소(PFCs), 수소불화탄소(HFCs), 육불화황(SF_6)이다. 기후시스템에서 온실효과는 필요하다. 하지만 지난 산업혁명 이후 지속적으로 다량의 온실가스가 대기로 배출됨에 따라 지구 대기 중 온실가스 농도가 증가하여 지구의 지표온도가 과도하게 증가되었다. 이 결과 지구온난화라는 현상을 초래하게 되었다. 즉 지구온난화는 인간의 활동으로 인해 대기 중으로 배출되는 CO_2, CH_4, CFCs 등 온실가스 농도가 높아지면서 발생하며 온실가스 농도가 높아짐에 따라 지구 복사열의 흡수가 과다하게 일어나 지구의 에너지 균형이 깨지면서 지구의 온도가 높아지는 현상을 말한다(환경부, 2008).

〈표 1.2.1〉 온실가스 종류(교토의정서 규정의 6종)에 따른 특성

온실가스	국내총배출량 (%)	지구온난화 지수	Life time (Years)	온난화기여도 (%)
이산화탄소(CO_2)	87.7	1	20 ~ 200	55
메탄(CH_4)	4.3	23	20 ~ 100	15
아산화질소(N_2O)	3.5	296	120 ~ 150	6
수소불화탄소(HFCs)	1.2	97 ~ 12,000	250	24
과불화탄소(PFCs)	0.5	5,700~ 11,900	-	-
육불화황(SF_6)	2.7	22,200	-	-

자료: 환경부(2009), 환경분야 녹색성장 실천계획.

3. 기후변화와 지구온난화의 관계

기후변화는 인간의 활동에 의한 인위적인 온실효과 증대에 따른 지구온난화와 화산폭발로 인한 성층권 에어로졸의 증가 및 다양한 자연적인 원인에 의한 효과를 포함하는 전체 자연의 평균 기후변동을 의미한다.

지표로부터 방사되는 적외선을 흡수하는 기체는 수증기, 탄산가스, 메탄, 오존, 이산화질소, 프론 등이 있으며 기체가 증가할 경우 당연히 우주로 빠져나갈 열이 대기에 남아 온도를 상승시킨다. 바로 이러한 현상이 지구온난화와 직접 관계된다.

제2절 기후변화의 원인과 영향

1. 기후변화의 원인

1) 자연적 원인

(1) 내적원인

기후변화는 기후시스템의 주요 구성요소인 기권, 수권, 지권, 생물권 등 각 요소들이 각기 상호 작용하여 끊임없이 변화하기 때문이다. 즉 기후시스템 요소의 변화와 요소간의 상호 작용에 의해서 발생한다.

(2) 외적원인

기후변화는 내적 원인 외에도 자연적인 기후변화인 외적 원인에 의한 기후변화가 있다. 대표적인 예로는 화산폭발에 의한 성층권의 에어로졸 증가, 태양 활동의 변화, 태양과 지구의 천문학적인 상대위치 변화 등이 있다. 대기 상층에서 태양복사와 지구복사를 합한 순 복사량의 근사값은 기후시스템에 큰 영향을 주며, 화산폭발 때 분출되는 화산재나 미세먼지 등은 오랫동안 대기 중에 떠 있으면서 태양복사를 차단하게 되어 기온을 낮아지게 한다(환경부, 2008).

2) 인위적 원인

(1) 강화된 온실효과

대기 중 온실가스(greenhouse gas: GHG)의 농도가 산업화 이후 현저하게 증가되었는데 특히 화석연료(석탄, 석유, 가스 등의 에너지원)의 사용에 따라 대기 중에 많이 방출되었다. 그 외 질소비료사용, 폐기물 소각, 냉매, 세척제 및 스프레이 사용도 온실가스 증가의 원인이다.

(2) 에어로졸의 효과

인간의 활동으로 인한 산업화가 대기 중 에어로졸의 양을 변화시킨다. 인간의 활동에 의해 만들어진 에어로졸은 며칠 동안만 대기 중에 남아있기 때문에 산업지역과 같은 발원지역 부근에 집중되는 경향이 있어 에어로졸에 의한 복사강제력은 지역적으로 차이가 크게 나타난다.

(3) 토지 피복의 변화

과잉 토지 이용이나 장작과 숯 채취 등에 의해 토지 이용도가 변화되었다. 예를 들면 도시화, 산업화로 인한 고층 건축물의 증가 등은 토지 피복의 변화로 인해 지표 반사도가 변화되어 기온 변화에 영향을 주고 있다.

(4) 삼림파괴

삼림은 종의 서식과 생물 다양성의 보존은 물론 기후와 물의 순환, 영양분의 순환에 의해서 인류 생명 유지 시스템의 일부로서 역할을 하는데 도로의 건설, 벌목과 농업의 확장은 삼림파괴의 주요원인이 되고 있다. 대규모의 산림 제거는 물 순환에 심각한 영향을 미치는데 연속적으로 강수량에 영향을 미쳐서 산림의 성장이나 농업에 부정적인 영향을 준다. 대규모의 산림제거는 온실가스 흡수원을 감소시키며 불이나 분해에 의해서 대기 중으로 이산화탄소를 배출시키고 온실효과에 영향을 미쳐서 지구온난화를 더욱 강화시키는 역할을 한다(환경부, 2008).

2. 기후변화의 영향

기후변화는 지구환경의 위기로서 인류의 생존에 위협적인 요소가 되고 있다. 기후변화는 전 세계적으로 다양한 영향을 미치고 있는데, 다음에서 지역별, 분야별로 나타나는 영향에 대해 살펴보기로 한다.

1) 지역별 영향

(1) 아시아 · 오세아니아

아시아는 크기가 가장 크고 인구가 가장 많은 대륙이다. 전세계 육지의 32%를 차지하고 있다. 향후 수십 년간은 히말라야의 빙하가 녹으면서 국지적 홍수와 산사태가 빈번해질 것으로 예상된다. 하지만 그 이후에는 하천 유량이 줄고, 빙하와 눈 녹은 물을 사용하던 사람들이 사용할 수 있는 수자원이 줄어들 것이다(Jerry Sliver, 2007). 또한 해안지역과 해안인근의 도시에서는 바닷물의 범람과 강물 범람이 증가하여 다양한 형태의 위협이 증가할 것으로 예측된다. 또한 하천의 사용가능한 담수가 감소할 것으로 예측된다. 홍수 및 가뭄과 관련한 질병에 의하여 사망자 수도 증가할 것으로 예측된다. 호주와 뉴질랜드 등 오세아니아는 남반구에 위치한 대륙으로, 2020년경에는 생태계의 변화로 생물다양성이 감소될 것으로 예측된다. 특히 2030년경에는 물 확보 문제가 악화되고 농업 및 산림 생산량이 감소될 것으로 예상된다(김임순, 2009).

(2) 유럽

유럽은 크게 북부유럽, 서부유럽, 남부유럽, 동부유럽 네 지역으로 나뉜다. 유럽에는 열파와 홍수가 계속될 것으로 예상된다. 빙하가 녹으면서 수자원 공급에 영향을 미칠 것이다. 단기적으로는 난방에 필요한 에너지 사용량의 감소, 작물 생산량의 증가, 산림의 빠른 성장 등 일부 긍정적인 영향도 있지만 장기적으로 볼 때 사회적 · 경제적 피해가 클 것으로 예측된다(Jerry Sliver, 2007). 또한 내륙 돌발 홍수 위험 증가, 해안 홍수 빈도 증가, 침식 증가 등이 예측된다. 산악지역은 빙하 퇴각, 적설량 및 겨울 관광객 감소, 광범위한 생물종 소실이 나타나고, 남부유럽에서는 이미 고온과 가뭄이 나타나고 있다. 물 문제, 여름 관광객 감소, 전반적인 작물 생산량의 감소도 예측되고 있으며, 열파로 인한 건강 위험과 산불 빈도 증가도 예측되고 있다(김임순, 2009).

(3) 아메리카

아메리카는 세계 육지면적의 약 28%를 차지하며 세계 인구의 약 14%를 차지한다. 먼저 북아메리카는 산악지대의 눈이 빨리 녹으면서 겨울에는 홍수가 발생하고 여름에는 물 부족 현상이 나타날 것이다(Jerry Sliver, 2007). 기후변화의 초기에는 천수답 농사의 총생산량을 5~20% 증가시킬 것이나 지역에 따라 차이가 크게 나타날 것으로 예측된다. 서부 산악 지역의 온난화는 눈으로 덮인 들판 감소, 겨울철 홍수 증가, 여름철 강우 감소를 유발하여 수자원 경쟁을 악화시킬 것으로 예측된다. 열파를 겪고 있는 도시들은 발생횟수, 강도, 지속기간이 증가되고, 그로 인해 시민들의 건강문제도 발생할 수 있다.

다음으로 라틴아메리카는 아마존 동쪽의 열대우림에서 사바나로 극적인 기후변환이 일어날 수 있다. 그 결과 농지가 건조해져 황폐해질 것이다(Jerry Sliver, 2007). 또한 강수 패턴의 변화와 빙하 소실로 수자원에 부정적인 영향을 줄 것으로 예측된다. 온도 상승과 토양 수분의 감소로 인해 아마존 동부 지역에서 열대우림이 초원화되고, 반건조 식생은 건조 식생으로 대체되는 경향이 예상된다. 많은 지역에서 종의 멸종에 따른 생물 다양성이 감소하고, 일부 중요 작물의 생산량과 가축 생산성이 감소하면서 식량 확보에 문제가 발생할 것으로 예측된다(김임순, 2009).

(4) 아프리카

아프리카는 세계 육지의 약 20%에 해당하는 대륙으로 표면의 3분의 2가 적도에서 북쪽에 놓여있다. 북부와 남부에는 지중해성 기후가 나타나고, 그 밖의 지역에는 열대와 건조기후가 나타난다. 아프리카는 수자원으로 인해 영향을 크게 받을 것이다. 농업생산성이 절반으로 줄어들어 수백만 명의 인구가 고통 받을 것으로 예상된다(Jerry Sliver, 2007). 2020년까지 일부 국가에서 천수답 농사의 수확량이 최대 50% 감소하여 농산물 생산량이 심각하게 감소하며, 기후변화로 인한 물 부족도 예측된다. 2080년까지 아프리카의 건조 및 반건조 지대가 5~8% 증가할 것으로 예측되며, 해수면 상승은 인구가 많은 해안가 저지대에 영향을 줄 것으로 예측된다(김임순, 2009).

(5) 극지방

극지방은 알래스카, 북극, 남극 등 북극 및 남극 부근에 위치한 구역을 말한다. 기후변화로 인해 난방에 필요한 에너지 사용량은 줄어들고, 북극항로가 이용 가능해질 것이다. 원주민은 전통적인 삶의 방식을 고수하는 것이 어려워져 변화하는 환경에 적응하거나 이주해야 할 것이다(Jerry Sliver, 2007). 북극 및 남극 지역에서는 생물종 침입을 막을 기후 장벽이 저위도로 하강하여 생태계와 서식지가 취약해질 것으로 예상된다. 예측되는 주요 생물학적 결과는 철새, 포유류, 고등 포식자를 비롯해 많은 생물체에서 나타나고, 빙하의 두께 및 범위가 감소되며 자연생태계의 변화가 일어난다. 북극 지방 공동체는 눈과 얼음 상태의 변화로 인해 기반시설 및 자생적 생활방식에 대한 영향이 클 것으로 예상된다(김임순, 2009).

2) 분야별 영향

(1) 농업

농업은 토양, 기후, 생물 등 자연 환경에 지배를 받는 산업이다. 특히 기후변화는 직접적으로 농업에 영향을 미칠 뿐만 아니라 토양 및 생물환경 등을 통해서 간접적으로 영향을 미친다. 지구온난화에 따른 기후변화는 농업기후자원의 지리적·계절적 변화를 초래하여 농업기후지대의 변화와 이에 따른 작물 적응지역의 변화, 발생종 및 발생량의 변화, 토양 비옥도의 변화, 한발 정도의 변화가 발생한다. 이를 통해 농업생산에 간접적인 영향을 준다. 뿐만 아니라 대기 중의 탄산가스 농도 증가와 온도의 상승은 작물의 광합성에 의한 물질 생산, 동화물질의 각 기관으로의 배분, 발육속도, 물의 이용효율 등에 영향을 주어 작물의 생산성에 직접적인 영향을 미칠 것으로 예상이 된다. 또한 지구 온난화에 따른 기후변화와 그 영향은 지리적 및 국지적으로 매우 다르게 나타날 것으로 예상된다. 따라서 기후변화는 지역의 농업 형태, 농작물의 작부 형태, 적지, 작기, 생산성, 안정성 등을 결정하는 결정적인 요소이다(환경부, 2011).

기후변화가 작물과 식량 생산에 영향을 미치고 있다는 것이 세계 여러 지역에서 분명하게 관측되고 있으며, 긍정적인 영향 보다는 부정적인 영향이 더 보편적인 것으로 보고되고 있다. 3~4℃ 또는 그 이상의 지역 평균기온 상승이 예견되는 기후변화 시나리오 하에서 농업 생산성은 지대한 부정적 영향을 받을 것이

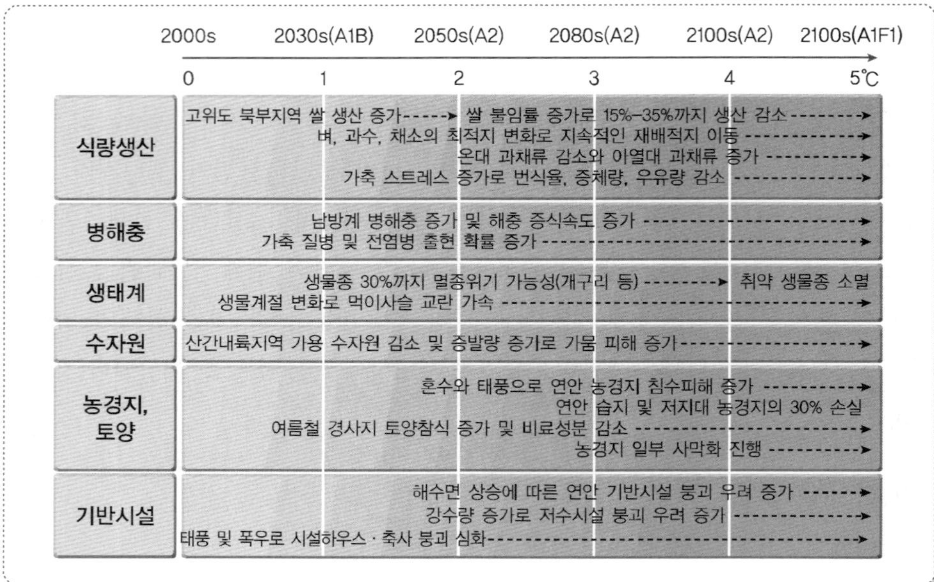

자료: http://blog.daum.net/rda2448/6975385

[그림 1.2.1] 지구온난화 정도에 따른 농업 부문별 영향 전망

며 이에 따라 세계의 식량 생산과 식량안보에 심각한 위험이 될 것으로 전망되고 있다. 이러한 위험은 열대 지역국가에서 더 클 것으로 예측되고 있는데, 그 이유는 열대 지역 국가에서는 적응 능력을 넘어서는 더 큰 영향을 받으며 온대 지역과 비교할 때 빈곤율이 더 높기 때문이다(IPCC, 2014).

(2) 어업

어업분야도 기후변화에 따른 해양생태계 변화, 어종과 어획량의 변화 등이 나타나고 있다. UN 농업식량기구(Food and Agricultural Organization: FAO)는 내수면 서식어종, 연안 배타적경제수역 서식어종, 공해 서식어종 순으로 기후변화의 영향을 크게 받을 것이라고 예측하였다. 또한 세계야생생물기금(World Wildlife Fund: WWF)은 미국과 캐나다 남방 해역에서 난류성 어종인 가자미, 넙치의 생산량이 감소할 것이고, 북해 남부 해역은 대구가 사라질 위험이 있으며, 미국 한류해역의 송어, 농어 등 약 20여 종은 생산량이 최대 50% 감소할 것으로 예상하였다. 우리나라도 동해안 대표어종이었던 오징어가 서해안에서 생산량이 증가하고 있으며, 제주도와 남해안 인근에서 참다랑어가 어획되는 사례가 나타나고 있다. 이처럼 우리나라 연근해 어장도 해수온이 변화하면서 명태, 참조기, 도루묵 등 냉수성 어종의 생산이 감소세를 보이는 반면 살오징어, 멸치, 고등어, 참다랑어 등 난류성 어종의 생산은 증가세를 보이고 있다(정명생 외, 2009 재인용).

기후변화로 인한 강수량의 변화는 민물어종에도 영향을 미친다. 강수량의 감소는 수질오염을 가속화하며, 오염에 의한 어종과 생태계의 변화는 상위포식자인 조류에게도 영향을 준다. 물고기를 잡아먹는 조류의 지방조직 내에는 유해물질이 농축되고, 이는 사람들에게 먹이사슬을 통하여 이동된다. 결국 어류뿐만 아니라 생태계 전체에 부정적인 영향이 나타나게 되는 것이다(김임순, 2009).

(3) 수자원

수자원분야도 기후변화로 인하여 수량과 수질이 영향을 받고 있다. 강수량의 변동은 주로 홍수와 가뭄의 증가로 나타난다. 세계의 많은 지역에서 하천 유량의 증감과 관련된 명백한 변화추이가 발견되고 있으며, 하천수와 지하수에 대한 기후변화의 영향은 지역별로 강수량의 변화에 따라 크게 변화하였다. 또한 이른 해빙과 여름 및 가을에 나타나는 저유량으로 인하여 최고 강 유량(peak stream-flow)은 봄에서 겨울로 이동하는 지역이 증가할 것으로 보인다. 대부분의 지역에

자료: 전국지리교사연합회(2011), 살아있는 지리 교과서, 휴머니스트.

[그림 1.2.2] 적조현상

서 홍수의 규모 및 빈도가 증가할 것이며, 다수의 지역에서 저유량의 수위가 낮아질 것으로 예상되고 있다. 실제 세계적으로 1996~2005년까지 10년간의 대규모 내륙 홍수와 관련된 대참사의 수는 1950~1980년 사이의 10년당 참사의 수보다 두 배 더 많았고 경제적인 손실도 크게 증가하였다. 또한 해수면 상승은 지하수와 강어귀의 염화 면적을 확대시켜 해안 지역의 인간 및 생태계에 필요한 담수의 이용성을 감소시킬 것으로 전망하였다. 그리고 물 부족 지역의 인간과 생태계는 기후변화에 따른 강수량의 변화 및 감소에 특히 취약한 실정이다. 수질 문제는 기후변화와 관련된 수많은 질병들은 물을 통해 전염되며, 그것을 마시거나 오염된 물로 관개를 한 곡물을 소비함으로써 전염된다. 수질 문제는 선진국과 개발도상국에서 그 형태와 크기가 다르게 나타나는데 선진국에서는 보통 홍수와 관련된 수인성 질병들이 잘 보존된 물과 하수처리시설에 의해 통제되지만 개발도상국은 그렇지 못한 경우가 많기 때문이다. 일반적으로 수질은 수온이 높아질

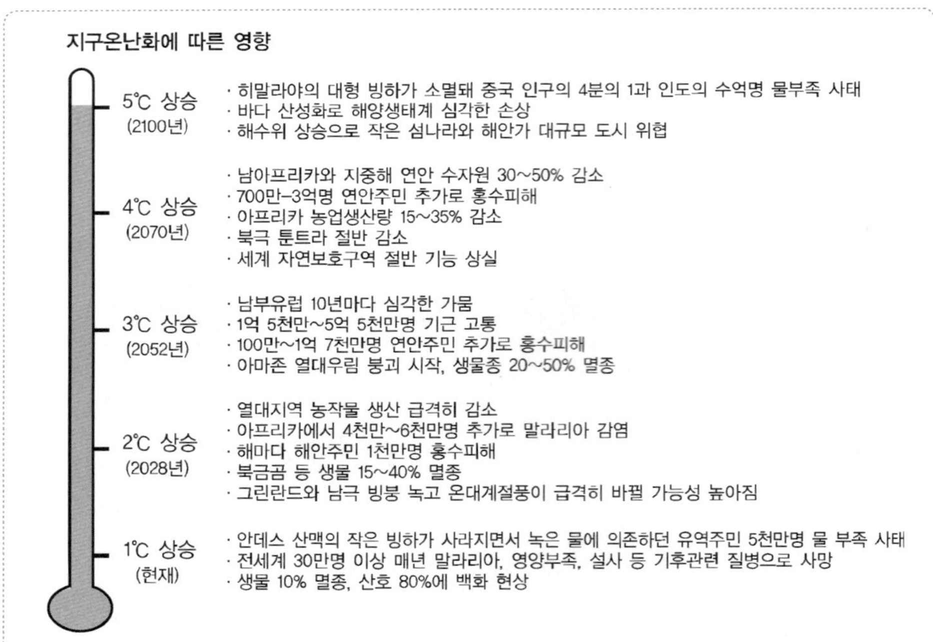

자료: 한국수자원공사 웹사이트.

[그림 1.2.3] 지구온난화에 따른 수자원 영향

수록 악화되는데 수온이 증가하면 용해되거나 생물분해에 사용되는 산소의 양을 감소시켜, 하천의 자체 정화 능력에 영향을 미친다(IPCC, 2007).

제3절 지구온난화의 원인과 영향

1. 지구온난화의 추이

1850년대 이래로, 지구표면의 온난화는 그 어느 때의 10년보다 지난 30년간 연속해서 심화되었다. 1880~2012년까지의 기간 동안 0.85℃의 지구표면 온난화가 나타났다. 이는 과거 1만년 동안 1℃ 상승한 것과 비교할 때 매우 높은 증가 추세이다. 또한 극지의 온도는 최근 100년간의 지구 평균온도 상승의 거의 두 배 가까이 상승하였다. 북극의 연평균 해양빙(sea-ice) 면적은 1979~2012년 기간 동안 10년당 3.5-4.1% 범위의 속도로 감소해왔다. 또한 1901~2010년에 전지구 평균 해수면은 0.19m 상승한 것으로 드러났다(IPCC, 2014).

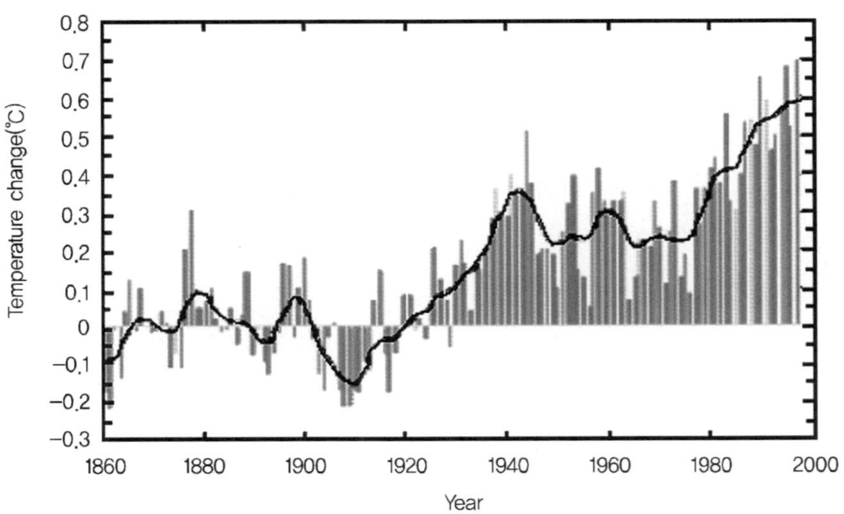

자료: 기상청 기후변화정보센터 웹사이트.

[그림 1.2.4] 지구 평균기온의 변화

2. 지구온난화의 원인

지구온난화의 가장 큰 원인으로 지목되는 것은 인간의 활동이다. 산업혁명 이래 인간은 화석연료를 대량으로 태워 에너지를 얻는 생활을 계속해오고 있다. 화석연료를 태우면 이산화탄소가 발생하고 이로 인해 대기 중의 이산화탄소 농도가 계속해서 높아진다. IPCC 제5차 평가보고서에서는 인간은 기후 시스템에 명백한 영향을 미치고 있고 최근 배출된 인위적 온실가스의 양은 관측 이래 최고 수준이며, 기후변화는 인간계와 자연계에 광범위한 영향을 준다고 발표했다. 경제 및 인구 성장이 주 원인이 되어 나타난 산업화시대 이전부터의 인위적 온실가스 배출량은 계속 증가해왔고, 현재 가장 높은 수준을 보이고 있다. 현재 이산화탄소, 메탄, 이산화질소의 대기 중 농도는 인위적 배출로 인해 지난 80만년 내 최고 수준이다. 기타 인위적 동인과 함께 전례 없던 수준의 온실가스 배출이 전체 기후 시스템에 영향을 주는 것은 계속해서 탐지되어 왔고, 이는 20세기 중반 이후 관측된 온난화의 주 원인일 가능성이 대단히 높다고 밝히고 있다.

세계 평균기온의 변화는 지역별로 보면 북미, 유럽, 아시아의 북반구측에서는 1950년 이래 현저한 상승경향을 나타내고 있다. 더구나 육지지역 전체에서의 평균기온, 해양 전체에서의 평균기온도 1950년 이래 상승경향을 나타내고 있다.

IPCC 제5차 평가보고서에 따르면 산업화시대 이전부터 인위적 온실가스(GHG) 배출이 주 원인이 되어 이산화탄소, 메탄, 아산화질소의 대기 중 농도가 크게 증가하였다. 1750~2011년 대기 중 누적 인위적 이산화탄소 배출량은 2040±310 $GtCO_2$였다. 배출량의 약 40%는 대기(880 ± 35 $GtCO_2$)에 남아있다. 나머지는 대기에서 제거되어 육지(식물과 토양)와 바다에 저장되었다. 해양은 인위적 이산화탄소 배출량의 30%를 흡수했는데, 이로 인해 해양 산성화가 초래되었다. 1750~2011년의 인위적 이산화탄소량중 절반 가량은 지난 40년간 배출된 것이다. 기후변화 완화 정책이 점차 마련 및 추진되고 있음에도 불구하고, 2010년 인위적 온실가스 배출량은 49(±4.5) $GtCO_2$-eq/yr에 달했다. 화석연료의 연소와 산업 공정에서 발생하는 이산화탄소의 배출량은 2000~2010년 증가폭과 비슷한 비율로 1970~2010년 전체 온실가스 배출량 증가의 약 78%를 차지했다.

3. 지구온난화의 영향

1) 해면상승

기온의 상승과 함께 해수온이 상승하면 열에 의해 해수의 체적이 팽창하게 된다. 이것을 열팽창이라고도 한다. 그리고 기온의 상승에 의해 지구상에 존재하는 그린란드의 빙상과 남극대륙의 빙상이 녹아버리는 등의 현상이 발생한다. 이러한 현상에 의해 해면수위가 상승한다. IPCC 제5차 평가보고서에 따르면 1901~2010년 기간 동안 전 지구 평균 해수면은 0.19m 상승했다. 1970년대 초반 이후 온난화로 인한 빙하 질량 손실과 해양의 열팽창은 관측된 전지구 평균 해수면 상승원인의 약 75%를 차지한다.

2) 얼음, 영구동토의 융해

IPCC 제5차 평가보고서에 따르면 20세기 전반에 걸쳐 빙하의 질량이 감소하였는데, 이는 해수면 상승에 기여했다. 그린란드 빙상에서 얼음질량 손실률은 1992~2011년에 상당히 증가했을 가능성이 매우 높다(1992~2011년보다 2002~2011년의 질량 손실이 더 큼). 주로 북부 남극 반도와 남극 서쪽 아문센(Amundsen) 바다에서 빙상의 손실이 나타나며, 그 손실률 또한 2002-2011년에 상대적으로 높을 가능성이 크다. 또한 시베리아에서는 영구동토의 융해가 급격히 진행되고 있다. 영구동토는 2년 이상 0°C 이하로 보존되는 지면을 말하는 것으로 지구의 육상의 약 20%정도를 차지하고 있다. 시베리아는 영구동토가 광범위하게 분포하고 있으나 기후에 따라 변화하는 것이 특징이다. 영구동토대 중에는 매년 여름동안 표층이 녹아 시베리아에서는 1m에서 3m정도의 깊이로 융해되고 있는 층을 활동층이라고 한다. 해양연구개발기구의 연구에 따르면 2005년부터 2007년에 걸쳐 동시베리아의 지중온도가 관측사상 최고를 기록하고 있고 활동층이 급격히 두꺼워지고 있는 것이 관측되었다.

3) 기상이변

세계 각지에 열파와 한파 등 이상기상이 빈번히 발생하고 있다. 유럽에서는 2003년 여름에 각지에서 맹서가 있었다. 평균기온으로서는 과거 최고였던 1757

년 기록을 약 250년 만에 갈아치웠다. 특히 프랑스에서는 예년의 기온보다 10°C 이상 상승하였고 파리의 최고기온이 40°C를 넘어 약 일만 오천명의 목숨을 빼앗아 가는 결과를 낳았다. 2000년 이래 아프리카는 한발(旱魃)의 영향으로 인한 심각한 식량부족으로 국제사회로부터 지원을 받아야만 하는 긴급사태가 발생하고 있다.

또한 세계 각지에서 태풍, 허리케인, 사이클론과 집중호우에 의한 재해가 빈번히 발생하고 있다. 미국에서는 2005년 8월에 상륙한 허리케인(카트리나)에 의해 남부 5주에서 적어도 1,300명이 사망했고 일본에서는 호우재해가 매년 발생하고 있다. 온난화는 지구상의 물 순환 시스템에도 영향을 미치고 있다. 빙하와 눈이 녹아 발생한 물은 하천의 유량을 증가하게 하고 봄의 유량 최고조 시기를 앞당겨 물 부족과 홍수를 증가시키고 있다.

4) 산림감소와 사막화, 농업생산량 감소

세계 삼림은 2000년~2005년 동안 식수(植樹) 등에 의한 증가분은 빼고도 일본 전 국토 면적의 20%에 상당하는 730만ha가 감소하였다. 삼림감소에 동반하여 온실효과가스의 배출량은 세계 전체 배출량의 17.3%를 차지하고 있다. 삼림감소방지는 지구온난화대책으로 매우 중요하며 세계 각국의 협조가 반드시 필요하다.

또한 아프리카, 아시아, 호주, 남미 등에서는 사막화가 급격이 진행되고 있다. 사막화의 원인은 삼림채벌, 지나친 방목, 지나친 경작 등과 지구온난화에 의한 한발(가뭄)의 증가에 있는 것으로 추측된다. 지구온난화는 세계의 농업에도 영향을 미치는데 농지면적감소, 생산량의 변동 등에 대한 우려를 낳고 지역의 평균기온이 3°C 이상 넘게 되면 잠재적 식량생산량의 감소가 예측된다.

5) 생태계와 인간 건강에의 영향

IPCC 제5차 평가보고서에서는 21세기에 온난화가 진행됨에 따라 물 부족과 주요 하천 범람에 영향을 받는 전 세계 인구 비율이 증가할 것으로 예상한다.

세계 평균기온이 산업혁명 전보다 1.5~2.5°C 이상 높게 되면 조사대상이 된 동식물종의 약 20~30%가 멸절될 위험이 증가할 가능성이 높은 것으로 예측된다. 온난화의 영향으로 생기는 홍수, 삼림화재, 해양산성화와 토지이용의 변화 등 여러 가지 요인이 복합되면 생태계의 적응능력을 넘게 되어 생식적지의 변화를 따라올 수 없을 가능성이 높은 것으로 보고되고 있다.

지구온난화는 인간의 건강에도 여러 가지 영향을 끼치는 것으로 예측되고 있다. 열파, 홍수, 한발에 의한 병의 발생률과 사망률이 증가하고 감염증을 매개하는 생물의 분포가 변화하며 말라리아 등의 감염이 증가하게 된다(打川 和男・內藤 高志, 2008).

추천자료

기후변화와 지구온난화를 이해하기 위해서는 기후변화홍보포털, 기후변화센터, 기상청 기후변화정보센터 등을 검색할 필요가 있다. 전 지구적 기후변화의 위험과 국제적 대책에 관한 내용은 IPCC 홈페이지를 살펴볼 필요가 있다.

www.gihoo.or.kr(기후변화홍보포털)
www.climatechangecenter.kr(기후변화센터)
www.climate.go.kr(기상청 기후변화정보센터)
http://www.rda.go.kr(농촌진흥청)
http://www.kwater.or.kr(한국 수자원공사)
http://www.ipcc.ch/(IPCC)

tip

기후변화와 농업

기후변화와 지구온난화는 작목에 영향을 준다. 작목별로 재배적지가 북상하고 돌발 병해충 및 외래 잡초가 증가할 것이다. 기상재해로 인한 농경지 침수와 토양유실 등 농업생산 기반 또한 약화될 위험이 증가하게 된다(농촌진흥청).

기후변화와 산림

기후변화와 지구온난화로 인해 해마다 남한 넓이보다 더 넓은 산림이 사라진다. 특히 2090년에는 남한에서 소나무가 사라질 것으로 예상된다. 기후변화는 산림생태계에 직접적인 영향을 미치므로 도시에 가로수를 심을 때는 소나무와 같이 기후변화에 적응하기 힘든 나무보다 자생 활엽수종과 같이 기후변화에 잘 적응하는 수종을 골라서 심는 것이 바람직하다(김형국(2011), 녹색성장바로알기, 나남).

기후변화와 어업

기후변화로 인한 해양환경의 변화는 수산자원의 변화에도 영향을 미친다. 어획량, 어종 분폰, 어종의 생태학적 특성이 변동할 것이다. 특히 독성을 가진 해파리와 같은 해적생물이 발생하여 수산어구의 파괴와 어획물의 선도저하 등 조업환경에 악영향을 미칠것으로 예상된다(농림수산식품부, 2011).

기후변화와 수자원

기후변화가 진행되면 기온, 강수 등의 변화가 수문시스템에 영향을 미쳐 수자원의 변동을 초래한다. 강수량과 강수 발생 빈도가 감소하면, 증발산량이 증가하고 지하수 이용량이 증가하여 지하수량과 하천유출량이 감소하고 수질오염이 증가할 것이다.

기후변화와 식량

기후변화에 따라 기온상승과 강수량 증가가 수반되고, 폭우·폭설과 일조량 부족 등 이상기상 현상이 빈발하고 있다. 이러한 기후변화는 농업·어업·축산업 등에 영향을 미친다. 특히 농업부문의 경우 이산화탄소 시비효과, 재배적지 변동, 작물수량 감소, 작물품질 저하, 외래병해충 피해 증가 등 영향이 크다(김창길 외, 한국농촌경제연구원, 2012).

기후변화와 해양생태

기후변화는 인류의 중요한 먹이 공급원 가운데 하나인 어류에 큰 영향을 미친다. 그동안 개체의 성장률이 달라지거나 초기 발생 단계에서 죽는 비율이 늘어나거나 서식지의 변화가 나타났다. 게다가 온난화에 따른 대기의 오존층 파괴로 식물 플랑크톤의 광저해 현상이 일어나 그 수가 10% 이상 크게 줄어들었다. 그 결과 이들을 먹이로 삼는 동물 플랑크톤 또한 70%까지 감소하였다(김형국(2011), 녹색성장바로알기, 나남).

기후변화와 자연재해

계속적인 재해의 공통적인 원인으로 꼽히는 것이 기후변화이다. 우리나라의 경우 대한민국 역사상 10위권 내에 속한 대형 자연 재해는 모두 최근에 발생한 것이다. 따라서 기후변화가 재해에 미치는 영향이 점점 더 커지는 것으로 보인다. 기후변화에 대응한 영구적인 재해대책을 조속히 수립하고 실천해야 한다(김형국(2011), 녹색성장바로알기, 나남).

지구온난화의 역설

극지방의 한기가 남하하면서 한국, 미국 유럽 등지에 혹한을 가져오고 있다. 북극을 동서로 둘러싸는 제트기류는 강하게 응집해 찬 공기를 묶어주는 역할을 수행했다. 이 같은 역할을 제대로 수행하기 위해서는 북극과 중위도의 온도차가 커야 가능하다. 그러나 지구온난화로 인해 북극의 기온이 높아지면서 중위도와의 기온차가 줄어들어 제트 기류가 사행(구불구불 뱀이 기어가는듯한 형태)하며 남쪽으로 늘어지게 되었다. 이에 따라 북극에서 찬바람이 내려올 때에는 급격히 추워지고, 그렇지 않을 때에는 예년 겨울기온보다 따뜻한 이상기후 발생하고 있다.

에어로졸

에어로졸은 기체 속에 고체 또는 액체의 작은 방울이 분산된 계, 연무질이라고도 하며 그 크기는 보통 0.001～1.0㎛ 정도이다. 고체분산계에는 먼지 · 연기, 액체분산계에는 안개 · 아지랑이 · 구름 등도 포함된다(과학백과사전).

적조현상

적조현상은 어업, 특히 양식어업에 큰 타격을 줄 뿐만 아니라 독성물질이 축적된 어패류를 사람이 섭취함으로써 중독증상을 보일 수도 있다. 이는 최근 엘니뇨 같은 지구 환경 변화에 따른 수온 상승으로 더욱 자주 나타나는 것으로 알려졌다.

탐구학습

1. 주요개념
   - 기후변화
   - 온실가스
   - 온실효과
   - 지구온난화
2. 토론과 과제
   - 지구온난화의 개념과 원인
   - 기후변화의 개념과 주요원인
   - 지구온난화와 기후변화의 관계
   - 지구온난화가 지구환경에 미치는 영향

참고문헌

김임순(2009), 저탄소 녹색성장, 북스힐.

정명성 외(2009), 기후변화협약 이행대비 어업부문의 영향평가 및 대응전략, 한국해양수산개발원.

환경부(2008), 기후변화의 이해.

환경부(2009), 환경분야 녹색성장 실천계획.

기후변화 2007(IPCC 제4차 평가보고서).

기후변화 2014(IPCC 제5차 평가보고서).

Jerry Sliver(2007), Global Warming Demystified, McGraw-Hill.

御園生 誠(2008), 溫暖化と 資源問題の 現實的 解法, 丸善柱式會社.

打川 和男・內藤 高志(2008), 溫暖化對策の 基本と 構造みが よ～くわかる本, 秀和株式會社.

http://unfccc.int/2860.php(유엔 기후변화협약)

http://www.climate.go.kr(기상청 기후변화정보센터)

http://www.gihoo.or.kr(기후변화홍보포털)

제3장

녹색성장의 의의

제1절 녹색성장의 의의

1. 녹색성장의 배경

녹색성장(green growth)이 전 지구적 이슈로 등장하게 된 배경은 기후변화와 지구온난화, 자원민족주의 대두 및 에너지 위기 심화, 신성장동력 창출, 국가발전 패러다임의 변화 등에서 찾을 수 있다. 우선 기후변화와 지구온난화로 인하여 지구상에는 열파·가뭄·홍수 등의 극한 기상현상이 증가하였으며 바람·강수량의 유형이 교란되는 등 물리·생태계 전반에 심대한 변화를 가져왔다. 또한 이러한 기후변화와 지구온난화는 생태계는 물론 인류의 생활양식 전반에 걸쳐 광범위한 파급효과를 초래하였다. 이때까지 경제성장을 견인했던 화석연료의 사용을 줄이는 저탄소 또는 탈탄소에 기반한 새로운 문명공동체를 만들어가야 할 시기가 도래하였다.

한편 세계적인 경제성장 및 신흥경제국의 수요증가로 에너지 소비가 급증하여 수급이 불안정해지고 있다. 우리나라의 경우 국제에너지기구가 발표한 국가별 에너지 소비 순위에 있어 세계 10위에 있으며, 특히 석유의 소비는 세계 8위를 기록하고 있다. 특히 자동차, 조선, 철강, 석유화학 등 에너지 다소비형 업종 중심으로 산업구조가 형성되어 있어 오일쇼크와 같은 자원민족주의가 확산될 경우 우리나라의 경제성장에는 치명적인 영향을 미칠 것으로 예상된다. 이러한 산업구조 하에서 지속적인 경제성장을 위해서는 에너지를 적게 소비하는 새로운 산업구조인 녹색성장 산업구조로의 재편이 시급한 실정이다.

그리고 1970년대 오일쇼크(oil shock) 이후 덴마크, 독일, 미국, 영국, 일본 등의 선진국들을 중심으로 새로운 국가경제의 성장동력으로 녹색성장 모델이 확산되었다. 21세기에 접어들면서 환경과 에너지 문제의 심화에 따른 지속가능발전의 패러다임이 대두되면서 기존의 요소투입형 경제가 성장의 한계를 보이고 있는 바, 새로운 성장 동력의 확보가 절실한 상황이다. 이에 국가 및 지역경제의 성장을 위한 새로운 성장 동력으로써 녹색성장이 부상하고 있다.

2. 녹색성장의 개념

녹색성장의 개념을 살펴보기 위하여 지속가능한 발전의 개념에 대한 검토가 필요하다. 지속가능한 발전(Environmentally Sound and Sustainable Development: ESSD)의 개념을 처음으로 정립한 것은 1987년 환경 및 개발에 관한 세계위원회(United Nations Conference on Environment and Development: UNCED)의 브룬트란트 보고서(The Brundtland Report)였다. 이후 1992년 리우지구환경선언에서 지속가능한 발전의 개념이 구체화되었는 바, 미래세대가 그들의 필요를 충족시킬 능력을 저해하지 않으면서 현 세대의 필요를 충족시키는 발전으로 정의했다. 그 후 지속가능한 발전의 개념은 보다 진화하여 2002년 요하네스버그의 지속가능발전세계정상회의에서는 경제, 사회, 환경의 세 개 축이 통합된 의미로 정착됨으로써 오늘날의 녹색성장의 개념적 모태가 되고 있다.

한편 녹색성장의 개념은 1986년 독일의 정치학자 Martin Jaeniche가 녹색경제를 주창한 데에서 유래되었으며, 2000년 이코노미스트지에서 언급되어 다보스 포럼에서 활성화되기에 이르렀다.

우리나라에서는 2008년 8·15 경축사에서 본격적으로 등장하였다. 저탄소 녹색성장의 개념은 저탄소 녹색성장기본법에서 규정하고 있는 바, 이 법에서 에너지와 자원을 절약하고 효율적으로 사용하여 기후변화와 환경훼손을 줄이고 청정에너지와 녹색기술의 연구개발을 통하여 새로운 성장동력을 확보하며 새로운 일자리를 창출해 나가는 등 경제와 환경이 조화를 이루는 성장이라고 규정하고 있다. 그리고 녹색성장에 대한 정책을 총괄하는 녹색성장위원회에서는 환경과 경제의 선순환 구조를 통해 양자의 시너지를 극대화하고 이를 새로운 동력으로 삼는 전략으로 규정하고 있다. 아시아·태평양 경제사회위원회(Economic and Social Commission for Asia and the Pacific: UNESCAP)에서는 소비 및 생산방식의 근본적인 변화의 촉진을 통해 환경적 지속가능성과 경제성장의 두 가지 명제의 조화를 도모하는 전략 및 접근의 틀로 정의하고 있다.

이러한 다양한 개념에서 공통적으로 나타나는 것은 환경가치를 경제성장에 적극적으로 활용하고 있으며, 외부불경제에 속하던 환경을 내부경제로 바꾸며 환경을 시장가치로 접근하고 있다는 것이다.

제2절 녹색성장의 영역 및 접근방법

1. 녹색성장의 영역

기후변화와 저탄소 녹색성장을 위한 영역은 매우 다양한 바, 이를 목적과 대상 그리고 실천수단에 따라 구분할 수 있다. 목적에 따른 영역은 저탄소 녹색성장을 통해 궁극적으로 구현하고자 하는 바에 대한 분류로 저감, 적응, 산업화로 나누어 진다. 대상에 따른 영역은 저탄소 녹색성장의 다양한 실체분야를 말한다. 그리고 실천수단의 영역은 기후변화와 녹색성장에 대한 구체적 이행분야를 말한다.

1) 녹색성장의 목적에 따른 영역

녹색성장의 목적에 따라 저감(mitigation), 적응(adaptation), 그리고 산업화(industrialization)로 구분할 수 있다.

저감은 지구온난화를 일으키는 온실가스를 감축시키는 전략을 말하고, 저감과 관련된 녹색성장의 영역으로는 녹색성장 인벤토리 구축, 저탄소 녹색기술의 개발 및 적용, 탄소시장 활용, 대체에너지 보급, 에너지 소비 감축, 저탄소 지역 및 도시계획 수립 등이 있다.

적응은 기후변화에 대한 장·단기적 취약성을 줄이는 전략을 지칭한다. 적응과 관련된 녹색성장의 영역으로는 기후변화에 대응한 영향 분석, 기후변화 대응책 수립, 녹색인프라 구축, 산림생태계·수자원·보건·재난 적응 등을 꼽을 수 있다.

산업화는 저감과 적응을 원활하게 하기 위한 지원을 비롯하여 지속적인 경제성장을 위하여 녹색에 기반을 둔 산업을 육성하는 전략을 의미한다. 산업화의 영역으로는 녹색성장 플랫폼 구축, 녹색산업 글로벌 시장 공략, 첨단녹색기술 인큐베이터 건설, 산업의 녹색순환 구조 확립 등을 들 수 있다.

2) 녹색성장의 대상에 따른 영역

녹색성장의 대상에 따라서는 녹색성장의 산업, 공간, 자원시스템, 그리고 인프라 등으로 구분할 수 있다.

첫째, 녹색산업이란 저탄소 녹색성장이 다양한 산업에서 어떻게 진행되고 있는가에 대한 것으로 녹색산업, 녹색기술, 녹색농업, 녹색식품, 녹색관광 등으로 구분할 수 있다.

둘째, 녹색공간은 저탄소 녹색성장이 다양한 공간체계에서 어떻게 추진되고 있으며, 이를 통해 공간이 어떻게 변화되는가를 내용으로 하고 있다. 여기에는 녹색국토, 녹색도시, 녹색건축, 녹색농촌 등이 있다.

셋째, 자원시스템은 저탄소 녹색성장으로 인해 순환형 자원시스템이 어떻게 구축되는가 하는 것이다. 수자원, 녹색산림, 청정해양, 녹색에너지, 자원 리사이클링 등이 주된 대상이 된다.

넷째, 녹색인프라이다. 저탄소 녹색성장을 위하여 구축해야할 기반시설에 대한 내용으로 녹색산업단지, 녹색교통, 생태하천, 녹색정보, 녹색금융 등이 이에 해당한다.

3) 녹색성장의 실천수단에 따른 영역

기후변화와 저탄소 녹색성장의 실천수단은 먼저 기후변화와 저탄소 녹색성장의 인식과 이해, 기후변화와 국제사회의 협력과 대응, 저탄소 녹색성장의 에너지관리, 녹색경제, 그리고 녹색생활의 사회적 실천분야를 포함한다. 첫째, 기후변화와 저탄소 녹색성장의 인식과 이해는 저탄소 녹색성장의 의의, 지구환경변화의 내용과 특징, 기후변화와 지구온난화의 원인과 영향, 기후변화와 저탄소 녹색성장관리 등이 이에 해당한다. 둘째, 기후변화와 국제사회의 협력과 대응은 기후변화와 국제협약의 의의, 국제협약의 내용, 주요국가의 대응, 그리고 저탄소 녹색성장과 국제개발협력 등이 있다. 셋째, 녹색에너지는 녹색에너지의 의의, 신재생에너지, 에너지의 수요관리, 에너지의 안전 등이다. 넷째, 저탄소 녹색성장과 녹색경제는 녹색경제의 의의, 녹색산업, 녹색기술, 녹색기업 등이 있다. 마지막으로 녹색생활의 사회적 실천은 저탄소 녹색성장을 위하여 사회의 구성원들이 어떻게 실천하는가에 대한 것으로 녹색생활, 녹색 NGO, 녹색거버넌스, 녹색교육 등이 이에 해당한다.

2. 녹색성장의 접근방법

1) 본질적 접근방법

녹색성장의 본질에 대한 접근은 후생경제학적 접근, 정치적 접근, 사회적 접근, 자원생태적 접근 등으로 구분해서 살펴볼 수 있다. 후생경제학적 접근에서는 형평성을 강조하는 바, 탄소세, 탄소배출권 등이 주요대상이 되고 있다. 사회적 접근에서는 녹색생활, 저비용 고효율 사회로의 변화, 시민참여 등을 강조하고 있으며, 정치적 접근에서는 녹색성장에 대한 가치 및 의식체계, 사회적 협약, 국가간 협약의 체결 및 준수 등을 강조하고 있다. 자원생태적 접근에서는 온실가스 저감, 자원순환 등에 중점을 두고 있다.

2) 절차적 접근방법

녹색성장의 절차적 접근방법으로는 상향적 접근방법, 지역적 접근방법, 협업적 접근방법, 점진적 접근방법 등이 있다. 먼저 상향적 접근방법은 기후변화와 녹색성장의 효과적 대응을 위해 경험적·귀납적 접근을 의미한다. 이는 이념적이라기보다 경험적인 성격에 초점을 두고 있다. 지역적 접근은 기후변화와 녹색성장의 효과적 대응을 위해서는 행정구역 중심의 공간분리적 접근이 아니라 공간통합적 접근을 의미한다. 기후변화와 녹색성장의 협업적 접근방법은 공공목표달성을 위해 공공간, 공공과 민간, 민간부문간에 협업을 의미한다. 마지막으로 점진적 접근방법은 기후변화와 녹색성장에 효과적 대응을 위해서는 종합적·포괄적 접근보다는 연속적·지속적 접근을 의미한다. 일정한 목표를 설정하고 단계적으로 점차적으로 접근함을 의미한다.

3) 실천적 접근방법

녹색성장에 대한 실천적 접근방법으로는 시장에 의한 접근방법, 정부에 의한 접근방법, 그리고 거버넌스에 의한 접근방법 등이 있다. 시장에 의한 접근에서는 경제와 환경을 통합적으로 발전시킬 수 있는 녹색기술과 산업의 혁신, 녹색상품 거래의 활성화, 녹색 부(富)의 축적을 강조하고 있으며, 정부에 의한 접근방법은 녹색정책의 개념과 방향, 제도 기반을 제시하는 등의 녹색성장으로의 시스템 변화, 정치적 지지 등에 중점을 두고 있다. 그리고 거버넌스적 관점에서는 다양한 차원이나 방법을 통해 생태적 효율성의 패러다임을 수용하고 생활에 적용하는 것에 중점을 두고 있다.

제3절 녹색성장의 기대효과

1. 녹색성장의 조건

저탄소 녹색성장은 환경문제와 경제성장과의 상호보완적 측면을 강조한 것으로 저탄소 배출을 기조로 한 경제성장을 목표로 한다. 여기에는 초경제적인 영역에 속하던 환경을 경제영역, 즉 시장경제의 원리에 적용받는 것으로 바꾸면 경제성장에서 환경문제가 제어될 수 있다는 가정이 깔려 있다(국회환경노동위원회, 2008). 이는 외부불경제에 속하던 환경을 내부경제로 바꾸는 것을 의미한다. 즉 환경의 편익(예: 쾌적성)과 비용(예: 훼손이나 오염)을 가격이나 과세 등을 통해 시장 참여자에게 전가시키는 것으로서 환경의 내부 경제화이다. 저탄소 녹색성장은 궁극적으로 환경의 비용을 최소화하고 편익을 최대화하는 방식으로 경제성장을 추구하는 것으로 경제성장의 지속성과 환경의 시장가치화가 전제되어 있다.

2. 녹색성장의 기대효과

1) 정성적 효과

녹색성장으로 인한 효과를 직접적 효과와 간접적 효과로 구분할 수 있다. 직접적 효과에는 산업진흥과 일자리 창출 등이 있으며, 간접적 효과에는 에너지 절감과 환경오염비용의 저감 등이 있다.

영국의 Stern Review(2006)는 기후변화의 경제적 비용 및 위험을 추정하였는 바, 기후변화에 따른 경제적 비용이 매년 전 세계 GDP의 5%에 이른다고 주장하였다(장진규 외, 2009).

제2차 녹색성장 5개년계획(2014)에 따르면 녹색성장을 통해 얻을 수 있는 기대효과를 경제와 환경의 조화로운 발전을 통한 국민행복 실현이라는 목적 하에 크게 세가지로 정리하였다. 첫째, ICT를 활용한 에너지·온실가스 절감이다. 예를 들면 스마트한 전기사용으로 고효율조명(LED), 에너지저장장치(ESS) 등과 연계한 스마트그리드의 정착을 통해 전기 소비를 절감할 수 있다. 또, 스마트 녹색도시로 지능형교통체계(ITS), 건물 및 가정에너지 관리시스템(BEMS/HEMS) 등을 통해 수송부문 및 건설부문 에너지를 절감할 수 있다. 마지막으로, 친환경에너지타운으로 소각장·매립지에 친환경기술을 적용하여 신재생에너지를 생산하고 주민에게 실질적인 혜택을 부여할 수 있다. 둘째, 깨끗하고 안전한 녹색사회 구현이다. 예를 들면 녹색복지 확대이다. 에너지바우처 지급, LED 조명 무상교체, 실내환경개선 등 취약계층에 대한 지원을 확대할수 있다. 또한 이상기후로부터 안전인데, 기후변화로 인한 홍수, 가뭄, 폭염, 해일 등의 자연재해·재난에 대한 예방 및 관리기반을 강화할 수 있다. 마지막으로, 쾌적한 생활공간이다. 미세먼지, 녹조 걱정 없는 깨끗한 대기질과 수질을 유지하고 자연휴양림, 도시숲 등 녹색 휴식공간을 확대할 수 있다. 셋째, 새로운 산업 및 시장의 창출·육성이다. 예를 들면 저탄소차 보급으로 고연비차 및 저탄소차 지원 강화, 전기차 충전소 확충 등을 통해 저탄소차 보급을 확대할 수 있다. 또, 기후대응 신사업 육성으로 에너지 가격체계 합리화, 재정·금융 지원 강화 등을 통해 에너지절감 및 신재생에너지 관련 신기술·신시장을 확대할 수 있다. 마지막으로 탄소시장 활성화인데 배출권거래제 시행, 상쇄제도 운영, 산림탄소시장 조성 등을 통해 국내 탄소시장을 활성화 할 수 있다.

2) 정량적 효과

제1차 녹색성장 5개년계획(2009)에서는 3대 전략을 기후변화 대응 및 에너지자립, 신성장 동력 창출, 그리고 삶의 질 개선과 국가 위상강화로 세우고, 하위 10대 지표를 제시하였다.[1] 주요 성과로는 녹색성장의 국가발전 의제화, 추진체계

1) 제 1차 녹색성장 5개년계획(2009)에서는 10대 지표는 다음과 같이 설정하였다. ① 효율적 온실가스 감축, ② 탈석유·에너지 자립 강화, ③ 기후변화 적응역량 강화, ④ 녹색기술개발 및 성장동력화, ⑤ 산업의 녹색화 및 녹색산업 육성, ⑥ 산업구조의 고도화, ⑦ 녹색경제 기반조성, ⑧ 녹색국토·교통의 조성,

의 제도화, 그리고 선제적인 온실가스 감축목표 설정 및 감축체계 마련 등이다. 그러나 선택과 집중을 통한 실질적 성과 창출 한계, 정부 주도 및 공급 중심 정책 추진, 그리고 이해관계자 소통과 사회적 형평성에 대한 고려 부족 등의 한계를 보였다.

최근 대내외적으로 기후변화 위기의 심화와 에너지 문제의 경제적·환경적 의의 증대, 창조경제 기반의 신성장동력 창출 필요, 그리고 포용적 성장 패러다임의 확산 등이 발생하고 있다. 이에 따라 제2차 녹색성장 5개년계획(2014)에서는 다음과 같은 기본 방향을 설정하였다. 첫째, 지난 5년간 기 구축된 제도적 기반을 적극 활용하여 실질적 성과 달성에 집중함으로써 녹색성장 정착에 초점을 두었다. 둘째, 선택과 집중, 창조경제 선도를 통해 정책의 효과성 제고를 목표로 한다. 셋째, 시장·민간의 역할 강화, 경제-사회-환경의 조화로 정책 수용성을 확보한다. 또한 3대 정책목표인 저탄소 경제·사회구조의 정착, 녹색기술과 ICT의 융합을 통한 창조경제 구현, 그리고 기후변화에 안전하고 쾌적한 생활기반 구축과 130개 세부추진과제들을 포함하였다.

(1) 저탄소 경제·사회구조의 정착

제2차 녹색성장 5개년계획에서는 온실가스 감축 부문에서 온실가스 총배출량의 감소, 산림 온실가스 총저장량과 대중교통 수송 분담률의 증가를 기대하고 있다. 또한 지속가능한 에너지체계 구축으로 에너지원단위의 감소, 신재생에너지보급률과 분산형 전원비중의 증가를 예상하고 있다.

〈표 1.3.1〉 저탄소 경제·사회구조의 기대효과 지표

구분	저탄소 경제·사회구조의 정착				
온실가스 감축	온실가스 총배출량 (백만tCO_2e)	698 ('11) 604 ('18)	지속가능한 에너지체계 구축	에너지원단위 (toe/백만원)	0.252 ('12) 0.233 ('18)
	산림 온실가스 총저장량 (백만tCO_2e)	1,500 ('11) 1,700 ('18)		신재생에너지 보급률(%)	3.18 ('12) 4.7 ('18)
	대중교통수송 분담률(%)	43.4 ('12) 45.8 ('18)		분산형 전원비중(%)	5.0 ('13) 12.5 ('18)

자료: 제2차 녹색성장 5개년계획(2014).

⑨ 생활의 녹색혁명, ⑩ 세계적인 녹색성장 모범국가 구현이다.

(2) 녹색기술과 ICT 융합을 통한 창조경제 구현

제2차 녹색성장 5개년계획에서는 녹색기술개발・투자확대 부문에서 선진국대비 녹색기술 수준의 증가를 기대하였고, 녹색산업 육성 부문에서 신재생에너지 산업 매출액과 환경산업 매출액 비중의 증가를 기대하였다.

〈표 1.3.2〉 녹색기술과 ICT 융합을 통한 창조경제의 기대효과 지표

<table>
<tr><th>구 분</th><th colspan="5">녹색기술과 ICT 융합을 통한 창조경제 구현</th></tr>
<tr><td rowspan="2">녹색기술개발 · 투자확대</td><td rowspan="2">선진국대비 녹색기술 수준 (%)</td><td rowspan="2">77.7 ('11)
87.4 ('18)</td><td rowspan="2">녹색 산업 육성</td><td>신재생에너지 산업매출액 (십억원)</td><td>6,647 ('12)
11,160 ('18)</td></tr>
<tr><td>환경산업 매출액 비중 (%)</td><td>0.93 ('11)
1.17 ('18)</td></tr>
</table>

자료: 제2차 녹색성장 5개년계획(2014).

(3) 기후변화에 안전하고 쾌적한 생활기반 구축

제2차 녹색성장 5개년계획에서는 기후변화적응역량 강화 부문에서 1인당 생활권 도시림의 증가를 예상하였다. 또한 녹색소비・생활 실천 부문에서 탄소라벨링 인증 품목과 저탄소 농축산물 인증 규모의 증가를 기대하였다.

〈표 1.3.3〉 녹색기술과 ICT 융합을 통한 창조경제의 기대효과 지표

<table>
<tr><th>구 분</th><th colspan="5">녹색기술과 ICT 융합을 통한 창조경제 구현</th></tr>
<tr><td rowspan="2">기후변화 적응역량 강화</td><td rowspan="2">1인당 생활권 도시림 (m2/인)</td><td rowspan="2">7.95 ('11)
8.70 ('18)</td><td rowspan="2">녹색 소비 · 생활 실천</td><td>탄소라벨링 인증 품목 (개)</td><td>1,284 ('13)
3,649 ('18)</td></tr>
<tr><td>저탄소 농축산물 인증 규모(건)</td><td>7 ('12)
114 ('18)</td></tr>
</table>

자료: 제2차 녹색성장 5개년계획(2014).

3) 기대효과의 극대화방안

저탄소 녹색성장의 기대효과를 극대화하기 위해서는 다양한 추진주체간의 협력에 의한 정책수행이 필요하다(박승규・한표환, 2009). 먼저, 중앙정부는 ① 투자

재원의 안정적 확보, ② 차세대 성장산업으로 녹색산업 육성, ③ 녹색산업 육성 관련 인프라 정비, ④ 관련 부처간 공조체제 구축, ⑤ 거버넌스형 관리체계 구축 등이 필요하다. 다음으로 지방자치단체는 ① 녹색기술 개발 및 산업화 지원을 위한 연구개발 강화, ② 녹색산업 육성을 위한 독자적인 지원체계 구축, ③ 외국 녹색기술기업의 유치 강화, ④ 지역실정에 맞는 녹색기준 설정, ⑤ 녹색산업에 대한 홍보강화 등이 필요하다.

추천자료

녹색성장의 의의를 이해하기 위해서는 기후변화센터, 기후변화정보센터, 녹색성장위원회 등의 포털사이트를 이용할 필요가 있다.

http://www.climatechangecenter.kr(기후변화센터)
http://www.climate.go.kr(기후변화정보센터)
http://www.gtck.re.kr(녹색기술센터)
http://www.greengrowth.go.kr(녹색성장위원회)
http://green.kostat.go.kr(녹색성장지표)
www.greengrowth.org(ESCAP 녹색성장)
http://gcfund.net(Green Climate Fund)
http://www.gggi.org(Global Green Growth Institute)

tip

마르틴 예니케

마르틴 예니케(Martin Jaeniche)는 독일 베를린 자유대학 석좌교수로 독일의 대표적인 환경 이론가이다. 녹색사회의 전환, 장기적 경제성장을 위한 에코 이노베이션 등 혁신적 발상 전환을 이끌고 있다.

자원민족주의

천연자원은 이를 산출하는 국가의 것이라는 인식에 따르는 주장과 행동을 자원민족주의라 한다. 구체적으로는 석유수출국기구(OPEC)·아랍석유수출국기구(OAPEC)·구리수출국정부간협의회(CIPEC) 등의 가맹국에 의한 가격인상, 채굴삭감조치, 외국기업에 대한 경영참가 또는 국유화라는 일련의 움직임이 그것이다(두산백과).

브룬트란트 보고서(The Bruntland Report)

1987년 세계환경개발위원회가 발간한 우리 공동의 미래라는 제하의 문서로, 지속가능한 개발이란 미래의 세대가 그들 자신에게 필요한 것을 충족시킬 수 있는 능력을 해치지 않고 현 세대의 필요를 충족시키는 것으로 정의했다. 이 보고서는 환경과 개발 문제를 포괄하는 개념으로, 지속가능한 개발을 장기적이고 범지구적인 의제로 공식화시키는 데 결정적인 역할을 했다(국제개발협력용어집).

다보스포럼(Davos Forum)

매년 스위스의 다보스에서 개최되는 세계경제포럼 연차총회의 통칭으로 세계 각국의 정계·관계·재계의 수뇌들이 모여 각종 정보를 교환하고, 세계경제 발전방안 등에 대하여 논의한다. 공식적인 의제는 없으며, 참가자의 관심 분야에 대해 자유롭게 의견 교환이 이루어진다(두산백과).

아시아·태평양 경제사회위원회(UNESCAP)

아시아·태평양 경제사회위원회는 1947년 3월 28일 제4차 국제연합 경제사회이사회의 결의에 따라 창설이 결정되었다. 국제연합 경제사회이사회 산하의 5개 지역위원회중 하나이다. 이 외에 유럽 경제위원회(ECE), 라틴아메리카 카리브해 경제위원회(ECLAC), 아프리카 경제위원회(ECA), 그리고 서아시아 경제사회위원회(ESCWA)가 있다(외교부).

탐구학습

1. 주요개념
   - 저탄소 녹색성장
   - 지속가능발전
   - 저감, 적응, 산업화
   - 외부경제의 내부화
   - 녹색성장의 편익
2. 토론과 과제
   - 기후변화 및 지구온난화를 인식하는 주요사례
   - 저탄소 녹색성장을 위해서 실천할 수 있는 과제

참고문헌

교육과학기술부 외(2010), 과학기술 미래비전.

국회환경노동위원회(2008), 저탄소 녹색성장의 조건과 과제에 관한 연구.

김현호 · 김선기(2009), 지방자치단체 녹색성장 추진전략, 한국지방행정연구원.

녹색성장위원회(2009a), 녹색성장 5개년계획(2009~2013).

녹색성장위원회(2009b), 녹색성장 국가전략.

미래기획위원회(2009), 녹색성장의 길, 중앙북스.

박승규 · 한표환(2009), 저탄소 녹색성장의 지역발전효과와 추정 및 극대화 방안, 한국지방행정연구원.

장진규 외(2009), 저탄소 녹색성장을 위한 과학기술정책 과제, 과학기술정책연구원.

환경부(2004), 주요외국의 환경교육 비교 연구.

제4장

녹색성장의 관리

제1절 녹생성장관리와 국가적 대응의 의의

1. 저탄소 녹색성장관리의 추진배경

우리나라는 이명박 정부의 출범 초기인 2008년 8월에 저탄소 녹색성장을 새로운 국가비전으로 선포[1]하였으며, 이후 녹색성장에 관한 국가적 전략이 지속적으로 수립 및 추진되고 있다. 이렇듯 우리나라가 저탄소 녹색성장을 국가의 최우선 과제로 선정 및 추진하게 된 것은 경제·사회발전 과정상 새로운 패러다임이 요구되었다는 측면도 있겠으나, 무엇보다 지구온난화, 에너지 위기, 그리고 신성장 동력 창출의 필요성 등 세계적 환경변화와 도전에 적극 대응해나갈 필요가 있었기 때문이다(녹색성장위원회, 2009b). 이러한 저탄소 녹색성장관리의 추진배경을 구체적으로 살펴보면 다음과 같다.

첫째, 각종 환경오염으로 인한 지구온난화의 문제가 세계적인 공통 관심사로 대두되고 있다. 대기 내 온실가스의 증가로 인한 지구온난화가 기상재해, 생태계 파괴 등의 형태로 표출되어 인류생존의 위협요인으로 작용하게 되었다. 온실가스의 배출은 지구의 평균온도를 지속적으로 상승시키고 있고, 이로 인한 지구온난화는 유럽 폭염, 미국 허리케인, 태풍 루사 등의 사전예측이 곤란한 이상기온 현상을 야기하여 막대한 피해를 초래하고 있다. 앞으로도 지구온난화는 생태계, 수자원, 식량, 해안 등 우리 생활과 관련된 다양한 분야에 피해를 줄 것으로 전망

1) 이명박 대통령은 2008년 8월 15일 광복절 경축사에서 향후 60년 동안 새로운 국가비전의 축으로서 저탄소 녹색성장을 제시하였으며, 녹색성장 발판 마련을 위한 녹색기술 연구개발 투자 확대, 친환경 신재생에너지 개발·확대, 고효율 신성장 동력산업(그린 카) 중점육성 등을 추진하겠다고 밝힌 바 있다(청와대 홈페이지, http://www.president.go.kr).

된다.

따라서 이러한 문제점들을 해결하기 위해 선진국을 중심으로 국가간 기후협약을 체결하는 등 글로벌 차원의 대응책이 강구되고 있으며, 국제적인 환경규제도 강화되고 있는 추세이다. 온실가스 배출량이 많고 국제적 기후변화 규제정책에 신속하게 대응하기 어려운 산업구조를 가지고 있는 우리나라로서는 보다 신속하고 강력한 국가적 차원의 대응책 마련이 필요한 상황이다.

둘째, 전 세계적으로 인구증가와 국민 삶의 질 향상 등에 따라 에너지 소비량이 급격히 증가하고 있는 반면, 아직까지 주 에너지 자원으로 사용중인 석유・석탄 등의 화석연료 매장량은 제한되어 있어 위기감이 고조되고 있다. 특히 에너지의 97%를 해외수입에 의존하고 있고, 화석연료에 대한 의존도가 약 80%에 육박하고 있는 우리나라의 경우, 심각한 환경오염과 예측이 곤란한 기후변화 등에 대한 선제적 대응이 요구되며, 친환경에너지 개발과 사용 확대를 위한 범국가적 차원의 노력이 절대적으로 필요한 실정이다.

최근 미국, EU, 일본 등 대다수 선진국들은 소비부진, 투자둔화 등으로 실물경제의 악화를 경험하고 있고, 중국이나 인도와 같은 신흥경제권 국가들도 경제성장률 하락으로 경제적 어려움이 가중되고 있다. 이에 따라, 선진국들은 에너지자립국으로의 변모를 통해 현재의 경제위기를 타개해 나가고자 녹색성장에 대한 많은 관심과 적극적인 노력을 기울이고 있다.

셋째, 과거 중화학 공업을 주력산업으로 하여 고도의 경제성장을 이룩한 우리나라 역시 최근 저성장 국면에 접어들게 되어 종래의 가격경쟁과 따라가기식 경제성장 전략만으로는 경제・환경・에너지 등이 복합적으로 작용하는 세계시장에서 더 이상 우위를 선점할 수 없는 상황에 처하게 되었다. 따라서 철강, 자동차 등과 같은 기존 주력산업을 대체할 수 있는 신성장 동력의 확보가 필요한 실정이다.

2. 저탄소 녹색성장관리의 개념

1) 저탄소 녹색성장관리의 정의

저탄소 녹색성장관리의 개념은 학문적으로 다양하게 정의될 수 있겠으나, 보다 명확한 개념정의를 위하여 저탄소 녹색성장기본법에서 규정하고 있는 내용을 활용하고자 한다. 첫째, 동법 제2조 제1호에서는 저탄소란 화석연료(化石燃料)에 대한 의존도를 낮추고 청정에너지의 사용 및 보급을 확대하며 녹색기술 연구개발, 탄소흡수원 확충 등을 통하여 온실가스를 적정수준 이하로 줄이는 것으로 정의하고 있다. 둘째, 동법 제2조 제2호에서는 녹색성장이란 에너지와 자원을 절약하고 효율적으로 사용하여 기후변화와 환경훼손을 줄이고 청정에너지와 녹색기술의 연구개발을 통하여 새로운 성장동력을 확보하며 새로운 일자리를 창출해 나가는 등 경제와 환경이 조화를 이루는 성장으로 정의하고 있다.

따라서 저탄소 녹색성장관리는 온실가스를 유발하는 탄소 배출량을 최소화하기 위해 에너지와 자원을 절약하고 효율적으로 사용할 수 있는 녹색기술을 연구·개발하고, 신성장 동력을 확보하여, 경제와 환경이 조화를 이루는 성장관리로 정의할 수 있다.

2) 유사개념과 차이점

저탄소 녹색성장관리의 개념을 명확히 하기 위해서는 관련된 유사 개념인 지속가능발전에 대해 살펴볼 필요가 있다. 지속가능발전법에서는 지속가능성이란 현재 세대의 필요를 충족시키기 위하여 미래 세대가 사용할 경제·사회·환경 등의 자원을 낭비하거나 여건을 저하(低下)시키지 아니하고 서로 조화와 균형을 이루는 것이라고 정의하고 있고(제2조 제1호), 지속가능발전이란 지속가능성에 기초하여 경제의 성장, 사회의 안정과 통합 및 환경의 보전이 균형을 이루는 발전이라고 정의하고 있다(제2조 제2호).

하지만 저탄소 녹색성장관리의 개념은 지속가능발전(경제발전·사회통합·환경보호) 개념의 추상성 및 광범위성 등을 정책실현 가능성 측면에서 보완한 개념이라고 할 수 있다.

즉 저탄소 녹생성장관리는 지속가능발전과 비교할 때 실천성이 강조된 것으로 지속가능발전을 이룰 수 있는 추동력이라고 할 수 있다(김형국, 2011).

3. 국가적 대응의 필요성

우리나라의 경우 점차 제조업의 국제경쟁력이 상실되고 고용없는 성장이 지속되고 있으며, 전 세계적으로 에너지와 환경이 새로운 경제이슈로 급부상함에 따라 패러다임의 전환을 통해 새로운 경제도약의 계기를 마련할 필요성이 다음과 같이 높아지고 있다. 첫째, 기후변화와 에너지 문제의 경우 적극적으로 변환하고자 하는 의지가 있을 때 위기가 아닌 기회로 작용할 수 있으므로, 지속 강화 추세인 국제 환경규제에 능동적으로 대응하여 이를 경제성장 동력으로 활용해야 한다.

둘째, 에너지 효율성 및 친환경성이 기후변화 시대에 경쟁력 우위결정의 핵심요소로 부각되고 있는 현 시점에서 선진국들의 탄소저감 압력에 능동적으로 대응하고, 포스트-교토 체제의 연착륙을 유도하여 사회 전반에 끼칠 혼란을 최소화할 필요가 있다. 따라서 주요 성장동력인 지식·기술집약형 산업을 저탄소형 구조로 전환함으로써 산업발전과 환경문제 해결의 선순환 구조를 정착시켜 나가야 할 것이며, 이를 위해서는 무엇보다 지속가능한 성장 잠재력 확충방안 모색에 관한 국가적 차원의 적극적인 대응과 노력이 필요하다(녹색성장위원회, 2009b).

제2절 저탄소 녹색성장관리 관련법률과 추진체계

1. 저탄소 녹색성장관리 관련제도

1) 저탄소 녹색성장기본법

2008년 말 정부는 녹색성장위원회의 설립준비팀을 중심으로, 저탄소 녹색성장 관련 정책과 법률을 통합적·유기적으로 연계한 저탄소 녹색성장기본법의 초안을 마련하였다. 국회에 제출된 정부안은 2009년 12월 29일 여·야 합의로 본회의를 통과하여 정부로 이송되었고, 2010년 1월 13일 대통령의 재가를 거쳐 공포되었다. 그리고 저탄소 녹색성장기본법의 제정·공포에 따른 후속작업으로 시행령이 마련되었다.

온실가스 감축대상, 방법, 절차 등을 규정한 저탄소 녹색성장기본법 시행령은 관계부처 협의, 입법예고, 공청회, 규제 개혁 심사, 법제처 심사 등을 거쳐 2010년 4월 6일 국무회의에서 최종 의결되어 2010년 4월 14일에 기본법과 함께 시행되었다.

2) 녹색성장위원회

정부는 녹색성장위원회 설립을 위해 2009년 1월 5일 녹생성장위원회 설립 및 운영에 관한 규정을 대통령 훈령으로 제정하면서 위원회의 설립근거를 마련하였다. 그리고 1월 21일 위원회의 업무 지원을 위해 녹색성장기획단[2]을 설치했으며, 2009년 2월 16일 녹색성장위원회가 제1차 회의를 개최하면서 공식 출범하였다.

이후 2010년 4월 14일 저탄소 녹색성장기본법이 시행됨에 따라, 녹색성장위원회는 법적기관으로서 보다 강력하고 확고한 지위를 가지게 되었다. 해당 법조항은 저탄소 녹색성장기본법 제14조(녹색성장위원회의 구성 및 운영)로서 국가의 저탄소 녹색성장에 관한 주요정책 및 계획과 그 이행에 관한 사항을 심의하기 위해 국무총리 소속[3]으로 녹색성장위원회를 두도록 규정하고 있다.

2. 저탄소 녹색성장관리의 추진체계

우리나라 저탄소 녹색성장관리를 위한 추진체계를 추진계획 측면과 추진조직 측면으로 나누어 정리하고자 한다(녹색성장위원회, 2009b).

1) 추진계획 측면

우리나라 저탄소 녹색성장관리를 위한 추진계획은 크게 종합계획과 부문별계획으로 나눌 수 있다. 첫째, 종합계획은 다시 국가전략, 5개년계획 및 기관별계획으로, 부문별계획은 핵심계획과 연관계획으로 각각 구분된다. 먼저 국가전략은 정부가 저탄소 녹색성장을 위한 정책목표, 추진전략, 중점 추진과제 등을 포함하는 장기비전과 추진방향을 제시하는 계획(2009년~2050년)을 말하고, 5개년계획은 녹색성장 비전 달성을 위한 5년 단위의 상세한 실시계획이며, 기관별 계획은 녹색성장 국가전략을 효율적·체계적으로 이행하기 위하여 중앙행정기관의 장과 지방자치단체의 장이 수립·시행하는 소관분야별 중앙추진계획과 지방추진계획

---

2) 2013년 3월 23일 저탄소 녹색성장기본법 개정을 통해 녹색성장위원회 내 녹색성장기획단 구성 조항(제18조)이 삭제되었으며, 현재에는 위원회 내에 녹색성장지원단이 구성·운영되고 있다.

3) 2013년 3월 23일 저탄소 녹색성장기본법의 개정에 따라, 녹색성장위원회가 기존 대통령 소속에서 국무총리 소속으로 변경되었다.

을 의미한다.

둘째, 부문별계획중 핵심계획은 녹색성장 국가전략목표와 직접 관련된 계획으로서 녹색성장위원회의 심의를 거쳐 국무회의에서 확정하고(국가에너지기본계획, 기후변화대응기본계획, 지속가능발전계획 등), 연관계획은 타 법령에 따른 소관위원회에서 확정하는 계획으로서 사전에 기본방침을 녹색성장위원회와 협의하여 의견을 반영하며, 연관계획의 범위는 저탄소 녹색성장기본법 시행령으로 정하도록 하고 있다(국토종합계획, 국가균형발전계획, 국가과학기술 기본계획 등).

2) 추진조직 측면

저탄소 녹색성장관리를 위한 추진조직은 중앙행정조직과 지방행정조직으로 나눌 수 있다. 첫째, 중앙행정조직은 녹색성장위원회와 정부 각 부처로 구성되는데, 컨트롤타워 역할을 수행하고 정책실행·집행을 위한 역할분담 및 협의기구 총괄운영을 담당한다. 녹색성장위원회는 저탄소 녹색성장과 관련된 주요정책 및 계획과 그 이행에 관한 사항을 심의하는데 정부 각 부처[4]의 장관이 녹색성장위원회의 당연직위원으로 참여한다. 정부의 각 부처는 녹색성장 국가전략을 효율적·체계적으로 이행하기 위하여 소관분야의 추진계획을 수립·시행한다.

둘째, 지방행정조직은 지역 차원의 녹색성장 추진체계를 마련하고, 장애물 해소 및 의견수렴을 하며 지방녹색성장위원회, 지방자치단체, 시민단체로 구성된다. 지방자치단체는 특별시·광역시·도·특별자치시·도 단위로 지방추진계획을 수립·추진하고, 시·도지사 소속 공무원 가운데 녹색성장책임관을 지정할 수 있다. 또한 시·도지사 소속의 지방녹색성장위원회는 지방공무원을 비롯하여 학계, 경제계, 시민단체의 대표로 구성되며, 지방추진계획과 관련된 주요 정책과 그 이행에 관한 사항을 심의한다. 한편 지역 녹색성장 거버넌스로서 중앙정부의 지원을 받아 녹색성장의 싱크탱크(think tank) 역할을 수행하는 녹색성장포럼, 시민실천운동체인 한국기후·환경 네트워크 등이 운영되고 있다(경제·인문사회연구회, 2011).

---

4) 2013년 3월 23일 개정된 저탄소 녹색성장기본법에서는 녹색성장위원회의 당연직위원으로서 기획재정부장관, 미래창조과학부장관, 산업통상자원부장관, 환경부장관, 국토교통부장관 등을 규정하고 있다(제14조 제4항 제1호).

제3절 국가적 대응의 주요 정책내용

1. 저탄소 녹색성장관리의 비전과 목표

우리나라 저탄소 녹색성장관리의 비전은 2020년까지 세계 7대 녹색강국, 2050년까지 세계 5대 녹색강국에 진입하는 것이다. 이에 이명박정부에서는 2009년 정책비전 달성을 위한 3대 기본목표와 10대 전략과제를 제시하였다. 구체적으로 살펴보면, 3대 기본목표는 ① 기후변화 적응 및 에너지 자립, ② 신성장동력 창출, ③ 삶의 질 개선과 국가위상 강화 등이며, 10대 전략과제는 ① 효율적 온실가스 감축, ② 탈석유·에너지자립 강화, ③ 기후변화 적응역량 강화, ④ 녹색기술 개발 및 성장 동력화, ⑤ 산업의 녹색화 및 녹색산업 육성, ⑥ 산업구조의 고도화, ⑦ 녹색경제 기반 조성, ⑧ 녹색국토·교통의 조성, ⑨ 생활의 녹색혁명, ⑩ 세계적인 녹색성장 모범국가 구현 등이다(녹색성장위원회, 2009a).

한편 2013년 박근혜정부의 출범 이후 제1차 5개년계획(2009년~2013년)이 종료됨에 따라 정부는 2014년 6월 관계부처 합동으로 제2차 5개년계획(2014년~2018년)을 발표하였다. 이 계획에서는 비전을 경제와 환경의 조화로운 발전을 통한 국민행복 실현으로 전환하고, 기존 3대 기본목표를 ① 저탄소 경제·사회구조의 정착, ② 녹색기술과 ICT의 융합을 통한 창조경제 구현, ③ 기후변화에 안전하고 쾌적한 생활기반 구축 등으로 변경하였다. 또한 이에 따른 5대 전략과제로 ① 효과적 온실가스 감축, ② 지속가능한 에너지체계 구축, ③ 녹색창조산업 생태계 조정, ④ 지속가능 녹색사회 구현, ⑤ 글로벌 녹색협력 강화 등을 제시하고 있다(관계부처 합동, 2014).

〈표 1.4.1〉 제1차 5개년계획과 제2차 5개년계획의 비교

구분	제1차 5개년계획 (2009~2013)	제2차 5개년계획 (2014~2018)
비전	· 2020년까지 세계 7대 녹색강국, 2050년까지 세계 5대 녹색강국 진입	· 경제와 환경의 조화로운 발전과 국민 행복 실현

기본 목표	· 기후변화 적응 및 에너지 자립 · 신성장동력 창출 · 삶의 질 개선과 국가위상 강화	· 저탄소 경제 · 사회구조의 정착 · 녹색기술 - ICT 융합 통한 창조경제 구현 · 기후변화에 안전 · 쾌적 생활기반 구축
전략 과제	· 효율적 온실가스 감축 · 탈석유 · 에너지자립 강화 · 기후변화 적응역량 강화 · 녹색기술개발 및 성장 동력화 · 산업의 녹색화 및 녹색산업 육성 · 산업구조의 고도화 · 녹색경제 기반 조성 · 녹색국토 · 교통의 조성 · 생활의 녹색혁명 · 세계적인 녹색성장 모범국가 구현	· 효과적 온실가스 감축 · 지속가능한 에너지체계 구축 · 녹색창조산업 생태계 조성 · 지속가능 녹색사회 구현 · 글로벌 녹색협력 강화

2. 저탄소 녹색성장관리의 추진전략

우리나라 저탄소 녹색성장관리의 추진전략은 [그림 1.4.1]과 같다. 제1차 5개년계획의 추진전략은 녹색성장의 제도적 기반구축을 통한 도입기이다. 계획의 성격은 경제와 환경이 조화된 포괄적이고 개별기술개발 중심적이며 선진국 추격형 성장모델이었다. 또한 정부주도 시장창출형 추진방식을 취하였다.

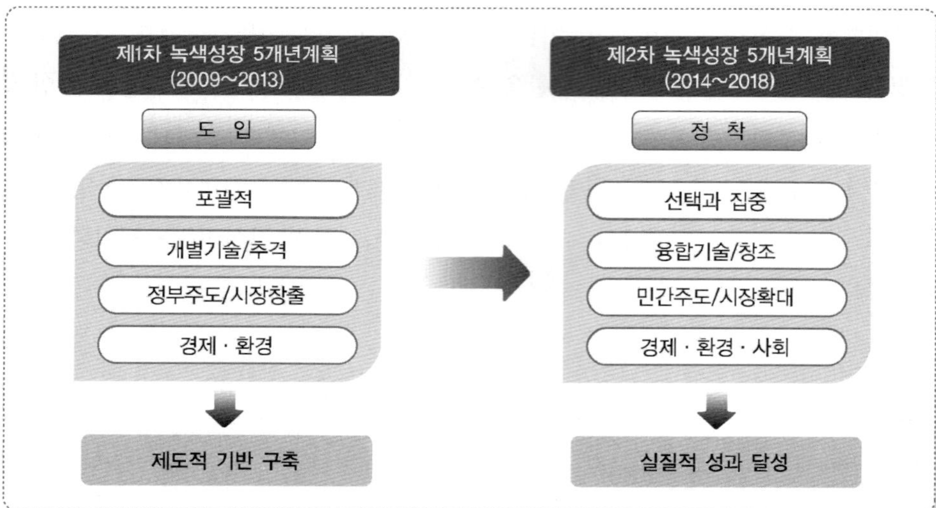

자료: 관계부처합동(2014), 제2차 녹색성장 5개년계획.

[그림 1.4.1] 제1차 계획과 제2차 계획의 추진전략

한편 제2차 5개년계획의 추진전략은 실질적 성과달성을 목표로 하는 정착기이다. 계획의 성격은 경제・환경・사회를 종합하고 융합기술을 통한 창조경제모델이다. 또한 추진방식은 민간주도와 시장확대모델을 지향하고 있다.

3. 저탄소 녹색성장관리의 정책수단

효율적인 시장원리를 적극 원용한 녹색성장목표 달성을 위한 정책수단으로는 정부 직접투자, 규제활용, 유인책, 외부경제의 내부화 및 도덕적 설득 등의 다섯 가지를 들 수 있다. 첫째, 정부 직접투자를 통해 녹색 신기술개발과 시장화를 위한 인프라를 구축한다. 둘째, 규제수단을 활용하여 저탄소 효율상승 및 청정에너지 활용과 관련된 명확하고도 직접적인 규제 및 방향제시를 할 수 있다. 셋째, 유인책으로 신규 시장창출 및 기술개발을 위해 세제지원, 보조금 지급 등 인센티브를 제공할 수 있다. 넷째, 외부경제의 내부화로 상품이나 서비스 가격에 생산과 소비로 인한 오염발생의 사회적 비용이 포함될 수 있도록 할 수 있다. 다섯째, 도덕적 설득방법으로서 녹색성장의 생활화를 위해 대국민 교육・홍보를 통한 시민의식 전환을 추진할 수 있다(녹색성장위원회, 2009b).

4. 행위주체별 책무

저탄소 녹색성장 정책의 추진은 국가의 노력만으로는 한계가 있다. 국가 외에도 지방자치단체, 기업인, 그리고 일반 국민들의 적극적인 참여와 협력이 필수적이다. 저탄소 녹색성장기본법에서는 각 행위주체별 책무를 규정하고 있다.

첫째, 중앙정부는 정치・경제・사회・문화 등 국정의 모든 부문에서 저탄소 녹색성장 기본원칙이 반영될 수 있도록 노력하고, 각종 정책을 수립할 때 경제와 환경의 조화로운 발전 및 기후변화에 미치는 영향 등을 종합적으로 고려하여야 한다. 그리고 지방자치단체의 저탄소 녹색성장정책을 장려・지원하며, 녹색성장의 정착・확산을 위해 사업자, 국민, 민간단체에 정보제공 및 재정지원 등 필요한 조치를 하여야 한다. 또한 자원위기 및 기후변화에 대한 문제점을 점검하며, 국제협상에도 적극 참여하여 적절한 대책을 마련하여야 한다(제4조).

둘째, 지방자치단체는 먼저 지역적 특성과 여건을 고려하여 저탄소 녹색성장

정책을 추진하되, 저탄소 녹색성장 실현을 위한 국가시책에 적극 협력하여야 한다. 그리고 지역주민에게 저탄소 녹색성장에 대한 교육과 홍보를 강화하고, 구역 내 사업자, 주민 및 민간단체에 정보제공 및 재정지원 등 필요한 조치를 강구하여야 한다(제5조).

셋째, 기업활동 전 과정에서 온실가스와 오염물질을 배출하는 기업인은 녹색경영을 선도하여야 하며, 녹색기술 연구개발과 녹색산업에 투자를 확대하는 등 환경에 대한 사회적·윤리적 책임을 다하여야 한다. 그리고 중앙정부와 지방자치단체가 실시하는 저탄소 녹색성장정책에 적극 참여하고 협력하여야 한다(제6조).

넷째, 국민은 가정·학교·직장 등에서 녹색생활을 적극 실천하고 기업의 녹색경영에 관심을 기울이며 녹색제품 소비 및 서비스 이용을 증대함으로써 녹색경영을 촉진하여야 한다. 또한 국민 스스로가 심각한 기후변화, 에너지 및 자원위기의 문제 해결자임을 인식하여, 건강하고 쾌적한 환경을 후손에게 물려주기 위해 녹색생활운동에 적극 참여하여야 한다(제7조).

제4절 국가적 대응의 전망과 과제

1. 녹색성장관리의 대외적 여건

지구온난화 문제를 해결하기 위해 선진국을 중심으로 국가간 기후협약을 체결하는 등 글로벌 차원의 대응을 추진중에 있으며, 이를 살펴보면 다음과 같다.

첫째, 교토의정서, 발리로드맵 등을 통해 온실가스 감축방안을 마련하고, 다보스포럼 및 APEC 정상회담 등에서도 지구온난화가 주요 의제로 채택되었다. 둘째, 기존의 화석연로 중심적인 에너지 소비구조가 자원고갈과 환경오염을 가속화시키는 등 구조적 한계를 드러냄에 따라, 주요 선진국들은 친환경에너지의 개발과 사용 확대를 정책적으로 지원하고 있다. 셋째, 선진국을 중심으로 탄소배출권시장, 신재생에너지 등 녹색시장·녹색산업을 새로운 국가성장 동력으로 활용하려는 움직임이 증가하는 추세를 보이고 있다(녹색성장위원회, 2009b).

2. 저탄소 녹색성장관리의 전망

우리나라는 녹색한국의 발전단계를 4단계로 나누어 추진하고 있다. 3단계인 2020년에는 녹색성장 7대 선도국가, 4단계인 2050년에는 세계 5대 녹색선진국 달성을 목표로 하고 있다. 이러한 목표가 달성될 경우 첫째, 국가는 온실가스의 효과적 감축 및 기후변화 적응역량을 강화하고 녹색성장 글로벌 리더국으로서 국제적 위상을 확립하여, 저탄소 녹색성장을 통한 녹색일류 국가 구현이 가능할 것으로 전망된다.

둘째, 기업은 녹색 신산업분야 시장 확대 및 기술력 제고와 녹색 중소기업 경쟁력 강화로 녹색기술 등을 통한 국제경쟁력을 제고할 수 있다. 셋째, 국민들 또한 녹색마을 · 녹색시민 · 녹색가정을 확산하고, 녹색 국토공간 · 건축물 확대 및 친환경 녹색교통 체계 확산으로 녹색생활을 통한 녹색 선진국민 구현이 가능할 것으로 보인다. 넷째, 취약계층에 대해서도 서민대상 녹색사회안전망 확충과 서민층 녹색일자리 창출 및 교통 · 의료서비스 확충 등도 가능해질 것으로 예상된다(녹색성장위원회, 2009b).

3. 향후 국가적 대응과제

저탄소 녹색성장정책을 효율적으로 추진하기 위한 국가적 대응과제로는 첫째, 추진주체별 역할분담이 체계적으로 이루어지고, 총체적으로 시행되어야 한다. 탄소배출권 거래제도와 관련하여 여러 중앙부처간 의견대립을 하는 경우를 통해서도 알 수 있듯이 중앙과 지방간, 기업, 국민간, 그리고 정부 내 소관 부서별로 이해가 매우 다양하기 때문에 효율적인 역할분담이 요청된다. 특히 정부는 구체적인 방향제시, 기업은 투자, 과학기능계는 연구 · 개발, 시민단체는 녹색생활실천에 앞장설 필요가 있다. 이를 위해 정부와 민간전문가로 구성되는 테스크포스팀(task force team)을 결성하여 합리적인 역할분담을 추진하되, 의견이 상충되는 경우에는 효율적이고 합리적으로 결정할 수 있는 시스템을 구축하여야 한다.

둘째, 국민적 공감대 형성 및 참여 확대를 도모해야 한다. 녹색성장 국가전략을 효율적으로 추진하기 위해서는 중앙정부나 지방자치단체 등 행정주체의 노력만으로는 한계가 있다. 따라서 민간부문에 대한 실질적 인식·행동의 변화를 이끌어내고, 국민들의 적극적인 참여를 유도하기 위해 민간협의체 등을 구성·운영할 필요가 있다. 그리고 경제사회발전에 대한 패러다임 전환과 녹색생활의 정착을 위해 적극적인 대국민 홍보와 교육을 통한 범국민적 운동으로 확산시켜 나가야 한다.

셋째, 소외계층에 대한 녹색사회 안전망 확충이 요구된다. 즉 저탄소 녹색성장정책의 추진은 사회적 약자인 소외계층에게 큰 부담으로 작용할 수 있으므로 소외계층에 대한 안전망 확충계획도 병행 추진되어야 한다. 따라서 안정적인 공급체계 구축, 저소득층 주택의 냉·난방 효율성 제고 등 취약계층에 대한 에너지 복지 사각지대를 해소하기 위한 노력이 이루어져야 되고, 서민들을 위한 녹색일자리 창출, 대중교통편의 증진 및 교통비 경감, 원격의료 보건서비스 등도 사전에 충분히 고려되어야 한다.

넷째, 우리나라의 국제적인 위상을 정립하여 역할을 제고해 나가야 한다. 국제사회에서 저탄소 녹색성장정책의 주도권을 확보하기 위해서는 글로벌 기후변화 대응 및 녹색성장 논의에 적극적으로 참여하고 협력하여 녹색성장 모범국가로서의 위상을 정립할 필요가 있다. 그리고 동아시아 기후파트너십에도 적극 참여하고, 공적개발원조(ODA) 등 기금에 대한 공여 확대를 추진함으로써 개발도상국의 녹색성장을 지원해주는 노력도 병행해야 하며, 녹색인프라·녹색정책·녹색기술 분야 등에 대한 국제적 허브를 구축하여 바람직한 녹색성장 모델을 제시할 필요가 있다.

추천자료

녹색성장의 관리를 이해하기 위해서는 녹색성장위원회의 녹색성장 5개년계획을 살펴볼 필요가 있다.

http://likms.assembly.go.kr(국회법률지식정보시스템)
http://www.greengrowth.go.kr(녹색성장위원회)
http://www.president.go.kr(청와대)

tiP

공적개발원조(Official Development Assistance: ODA)

선진국의 정부 또는 공공기관이 개발도상국의 발전을 위해 개발도상국에 공여하는 증여 및 양허성 차관. 정부개발원조라고도 한다. OECD 산하 개발원조위원회(Development Assistance Committee: DAC)는 공적개발원조 공여국을 대표하는 협의체로, 3년마다 원조를 지원받을 수원국 리스트를 발표한다. 2014년 기준 DAC에는 29개 회원국이 활동중이다(시사상식사전, 박문각).

온실가스(green house gases: GHG)와 지구온난화(global warming)

지구온난화는 대기 중의 온실가스 농도가 증가하면서 온실효과가 발생하여 지구 표면의 온도가 점차 상승하는 현상을 의미한다. 온실효과를 일으키는 6대 온실가스에는 이산화탄소(CO_2), 메탄(CH_4), 아산화질소(N_2O), 수소불화탄소(HFCs), 과불화탄소(PFCs), 육불화황(SF_6) 등이 있다. 1985년 세계기상기구(WMO)와 국제연합환경계획(UNEP)은 이상의 6대 온실가스 가운데 이산화탄소(CO_2)가 지구온난화의 주범이라고 공식 선언한 바 있다.

지속가능발전(Environmentally Sound and Sustainable Development: ESSD)

이는 1987년 개최된 UN의 세계환경개발위원회(World Commission on Environment and Development: WCED)에서 처음 제시된 개념으로서 지구환경의 보전을 위해 자연이 허용하는 범위 내에서 경제, 사회, 환경 부문이 서로 균형되고 조화롭게 발전해야 함을 의미한다. 현재 세대의 개발 욕구과 미래 세대의 보존 욕구를 균형시키고자 하는 이 개념은 21세기에 인류가 지향해야 할 기본적 가치이자 새로운 발전의 패러다임으로 인식되고 있다.

탐구학습

1. 주요개념
   - 저탄소 녹색성장
   - 지구온난화
   - 지속가능성
2. 토론과 과제
   - 국민적 합의 도출을 위한 합리적인 민간협의체 구성·운영
   - 저탄소 녹색성장 정책 추진을 위한 효율적 역할분담

- 중소기업 및 저소득층 대책
- 국제적 기대에 부합하는 국제적 위상정립

참고문헌

경제·인문사회연구회(2011), 지역녹색성장전략백서.

김형국(2011), 녹색성장 바로알기, 나남.

관계부처 합동(2014), 제2차 녹색성장 5개년계획.

녹색성장위원회(2009a), 녹색성장국가전략.

녹색성장위원회(2009b), 녹색성장 5개년계획(2009~2013).

제 2 편

녹색에너지

인류는 무분별하게 화석에너지를 사용해 왔다. 그 과정에서 배출된 온실가스는 기후변화와 지구온난화의 주요원인이다. 이에 녹색에너지 사용, 에너지 효율성과 안전성 확보에 관심이 높아지고 있다.
본 편에서는 녹색에너지의 의의, 신재생에너지, 에너지의 수요관리, 에너지의 안전에 대해 살펴보기로 한다.

제1장

녹색에너지의 의의

제1절 녹색에너지의 개념

인구가 증가하고 경제가 성장하면서 인류는 화석에너지를 무분별하게 사용해 왔다. 특히 석탄, 석유 등의 화석에너지는 산업혁명의 원동력이었다. 산업혁명 이후 현재에 이르기까지 전 지구적 인구증가, 개발도상국가 산업화 진행에 따라 에너지 사용량은 지속적으로 증가하고 있다. 그러나 이 과정에서 발생한 온실가스는 기후변화와 지구온난화의 주요원인이다.

이에 녹색에너지에 대한 관심이 증가하고 있다. 녹색에너지는 일반적으로 대체에너지와 동의어로 사용된다. 대체에너지는 화석에너지를 대체한다는 의미에서 1970년대부터 사용하던 용어인데 주로 태양광, 태양열, 지열 등의 소프트에너지를 의미했다. 그러나 1980년대부터는 천연가스, 원자력 등의 사용이 증가하고 청정에너지로서 연료전지 등 미래에너지가 등장함에 따라 그 범위가 신재생에너지, 원자력, 미래에너지 등으로 확대되었다. 따라서 녹색에너지는 신재생에너지, 원자력에너지, 미래에너지 등을 포괄하는 개념이다.

세계 각 국은 새로운 에너지 개발과 보급에 주목하고 있다. 기존의 화석연료를 대체하는 새로운 에너지원에 대한 논의와 기술개발은 이미 오래전부터 진행되고 있는데 신재생에너지가 그것이다. 신재생에너지는 화석연료를 사용하지 않고 자연에서 얻는 에너지를 말하는데 태양열, 풍력, 바이오매스, 조력, 파력 등이 이에 속한다.

새로운 에너지의 공급과 함께 에너지의 효율적 사용에 대한 관심도 증가하고 있다. 이는 고갈자원인 화석연료를 인류가 무한히 사용할 수 없는 상황에서 신재생에너지는 아직 보급에 한계가 있기 때문이다. 이러한 측면에서 IT와 같은 신기술을 적용한 에너지사용 효율화가 필요하다는 것이 에너지 수요관리의 개념이다(한국에너지기술평가원, 2014).

한편 화석연료의 한계를 극복하여 비교적 효율이 높고 발전단가가 저렴한 원자력에너지의 발전비중이 1970년대부터 2000년대까지 크게 증가하여 왔다. 그러나 체르노빌 사고, 후쿠시마 사고 등으로 원자력에너지에 대한 안전성 문제가 제기되었고 유럽국가를 중심으로 최근에는 발전비중을 낮추려는 노력이 진행되고 있다. 그럼에도 불구하고 저렴한 발전단가로 개발도상국에서는 원자력발전의 비중을 유지하거나 확대하고 있기도 하다. 이러한 원자력에너지를 중심으로 에너지의 안전에 대한 관심도 증가하고 있다.

제2절 녹색에너지의 중요성

현재 인류가 주로 사용하고 있는 화석에너지는 석유, 석탄, 천연가스 등이다. 이들 에너지의 사용은 기후변화와 지구온난화의 원인이다. 이에 화석에너지를 대체할 수 있는 녹색에너지에 대한 관심이 높아지고 있다. 녹색에너지의 중요성을 살펴보면 첫째, 녹색에너지 사용은 화석에너지를 대체하여 온실가스 배출을 억제할 수 있다. 화석에너지는 연소과정에서 이산화탄소, 메탄, 아산화질소, 수소불화탄소 등의 온실가스를 배출한다. 따라서 녹색에너지 사용을 확대할수록 화석에너지 사용을 줄일 수 있다. 둘째, 현실적으로 에너지를 무한정 공급할 수 없기 때문에 에너지의 수요를 효율적으로 관리할 필요가 있다. 왜냐하면 화석에너지는 언젠가 고갈되는 반면 신재생에너지는 아직 보급이 미흡하기 때문이다. 셋째, 에너지 안전 원자력을 중심으로 현재 사용되고 있는 에너지원의 안전에 대한 우려가 큰 것이 사실이다. 에너지의 안전을 통해 에너지를 안전하게 공급하고 사용해야 한다.

제3절 녹색에너지의 주요내용

녹색에너지의 주요내용은 신재생에너지, 에너지의 수요관리, 에너지의 안전으로 구분하여 살펴볼 수 있다. 먼저 신재생에너지는 연료전지, 석탄액화가스화 및 중질잔사유가스화, 수소에너지, 태양광, 태양열, 바이오, 풍력, 수력, 해양, 폐기물, 지열을 중심으로 살펴본다. 또한 에너지의 수요관리는 스마트그리드, 지능형 수요관리, 에너지관리비즈니스, 에너지 저장-재판매 비즈니스, 스마트가전, 가상발전소, ICT 활용기술을 중심으로 다룬다. 마지막으로 에너지의 안전에서는 원자력에너지를 중심으로 에너지의 안전성을 강화하기 위한 기술, 정책, 사례 등을 살펴보고자 한다.

참고문헌

한국에너지기술평가원(2014), "에너지 수요관리에 있어 거버넌스의 필요성", 그린에너지 기술저널, 제5권 제6호.

제2장

신재생에너지

제1절 신재생에너지의 의의

1. 배경

UN통계에 의하면 지속적인 인구증가로 2050년 지구의 인구는 약 97억명에 이를 것으로 예상된다(UN, 2015). 이와 함께 인류가 소비하는 에너지도 기하급수적으로 증가할 것이다. 세계의 에너지 소비량은 매년 증가하여 왔다. 특히 선진국의 증가율은 다소 둔화되고 있으나 개발도상국의 증가율은 현저히 높아지고 있다. 따라서 신재생에너지(new & renewable energy) 사용비율을 높여야 한다는 주장이 꾸준히 제기되고 있는데 이를 구체적으로 살펴보면 다음과 같다.

첫째, 화석에너지 사용에 따른 온실가스의 배출문제이다. 화석에너지는 연소할 때 이산화탄소가 배출되는데 이것이 지구온난화의 주범으로 꼽히고 있다. 또한 화석에너지 연소는 스모그, 매연, 분진 등을 발생시키면서 각종 환경오염의 원인이 되고 있다. 둘째, 화석에너지는 한정된 자원이므로 언젠가 고갈된다는 것이다. 국제기구가 예상하고 있는 화석연료의 가채년수는 석유 40년, 천연가스 60년, 석탄 200년 내외로 추산된다. 탐사기술의 발달로 새로운 채굴원이 발굴되고, 채굴기술의 발달로 과거 채굴이 어렵던 심해나 깊은 지중의 채굴이 이루어지고 있다. 그러나 지금과 같은 추세로 에너지를 계속 소비할 경우 화석연료는 향후 200년 이내에 고갈될 것으로 예상된다. 셋째, 신재생에너지 활성화를 통해 에너지원을 다양화 할 수 있다. 에너지원을 다양화하면 석유, 천연가스 등 특정 에너지원의 국제가격 상승에 유동적으로 대응할 수 있고 에너지자립률 확보에 도움이 될 수 있다.

기후변화는 이미 전 세계적인 문제로 지적되고 있다. 이러한 문제를 해결하기 위해 새로운 에너지원을 찾아야 한다. 이에 따라 환경에 무해하고 재사용이 가능한 신재생에너지의 개발과 사용은 더 이상 미룰 수 없는 인류의 당면과제이다.

2. 개념

신재생에너지는 신에너지와 재생에너지를 합친 개념이다(시사경제용어사전, 2010). 신에너지는 연료전지, 수소에너지 등이 있고, 재생에너지는 태양광, 태양열, 바이오, 풍력, 수력 등을 들 수 있다.

일반적으로 석유, 석탄, 천연가스 등 화석연료에서 얻는 에너지를 하드에너지(hard energy)라고 하는데, 이러한 하드에너지는 환경공해의 주요요인으로 꼽히고 있다. 반면 태양열, 지열, 풍력, 바이오매스(biomass), 조력, 파력 등 자연에서 얻는 에너지를 소프트에너지(soft energy)라고 하는데, 소프트에너지는 환경공해를 발생시키지 않는 것이 특징이다(매경닷컴용어사전, 2015). 신재생에너지의 유사개념은 대체에너지, 녹색에너지, 친환경에너지 등을 들 수 있다. 대체에너지는 청정에너지(clean energy)로서의 신에너지, 재생에너지, 미래에너지 등을 의미한다. 녹색에너지는 일반적으로 환경을 더럽히지 않는 소프트에너지를 의미한다. 그리고 친환경에너지는 환경에 영향을 전혀 혹은 거의 미치지 않는 에너지를 의미하는데 신재생에너지, 대체에너지, 녹색에너지를 포괄하는 개념이다.

3. 중요성

신재생에너지는 화석에너지의 고갈과 환경문제에 대한 해결책이라는 점에서 선진 각국에서는 신재생에너지에 대한 과감한 연구개발과 보급정책을 추진하고 있다.

신재생에너지의 중요성은 다음과 같다. 첫째, 신재생에너지는 환경에 미치는 영향이 없는 청정한 에너지이다. 화석에너지의 경우 이산화탄소, 매연 등 환경에 유해한 물질을 배출하고 있으며 이것이 지구온난화의 원인으로 지적되고 있다. 그러나 신재생에너지의 경우 환경에 미치는 영향이 없거나 극히 미미하여 청정에너지로 불리고 있다. 둘째, 화석에너지는 언젠가 고갈될 에너지이므로 이에 대한 대응으로 신재생에너지의 개발과 보급이 필요하다. 신재생에너지 사용으로 화석에너지 사용비율을 축소할 경우 향후 화석에너지 고갈에 따른 사회적·경제적 충격에 대응할 수 있다. 셋째, 신재생에너지는 미래산업으로서의 가치를 가지고 있다. 기존 에너지원에 대비하여 가격경쟁력을 확보할 경우 신재생에너지 산업은 미래산업으로 성장할 수 있을 것으로 예상된다. 선진국의 경우 신재생에너지의 보급에 상당한 노력을 기울이고 있다. 신재생에너지의 연구개발을 통해 지적재산권을 확보하고 실용화를 앞당길 경우 미래의 신산업이 될 수 있다.

제2절 신재생에너지의 주요내용

1. 관련법률 및 정책

현재 선진 각국에서 기술개발을 활발히 진행하여 실용화 단계에 접어든 신재생에너지는 태양에너지, 풍력에너지, 지열에너지 등이 있다. 그리고 바이오매스, 파력, 조력 등도 실용화는 상대적으로 더디지만 기술개발은 활발히 진행하고 있다. 국내에서는 신재생에너지를 신에너지 및 재생에너지 개발·이용·보급촉진법 제2조에 규정하고 있는데 기존의 화석연료를 변환시켜 이용하거나 햇빛, 물, 지열, 강수, 생물유기체 등을 포함하여 재생가능한 에너지를 변환시켜 이용하는 에너지라고 정의하고 있다. 여기에서 신에너지는 연료전지, 석탄액화가스화 및 중질잔사유가스화, 수소에너지가 속하고 재생에너지는 태양광, 태양열, 바이오, 풍력, 수력, 해양, 폐기물, 지열이 속한다. 이 법에서는 신재생에너지의 종류를 규정하고 있을 뿐 아니라 이들 에너지를 이용 및 보급하기 위한 여러 가지 지원정책을 담고 있다. 한편 에너지법에서는 지역에너지계획을 수립하고 에너지 수급추이와 전망, 신재생에너지 사용대책 등을 규정하고 있다.

우리나라는 이미 발전차액제도, 신재생에너지 보급 정부보조, 그린홈 보급 정부보조, 신재생에너지 설비 설치의무화, 신재생에너지 설치비용 융자 등을 시행하고 있다. 그리고 2035년까지 총에너지의 11%를 신재생에너지로 보급한다는 목표하에 신재생에너지 기술개발 및 보급에 대한 지원정책을 강화해 나가고 있다(산업통상자원부, 2015).

〈표 2.2.1〉 신재생에너지의 관련법률 및 정책

관련법률	관련계획	주요사업	주관부처
신에너지 및 재생에너지 개발·이용·보급촉진법	· 신·재생에너지의 기술개발 및 이용·보급을 촉진하기 위한 기본계획	· 신재생에너지 기술개발 및 이용보급 · 온실가스 배출감소 목표 · 전문인력 양성 등	· 산업통상자원부
에너지법	· 지역에너지계획	· 에너지 수급 추이와 전망 · 에너지 안정적 공급을 위한 대책 · 신재생에너지 등 환경친화적 에너지 사용대책 등	· 산업통상자원부
핵융합에너지 개발진흥법	· 핵융합에너지개발 진흥기본계획	· 핵융합에너지 연구개발 · 핵융합에너지 생산 및 이용기반 조성 · 핵융합에너지 안전관리 및 안전연구	· 미래창조과학부

2. 주요내용과 특징

1) 신에너지

(1) 연료전지

연료전지(fuel cell)는 수소와 산소의 화학반응으로 생기는 화학에너지를 전기에너지로 변환시키는 기술이다. 연료전지는 연료극, 전해질층, 공기극으로 구성되어 있는데 구체적인 발전원리를 살펴보면 첫째, 연료극에 수소를 공급하여 수소를 수소이온과 전자로 분리한다. 둘째, 수소이온은 전해질층을 통해 공기극으로 이동하고 전자는 외부회로를 통해 공기극으로 이동한다. 셋째, 공기극에서 산소이온과 수소이온이 만나 반응생성물인 물을 생성한다. 넷째, 최종적으로 수소와 산소가 결합하여 전기가 생성된다. 이 과정에서 전기와 함께 물, 열이 생성된다(경

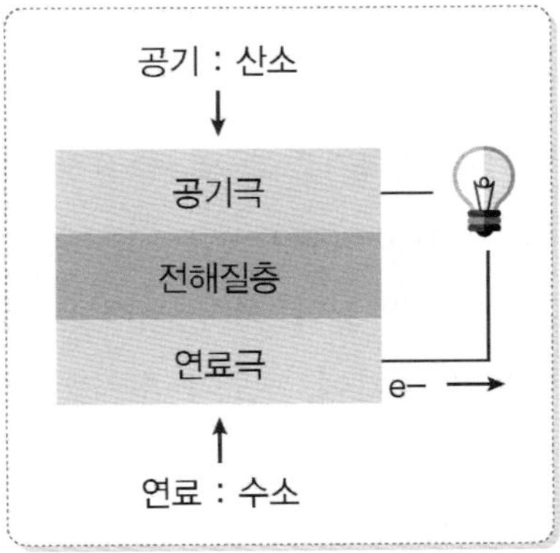

[그림 2.2.1] 연료전지 발전원리

기도 녹색기업지원시스템, 2015).

연료전지는 일반적으로 수소를 연료로 이용하고, 산소를 산화제로 이용한다. 그러나 탄화수소, 알코올 등을 연료로 이용하거나, 공기, 염소, 이산화염소 등을 산화제로 이용할 수도 있다. 연료전지의 발전효율은 40~60% 정도로 비교적 높은 편인데, 반응과정에서 생성되는 열까지 이용할 경우 전체 연료의 80%까지 에너지로 바꿀 수 있다. 게다가 천연가스, 메탄올, 액화석유가스, 나프타, 등유 등 다양한 연료를 사용할 수 있다. 또한 연료를 연소하지 않기 때문에 탄소배출도 미미하다. 화력발전에 비해 소음 역시 적고, 적은 토지면적만 있어도 되므로 입지선정에 용이하다. 그래서 도심 또는 건물 내에 설치가 가능하다. 연료전지는 기존의 화력발전을 대체할 수 있으며, 향후 분산 전원용 발전소, 열병합 발전소, 자동차 연료 등에 적용 가능할 것으로 기대된다.

(2) 석탄액화가스화 및 중질잔사유가스화

석탄액화가스화(gasification and liquefaction)는 고체연료인 석탄을 휘발유, 디젤 등의 액체연료로 전환시키는 기술이다. 석탄액화가스화는 직접액화방식과 간접액화방식으로 구분할 수 있는데 직접액화방식은 고온·고압의 상태에서 용매를 사용하여 석탄을 액체연료로 전환시키는 방식이다. 간접액화방식은 석탄을 가스화한 후 촉매를 이용하여 액체연료로 전환시키는 방식이다.

그리고 석탄중질잔사유가스화(gasification of heavy residue oil)는 중질잔사유 등의 저급원료를 고온·고압의 가스화기에서 가스화시켜 일산화탄소와 수소가 주성분인 합성가스를 만든다. 이를 정제하여 가스터빈 및 증기터빈을 구동하여 발전하는 것이다.

석탄액화가스화 및 중질잔사유가스화의 장점은 고효율 발전이 가능하고 환경에 미치는 영향이 적다. 또한 석탄, 중질잔사유, 폐기물 등의 다양한 저급연료를 활용할 수 있다. 반면 단점은 넓은 면적이 필요한 대형 장치산업으로서 시스템 비용이 고가이고 초기 투자비용이 높다는 것을 들 수 있다. 또한 복합설비로 전체설비의 구성과 제어가 복잡하여 연계시스템의 최적화, 시스템 고효율화가 필요하다.

(3) 수소에너지

수소에너지(hydrogen energy)는 물, 유기물, 화석연료 등에서 수소를 분리하여 에너지원으로 이용하는 것이다. 수소는 물의 전기분해로 쉽게 생산할 수 있으나 이 과정에서 투입되는 전기에너지에 비해 산출되는 수소에너지의 경제성이 낮다는 것이 단점이다.

수소에너지를 이용할 때 수소는 기체상태로 저장하는데 단위 부피당 수소저장밀도가 낮아 실용화에는 경제성과 안정성이 부족한 실정이다. 따라서 선진 각국은 액체 및 고체저장법을 연구 중에 있어 향후 실용화가 앞당겨 질 것으로 기대한다.

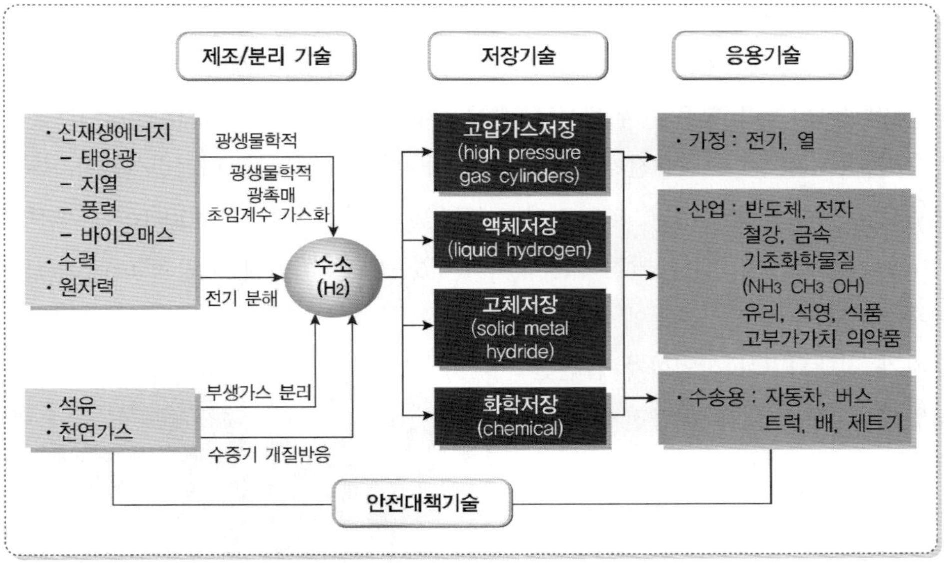

자료: 신재생에너지센터(2015).

[그림 2.2.2] 수소에너지의 이용원리

2) 재생에너지

(1) 태양에너지

태양에너지(solar energy)는 태양광에너지와 태양열에너지로 구분된다. 태양광에너지는 태양광이 갖는 광전효과를 이용해 태양빛을 전기에너지로 변환하는 에너지이다(김임순, 2009). 태양광에너지는 청정하고 무한하다는 장점이 있어 세계 태양광발전 시장은 매년 성장하고 있다. 특히 태양광발전은 전력전송 인프라가 필요없으며 유지비용이 저렴하고 반영구적으로 사용이 가능하여 미래에너지원으로 각광을 받고 있다.

태양광발전은 태양으로부터의 빛에너지를 직접 전기에너지로 바꾸어주는 발전 방식이다. 이러한 태양광발전의 핵심은 일반적으로 pn접합구조[1])를 가진 태양전지(solar cell)로서 외부로부터 광자(photon)가 태양전지의 내부로 흡수되면 광자가 지닌 에너지에 의해 태양전지 내부에서 전자(electron)와 정공(hole)의 쌍(e-h pair)이 생성된다. 생성된 전자-정공 쌍은 pn접합에서 발생한 전기장에 의해 전자는 n형 반도체로 이동하고 정공은 p형 반도체로 이동해서 각각의 표면에 있는 전극에서 수집된다. 각각의 전극에서 수집된 전하(charge)는 부하에 흐르는 전류로서 부하를 동작시키는 에너지의 원천이 된다(김기석 외, 2009).

태양광에너지의 활용을 위해서는 태양전지(solar cell, solar battery)라고 불리는 모듈이 사용된다. 태양전지는 재료에 따라 결정질 실리콘, 비정질실리콘, 화합물반도체 등으로 분류된다. 태양전지는 1839년 프랑스의 E. Becquerel이 광전효과(photovoltaic effect)를 발견하면서 시작되었는데 1970년대 오일쇼크(oil shock) 이후 태양전지의 연구개발에 막대한 투자가 진행되면서 상업화가 급진전되었다. 대체로 현재 태양전지의 효율은 7~17%이며 수명은 20년 가량이다.

[그림 2.2.3] 태양광 모듈

태양광에너지의 장점은 첫째, 에너지원이 청정하고 그 양이 무한하다. 둘째, 필요한 장소에서 필요한 양만 발전 가능하다. 셋째, 유지보수

1) 태양전지는 p형 반도체와 n형 반도체가 접합되어 있다. 두 반도체의 전자농도 차이로 n형 반도체에서 p형 반도체로 전자가 확산되는데 이 과정에서 전기장이 발생한다. 이를 응용한 것이 태양광발전의 원리이다.

가 용이하고 무인화가 가능하다. 넷째, 20년 이상의 긴 수명을 가진다. 다섯째, 건설기간이 짧아 수요증가에 신속히 대응할 수 있다. 반면 태양광에너지의 단점은 첫째, 전력생산이 지역별 일사량에 의존한다. 둘째, 에너지밀도가 낮아 큰 설치면적이 필요하다. 셋째, 초기 투자비와 발전단가가 높다. 다섯째, 일사량 변동에 따라 출력이 불안정하다.

한편 태양열을 이용하기 위해서는 빛을 모으는 집광판으로 빛을 굴절시켜 한 곳에 모은 뒤 뜨거워진 열로 물을 끓여 얻은 증기로 발전기를 돌려 전기에너지를 생산한다. 태양열을 이용해 가정에서는 온수, 난방 등에 이용할 수 있으며 공장이나 발전소는 산업에너지로 사용한다.

태양열에너지의 장점은 첫째, 다른 에너지자원의 소비없이 에너지를 얻을 수 있다. 둘째, 연료비가 불필요하다. 셋째, 공해가 없는 청정에너지이다. 넷째, 기계적인 진동과 소음이 없다. 다섯째, 자동화되는 발전시스템으로 유지관리비가 적다. 반면 태양열에너지의 단점은 첫째, 낮은 효율성으로 보급에 어려움이 있다. 둘째, 설치비용이 많이 드는 반면 단위면적당 공급받는 에너지량이 적다. 셋째, 날씨가 흐린 날이나 야간에는 생산이 불가능하다.

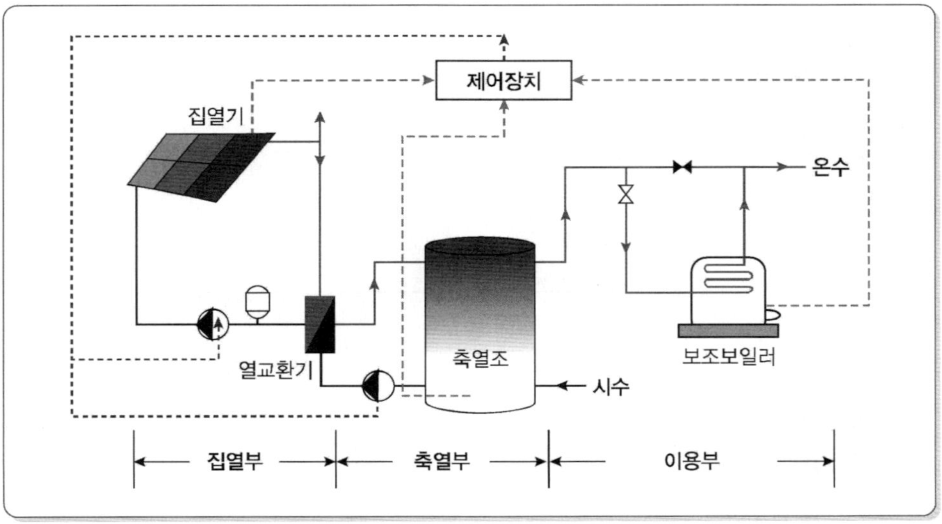

자료: 신재생에너지센터(2010).

[그림 2.2.4] 태양열에너지의 이용원리

태양열에너지는 일반적으로 소형발전기, 가정의 온수난방용 등에 주요 사용되며 향후 발전소, 농작물재배 등에 활발한 이용이 가능하다(신재생에너지센터, 2015).

(2) 바이오에너지

바이오에너지(bio energy)는 태양광을 이용해 광합성되는 유기물(주로 식물체) 및 동 유기물을 소비하여 생성되는 모든 생물유기체의 에너지를 말한다. 즉 바이오에너지는 생물유기체를 각종 가스, 액체, 고형연료로 변환하거나 이를 연소하여 열, 증기, 전기를 생산하는 것이다(두산세계대백과, 2015). 바이오에너지는 주로 식물을 활용한 에너지로서 식물의 지방성분 혹은 당성분을 이용한다(김임순, 2009).

바이오에너지의 장점은 첫째, 생물유기체를 에너지원으로 이용하므로 자원이 풍부하다. 둘째, 연료, 전력, 천연화합물 등 생성되는 에너지의 형태가 다양하다. 그러나 바이오에너지는 다음과 같은 단점이 있다. 첫째, 자원이 산재되어 있어 수집과 수송이 불편하다. 둘째, 다양한 자원종류에 따라 이용기술도 다양하여 개

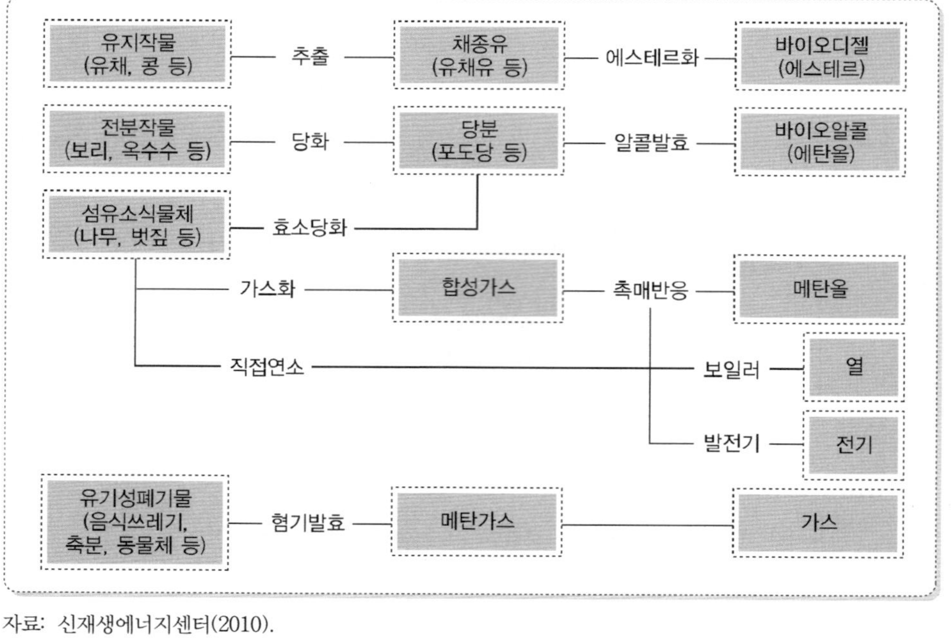

자료: 신재생에너지센터(2010).

[그림 2.2.5] 바이오에너지의 종류

발이 어렵다. 셋째, 과도하게 이용시 환경파괴의 가능성이 있다. 넷째, 단위공정의 대규모 설비투자가 필요하다.

한편 바이오매스는 태양에너지를 받은 식물과 미생물의 광합성에 의해 생성되는 식물체, 균체와 이를 먹고 살아가는 동물체를 포함하는 생물 유기체를 일컫는다. 바이오매스는 세균을 이용하여 에너지원을 만드는데 곡물, 감자류 등의 전분질계 자원과 볏짚, 왕겨 등의 셀룰로오스계 자원, 사탕수수, 사탕무 등의 당질계 자원, 가축분뇨와 미생물의 단백질계 자원 등이 있다(윤천석, 2009). 이미 브라질 등 일부 외국에서는 사탕수수의 당으로 에탄올을 추출하여 자동차연료로 사용하고 있다.

(3) 풍력에너지

풍력에너지(wind power energy)는 공기의 운동에너지를 기계적 에너지로 변환하고 이것을 다시 전기에너지 등으로 활용하는 것이다. 풍력에너지는 인류의 이용역사가 가장 오래된 신재생에너지로서 풍차 등으로 활용하여 왔다. 풍력에너지를 이용하는 원리는 자연의 바람으로 풍차를 돌리고 이것의 힘으로 발전기를 돌려 발전하는 것이다. 다시 말해 풍력에너지는 공기의 유동이 가진 운동에너지의 공기역학적(aerodynamic) 특성을 이용하여 회전자(rotor)를 회전시켜 기계적 에너지로 변환시키고 이 기계적 에너지로 전기를 얻는 기술이다.

풍력에너지의 장점은 첫째, 공해물질 배출이 없어서 청정성을 지닌다. 둘째, 풍력단지의 관광자원화가 가능하다. 셋째, 비용면에서 현재 일부 선진국의 경우 발전단가가 핵발전의 발전단가와 같은 수준에 와 있으며 핵발전의 폐기물 비용을 감안한다면 보다 경제적이고 친환경적이다. 반면 풍력에너지의 단점은 첫째, 에너지 밀도가 낮아 바람에 따라 특별한 지점에만 설치가 가능하다. 둘째, 바람이 불때만 발전을 할 수가 있으므로 지속적 발전이 곤란하여 저장장치의 설치가 필요하다. 셋째, 풍력터빈들은 각각 멀리 떨어져 있어야 하므로 넓은 지역을 차지한다. 따라서 이러한 풍력발전 시설은 농장이나 목축지에 세워지는 경우가 많다(윤천석, 2009). 마지막으로 가장 큰 단점으로 지적되었던 소음발생 문제는 최근에는 풍력발전기가 대형화되면서 문제가 해결되고 있다.

풍력발전은 비교적 경제성이 높은 편이나 풍력의 특성상 계절, 장소, 시간대 등에 따라 발생량이 불안정하다는 단점이 있다. 그러나 소규모 발전시설에서부터 대규모 발전단지에 이르기까지 활용도가 다양하고 비교적 효율이 높은 신재생에너지라는 측면에서 그 보급이 급격히 진행되고 있는 에너지이다.

[그림 2.2.6] 풍력발전단지(예시)

(4) 수력에너지

수력에너지(hydro energy)는 하천, 호소(湖沼) 등에서 물이 갖는 위치에너지를 수차를 이용하여 기계에너지로 변환하고 이것을 다시 전기에너지 등으로 활용하는 것을 말한다. 물이 낙하하는 힘으로 수차(水車)를 돌리면 수차 축에 설치되어 있는 발전기가 돌아가게 되어 전기가 발생한다. 이때의 발전기 출력은 낙차와 수량에 비례하므로 대체로 연간 강수량에 비례하는 특징을 가진다. 한편 수차에 큰 낙차가 작용할 수 있도록 인공적으로 댐을 막거나 수로(水路)를 바꾸기도 한다. 수력에너지는 우리나라에 비교적 풍부한 부존자원인 물을 이용하므로 활용의 잠재력이 풍부하다. 또한 무공해 청정에너지로서 발전과 정지, 출력조정이 원자력에 비해 용이하므로 전력의 첨두부하를 담당하여 안정적인 전력공급에 활용되고 있다.

우리나라의 수력에너지는 1937년 보성강수력발전을 시작으로 현재는 전국에 260개가 넘는 수력발전시설이 가동되고 있다. 수력발전은 우리나라 전체 전력의 1.5% 정도를 발전하고 있다(한국전력 전력통계, 2015년). 수력에너지는 비교적 경제성이 높고 댐 건설로 홍수조절, 수원확보 등의 부수적인 효과를 기대할 수 있다. 또한 소수력발전은 낙차가 3.5m 정도로도 발전이 가능해 활용가능성이 높다.

(5) 해양에너지

해양에너지(ocean energy)는 해양에 광범위하게 분포하는 파랑, 조류, 조석, 수온 등의 물리에너지를 전기에너지로 변환한다(김임순, 2009). 해양에너지는 중력 및 태양에너지가 해류, 파력, 조력, 온도차, 바람과 같이 여러 가지 형태로 저장된 무궁한 에너지원으로 이미 선진국에서는 실용화 기술을 확보한 단계이다. 특히 조력발전의 경우 우리나라는 서해가 조석간만의 차가 크고 수심이 얕으며 해안선의 굴곡이 심해 양호한 입지조건을 갖추고 있다. 또한 이미 시화호, 인천, 가로림 등에 조력발전소를 건설하고 전력을 생산하고 있다.

해양에너지 기술은 환경, 토목, 기계, 전기, 전자, 조선 등 종합적인 기술이 요구되는 분야이다. 해양에너지는 고갈의 우려가 없고 풍부하며 공해가 발생하지 않는다. 그러나 발전시설을 갖추는데 지형적인 제약이 까다로운 편이다. 또한 개발단가가 높아 보편적인 에너지원으로 사용하는데 한계가 있다.

자료: http://www.marineturbines.com

[그림 2.2.7] 조력발전

(6) 폐기물에너지

폐기물은 폐기물관리법 제2조 제1항에서 규정하고 있는데 사람의 생활이나 산업 활동에 필요하지 않게 된 물질을 말한다. 폐기물에너지(waste energy)는 이러한 폐기물을 활용하여 에너지를 생산하는 것으로서 생활폐기물, 산업폐기물을 연료로 재생산한다. 양질의 가연성 폐기물만 선별해 우수한 연소성을 가진 고형연료의 형태로 재생되는 것이 폐기물에너지이다. 이렇게 만들어진 고형연료는 성형 제품에너지와 비성형 제품에너지로 나눠 일반 고형연료제품(solid refuse fuel: SRF)과 바이오 고형연료제품(Biomass-Solid Refuse Fuel: Bio-Srf)으로 구분하여 제조하고 있다.

일반 고형연료제품은 폐기물관리법 제2조 제4호의 지정폐기물이 아닌 생활폐기물, 폐합성수지류, 폐합성섬유류, 폐고무류, 폐타이어 등이며, 바이오 고형연료제품은 폐지류, 농업폐기물, 폐목재류, 식물성잔재물, 초본류 폐기물 등의 폐기물을 선별해 이들을 파쇄, 건조, 성형과정을 거쳐 고체형태의 연료로 제조한 폐기물에너지이다. 이렇게 만들어진 고형연료는 시멘트 소성로, 화력발전시설, 열병합발전시설, 지역난방시설, 산업용보일러, 제철소 등에서 사용된다.

(7) 지열에너지

지열에너지(geothermal energy)는 지구내부에서 표면을 거쳐 발생되는 열을 이용하는 것으로 재생이 불가능한 에너지원이나 지구자체가 가지고 있는 자연에너지이다(미래기획위원회, 2009). 지열에너지는 지하의 열을 직접적으로 이용하기도 하고 뿜어져 나오는 증기를 이용하여 터빈을 돌려 전기를 생산하여 이용하기도 한다.

지열에너지는 물, 지하수, 지하 열 등의 온도차를 이용하여 냉・난방에 활용하는 기술이다. 태양열의 약 47%는 지표면을 통해 지하에 저장되며 이렇게 태양열을 흡수한 땅속의 온도는 지형에 따라 다르지만 지표면 가까운 땅속의 온도는 대략 10~20℃ 정도 유지하므로 열펌프를 이용하는 냉난방시스템에 이용할 수 있다. 지열에 있어서 가장 유용한 온도는 섭씨 80~180℃ 사이이며 지표 아래의 층이나 저장고에 있는 열수와 증기를 이용하여 발전한다. 지열에너지를 이용하는

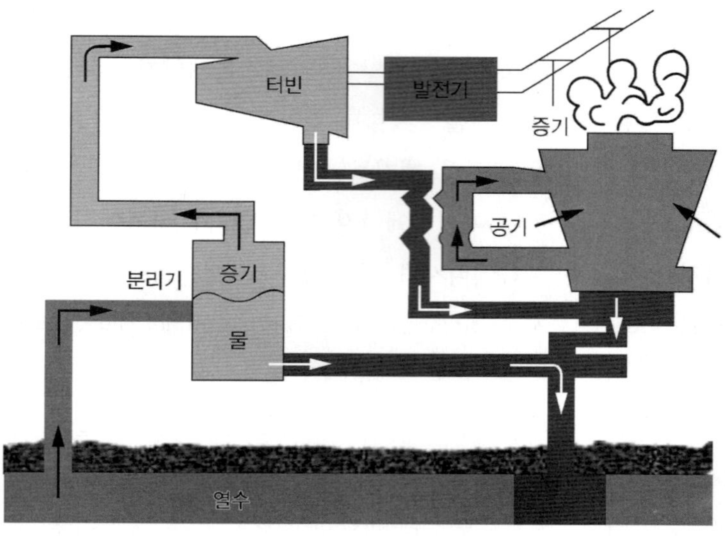

자료: 신재생에너지센터(2015).

[그림 2.2.8] 지열에너지의 이용원리

시스템은 지열을 회수하는 파이프(열교환기)의 회로구성에 따라 폐회로(closed loop)와 개방회로(open loop)로 구분할 수 있다(김석권, 2009).

지열에너지는 비교적 운전이 간단하고 가동률이 높아 지역에너지로 사용하는데 장점이 있다. 지열에너지는 태양에너지와 함께 대표적인 신재생에너지로 꼽히고 있으며 그 활용범위가 빠른 속도로 확산되고 있다.

3) 원자력에너지

원자력에너지(atomic energy)는 원자에너지 또는 핵에너지라고도 하는데 원자핵의 변환에 따라서 방출되는 에너지이다. 원자력에너지는 핵분열과 핵융합을 이용하여 만들며 원자력발전은 핵분열을 이용한다. 핵분열은 우라늄, 플루토늄 등 무거운 원소의 원자핵을 연쇄적으로 분열시키는 방법이다. 핵융합은 중수소(重水素) 등 가벼운 원소의 원자핵을 융합시키는 방법으로서 원자폭탄은 핵분열을 이용한 것이다. 그리고 수소폭탄은 핵융합을 이용한 것이다(위키백과, 2011). 핵융합은 아직 에너지원으로 사용할 수 있는 기술을 확보하지 못하고 있다. 향후 핵융합의 방출에너지를 이용할 경우 동력원으로 막대한 에너지를 공급받을 수 있을 것으로 전망된다.

원자력에너지는 인류의 주요 에너지원으로 이용되고 있다. 한편 원자핵은 방사능을 띠고 있는데 이를 인공방사선으로 이용할 수 있다. 인공방사선은 암치료, 질병진단 등의 의학적 이용, 계측, 비파괴검사 등의 공업적 이용, 품종개량, 식품조사 등의 농업적 이용이 가능하다.

〈표 2.2.2〉 신재생에너지의 종류별 장단점

구 분	장 점	단 점
태양열	· 무공해, 무한량	· 비경제적
태양광	· 간편한 설치 · 소음과 진동이 없음 · 수명이 길고 유지비용이 없음	· 높은 초기설치 비용
바이오매스	· 잠재에너지로서 높은 가치	· 산림고갈의 우려
풍력	· 무한정 · 설치비용이 적고 설치기간이 짧음	· 풍량에 따른 이용제한

지열	· 저렴한 발전비용 · 청정	· 수몰보상 · 지역편재
해양에너지	· 무한정, 청정	· 해양생태계에 영향 · 높은 시설비
폐기물 에너지	· 높은 경제성 · 쓰레기활용을 통한 환경오염 예방	· 높은 기술요구
수소에너지	· 청정 · 간편한 사용, 수송과 저장 용이 · 물로 재순환 가능	· 폭발 위험성 · 저장곤란
원자력 에너지	· 무한정 · 저렴한 발전비용 · 높은 발전효율	· 높은 기술요구 · 방사능유출위험

자료: 김임순(2009).

제3절 신재생에너지의 사례

본 절에서 다루는 신재생에너지의 해외사례는 미국의 바이오디젤, 유럽의 철도역사 지열냉난방, 독일의 보봉마을을 살펴본다. 그리고 국내사례는 대구시 솔라시티 조성사업, 울릉도 에너지자립섬 조성에 대해 살펴본다. 이들 사례는 신재생에너지를 활용하여 온실가스와 탄소배출을 감축한 사례로서 신재생에너지의 실제를 살펴볼 수 있다.

1. 해외사례

1) 미국의 바이오디젤

미국은 세계적인 대두유 생산국가로서 대두유를 통한 바이오디젤 생산비용이 화석연료 생산비용의 약 30%에 불과하다. 우리나라는 미국과 같이 식물성 연료를 대규모로 생산하기는 어렵지만 사용한 식용유를 수거하여 이용할 경우 해외에서 수입하는 화석연료보다 싼 가격에 바이오디젤을 생산할 수 있는 것으로 평가된다. 바이오디젤의 장점은 자동차에서 발생되는 매연을 저감할 수 있다는 것이다.

바이오디젤은 CO_2의 산출량이 아주 낮다. 100% 바이오디젤의 경우 CO(일산화탄소), THC(총미연소탄화수소), PM(분진), SOx(황산화물), OFP(오존발생잠재도), PAH(발암성 방향족 화합물), nPAH(질화 발암성 화합물) 등 유해물질을 경유보다 적게 배출한다(손학식, 2008).

바이오디젤은 기존 경유차량에 별도의 차량 구조변경 없이 사용가능하다. 기존 경유 차량에 주유만 하면 별도의 장치없이 사용할 수 있다. 또한 기존 경유차량에 바이오디젤 50% 이상 혼합유를 연료로 사용할 경우 솔벤트의 역할을 하게 되어 연료탱크, 연료펌프, 연료호스 등에서 경유에 의한 침전물을 제거하는 기능도 한다.

2) 유럽의 철도역사 지열냉난방

유럽에서는 철도역사의 냉난방에 지열을 이용하는 경우가 많다. 철도역에서 가동하는 냉난방에는 막대한 에너지가 소요된다. 지상의 경우 동절기와 하절기의 기온차가 크게 나타나지만 이러한 지상의 기온변화에 비하여 지중온도는 연중 일정하다. 하절기에는 지상의 기온보다 지중의 온도가 낮고 동절기에는 지상의 기온보다 지중의 온도가 높다. 따라서 지열을 활용하면 냉·난방 에너지를 크게 절감할 수 있다.

영국의 Liverpool South Parkway역의 역사는 대표적인 환경친화적 역사로 꼽히고 있는데 난방에 필요한 에너지의 60%를 지열에서 얻는다. 또한 South Parkway역의 지붕은 2.3톤의 재생알루미늄으로 만들어 졌고, 연간 70만 리터의 빗물 재활용 시스템을 갖추고 있다. 그리고 태양전지를 이용해 전기를 생산하는 등 다양한 환경적 요소가 고려되었다(이진택, 2009).

한편 오스트리아 U-Bahn의 Praterstern역은 리노베이션을 통해 친환경역사로 재탄생되었는데 지열로 냉·난방 에너지를 얻어 역사건물 및 역구내 상가의 냉·난방, 계단 및 건물내외장의 결빙방지 등에 이용하고 있다.

또한 독일 Barbis의 Bad Lauterberg역에서는 2005년에 설치된 지열시스템을 이용하여 승강장을 가열해 눈이 왔을 때 저절로 눈이 녹도록 하였다. 승강장 아래에는 9개의 시추공 열 교환기(borehole heat exchanger: BHE)를 200m 깊이까지 설치하였다(신재생에너지센터, 2009).

한편 철도역에서는 냉난방 이외에 동절기에 전철기의 결빙을 예방하는 데에도 많은 에너지가 소비되는데 유럽에서는 지열로 결빙을 방지하고 있다. 특히 네덜란드는 32개의 전철기에 지열을 이용한 결빙방지시스템을 운영하고 있다.

3) 독일의 보봉마을

독일의 보봉마을은 프라이부르크시에 위치한 저에너지주택단지이다. 보봉마을은 새로운 생태마을을 만들자는 주민들의 아이디어와 제안에서 시작되었다. 따라서 생태마을 만들기에 대부분의 주민들이 자발적으로 참여하고 있다.

보봉의 생태마을 만들기는 에너지사용 최소화에서 시작하는데 대부분의 주택은 태양광과 태양열을 이용한 발전시스템을 갖추고 있다. 일부 주택의 경우 신재생에너지에서 생산한 전기를 가정에서 사용하고 남아 이를 국가에 판매하기도 한다. 또한 단열재, 이중창, 자연채광 등을 통해 에너지사용을 최소화하고 있으며 열순환장치를 통해 외부에서 들어온 공기가 따뜻하게 덮여지면 내부순환을 통해 실내온도를 계속 유지한다.

[그림 2.2.9] 독일의 보봉마을 전경

2. 국내사례

1) 대구시 솔라시티 조성사업

대구시는 솔라시티라는 도시브랜드를 설정하고 신재생에너지 보급에 노력하고 있다. 특히 2002년부터 정수장, 하수처리장 등에 태양광발전을 설치하고 있는데 고산정수사업소 등 정수장 15개소에 1,622kW, 신천하수사업소 등 하수처리장 3개소에 210kW급 태양광발전시설을 설치하였다. 또한 대구스타디움 앞 지하차도에 태양광발전시설을 설치하여 터널조명, 가로등 등에 활용하고 있다.

한편 대구시는 맑고 푸른대구21추진협의회, 대구에너지시민연대, 대구흥사단 등을 중심으로 (주)대구시민햇빛발전소를 설립하였다. (주)대구시민햇빛발전소는 시민들이 출자한 자금으로 2008년 수성구 두산동 지산하수처리장에 1호기, 2012년 두산동 주민센터 옥상에 2호기, 북구 동호동 도시철도 3호선 차량기지 환승주차장에 3·4호기 태양광발전소를 설치했다.

(주)대구시민햇빛발전소는 대구도시철도본부가 3호선 차량기지 내 환승주차장 부지 1천200㎡를 15년간 유상 임대하고, 대구시민 223명이 출자한 5억 2천 800만원의 자본금으로 200kw급 태양광 발전시설을 건립했다. 아울러 차량기지 환승주차장에 설치한 대구시민햇빛발전소 제3·4호기는 연간 25만 7천kwh의 전기가 생산될 계획이다. 한편 대구시민햇빛발전소 측은 친환경에너지에 관심이 많은 시민들의 출자를 받아 햇빛발전소 5호기를 건설할 예정이다.

2) 울릉도 에너지자립섬 조성

에너지자립섬은 도서지역의 디젤발전원을 신재생에너지로 교체하여 화석에너지를 사용하지 않는 섬을 말한다. 우리나라의 도서지역 전력공급은 주로 디젤발전에 의존하고 있는데 이로 인해 환경오염과 유가부담이 큰 실정이다. 따라서 정부는 우리나라의 62개 도서지역을 에너지자립섬으로 조성한다는 목표를 세우고 있다. 울릉도는 우리나라에서 추진되고 있는 에너지자립섬 조성의 대표적인 사례로 꼽히고 있다.

울릉도 에너지자립섬 조성은 크게 1단계와 2단계사업으로 구분할 수 있다. 1단계는 2017년부터 진행되는데 태양광발전 1MW, 풍력발전 8MW, 소수력발전 660kW의 시설을 설치한다. 2단계는 2018년부터 2020년까지 진행되고 연료전지 23MW, 지열 4MW를 설치하여 전체 36.66MW의 신재생에너지 발전설비를 갖추는 것이다. 아울러 에너지저장장치를 설치하여 태양광, 풍력 등에서 과잉생산되는 전력을 저장했다가 야간, 바람이 없는 날 등 전력이 부족할 경우 송전하는 시스템을 갖출 예정이다.

3. 시사점

신재생에너지의 국내외 사례를 살펴보면 다음과 같은 시사점을 얻을 수 있다. 첫째, 미국, 유럽 등의 선진국은 신재생에너지의 보급과 활용에 정부와 지자체가 주도하고 있다. 뿐만 아니라 개발도상국가 역시 요구되는 기술수준이 상대적으로 다른 신재생에너지에 비해 높지 않은 태양광에너지를 중심으로 적극적인 보급정책을 추진하고 있다. 우리나라의 경우에는 태양광에너지, 지열에너지 보급을 위해 정부보조금정책을 시행하고 있을 뿐 국가적 차원의 신재생에너지 개발이나 보급은 미흡한 것이 현실이다.

둘째, 신재생에너지의 보급을 위한 지역사회의 협력거버넌스가 필요하다. 대구시의 경우 시민조직이 주도하여 (주)대구시민햇빛발전소를 설립하고 신재생에너지설비를 보급하고 있다. 이 과정에서 지자체는 지하철 역사, 상하수도 시설 등의 공공부지를 제공하고 있다. 또한 시민들은 자금을 모금하여 신재생에너지 보급에 참여하고 있다.

셋째, 신재생에너지에 대한 우리나라의 인식수준은 선진국과 상당한 격차를 보이고 있다. 따라서 미국, 유럽 등의 국가와 같은 신재생에너지 기술개발과 보급정책 뿐 아니라 신재생에너지 사용에 대한 국민의 인식개선 역시 이루어져야 할 것이다.

제4절 신재생에너지의 전망과 과제

1. 전망

세계 각국은 신재생에너지의 개발과 보급을 위해 노력하고 있다. 특히 선진국의 경우 태양광에너지, 풍력에너지 등은 이미 널리 사용되고 있다. 에너지 공급의 전망을 살펴보면 다음과 같다. 첫째, 조력에너지, 수소에너지 등에서 선진국과 개발도상국가간의 기술수준 차이가 더욱 확대될 것으로 전망된다. 따라서 세계시장을 선점하기 위한 정책적 지원과 기술개발 투자가 필요하다. 둘째, 태양광에너지, 풍력에너지, 지열에너지를 중심으로 녹색에너지의 활용은 점차 늘어날 것으로 예상된다. 특히 태양에너지는 그 활용가능성이 매우 높은데 이미 유럽, 미국, 일본 등의 선진국에서는 활발하게 이용되고 있다. 최근에는 사막에 태양광발전소를 설치하여 전력을 생산하는 방안이 적극적으로 논의되고 있다.[2] 셋째, 신재생에너지의 의무사용이 확대될 것으로 전망된다. 특히 공공건축물에서 신재생에너지 사용을 의무화하는 규정이 시행되고 있으며, 민간 대형건축물도 신재생에너지 의무사용이 강화될 것으로 전망된다.

향후 신재생에너지는 태양에너지, 풍력에너지, 수소에너지를 중심으로 활용범위가 급속히 확대될 것으로 예상되므로 우리나라도 신재생에너지의 기술개발과 보급노력이 확대되어야 할 것이다.

2. 과제

우리나라의 경우에는 풍력에너지발전 시범단지조성, 태양광에너지마을 시범사업 등의 보급정책을 펼치고 있으나 선진 외국의 적극적인 보급정책에 비해 소극적인 수준이다. 이에 따라 신재생에너지의 기술수준 제고와 보급을 위해서는 다음이 요구된다.

첫째, 바이오디젤, 해양에너지 등의 성장잠재력이 큰 에너지부문에 대한 기술개발에 소홀하다. 따라서 새로운 분야에 대한 녹색에너지 개발이 꾸준히 이루어질 경우 환경적으로 무해하고 무한한 청정에너지 시장을 선점할 수 있을 것이다.

둘째, 공공 및 민간 건축물의 건축시 신재생에너지 의무사용을 강화할 필요가 있다. 신재생에너지는 아직 화석에너지에 비해 경제성이 낮은 것이 현실이다. 따라서 이를 통해 신재생에너지의 시장확대를 유도할 필요가 있다.

셋째, 태양광에너지, 풍력에너지 등의 기술은 이미 개발도상국의 기술수준이

2) 1시간 동안 지구상에 내리쬐는 태양에너지의 총량은 세계에너지 소비의 1년분을 조달할 수 있는 양이다. 이렇게 막대한 양의 태양에너지를 활용하기 위해 현재 아프라카 사막지역에 태양광발전소를 건립하여 유럽에 전력을 공급하는 방안이 활발히 논의되고 있다.

선진국 수준에 근접하고 있어 국제적 분업체제의 마련이 필요하다. 즉 태양광 셀 등의 생산은 중국 등 가격경쟁력을 가진 국가에서 선점하고 있어 발전시스템, 축전지 등의 고부가 틈새시장 개척이 요구된다.

추천자료

신재생에너지에 대한 이해를 높이기 위해서는 신재생에너지기본계획, 신재생에너지 홈페이지 등을 살펴보면 도움이 된다.

김임순(2009), 저탄소 녹색성장, 북스힐.
미래기획위원회(2009), 녹색성장의 길, 중앙북스.
제4차 신재생에너지기본계획, 산업통상자원부, 2014.
A. Vico(임희연 역, 2015), 세상을 바꾼 에너지의 역사, 봄나무.
http://www.energy.or.kr(한국에너지공단 홈페이지)

tip

가채년수

어떤 자원의 확인된 매장량을 연간 생산량으로 나눈 지표로, 앞으로 얼마나 오랫동안 자원을 채굴할 수 있는가를 보여주는 지표이다. 확인 매장량은 채굴이 가능한 자원의 양, 곧 채굴가능량을 말한다. 확인 매장량을 연간 소비량으로 나눈 내용년수(耐用年數)와 함께 자원의 확인 매장량을 표시하는 대표적인 지표이다(두산백과, 2015).

액화석유가스(liquefied petroleum gas)

LPG 또는 LPGas라고도 한다. 유전에서 석유와 함께 나오는 프로판과 부탄을 주성분으로 한 가스를 상온에서 압축하여 액체로 만든 연료이다. 액화석유가스는 액화·기화가 용이하고, 액화하면 체적이 작아진다. 상온(15℃)하에서 프로판은 액화하면 1/260의 부피로 줄어들며, 부탄은 1/230의 부피로 줄어들어 수송·저장이 용이하다. 부탄은 자동차연료, 난방, 이동용 버너 연료 등으로 사용되고 프로판은 주로 취사용으로 사용 되며 아파트 등 대형건물의 난방, 산업체의 공업용 등으로 사용된다. 액화석유가스는 원래무색, 무취이나 질식 및 화재 등의 위험성 또는 환각의 위험성 때문에 쉽게 식별 할 수 있는 냄새를 화학적으로 첨가한다(시사상식사전, 박문각, 2015).

나프타(naphtha)

석유의 성분 중 휘발유와 등유의 중간에 있는 조제 석유. 끓는점이 250℃보다 낮다. 옛날에 페르시아에서 발견된 휘발성의 액체 연소물을 그리스어로 나프토라고 했던 것이 어원이 되었다. 이것을 분해하여 에틸렌, 프로필렌 등 석유 화학 제품의 원료를 만든다(과학용어사전, 2015).

열병합 발전소(combined heat & power plant)

발전용 터빈을 구동하여 생산한 전력을 자체 사용하거나 역송하여 판매하고, 폐열은 고압증기와 온수를 생산하는 데 이용하는 시스템이다. 폐열을 이용하여 생산된 고압증기는 염색 등 생산 공정에, 온수는 주로 가정용 지역난방에 사용된다(산업통상자원부, 지식경제용어사전, 2010).

광자(photon)

물질은 파동성과 입자성 두 가지 성질을 지니고 있다. 파동의 성질로 본다면 빛은 전자기파에 해당하며, 입자의 성질로 볼 때 광자(광양자)로 명명한다. 광자 한 개의 에너지는 플랑크상수(h)에 빛의 진동수(v)를 곱한 값, 즉 hv이고 운동량은 hv/c(c는 진공에서 빛의 속도)이다(두산백과, 2015).

오일쇼크(oil shock)

원유 값이 급등하여 전 세계 각국에 경제적 타격을 준 석유파동을 말하며, 지금까지 가장 큰 영향을 끼친 2차례의 석유파동은 각각 1973과 1978년에 일어났다. 제1차 석유파동은 1973년 10월 6일 발발한 제4차 중동전쟁이 10월 17일부터 석유전쟁으로 비화된 사건이다. 이 석유파동으로 인하여 OPEC는 국제석유자본(oil major)이 독점하고 있던 원유가격의 결정권을 장악하게 되었으며, 자원민족주의를 강화시키는 결과를 초래하였다(시사상식사전, 박문각, 2015).

탐구학습

1. 주요개념

- 녹색에너지
- 태양광에너지
- 태양열에너지
- 지열에너지
- 풍력에너지
- 폐기물에너지
- 수소에너지
- 연료전지
- 수력에너지
- 바이오에너지
- 해양에너지
- 석탄액화가스화 및 중질잔사유가스화
- 원자력에너지

2. 토론 및 과제
- 신재생에너지의 종류별 장점과 단점
- 실생활에서 실천할 수 있는 신재생에너지의 활용방안
- 신재생에너지의 신성장산업화

참고문헌

김기석 외(2009), 신재생에너지, 영남대학교출판부.
김석권(2009), 태양광 발전시스템의 설계설비 시공사례집, 신기술.
김임순(2009), 저탄소 녹색성장, 북스힐.
미래기획위원회(2009), 녹색성장의 길, 중앙북스.
손학식(2008), 에너지진단원론, 한국에너지정보센터.
시사경제용어사전(2010), 기획재정부.
윤척석(2009), 신재생에너지, 인피니티북스.
이진택(2009), 신재생에너지, 아이세움코믹스.
제4차 신재생에너지기본계획(2014), 산업통상자원부.
UN(2015), 2015 Revision of World Population Prospects.
http://www.green-all.kr(경기도 녹색기업지원시스템)
http://www.wipipedia.org(위키백과)
http://www.encyber.com(두산백과사전)
http://www.energy.or.kr(신재생에너지센터)
http://www.mk.co.kr(매경닷컴 용어사전)
http://www.mke.go.kr(산업통상자원부)

제3장

에너지의 수요관리

제1절 에너지 수요관리의 의의

1. 배경

고유가 및 전력수급불안 그리고 온실가스 감축을 통한 기후변화 대응 등 대내외적인 여건으로 에너지 수요관리에 대한 관심이 증대되고 있다. 그동안 에너지 공급 중심의 에너지정책에서 벗어나 에너지 수요에 전략적으로 대응하고 체계적으로 관리하는 정책이 필요하다. 이에 따라 에너지 수요의 배경을 살펴보면 첫째, 우리나라는 에너지다소비형 산업구조를 갖고 있으며 전력소비의 증가세가 빠르다. 특히 에너지소비 중 비중이 가장 높은 산업부문의 에너지소비가 빠르게 증가하고 있다.

둘째, 에너지사용에서 에너지전환 손실이 지속적으로 증가하고 있다. 에너지 전환 손실은 광에너지, 화학에너지, 전기에너지, 기계에너지, 열에너지 등이 다른 형태의 에너지로 변환되는 과정에서 발생하는 에너지의 손실을 말한다. 즉 전기에너지를 생산하기 위해서는 다른 에너지원을 이용하여 발전하는데 이때 발생되는 손실을 의미한다.

셋째, 전기에너지의 사용이 증가하고 있다. 과거 냉방수요가 집중되는 여름철을 중심으로 전기에너지가 가장 많이 사용되었으나 최근에는 동계 전기난방, 전기사용 기기의 확대 등으로 연중 높은 수준의 전기사용형태를 보이고 있다. 향후 산업 및 상업부문을 중심으로 전력소비의 견조한 증가세가 예상됨에 따라, 에너지 수요관리가 더욱 중요해 질 것으로 전망된다.

2. 개념

에너지 수요관리(energy demand management)는 에너지사용을 합리적인 방향으로 관리하는 제반활동을 의미하는데 전력공급설비의 확충에 중점을 두어 온 종전의 공급측 관리와는 대응되는 개념이다. 전력수요 증가에 따라 에너지 공급보다는 에너지 수요의 관리에 대한 중요성이 강조되고 있다. 에너지 수요관리는 세계 주요국 에너지정책의 핵심으로 등장하고 있다. 에너지 수요관리를 기후변화, 고유가 대응, 에너지안보 강화를 위한 핵심 에너지전략으로 설정하고, 각종 종합대책을 수립하여 추진중이다. 즉 선진 각국의 에너지관리정책(energy management policy)은 에너지 공급관리(supply side management)에서 에너지 수요관리로 관심이 전환되고 있다.

3. 중요성

에너지 수요관리의 중요성을 살펴보면 첫째, 매년 전력수요가 증가하고 있다는 것이다. 최근 폭염, 한파 등의 이상기온 현상으로 냉난방기기의 보급이 급증함으로 냉난방 수요가 큰 증가세를 보이고 있다. 최대전력수요는 해마다 지속적으로 증가하고 있는데 과거에는 최대전력수요가 주로 여름철에 발생한 반면 최근에는 겨울철에 발생하고 있다. 기존의 최대전력수요는 여름철 고온다습한 계절적 요인으로 냉방부하 증가가 주원인이었으나, 최근에는 전열 난방기기의 보급에 따라 겨울철에 최대수요가 발생하게 된다. 공급능력의 증가 대비 최대전력수요가 증가하면서 점차 공급예비율도 낮아지고 있다.

둘째, 우리나라의 전기요금은 타 에너지원 대비 낮은 수준을 유지하고 있으며 이로 인해 전환수요가 발생된다. 다른 에너지원에 대비하여 상대적으로 낮은 수준의 전기요금으로 인해 냉난방 설비의 에너지원이 전기로 전환됨으로써 전력사용량 증가의 원인이 되고 있다. 기존의 공급 중심의 수급정책의 한계가 노정되면서 매년 전력수급위기가 발생하는 실정이다. 기존 공급설비 신규 증설 중심의 전력수급 패턴이 지속된 결과, 현재 우리나라에서는 전력공급 설비를 건설할 수 있는 입지가 부족한 실정이다.

셋째, 전원설비 설치를 위한 사회적 수용성의 문제이다. 발전소, 송전탑 등의 신규 전원설비를 설치하기 위해서는 사회적 수용성 확보가 필요하나 지역사회 반대, 찬반여론 등으로 오히려 사회적 갈등을 발생시키는 경우가 적지 않다. 2011년에 발생한 9·15 정전사태는 전력공급능력의 한계, 정확한 전력수요 예측 실패가 원인으로 꼽히고 있다. 그 이후에도 동·하계 전력피크 발생시기마다 전력수급위기가 발생하고 있다. 이에 따라 에너지 수요관리의 중요성이 강조되고 있다.

제2절 에너지 수요관리의 주요내용

1. 관련법률 및 정책

전력소비의 증가 및 수요자원의 중요성 증대에 따라, 정부에서도 최근 수요관리를 중심으로 하는 새로운 정책 패러다임을 제시하였다. 정부는 2013년 창조경제 시대의 정보통신기술(information and communication technologies: ICT) 기반 에너지 수요관리 신시장 창출방안을 발표하였으며 2014년에는 제2차 에너지 기본계획을 통해 체계적 수요관리 정책의 시행을 강조하고 있다.

제2차 에너지기본계획에서는 신정책 패러다임으로서 ICT를 활용한 시장중심의 체계적 수요관리를 확대할 것을 언급하고 있다. 이에 따라 전기사업법 개정안이 통과되면서 수요자원이 전력시장에서 거래될 수 있는 법적 기반이 마련되었다. 한편 정부는 2010년 스마트그리드 국가 로드맵을 발표하였으며, 다양한 수요반응 요금제 도입 기반을 구축하기 위해 2020년까지 전체 수용가에 대한 스마트미터 및 양방향 통신 시스템을 구축할 것을 명시하였다. 일반용, 산업용 수용가 대상으로는 시간대별, 계시별 차등요금제가 적용이 되고 있으나, 주택용 수용가는 누적소비전력량에 따른 누진요금제도만 시행이 되고 있다. 향후 차등요금제, 피크요금제 등의 도입을 위해 2020년까지 주택용 수용가까지 스마트미터 보급이 완료될 전망이다.

〈표 2.3.1〉 에너지 수요관리의 관련법률 및 정책

관련법률	관련계획	주요사업	주관부처
저탄소 녹색성장기본법	· 에너지기본계획 · 기후변화대응 기본계획	· 기후변화대응 연구개발 · 에너지 목표관리 등	· 국무총리실
에너지법	· 지역에너지계획 · 에너지기본계획	· 에너지 수급 추이와 전망 · 에너지 안정적 공급을 위한 대책 · 신재생에너지 등 환경친화적 에너지 사용대책 등	· 산업통상 자원부
지능형전력망의 구축 및 이용촉진에 관한 법률	· 지능형전력망 기본계획	· 지능형전력망 기반 구축사업 · 지능형전력망 기기 및 제품 제조 사업 · 지능형전력망 서비스 제공사업	· 산업통상 자원부

2. 주요내용과 특징

1) 스마트그리드

스마트그리드(smart grid)는 기존 전력망에 정보통신기술을 접목하여 전력공급자와 소비자가 양방향으로 정보를 교환함으로써 에너지 효율을 최적화하는 차세대 지능형 전력망이다. 즉 스마트그리드는 발전-송·배전-판매의 단계로 이루어지던 기존 단방향 전력망에 정보통신기술을 접목하여 에너지 효율을 최적화하는 지능형 전력망이다. 발전소, 송전·배전시설, 전력소비자를 정보통신망으로 연결하고 양방향으로 정보를 공유하여 전력시스템 전체가 하나의 시스템처럼 효율적으로 작동하는 것이 기본개념이다.

전력공급자는 이를 통해 전력사용 현황을 실시간으로 파악하여 탄력적으로 공급량을 조절할 수 있다. 전력소비자의 입장에서는 전력사용 현황을 실시간으로 파악함으로써 전력요금이 높은 시간대를 피하여 사용시간과 사용량을 조절할 수 있다. 그리고 신재생에너지 생산을 통해 가정에서 생산되는 전기를 판매할 수도 있게 된다.

또한 자동시스템으로 운영되므로 고장요인을 사전에 감지하여 정전을 최소화할 수 있다. 기존 전력시스템과는 달리 다양한 전력공급자와 소비자가 직접 연결되는 분산형 전원체제로 전환되면서 일조량과 풍량 등에 따라 전력생산이 불규칙하다는 한계를 가진 신재생에너지 활용도가 증대된다. 신재생에너지 활용도가 높아지면 화력발전소를 대체하여 온실가스와 오염물질을 감축할 수 있다.

최근에는 가전제품과 홈네트워킹을 통해 전력사용을 최적화하고 소비자에게 실시간 전기요금 정보를 제공하는 전력관리장치인 어드밴스트 스마트 미터(advanced smart meter)와 함께 분산형 전원, 전기자동차 충전인프라, 자기진단 전력망, 신재생에너지 제어 등의 기술이 상용화를 앞두고 있다.

2) 지능형 수요관리

지능형 수요관리(demand response: DR)는 전력공급 상황, 피크 부하율, 전력가격에 따라 소비자가 사전에 약정한 전력사용량을 절감해 차액분을 보상받는 제도이다. 이를 통해 소비자는 변동하는 가격에 맞춰 전력사용 시간대를 옮기거

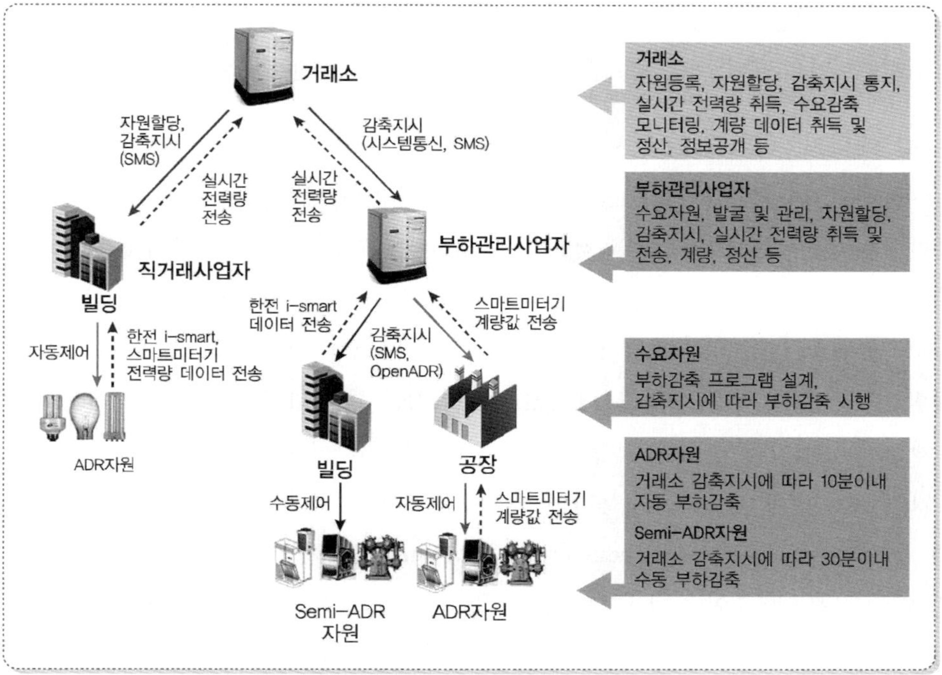

[그림 2.3.1] 지능형 수요관리의 개념도

나 전력소비를 줄일 수 있다.

지능형 수요관리는 전력거래소가 요청하는 시기에 전력사용량을 줄이면 보상을 받는 의무적 참여제도로서 고객이 감축 가능한 수요량을 계약하고 거래소의 지시에 따라 수요를 감축하면 이행이 되는 제도이다. 본 제도를 통하여 수용가에 지급되는 인센티브는 용량정산금과 감축지원금이 있으며, 약정 불이행(90% 미만 감축) 시 용량정산금을 감축하게 된다.

3) 에너지 관리 비즈니스

에너지 관리 비즈니스(energy management system: EMS)는 에너지 소비자가 합리적으로 에너지를 관리하고 절약할 수 있도록 건물의 위치·용도별 에너지 소비량을 측정하고 에너지 흐름제어를 통해 에너지 사용을 최적화하는 시스템을 말한다. 가정의 경우 HEMS(home energy management system), 공장의 경우 FEMS(factory energy management system), 그 밖의 건물은 BEMS(building energy management system)라 일컫는다. EMS는 네트워크와 센서를 활용하여 기기별 전력사용량을 실시간으로 모니터링하고 원격제어 할 수 있다. 국내의 경우 에너지소비자의 EMS 도입은 증가하고 있으나 아직 관련 시장은 초기단계이다.

4) 에너지 저장-재판매 비즈니스

에너지 저장(energy storage)은 장치 혹은 어떠한 매체를 이용해 에너지를 나중에 사용하기 위해 저장하는 것을 말한다. 이를 위해 저장하는 장치를 축압기라고 하고 이러한 체계 전체를 에너지 저장시스템(energy storage system: ESS)이라고 한다. 우리가 가정에서 사용하는 건전지나 소형 배터리도 전기에너지를 저장할 수 있지만 이런 소규모 에너지 저장장치를 ESS라고 말하지는 않고, 대게 수백 kWh 이상의 전력을 저장하는 시스템을 ESS라고 부른다.

ESS는 발전, 송배전, 수용가에 설치 및 운영이 가능하고, 신재생발전기 출력 안정화, 주파수 조정(frequency regulation), 비상전원, 첨두부하 저감(peak shaving), 부하평준화(load leveling) 등의 기능으로 사용된다. 에너지 저장은 저장방식에 따라 크게 물리적 저장방식과 화학적 저장방식으로 구분할 수 있다. 대표적인 물리적 에너지 저장방식은 양수발전, 압축공기저장, 플라이휠 등을 들 수 있다. 또한 화학적 에너지 저장방식은 리튬이온배터리, 납축전지, NaS 전지 등이 있다. 배터리에 전력을 저장하는 ESS를 BESS(battery energy storage system)이라고 하며, 일반적으로 ESS라고 할 때는 BESS를 말한다.

에너지 저장장치는 전력을 저장해 필요할 때 사용하여 전력이용 효율을 제고하고 고품질 전력을 공급하는 장치이다. 발전소, 송・변전소와 같은 에너지 생산 및 공급시설뿐 아니라 일반 상업용 빌딩이나 공장 등의 에너지 소비시설에도 설치할 수 있다. 대체로 에너지 수요가 적고 전력요금이 저렴한 시간대에 전력을 저장했다가 전기요금이 비싼 피크시간대에 저장된 전력을 사용한다.

뿐만 아니라 에너지 저장장치는 비상전원으로 활용할 수 있는데 평소에는 수요관리용으로 사용하다가 정전 등 급작스러운 상황이 발생할 경우 사용할 수 있다. 그리고 ESS를 통해 태양광, 태양열, 풍력 등 출력이 불규칙한 신재생에너지원을 출력이 일정한 고품질 전력으로 전환해서 전력망 연계도 가능하게 된다.

5) 스마트가전

스마트가전은 네트워크 접속기능을 가진 TV, 냉장고, 세탁기, 에어컨, 오븐 등의 가전제품을 말한다. 이를테면 새로운 조리법이나 세탁방법이 추가될 때 온라인으로 다운로드해서 해당 기능을 업그레이드할 수 있고 외부에서 원격으로 가전제품을 조종할 수도 있다.

한편 전력부분에서는 스마트가전이 다른 의미로 사용되기도 한다. 이 경우에는 네트워크 인프라에 절전, 진단 및 제어 기술을 적용해 전력망의 가격신호에 반응하는 시스템을 의미한다.

6) 가상발전소

가상발전소(virtual power plant: VPP)는 다양하게 분산된 전원을 모아서 하나의 발전소처럼 운영하는 시스템을 일컫는다. 전력계통 운영에서 신재생 에너지는 발전량이 일정치 않은 에너지원이라는 단점을 가지고 있다. 전력계통 안정성을 위해 발전소는 전력사용량이 많아질 때 필요한 만큼의 전력을 생산할 수 있는 수급대응력을 갖춰야 하지만 태양광과 풍력은 사실상 불가능하다. 전력계통에 연동했다가 비가 오거나 바람이 불지 않으면 당장 계통 불안요인으로 둔갑할 수 있다. 이 때문에 국내 전력계통을 총괄하는 중앙전력관제센터에서도 신재생에너지 발전량을 수요 예측이나 전력예비력으로 두지 않고 있다. 가상발전소는 이러한 신재생에너지 단점을 보완해 중앙 전력계통을 연결하는 기술이다. 구체적으로는 신재생에너지 설비, ESS, 소규모 발전소치 등 다수 분산전원을 하나로 묶어 계통 운영이 가능해져서 하나의 발전소처럼 관리하는 개념이다.

VPP는 소규모 분산에너지원을 통합하는 에너지 집합의 개념에서 시작한다. 분산전원, 에너지저장장치 등 에너지원 집합을 하나의 발전소로 다루는 것으로 최근 스마트그리드 도입과 함께 주목받고 있다. 처음 전력시장에 소개된 것은 1997년이다. 그 당시는 가상설비라는 용어로 제안되었다. 이미 분산전원이 많이 설치·운영되고 있는 유럽에서는 이들을 VPP로 통합하는 연구가 진행되고 있다.

VPP를 이용해 한곳으로 모인 분산전원은 중앙발전기와 같은 유연성과 제어성을 갖춘다. 별도 발전소 건설 없이 추가 전력 공급력을 확보할 수 있는 셈이다. 실제로 10MW 이하 소규모 분산전원 설비는 중앙 계통에서 관리할 수 없지만 이들을 묶어 계획발전량, 증감발률, 전압제어 능력, 예비력 등을 가시화하면 계통 동원과 함께 전력거래도 가능하다.

분산전원은 미래 스마트그리드 시장을 구성하는 기본 단위지만 자체만으로는 계통연동과 거래하기에 한계점을 가지고 있다. 먼저 수가 많다 보니 전력거래와 계통운영을 위한 가시성이 없다. 실제 발전으로 전력을 생산한다 하더라도 해당 지역에 전력을 공급하는 선에 그칠 뿐 해당 발전량을 중앙계통으로 끌어다 다른 곳으로 보내는 작업이 불가능하다. 이는 발전원이 모이지 않으면 분산전원이 증가하고 총 전력량이 아무리 늘어나도 이와 상관없이 중앙발전기는 계통 안전성을 위해 계속 운영돼야 한다는 것을 의미한다.

전력품질과 전압제어와 같은 협조제어도 어렵다 보니 신뢰도와 유연성을 기대하기도 힘들다. 신재생에너지와 에너지저장장치 보급 계획 등으로 분산전원의 중요성은 높아지고 있지만 사실상 VPP 개념을 적용하지 않으면 기대한 만큼의 성능을 발휘하기 힘든 것이다.

7) ICT 활용 고효율기기

미국, 유럽, 일본 등 해외 주요 선진국의 에너지관리정책은 공급관리에서 수요관리로 전환하고 있다. 우리나라도 ICT를 활용해 에너지소비비중이 큰 산업부문 소비를 효과적으로 절감해 전력소비의 증가세 억제가 필요하다. 글로벌 인사이트지(Global Insight)에 의하면 ICT를 활용한 에너지효율산업은 전 세계적으로 연평균 14% 이상 성장할 것으로 전망하고 있다. 국내에서도 2013년 산업통상자원부가 ICT 활용 수요관리 정책을 발표한 이후 ICT 활용 수요관리서비스 시장창출에 노력하고 있다. 특히 우리나라는 세계 최고수준의 ICT 기술을 보유하고 있어 이를 에너지산업과 융합할 경우 체계적인 수요관리가 가능할 것으로 기대된다.

제3절 에너지 수요관리의 사례

에너지 수요관리는 에너지를 효율적으로 사용하고 관리하기 위한 개념으로서 에너지공급을 무한정 확대할 수 없는 현실에서 그 중요성이 높아지고 있다. 특히 국내에서도 2014년부터 수요자원 거래시장이 본격적으로 운영되기 시작하였다. 본 절에서 해외사례는 미국의 수요반응 프로그램, 일본의 계약전략조정제도, 영국의 수요관리사업자협회를 살펴보고 국내사례는 포스코의 수요자원 거래시장 참여를 살펴보기로 한다.

1. 해외사례

1) 미국의 수요반응 프로그램

미국은 1970년대 석유파동을 겪으며 수요관리 정책이 강조되기 시작했다. 초기에는 절감량에 대한 전기요금 리베이트가 위주였다. 그런데 2000년에 발생한 전력위기 이후 캘리포니아주에서 시행한 20/20 리베이트제도가 가정이나 기업의 절전행동을 크게 촉진시킨 계기가 되었다. 이는 전년 동월 대비 20% 절감시 해당월의 전기요금의 20%를 환원하는 제도이다.

이후 공익산업규제정책법(Public Utility Regulatory Policies Act), 에너지정책

법(Energy Policy Act)의 제정으로 일부 주의 전력산업 각 부문에서 점진적으로 경쟁체제가 도입되며 수요반응 프로그램 다양화를 위한 기반을 마련하였다. 이를 통해 1980년 이후 다양한 형태의 발전사업자가 전력시장에 진입하였다.

2005년에는 에너지정책법을 통해 전력공급의 원활화를 위한 기준을 제정하여 수요반응이 피크전력 소비억제 수단으로서 자리매김하게 되었다. 이를 통해 각 지역 및 수용가의 전력사용 패턴에 따른 다양한 수요반응 프로그램이 확산되었다.

현재 미국은 수요반응이 가장 활성화된 나라로서 지역별로 다양한 종류의 수요반응 프로그램을 운영하고 있다. 미국의 수요반응 프로그램은 크게 전력사용 절감분에 대해 인센티브를 제공하여 전력절감을 유도하는 인센티브 기반 프로그램, 가격정보를 제공해서 최종소비자가 자율적인 판단으로 전력을 절감하는 시간대 기반 프로그램으로 구분할 수 있다.

이러한 노력으로 미국은 2012년도에 수요자원 대비 30.5%의 감축실적을 달성하였다. 또한 일반 가정에 대해서는 스마트미터기 도입 확대, 피크요금제 적용 등으로 전력수요 절감을 실현하였다.

2) 일본의 계약전력조정제도

일본에서는 2011년 동북지역 대지진 및 후쿠시마 원전사고 이후 수급위기와 함께 수요반응의 중요성이 대두되었다. 대지진 직후 일본에서는 총 54기의 원전이 전면 가동중단 되었으며, 부족분은 노후화 된 화력발전소의 재가동 및 절전대책을 통해 전력수급을 안정화하였다. 최근 일본은 제4차 에너지기본계획을 통해 원전을 재가동하는 방향으로 에너지정책을 전환하였으며, 2014년 4월 현재 17기의 원전이 재가동 위한 적합심사를 신청한 상태이다.

일본의 수요반응 프로그램은 고객과 사전계약을 맺고 부하를 감축하는 조정계약과 발전연료비가 전기요금에 반영되어 최종소비자가 지불하는 연료비 조정제도가 있다. 일본에서는 일반적으로 해당 수용가의 연간 최대수요전력을 계약전력으로 설정하여 1년간의 전기요금이 결정되나, 전력피크가 발생하는 하계기간동안 각 월의 최대수요전력이 계약전력을 초과하지 않을 경우 그 차이만큼 전기요금을 할인해 주는 계약전력조정제도를 시행하고 있다.

3) 영국의 수요관리사업자협회

유럽에서는 수요반응의 중요성이 최근 부각되면서, 수요자원의 전력시장 참여를 확대해야 한다는 목소리가 높아지고 있는데 유럽의 경우, 신재생에너지 발전설비의 증가로 인한 계통불안정화를 방지하고 신뢰도를 높이기 위해 DR자원을 예비전력으로 활용한다. 영국은 SEDC(Smart Energy Demand Coalition)라고 하는 수요관리사업자협회가 운영되고 있는데 SEDC는 수요자원의 전력시장 참여 확대 및 효과적인 방안으로서 ① 수요관리사업자의 육성, ② 전력시장에 수요자원을 참여시킴으로써 발전용량과 동등하게 거래하는 시스템 구축, ③ 수요자원의 감축실적 평가방법 구축, ④ 감축에 대한 적절한 보상체계 마련을 제시하였다.

SEDC와 영국정부는 전력수급 비상상황 발생에 대비하여, 계통 신뢰성 확보를 위한 균형메커니즘(Balancing Mechanism)을 운영하고 있다. 영국에서는 수요자원의 활성화가 송배전 계통 등 전력공급인프라의 구축비용을 절감하는 기능을 한다는 인식 하에, 공급운영설비의 운영비용으로 조성된 펀드에서 수요자원의 감축실적에 대해 보상을 제공한다.

2. 국내사례

1) 경상북도의 스마트그리드 확산사업

경상북도는 2016년터 3,722억원을 투자하여 경상북도 스마트그리드 확산사업을 추진할 계획이다. 이를 위해 향후 경상북도의 신도시, 학교, 발전소, 산업체 등 여러 분야에서 스마트그리드를 적용할 예정인데 우선 도청이전 신도시와 김천혁신도시 등에 대형 아파트 2만여 호를 대상으로 스마트그리드 환경을 적용할 계획이다. 이를 통해 원격 검진 인프라를 구축하고, 주민들의 전기 사용현황을 분석해 전기요금을 절약해 주는 시스템을 마련할 계획이다. 또한 신도시와 각 대학에는 에너지관리시스템과 빌딩용 에너지저장장치 등을 설치하고 지역 25개 대학에 그린캠퍼스 환경을 조성한다.

한편 영덕 풍력 및 태양광발전소에는 출력안정화를 위해 대용량저장시스템을 구축한다. 그리고 경북 각 시군의 산업단지내 에너지 다소비 업체를 대상으로 공장용 에너지관리시스템과 대용량 저장장치를 설치해 기업 경쟁력을 제고한다. 스마트그리드를 활용한 전기차 이용 확대를 위해 경북 각 지역에 전기차용 급·완속 충전기 140여 개를 설치해 전기차를 보급·확산 할 계획이다.

2) 포스코의 수요자원 거래시장 참여

수요자원 거래시장은 전기사용자가 전기를 절감한 만큼 전력시장에 판매하고 금전으로 보상받는 수요반응제도이다. 철강제품을 생산하는 포스코 공장은 2014년부터 재고량 관리를 통해 조업일정을 조정하여 에너지 수요관리에 참여하고 있다. 에너지 수요관리 전에는 재고량과 상관없이 공정별로 일정한 양의 제품생산을 유지했다. 하지만 에너지 수요관리 후 재고량에 따라 조업일정을 탄력적으로 운영함으로써 감축지시가 발령이 되면 전기를 아낄 수 있었다. 포스코의 전기팀은 매달 정기적으로 정산금을 수령하는 수익창출 부서로 전환되어 전기 담당 직원의 신규채용으로도 이어졌고, 전기절약에 대한 사내 인식이 전환되는 계기가 되었다. 포스코는 에너지 수요관리로 연간 약 23억원의 수익을 올릴 것으로 예상된다. 정산금으로 공장 내 형광등을 고효율 발광다이오드(LED) 등으로 교체하고, 대형 전동기를 대상으로 고효율 인버터를 설치하는 등 에너지효율 향상 설비에 투자할 계획이다. 이를 통해 포스코는 전기요금 절감효과를 기대하고 있다.

3. 시사점

에너지 수요관리 사례의 시사점을 살펴보면 첫째, 에너지 수요절감분에 대한 시장거래를 활성화 할 필요가 있다. 미국에서는 수요자원과 발전자원의 시장거래를 통해 수요자원을 확보하고 수요관리 사업자의 비즈니스 모델을 구축하였다. 그 중 동부 일부지역을 관할하는 전력회사인 PJM은 수요자원 시장을 가장 활발하게 운영하고 있으며, 이를 통해 60여 개의 수요관리사업자가 전력수요자원을 매집하여 발전자원과 동등하게 전력시장에서 거래하고 있다. 유럽에서도 기존에는 발전설비 위주의 전력시장 제도로 인해 수요자원의 참여가 어려웠으나, 신재생 설비 확대에 따른 계통안정 필요성이 증가함에 따라 수요자원 확대를 위한 전력시장 개편이 전망된다.

둘째, 에너지 수요관리사업자를 육성해야 한다. 미국은 3,000여 개를 상회하는 지역배전업체를 통해 다양한 종류의 수요반응 프로그램을 제공하고 있으며, 전 세계적으로 가장 수요반응이 활성화된 국가이다. 산업, 상업 및 가정 부문 수용가의 수요반응 프로그램 참여가 많아지면서 수요자원 및 실적이 증가하고 있으며 부하를 매집하는 수요관리사업자(load aggregator) 사업 또한 활성화되고 있다. 수요자원을 전력시장에서 발전자원과 동등하게 거래하도록 하는 제도는 미국에서 이미 시행 중이다.

셋째, 주택용 소비자에 대해서는 가격정보를 미리 알 수 있는 장치를 통해 정보에 대한 접근성을 높이는 것이 필요하다. 미국의 사례에서 볼 수 있듯이 스마트미터 혹은 플러그인 장치를 통해 소비자가 전기요금에 대한 정보를 미리 인지하여 자발적으로 전력을 절감할 수 있게 하는 구조가 주택용 소비자의 수요반응 참여를 높이는 것이 중요하다.

제4절 에너지 수요관리의 전망과 과제

1. 전망

에너지 수요관리(demand side management: DSM)는 에너지 수요를 저감하고 부하를 평준화하여 설비이용 효율을 제고시키는 활동이다. 에너지 공급관리(supply side management: SSM)는 에너지 수요증가에 대응하여 발전소의 추가 건설을 통해 공급부족분을 해소한다. 그러나 에너지 수요관리는 에너지공급 부족에 대해 조절하여 대응하는 에너지 관리방법이다.

에너지 수요관리의 전망을 살펴보면 첫째, 에너지 수요관리가 이산화탄소를 저감시키는 방안으로 주목받을 것이다. 기후변화협약 등 국제환경규제가 강화되고 온실가스 감축이 세계적인 아젠다로 주목받으면서 에너지의 수요를 효율적으로 관리할 필요성이 있다.

둘째, 에너지 수요관리의 범주가 확대될 것으로 전망된다. 즉 에너지 수요관리는 전기에너지 뿐 아니라 열, 천연가스 등으로 그 범위가 확대되고 있다. 그리고 최종소비의 측면에서도 산업, 상업, 가정 등의 단말기에서부터 수송부문 등으로 확대되고 있다.

셋째, 에너지 수요관리 정책은 에너지수입에 소요되는 비용을 감소시킬 수 있고 적극적인 환경규제 대응이 가능하다. 특히 최근 향후 화석에너지 고갈에 따른 고유가 시대에 대처하기 위해서도 에너지 수요관리의 중요성은 증가할 것으로 전망된다.

2. 과제

에너지 수요관리의 과제를 살펴보면 다음과 같다. 첫째, 부하중심의 수요관리 정책을 효율중심으로 전환시키는 것이다. 부하관리는 에너지 수요를 시간적으로 이전시켜 최대부하를 감소시킴으로써 설비투자를 줄이는 효과가 있지만 절대적인 에너지사용량 측면에서 효과는 크지 않다는 점에서 효율향상 정책을 확대할 필요가 있다. 에너지 효율향상 정책은 최대부하 저감효과는 적지만 에너지 사용효율화에 초점이 맞춰져 있는 만큼 정책효과가 지속적이다. 즉 기존 기기를 고효율기기로 한번 교체하면 사용이 계속되는 만큼 에너지절감이 지속되는 효과가 있다. 이런 점을 고려할 때 정부와 에너지공급자는 에너지 효율향상에 적극적인 투자를 해야 한다.

둘째, 에너지 수요관리에 민간부문의 참여를 확대시킬 필요가 있다. 이를 통해 에너지 수요관리에 대한 기업과 국민의 호응을 확보할 수 있다. 또한 민간부문을 중심으로 에너지 수요관리가 하나의 산업으로 발전해 나갈 수 있다.

셋째, 통합적 에너지 수요관리가 필요하다. 그간 전력, 가스, 열 등 에너지원별 산발적인 수요관리로 인해 국가적 관점에서 통합적 수요관리를 하는데는 한계가 있었다. 따라서 전체 에너지원을 대상으로 에너지믹스를 고려한 통합적인 에너지 수요관리 정책이 필요하다.

추천자료

에너지의 수요관리에 대한 이해를 높이기 위해서는 에너지관리공단, 산업통상자원부 홈페이지 등을 살펴보면 도움이 된다.

김남규·주영준(2011), 에너지 패러다임의 미래, 지식갤러지.
일본 뉴턴프레스(강금희 역, 2013), 전력과 미래의 에너지, 뉴턴코리아.
최동배(2011), 알기쉬운 스마트그리드, 인포더북스.

tip

스마트 미터(smart meter)

원격검침, 전력 공급자-수용가 간 양방향 통신, 시간대별 계량이 가능한 전자식 전력량계를 말한다. 전력 공급자와 사용자가 검침비용 및 에너지 절약 등의 효과를 거둘 수 있다. 시간대별로 수집된 사용양 정보는 가격 계산에 사용되며, 시간대별로 전기요금이 달라진다(한경경제용어사전, 한국경제신문·한경닷컴, 2009).

공장 에너지관리시스템(factory energy management system: FEMS)

일선 공장 곳곳에 센서를 설치해 실시간으로 전력량을 분석한 뒤 전기 사용량을 가장 적당한 규모로 조절하는 시스템이다. 기업들은 이 시스템을 통해 누수되는 전기를 아낀다(매일경제, 매경닷컴, 2015).

홈 에너지관리시스템(home energy management system: HEMS)

주택의 전력, 가스, 온수 등 에너지 소비원인 조명, 가전기기나 급탕기기를 IT기술로 네트워크화하고 자동 제어하는 시스템이다. 향후 디지털 가전과 에너지 저장시스템(ESS), 가정용 태양광발전, 연료전지 등 소규모 분산형 전원과 전기 자동차(EV) 보급에 따른 충전전력 공급, 전력망의 전력공급, 급속충전기와 연계 등 스마트 홈의 요소기술로 발전이 기대된다(IT용어사전, 한국정보통신기술협회).

건물 에너지관리시스템(building energy management system: BEMS)

빌딩 내 에너지 관리 설비의 다양한 정보를 실시간 수집·분석해 에너지 사용 효율을 개선하는 시스템이다. 에너지사용량·설비운전 현황·실내환경 및 탄소배출량 등을 관리해 주며, 이 시스템을 사용하면 평균 5~15%가량의 에너지를 절감할 수 있다. 한편, 2011년 발생한 9·15 정전 사태 이후 국내기업들은 갑작스런 정전 사고 등을 대비하기 위해 사옥에 BEMS를 조기도입하는 등 에너지 관리에 힘쓰고 있다(시사상식사전, 박문각).

탐구학습

1. 주요개념
   - 스마트그리드
   - 에너지 관리정책
   - 지능형 수요관리
   - 에너지 관리비즈니스
   - 스마트가전
   - 가상발전소
   - ESS
   - 분산형 전원

2. 토론 및 과제
   - 스마트그리드의 개념
   - 분산형 전원의 과제
   - 에너지 수요관리의 기술

참고문헌

국무총리실(2008), 기후변화대응 종합기본계획(상세계획).
국토연구원(2009), 녹색성장형 국토발전 전략연구(교통부문).
권민철(2009), 녹색성장시대 에너지 이야기, 하이미디어피앤아이.
김형국(2011), 녹색성장 바로 알기, 녹색성장위원회, (주)나남.
녹색성장위원회(2009), 녹색성장 5개년 계획과 국가전략.
녹색성장위원회 외(2009), 녹색성장을 위한 저탄소 생활 기반구축 방안.
매일경제 녹색성장팀(2009), 그린쇼크, 매일경제신문사.
문화체육관광부(2008a), 녹색성장 대한민국의 그린오션전략.
문화체육관광부(2008b), 녹색부국으로 가는 길.
미래기획위원회(2009), 녹색성장의 길, 중앙북스.
주택도시연구원(2009), 미래를 여는 저탄소 녹색성장 이야기, 대한주택공사.
하성규 외(2003), 지속가능한 도시론, 보성각.
한국토지공사 국토도시연구원(2009), 녹색성장으로 가는 길.
http://www.greengrowth.go.kr(녹색성장위원회 홈페이지)
http://blog.daum.net/aceykh/16143203(다음)
http://blog.naver.com/dog968(네이버)
http://www.korea.kr(대한민국 정책포털)
http://www.koti.re.kr(한국교통연구원)
http://www.mltm.go.kr(국토해양부)

제4장

에너지의 안전

제1절 에너지 안전의 의의

1. 배경

동북아시아는 세계에서 원자력 발전소 밀도가 가장 높은 지역으로 총 88기가 가동 중이다. 2011년 3월 현재 한국 21기, 일본 54기, 중국 13기가 존재한다. 후쿠시마 사태 이후 동북아 지역은 원자력 안전이 매우 중요한 문제로 부각되고 있다. 2011년 3월 11일 대규모 지진과 쓰나미로 일본 동북부 후쿠시마에서 원자력 발전소에 심각한 방사능 누출 사고가 발생하였다. 이러한 대규모 방사능 누출은 일본뿐만 아니라 주변국들에게도 큰 위협으로 다가오고 있다. 이에 따라 에너지 안전의 배경을 살펴보면 다음과 같다.

첫째, 방사능은 누출될 경우 그 피해정도와 기간이 매우 심각하다. 주변 지역 황폐화, 건강 문제, 생태계 오염 등은 장기간에 걸쳐 큰 피해를 발생시킨다. 방사능의 종류인 플루토늄은 유출되면 반감기까지 약 2만년이 걸리는 것으로 알려져 있다.

둘째, 방사능 피해범위는 매우 광범위하여 월경성을 띤다. 동북아시아의 경우 원자력발전소가 집중되어 있고 피해가 생길 경우 이웃 국가까지 확산된다. 특히 중국은 빠른 속도로 원자력 발전소를 건설할 계획을 가지고 있는데 현재 13기 원자력 발전소를 운영하고 있으며, 건설 중인 발전소가 27기이다. 또한 향후 총 188기의 원자력 발전소를 건설할 예정이다.

셋째, 원자력의 활용범위가 확대되고 있다. 원자력을 이용하는 대표적인 분야는 발전과 무기이다. 그러나 최근에는 의료기기, 비파괴검사, 계측 등 여러분야에서 그 활용범위가 확대되고 있다. 특히 미래에는 가정용에너지 생산, 자동차 및 철도운행 등에서도 소형원자로가 이용될 것으로 전망된다. 이에 따라 원자력안전에 대한 관심이 더욱 증대될 것으로 예상된다.

2. 개념

원자력안전(nuclear safety)은 원자력설비에서 발생하는 방사선(radioactive rays)으로부터 개인 및 공중과 환경을 보호하는 것을 의미하며, 원자력의 평화적 이용에 절대적으로 필요한 원자력공학(nuclear engineering)의 한 분야이다. 원자력발전은 과거 반세기 동안 주요 산업국가에서 중요한 에너지원으로 자리 매김하였으며 현재는 세계적으로 400여기의 원자력발전소가 운영되고 있다.

한편 국제원자력기구를 중심으로 한 원자력 국제기구 및 주요 원자력 국가에서는 원자력안전을 위해 포괄적인 내용의 안전헌장을 제정하고 제시하여 왔다. 원자력안전헌장은 안전목적(safety objective), 안전원칙(safety principle), 안전목표(safety goal), 안전철학(safety philosophy) 등의 다양한 형태로 표현되어 왔다. 이러한 유사한 용어들은 다음과 같이 구분하여 설명할 수 있다. 원자력안전은 방사선으로부터 개인 및 공중과 환경을 보호하는 것이고, 안전목표는 투자비용을 고려하여 합리적으로 성취하려고 노력하는 좀 더 구체적인 목표이다. 그리고 안전철학은 안전목적과 목표를 구현하기 위한 기본적인 전략이며 수단으로 규정하고 있다.

3. 중요성

원자력설비 및 관련 활동에서의 주요 위험요소는 방사선이다. 따라서 에너지안전의 중요성은 첫째, 방사선으로부터 개인 및 공중과 환경을 보호하는 것을 의미한다. 방사선은 알파선, 베타선, 감마선 등으로 구성된다. 알파선과 베타선은 신체조직을 파괴하고 감사선은 분자구조를 파괴한다. 이러한 분자구조 파괴로 방사선 노출시 생물의 DNA가 파괴된다.

둘째, 핵폐기물의 처리와 관리가 필요하다. 핵폐기물은 원자력발전소, 병원, 연구소 등에서 나오는 방사성물질 또는 방사성 핵종에 오염된 물질로서, 생물체가 방사능에 노출될 경우 치명적이므로 콘크리트 등으로 밀봉하여 매립한다(두산백과, 2015). 핵폐기물은 우라늄 채광 및 농축, 원자로 가동, 사용후핵연료의 재처리 등 핵발전의 모든 단계에서 생산된다. 이 같은 핵폐기물의 대부분은 미래세대에 유독성 유산으로 수십만 년 동안 존재하게 된다. 폐쇄되는 원전 또한 대량의 핵폐기물을 만들어낸다. 따라서 핵폐기물의 안전한 처리를 위해 영구적인 모니터링과 관리가 필요하다.

셋째, 사회적 수용성의 확보를 들 수 있다. 원자력 발전을 둘러싼 사회적 갈등으로 신규원전 건설, 송전탑 건설 등에 어려움을 겪는 경우가 많다. 따라서 안전관리의 확보와 국민적 공감대가 에너지 안전에 대한 사회적 수용성을 확보하게 한다.

제2절 에너지 안전의 주요내용

1. 관련법률 및 정책

원자력안전관리 및 규제란 원자력을 이용할 때 생길 수 있는 모든 위험으로부터 사람과 자연환경을 보호하기 위한 관리 및 행정규제를 말한다. 안전관리 및 규제의 대상이 되는 원자력의 이용은 크게 원자로를 활용하는 시설·업체와 방사성동위원소를 이용하는 시설·업체로 구분할 수 있다. 원자로를 이용하는 시설에는 원자력발전소, 연구용 또는 교육용 원자로 등이 있으며, 방사성동위원소를 이용하는 시설·업체에는 병원, 비파괴검사업체, 동위원소 생산업체 등이 있다.

원자력안전규제는 정부의 책임 하에 이루어지며, 특히 원자력안전위원회가 중심이 되어 법률상의 규제 권한을 가지고 규제행정을 시행하게 된다. 원자력 시설을 건설·운영하려는 사업자가 인·허가 신청을 하면, 원자력안전위원회는 사업자의 신청 사항에 대하여 한국원자력안전기술원의 기술적 심사결과를 토대로 인·허가 여부를 결정한다. 원자력안전에 관한 주요 사항은 원자력안전위원회의 심의·의결을 거쳐야 한다. 우리나라의 원자력 관계법령은 원자력안전법을 들 수 있다.

〈표 2.4.1〉 에너지 안전관리의 관련법률 및 정책

관련법률	관련계획	주요사업	주관부처
원자력안전법	· 원자력안전종합계획	· 원자력 실태조사 · 원자력 통제 · 원자력 안전연구개발사업 등	· 원자력안전위원회
원자력시설 등의 방호 및 방사능 방재 대책법	· 국가방사능방재계획	· 방사능비상시 대응 · 방사능재난 선포	· 원자력안전위원회
원자력진흥법	· 원자력진흥종합계획	· 원자력이용촉진 · 원자력이용연구개발	· 미래창조과학부

2. 주요내용과 특징

1) 원자력발전소 안전규제

원자력규제기관은 원자력발전소의 설계, 제작, 건설, 운영 및 해체에 이르기까지 전 과정에 걸쳐 안전성을 확인·관리한다. 원자력발전소 건설 기간 동안 부지의 지질부터 환경영향평가까지 수많은 안전진단과 조사, 검사, 심사가 수행된다. 원자력 사업자는 상업용 원자력발전소의 건설에 적합한 부지를 구입하고, 지진 등의 자연재해에 견딜 수 있는지 원자력안전위원회의 평가를 받아야 한다. 이후 예비안전성분석보고서 등의 서류와 함께 건설허가를 신청하여 취득하면 원자로 설치를 위한 굴착공사를 시작할 수 있다. 건설허가를 받아 발전소를 짓고 있는 사업자가 다음 단계로서 운영허가을 얻으려면 최종설계 및 안전성분석보고서, 품질보증계획 및 방사선 환경영향평가서 등을 제출해야 하며 그 심사결과에 따라 핵연료 장전을 비롯한 발전소 운영이 허용된다. 주요 심사·인허가 사항으로는 부지승인, 건설허가, 운영허가, 수명연장, 원자로 해체 등이 있다.

2) 방사선안전

방사선안전규제의 목적은 효과적인 방사선안전관리를 통해 방사선 재해로부터 방사선작업종사자 및 일반국민을 보호하고 자연환경을 보존하는 데에 있다. 확인되지 않은 방사선원이나 관리가 부실한 방사선원은 적극적으로 개입하여 방사선 피폭사고 가능성을 예방하고, 사고가 발생할 경우에는 신속하고 적절한 대응을 할 수 있는 비상대응체계를 갖춰야 한다. 방사선안전관리를 위한 안전규제는 방사선원 및 시설, 방사선기기, 방사성폐기물 및 생활주변방사선, 방사선작업종사자를 대상으로 한다. 방사성동위원소 또는 방사선발생장치의 생산·판매·사용 및 이동사용관련 안전규제는 방사선원의 특성과 수량 및 용량과 취급형태별 위험등급에 따라 허가와 신고로 구분된다. 생활주변방사선안전관리는 크게 원료물질, 공정부산물 및 가공제품 안전관리, 방사선감시 및 유의물질 안전관리, 우주방사선안전관리 등으로 구분할 수 있다.

3) 방사능 방재 및 방호

원자력안전위원회는 원자력 시설 등의 방호 및 방사능 방재 대책법, 재난 및 안전 관리 기본법, 민방위기본법에 근거하여, 방사능 재난에 대한 주무부처로서 국내외 방사능 재난으로부터 국민의 생명과 재산을 보호하기 위해 국가차원의 종합적인 방사능방재 대응체계를 구축하고 있다. 원자력 시설의 방사선 비상 사고에 대비해 그 주변의 일정 구역을 방사선비상계획구역(emergency planning zone: EPZ)으로 설정하고 있다. 방사선비상계획구역은 원자력 시설에서 방사선 비상 또는 방사능 재난이 발생할 경우 주민 보호를 위해 비상 대책을 마련해야 할 구역이다. 방사성 물질의 누출로 인한 방사선 영향이 원자력 시설 건물 내에 국한되는 백색 비상, 원자력 시설 부지 내에 국한되는 청색 비상, 원자력 시설 부지 외부까지 피해가 확대되는 적색 비상으로 등급을 구분하고 있다.

4) 핵안보

원자력은 현재 원자력발전, 방사선 및 방사성동위원소 등과 같은 평화적인 목적으로 활용되고 있지만, 군사적인 목적으로도 사용될 위험성도 있다. 이러한 원자력의 양면성으로 인하여 평화적 목적의 원자력 활동이 군사적 목적으로 전용되지 못하도록 방지하는 체계적인 제도의 일환으로 핵비확산(nuclear non proliferation) 개념이 나타나게 되었다.

핵비확산의 궁극적인 목적은 원자력이 무기로 이용되어 인류에 위협을 가져올 수 있는 요인을 제거하고 평화적 목적으로만 활용되도록 한정함으로써 인류공영에 이바지하는 데 있다. 국제 핵비확산 체제란 이러한 목적을 실현하기 위한 수단들을 통해 이루어지며 핵실험금지, 핵물질 및 기술의 통제 등 국제법적 조약·

협정을 통해 수립된다. IAEA 창설로 구체화된 핵비확산 체제는 참여 형태에 따라 다자간 체제와 양자 간 체제로 구분할 수 있다. 다자간 체제는 핵비확산의 근간을 이루는 핵비확산조약(Nuclear non Proliferation Treaty: NPT)과 함께 포괄적 핵실험금지조약(Comprehensive Nuclear Test Ban Treaty: CTBT) 등이 있다. 이러한 핵비확산 체제의 주요수단으로 안전조치(safeguards), 수출입 통제(export control), 물리적 방호(physical protection)가 있다.

제3절 에너지 안전의 사례

본 절에서 에너지 안전에 대한 해외사례는 미국 스리마일섬의 경수로 노심용융 사고, 구 소련의 체르노빌 원자로 사고, 일본 후쿠시마의 원자로 용융을 살펴보고 국내사례는 경주 중·저준위 방사성폐기물 처분장을 살펴본다. 원자력에너지는 비교적 낮은 비용의 유용한 에너지원으로 각광받고 있으나 사고가 발생하지 않도록 철저한 안전관리가 필요하다. 이에 본 절은 원자력에너지를 중심으로 에너지 안전의 사례를 살펴보고자 한다.

1. 해외사례

1) 미국 스리마일섬의 경수로 노심용융 사고

원자로개발 초기에는 여러 유형의 시험로나 연구로에서 임계사고로 인한 출력폭주 사고가 발생하였다. 발전용 경수로는 안전성 및 품질보증, 안전여유도, 심층방어 개념을 도입하여 안전설계를 보장하여 왔으나, 1979년에 미국의 스리마일섬에서 경수로 노심용융 사고가 발생함으로써 중대사고 발생에 대한 우려가 현실로 나타났다. 대형 원자력발전소에서 실제로 중대사고가 발생하여 원자로심이 용융된 것이다. 그러나 다행히 대기중으로 유출된 방사능의 양은 매우 적었고, 사고로 인한 즉각적인 부작용도 보고되지 않았다. 발전소 직원들과 8㎞ 반경 내에 거주하는 2만 5,000명의 주민들 가운데 건강상의 피해를 입은 사람은 없었다. 그럼에도 불구하고 사고가 불러일으킨 공포는 대단했다. 유사한 원자로 일곱 기가 즉시 임시 차단되었다.

이 사고로 한동안 신규 원자로의 승인이 보류되었으며, 미국 원자력 산업에도 수년간 먹구름이 드리워졌다. 스리마일 섬의 제1원자로는 사고로 인한 아무런 영향도 받지 않았지만, 1985년까지 운전이 중지되었으며, 제2원자로를 보수하려는 시도 역시 여전히 접근이 너무 위험하다는 이유로 1990년에 완전히 중단되었다. 이 사고로 미국 국내는 물론 해외에서도 원자력에 대한 공포가 높아졌으며, 원자력 반대 여론을 고무시켜 반핵 운동가들에게 큰 힘이 되었다. 이후 확률론적 안전성평가(probabilistic safety assessment: PSA)는 원전 안전성평가에 필수불가결한 조건이 되었으며, 중대사고는 원전 안전성 확보 및 향상을 위한 중요한 연구과제가 되었다

2) 구 소련의 체르노빌 원자로 사고

1986년 4월에는 구 소련의 체르노빌에 소재한 흑연감속 압력관형 비등형 원자로에서 출력폭주 및 증기폭발로 사상 최악의 사고가 발생하였다. 사고가 발생한 체르노빌 원자력 발전소는 1978년에 운행하였는데, 체르노빌에서 북서쪽으로 약 18km 떨어진 곳에 위치하고 있었다. 이 사고는 1986년 4월 26일에 체르노빌 발전소의 원자로 4호기의 비정상적 핵반응으로 발생한 열이 감속재인 냉각수를 열분해시키고, 그에 의해 발생한 수소가 원자로 내부에서 폭발하여 발생한 사고다. 폭발은 원자로 4호기 천장을 파괴했으며, 파괴된 천장으로 다량의 방사성 물질이 누출되었다. 누출된 방사능의 총량은 약 5.3엑사베크렐로 추정되며, 국제원자력사고등급(internation nuclear event scale: INES)의 사고등급 중 가장 심각한 사고를 의미하는 7등급을 기록했다.

[그림 2.4.1] 구 소련의 체르노빌 원자로 사고

사고 당시 체르노빌 발전소는 4기의 원자로를 운용하고 있었고, 2기의 원자로를 추가건설 중이었다. 사고가 발생한 4호기는 1983년부터 운전을 시작했다. 폭

발로 인해 발생한 화재는 30개소가 넘었는데 화재진압은 열흘이 걸렸다. 이 때 화재진압에 동원된 소방원들이 가장 많은 피폭을 당했으며, 상당수가 생명을 잃었다. 화재진압 후에는 강력한 흑연 화재가 발생하여 방사성 물질도 대량 확산되었다. 사고 후 원자로 건물은 콘크리트로 영구 매장되었다.

3) 일본 후쿠시마의 원자로 용융

2011년 3월 11일에 후쿠시마 제1발전소에 있는 비등형 경수로 4기에서 발생한 후쿠시마 중대사고의 가장 직접적인 원인은 높이 15m 수준에 이른 초대형 쓰나미였다. 후쿠시마 원자로 용융은 체르노빌 원자력 발전소 사고와 함께 국제원자력사고등급(INES)의 최고 단계인 7단계를 기록했다. 이로 인해 후쿠시마 원전 1, 2, 3, 4호기의 모든 교류전원이 단절되었고, 1, 2호기의 모든 직류전원을 비롯한 대부분의 직류전원도 침수되었다. 이와 함께 펌프, 열교환기, 탱크 등 최종 열 제거 기능과 관련된 대부분의 설비들도 훼손되어 전력망 복구 이후에도 제 기능을 하지 못했다. 핵연료가 대량으로 녹아내리고 원자로건물에서 수소폭발이 발생하였으며, 일부 발전소에서는 격납건물의 손상으로 대규모 방사능이 누출되었다.

주변지역의 토양 및 해양의 경우 심각하게 오염되었고 많은 수의 피해자와 사회적 위기를 초래하였다. 원자로 개발 초기인 1960년대에 설계된 원전을 도입하면서 지진, 쓰나미 등 일본의 환경·지리적 특성을 충분히 반영하지 못한 것이 기본적인 원인으로 지적되고 있다. 지금까지 원자로에서 방사능 물질이 누출되고 있으며, 빗물, 지하수에 의해 방사능 오염수가 계속 태평양으로 누출되고 있다.

2. 국내사례

1) 경주 중·저준위 방사성폐기물 처분장

경주 중·저준위 방사성폐기물 처분장(방폐장)이 1986년 부지선정을 시작한 이후 2015년에 준공됐다. 경주 방폐장은 국내에서 처음으로 조성된 중·저준위 방사성폐기물 처분장으로 1단계로 10만 드럼의 폐기물을 처분할 수 있다. 중·저준위 폐기물은 원자력발전소 작업자가 사용한 작업복, 휴지, 장갑, 신발, 폐부품 등을 말한다. 방폐장으로 사용되는 동굴의 입구는 해수면으로부터 30미터 높이에 있어 지진으로 인한 쓰나미에 안전하다. 지하처리시설은 자연암반, 숏크리트, 방수시트, 콘크리트 사일로, 콘크리트 처분용기 등으로 5중 밀폐돼 있다. 폐쇄 후에는 내부를 쇄석과 콘크리트로 채워 밀봉해 방사성물질 누출을 차단한다. 또한 6기의 지하 사일로는 리히터 규모 6.5의 강진에도 견딜 수 있는 원통형 구조로 되어 있으며 규모는 높이 50미터, 내부직경 23.6미터, 두께 1~1.6미터이다. 사일로 1기당 평균 1만 6,700드럼을 수용할 수 있다.

경주 방폐장은 7차례에 걸쳐 국내외 전문기관을 통해 안전성을 검증받았고, 주변에 총 10대의 환경방사선 감시 시스템이 설치돼 있어 주변 환경과 방사선의 영향 등을 감시한다.

3. 시사점

국제원자력사고등급(INES)은 원자력설비에서 사고가 발생하였을 때 국제원자력기구(International Atomic Energy Agency: IAEA)가 대중에게 사고의 심각성을 신속하게 전달하기 위해 제정되었다. INES에서는 사건·사고의 등급을 0등급부터 7등급까지 8단계로 분류하고 있으며 등급이 올라갈수록 심각한 사건·사고를 의미한다. 사고등급의 기준은 설비 부지 밖의 방사선 영향, 부지 내에서의 영향, 그리고 심층방어체계의 손상 정도이다. 체르노빌 사고와 후쿠시마 사고는 7등급의 사고로서 대규모의 방사성 물질의 방출로 인근 주민의 건강과 환경에 심각한 영향을 끼친 최악의 사고로 분류되었다. 한편 스리마일섬 경수로 노심용융사고는 노심은 손상되었으나 격납건물의 건재로 방사성 핵종의 누출은 거의 없었던 5등급 사고로 분류되었다.

따라서 에너지 안전의 시사점을 살펴보면 첫째, 자연재해 등에 대한 심층방어전략의 강화 및 좀 더 체계적인 관리 및 규제를 통해 원자력안전성을 가능한 수준까지 확보해야 한다. 스리마일섬 경수로 노심용융사고, 체르노빌 및 후쿠시마 사고에서 보듯이 원자력발전소에서의 중대사고로 인한 사회적, 심리적 피해 및 주위 환경에 대한 영향은 지대하다. 특히 후쿠시마 사고의 경우는 원자력전문가에게도 충격으로 받아들여지고 있다. 국제 안전기준을 따르는 산업선진국에서 최악의 중대사고가 발생한 것이다. 규모 9의 강력한 지진과 14m 높이의 쓰나미 재해는 상상할 수 없었다 하더라도 이에 대한 발전소 대처설비나 대응조치는 미흡하였던 것으로 평가된다.

둘째, 원자력 안전에 대한 관리감독을 강화해야 한다. 2013년에 원전비리 사건으로 해당부품을 사용한 발전소의 가동중단이 있었고 이로 인해 전력난을 발생하기도 하였다. 원자력은 사고가 발생할 경우 그 피해가 큰 만큼 원자력 안전에 대한 관리감독을 강화할 필요가 있다.

셋째, 핵폐기물에 대한 체계적인 관심이 필요하다. 핵폐기물이 지닌 방사선의 반감기는 수백년에서 수천년에 달하므로 이 기간동안 핵폐기물에 대한 모니터링이 지속되어야 한다. 또한 모니터링을 위한 위원회를 운영하고 모니터링 결과를 공개하여 국민신뢰를 확보해야 한다.

제4절 에너지 안전의 전망과 과제

1. 전망

원자력에너지는 발전원가가 가장 낮은 에너지원이다. 그러나 원자력에너지에서 발생하는 방사능은 사고가 났을 경우 매우 광범위하고 장기간에 걸친 피해를 유발한다. 또한 원자력발전에서 발생하는 폐기물은 장기간에 걸쳐 엄격하게 보관관리 되어야 한다. 이에 따라 에너지 안전의 전망을 살펴보면 첫째, 원자력안전규제가 강화될 것으로 전망된다. 방사성폐기물 보관 및 처리, 원자력발전소 운영 및 관리, 의료용·산업용 방사선기기 활용 등에서 원자력안전에 대한 관심이 증가할 것이다. 둘째, 원자력발전소 해체시장에 대한 관심이 증가할 것이다. 초기에 건설한 원자력발전소의 교체주기가 도래함에 따라 원자력발전소의 해체시장이 각광받을 것으로 전망된다. 셋째, 중국, 인도 등의 개발도상국에서 전기수요가 급증함에 따라 이들 국가를 중심으로 전지구적인 원자력에너지의 비중은 증가할 것으로 예상된다.

한편 원자력에너지는 CO_2를 거의 배출하지 않기 때문에 석탄 대신 원자력을 이용할 경우 최대 120억톤까지 CO_2 배출을 줄일 수 있어 원자력에너지를 녹색성장의 기제로 이용할 수 있다.

2. 과제

에너지 안전관리의 과제를 들어 보면 첫째, 원자력에너지의 안전성 확보를 들 수 있다. 원자력에너지의 안전성은 크게 발전시설의 안전성, 폐기물보관관리의 안전성을 들 수 있다. 최근 후쿠시마사태에서 볼 수 있듯이 발전시절에 대한 자연재해, 인위적 충격 등으로부터 안전성을 확보하기 위한 노력이 필요하다. 그리고 장기간의 폐기물보관관리가 필요함에 따라 안정적인 지형에 보관장소를 설치하고 수백년에 걸친 관리감독이 이루어져야 한다. 둘째, 원자력 해체에 대한 관심이 필요하다. 향후 원자력 해체시장이 신성장산업으로 부상할 것으로 전망된다. 따라서 해체기술에 대한 R&D를 통해 경쟁력을 확보하고 적극적인 해외시장 개척이 있어야 한다. 셋째, 원자력안전을 둘러싼 사회적 갈등을 해소해야 한다. 원자력발전소 및 폐기물저장소의 입지를 둘러싸고 막대한 사회적 갈등 비용이 발생하기도 한다. 또한 원자력발전에 대한 찬반은 우리사회의 통합을 저해하는 요소로 작용하기도 한다. 이에 따라 원자력발전의 안전성을 강화하고 지속적인 이미지 제고활동을 통해 원자력안전을 둘러싼 사회적 갈등비용을 최소화해야 한다.

추천자료

에너지의 안전에 대한 이해를 높이기 위해서는 산업통상자원부, 한국수력원자력주식회사 홈페이지를 살펴보면 도움이 된다.

고이데 히로아키(김원식 외 역, 2011), 은폐된 원자력 핵의 진실, 녹색평론사.
이정익(2015), 원자력이야기, 살림.
http://www.khnp.co.kr(한국수력원자력주식회사 홈페이지)

tip

방사선(radiation)

고속으로 운동하는 입자의 흐름과 파장이 짧은 전자파를 방사선이라고 한다. 방사선에는 α선, β선, γ선, 양자, 중양자와 무거운 원자핵의 선속이 포함된다. 방사선은 원자 또는 원자핵 등이 하나의 정상상태에서 에너지가 낮은 다른 정상상태로 이동할 때 방출된다(간호학대사전).

방사선비상계획구간(radiological emergency planning zone)

원자력발전에서 발생한 방사능이 밖으로 누출됐을 때를 대비하여 주민보호를 위해 사전에 설정한 구역을 말한다. 원전시설을 보유한 모든 국가에서는 원전사고에 대비해 발전소를 중심으로 방사선비상계획구역을 설정해 놓고 있다. 우리나라는 8~10km를 비상계획구역으로 설정해 놓고 있다. 국제원자력기구의 비상계획구역(emergency planning zone: EPZ) 권고안에 따르면, 원전 가동국은 원전사고 우려가 있거나 발생하면 즉시 대피하는 예방적 보호조치구역(원전에서 반지름 3~5km), 방사능 유출이 확인됐을 때 방사능 유출에 따라 대피를 하거나 방호약품 등을 구비하거나 주민한테 지급해야 하는 긴급보호조치 계획구역(원전에서 반지름 5~30km)으로 설정하도록 하고 있다(시사상식사전, 박문각).

포괄적 핵실험금지조약(Comprehensive Nuclear Test Ban Treaty)

1996년 국제연합(UN) 총회에서 어떠한 형태・규모・장소에서도 핵폭발 실험을 금지한다는 내용으로 결의한 전면적이고 포괄적인 핵실험금지조약이다(두산백과, 2015).

국제원자력기구(International Atomic Energy Agency: IAEA)

국제연합 총회 아래 설치된 준독립기구로서 원자력 발전의 경제성 및 안전성 제고를 위한 국제적 협력을 목적으로 한다. 1953년 미국의 D. Eisenhower 대통령은 국제연합 총회에서 유엔의 후원 하에 핵물질의 저장과 보호, 평화적 사용을 목적으로 하는 국제기구의 창설을 제안함으로써, 파괴력 강한 무기인 원자력의 평화적 이용을 주장했다. 이에 따라 1956년에 국제연합회원국 80개국이 IAEA의 설립헌장에 조인했고, 1957년 7월 29일 헌장발효로 IAEA가 발족했다(두산백과, 2015).

탐구학습

1. 주요개념
   - 핵안보
   - 예비안전성분석보고서
   - 핵비확산조약
   - 국제원자력사건등급

2. 토론 및 과제
   - 원자력 관련시설의 입지기준
   - 원자력에너지를 둘러싼 사회적 갈등의 해소방안

- 원자력사고에 대비한 국제협력
- 원자력과 신재생에너지의 관계

참고문헌

고이데 히로아키(김원식 외 역)(2011), 은폐된 원자력 핵의 진실, 녹색평론사.
심기보(2015), 원자력의 유혹, 한숨미디어.
이정익(2015), 원자력 이야기, 살림.
일본 뉴턴프레스(2012), 원자력 발전과 방사능, 뉴턴코리아.
C. Ferguson(주홍렬 역)(2014), 원자력 재난을 막아라, 생각의힘.

제 3 편

녹색경제

기후변화와 지구온난화에 대응과 적응을 위해서는 녹색성장이 대단히 중요하다. 따라서 전 세계는 녹색성장정책을 적극적으로 추진하고 있다. 이와 같은 녹색성장은 녹색경제가 기반이다. 본 편에서는 녹색경제를 구성하는 요소를 녹색산업, 녹색기술 그리고 녹색기업으로 구분하여 각 요소별로 정책적 동향, 주요 추진내용, 국내외사례 그리고 전망과 과제를 살펴보기로 한다.

제1장

녹색경제의 의의

제1절 녹색경제의 개념

기후변화와 지구온난화, 화석에너지의 고갈 등의 문제를 해결하고 지속적인 경제성장을 위하여 녹색경제(green economy)에 대한 관심이 커지고 있다. 유엔환경계획(United Nations Environment Programme: UNEP)에서는 녹색경제를 환경적인 위험과 생태적인 결핍을 크게 감소시키고 인간의 복지와 사회적 형평성을 증가시킬 수 있는 경제로 정의하고 있다(이태화, 2012). 또한 저탄소 녹색성장 기본법에서는 녹색경제를 화석연료의 사용을 단계적으로 축소하고 녹색산업과 녹색기술을 육성함으로써 국가경쟁력을 강화하고 지속가능발전을 추구하는 경제 체제로 규정하고 있다. 한편 경제체제가 추구하는 가치를 기준으로 볼 때, 시장경제가 교환가치를 중시하고, 노동조합이나 시민사회가 분배가치를 중시하는 경제라면, 녹색경제는 모든 존재의 생명가치 그 자체를 최우선으로 삼는 경제라고 할 수 있다(매일경제용어사전).

녹색경제는 환경보호와 경제성장의 두 가치가 충돌하는 영역이 아니라 보완적인 관계로 보고 있다. 즉 탄소저감, 에너지 효율 등을 위한 녹색기술과 녹색산업을 육성함으로써 환경보호와 경제성장을 동시에 추구하고 있다.

제2절 녹색경제의 중요성

전세계는 기후변화와 지구온난화 대응 그리고 녹색성장을 위해 녹색경제의 중요성을 인식하고 있다. 이는 세계적인 경기침체와 환경파괴를 대립적이고 이분법적 접근을 통해서는 결코 해결할 수 없기 때문이다.

녹색경제로의 전환은 탄소배출과 오염을 줄이고, 에너지 및 자원효율성을 증대시키며, 생태계 서비스 및 생물다양성의 손실을 방지하는 동시에 민간투자를 통해 소득과 고용의 증가를 달성할 수 있다. 즉 녹색경제로의 전환을 통하여 환경보호뿐 아니라 새로운 일자리 창출, 빈곤감소가 가능하다는 점에서 녹색경제의 중요성을 찾을 수 있다(정지원 · 강성진, 2012). 유엔환경계획에서는 녹색경제를 통하여 탄소배출과 오염을 감소시키고, 에너지와 자원 효율을 확대하며, 생물다양성과 생태계서비스의 상실을 방지한다고 본다. 또한 공적 및 민간투자에 의해 소득과 고용의 증가를 기대할 수 있다(이태화, 2012).

녹색산업은 경제적 이윤 창출뿐 아니라, 기후변화 대응에 대한 적극적인 동참이라는 측면에서 매우 중요하다. 녹색기술은 저탄소화와 녹색산업화를 동시에 지향함으로써 환경보호와 경제성장의 선순환구조 구축을 위한 핵심요소라고 할 수 있다. 또한 녹색기업은 녹색경제를 견인하는 중요한 주체이다. 기존 기업의 녹색경영에 대한 적극적 참여와 정부의 녹색기업 육성정책이 필요한 이유이다.

제3절 녹색경제의 주요내용

우리나라는 녹색경제를 구현함으로써 국가경제의 건전성과 경쟁력을 강화하는 정책을 추진하고 있다. 이를 위해 성장잠재력이 큰 새로운 녹색산업과 녹색기술 그리고 녹색기업을 육성하는 시책을 마련하고 있다. 또한 정부는 녹색경제 정책을 수립 · 시행할 때 금융, 산업, 과학기술, 환경, 국토, 문화 등 다양한 부문을 통합적 관점에서 균형있게 고려하고 있다.

기후변화와 지구온난화에 대응하고 적응하는 녹색성장은 녹색경제시스템이 구축되고 작동할 때 그 실효성이 크다. 녹색경제시스템은 기후변화와 지구온난화, 기후변화관련 국제사회협약 그리고 정부의 녹색성장정책과 같은 외부환경과 녹색산업, 녹색기술, 녹색기업 등 구성요소간의 상호작용 관계로 이해 할 수 있다. 이를 도식화 하면 [그림 3.1.1]과 같다.

본 편에서는 녹색산업에 대해서는 그린카(green car)산업, LED(light emitting diode)산업, 물산업 등을 중심으로 살펴보고, 녹색기술에 대해서는 국가과학기술위원회의 분류체계인 예측단계, 에너지원단계, 고효율화단계, 사후처리단계 등을 중심으로 살펴보기로 한다.

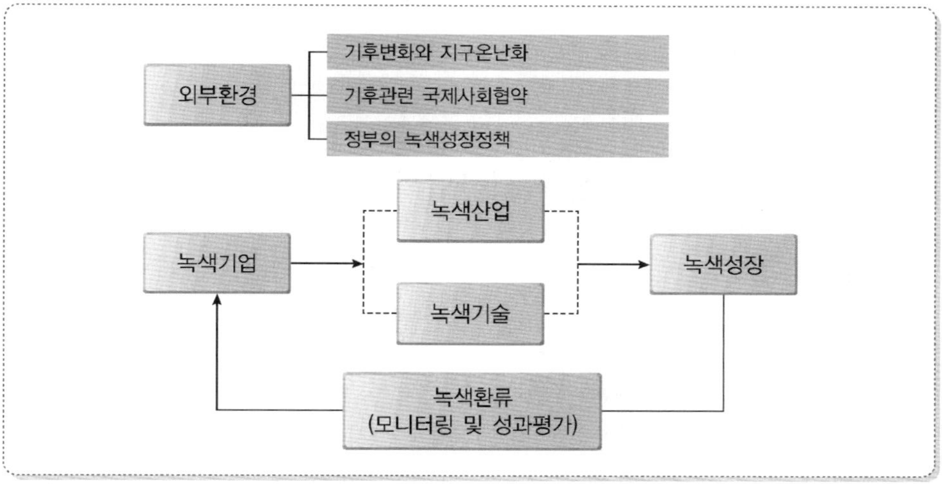

[그림 3.1.1] 녹색경제시스템과 구성요소

참고문헌

이태화(2012), "Rio+20의 지속가능한 발전의 관점에서 본 녹색경제의 이해", ECO, 제16권 제1호, 한국환경사회학회.

정지원・강성진(2012), 녹색경제와 지속가능발전: 논의 동향과 ODA 정책 시사점, 대외경제정책연구원.

제 2 장

녹색산업

제1절 녹색산업의 의의

1. 배경

세계인구의 증가 및 생활수준의 향상으로 에너지 소비가 지속적으로 증가하고 있고, 이에 따른 화석연료의 가격도 상승할 것으로 전망된다. 특히 우리나라의 에너지 소비량은 주요 선진국에 비해 높은 실정이다. 또한 대외 의존도가 높은 우리 경제는 전 세계적인 경제침체의 영향으로 인하여 저성장과 고용정체 현상이 나타나고 있다. 국가경제의 경쟁력을 가지고 성장궤도에 재진입하기 위해서는 새로운 성장동력원을 찾아내고, 이를 통해 산업발전과 고용을 창출하는 것이 중요한 과제로 대두되고 있다. 경제위기를 극복하고 에너지 자립국으로 자리매김하기 위한 정책수단으로 녹색산업에 기반한 성장전략을 추진하고 있다.

녹색산업에 대한 관심이 높아진 배경을 보면 첫째, 녹색산업은 주요 성장동력인 지식·기술집약형 산업구조를 저탄소형 산업구조로 전환함으로써 산업발전과 환경문제 해결을 위한 선순환구조와 지속가능한 경제성장을 위한 동력원을 확보하기 위한 핵심분야이기 때문이다.

둘째, 글로벌 경제체제에서 온실가스 배출규제가 새로운 무역장벽으로 등장하였기 때문이다. 전 지구적으로 온실가스 감축계획의 이행에 따른 비용증가로 인하여 기존 산업계가 저탄소형 산업구조로 전환되고 있으며, 저탄소형 산업과 관련하여 거대한 시장이 형성되고 있다.

2. 개념과 특징

1) 개념

세계적인 관심에도 불구하고 녹색산업에 대하여 통일된 개념은 정립되지 않은 상황이다. 일부에서는 녹색산업의 개념을 경제협력개발기구(Organization for Economic Cooperation and Development: OECD)가 주장하는 넓은 의미의 환경산업[1])과 동일시하는데 이에 따르면 환경적 위험을 측정, 예방, 억제하고 최소화하거나 완화하기 위한 재화나 서비스를 생산하는 산업으로 정의한다. 따라서 일부 학자들은 녹색산업을 개선·치유, 경감, 예방, 지속가능성 등과 관련된 산업으로 규정하고 있다.

녹색성장에 관한 논의가 활발해짐에 따라 녹색산업의 범위도 다양해지고 있다. 첫째, K. Chapple(2008)는 녹색산업에 대한 기존 연구를 종합하여 에너지 및 공급·처리업과 녹색건축, 녹색제조업과 교통 등을 제외하고는 학자에 따라 다양한 의미로 사용된다고 주장하고 있다. 둘째, 독일 환경부에서는 녹색산업을 환경산업과 같은 개념으로 사용하며 환경친화적 발전, 에너지 및 자원 효율화, 폐기물 관리 및 순환, 지속가능한 물 관리, 지속가능한 교통기술 등을 선도부문으로 간주하고 있다. 셋째, 우리나라 또한 녹색산업을 신재생에너지 및 친환경산업을 포함하는 용어로 사용하는 경향이 있다(류승한, 2009). 이와 같이 통일된 개념의 부재는 녹색산업이 매우 빠르게 성장하는 신생산업과 연계된 부문이 다양하다는 것에서 기인한다.

녹색산업은 제도적이고 정책적인 용어로 이해할 수 있다. 저탄소 녹색성장기본법에서는 녹색산업을 경제, 금융, 산업, 건설, 농수산업, 관광 등 경제활동 전반에 걸쳐 자원·에너지의 효율을 높이고 환경을 개선하는 재화의 생산 및 서비스의 제공 등을 통하여 건실한 녹색성장을 이루는데 이바지하는 1·2·3차 산업으

---

1) OECD(1999)는 환경산업을 물, 공기, 토양에 대한 환경적 피해 및 폐기물 소음, 생태시스템 등과 관련한 문제를 측정, 방지, 제한, 최소화 또는 시정하는 재화와 서비스를 생산하는 활동으로 규정하고 있다. 이 활동을 환경적 위험을 감소시키고 오염과 자원사용을 최소화하는 청정기술, 청정제품 및 청정서비스를 포함하는 것으로 정의하였다. 그리고 크게 오염관리군, 청정기술군, 자원관리군 등 세 종류의 그룹으로 구분하였다.

로 규정하고 있다. 이러한 연장선에서 녹색산업은 저탄소 녹색성장을 위한 일련의 인력개발, 기술개발, 시설구축에서 발생하는 산업분야를 비롯하여 이에 부수적으로 수반되는 환경, 관광 등에 이르는 산업분야라고 볼 수 있다(이세찬, 2009). 한편 저탄소 청정에너지·자원의 생산, 에너지·자원의 이용효율성 제고, 온실가스의 저감, 환경오염의 저감 또는 자원순환 등이 당해 산업의 주된 활동인 산업으로 매출 또는 부가가치가 당해 산업 전체의 총매출 또는 총부가가치의 의미있는 비율을 구성하면서 녹색성장에 기여하는 산업이라고 정의하기도 한다(조창현 외, 2009).

2) 특징

녹색산업의 특징은 크게 세 가지를 들 수 있다. 첫째, 국가산업발전 수준에 관계없이 많은 국가에서 동시에 높은 성장성을 기록하고 있다. 이는 녹색산업의 육성을 위한 지역간 경쟁이 다른 어떤 산업보다 치열할 수 있음을 의미한다. 미국 제조업 전반의 침체에도 불구하고 청정에너지 분야는 지속적으로 성장하여 2016년에는 미국 시장 규모가 2,260억 달러에 달하고, 태양에너지 및 풍력의 수요는 향후 20년간 지속적으로 성장할 것으로 전망된다.

둘째, 녹색산업이 고용에 미치는 영향은 매우 크다. 2020년까지 프랑스의 이산화탄소 배출을 30% 감축할 경우 총 고용은 68만 4천명이 증가할 것으로 평가되었으며, 이외에 유가가 배럴당 100달러를 유지할 경우 추가적으로 약 4만 8천명의 고용이 증가할 것으로 전망되었다. 또한 독일에서는 2030년까지 추가적으로 80만명의 고용이 증가할 것으로 추정되고 있다. 우리나라에서는 녹색산업의 고용창출효과는 10억원당 13.2명으로 비녹색산업의 고용창출효과 10억원당 9.4명에 비하여 매우 높게 분석되고 있다(녹색성장위원회, 2014).

셋째, 높은 성장성과 육성의 시급성에도 불구하고, 아직까지 기술적·비용적 측면에서 시장이 기능하지 못하는 분야가 매우 많다. OECD(2006)는 대부분의 신재생에너지 산업은 핵심기술분야에서 기술적 장애요인이나 비용적 장애요인을 지니고 있다고 지적하고 있다. 이러한 장애요인의 존재는 녹색산업의 육성 필요성에도 불구하고 핵심분야의 육성은 그리 용이하지 않을 수 있음을 암시한다. 많은 국가들이 녹색산업육성을 위한 정부 개입의 필요성을 강조하는 것은 이와 관련되어 있다.

넷째, 녹색산업은 다른 산업과의 연관관계 속에서 존립하며, 산업성장의 파급효과 역시 광범위한 분야에 걸쳐 나타난다는 점이다. 신재생에너지 등 신산업의 성장은 기존 제조업의 시장확대와 고용증가에도 매우 큰 영향을 미친다. 기존 산업과의 연계성이 높기 때문에 녹색산업의 성장이 다른 산업의 성장에 미치는 영향 또한 매우 크며, 광범위한 분야에 걸쳐 나타난다. 녹색산업은 제조업에는 물론 서비스업에서부터 건설업에 이르기까지 다양한 산업에 영향을 미치며, 고용의 창출규모는 제조업보다 더욱 클 것으로 전망하고 있다.

기존 연구들은 녹색산업이 단일의 논리에 의해 육성될 수 없음을 확인하여 준다. 또한 이는 여러 지역이 녹색산업의 성장을 추진한다고 할지라도 실제 그 결과는 다양한 형태로 나타날 수 있음을 시사함과 동시에, 지역이 녹색산업을 육성하고자 하는 구체적인 이유에 따라 육성 대상 산업이 달라질 수 있음을 의미한다.

3. 중요성

녹색산업은 경제적 측면에서 중요성이 점차 높아지고 있는데 다음 세 가지 측면에서 살펴볼 수 있다. 첫째, 녹색산업은 경제적 이윤창출에 그치지 않고 범지구적으로 기후변화에 대응하는 노력에 동참하는 성격을 가지고 있으며, 지속가능한 발전을 위한 기술을 개발하는 데에 주안점을 두고 있다(이세찬, 2009). 즉 환경이 경제성장의 제약요인이라는 전통적 관점에서 벗어나, 지속가능한 성장을 위한 새로운 기회요인으로 작용한다는 점에서 중요성을 찾을 수 있다(금한승, 2009).

둘째, 녹색산업화 기반구축에 따른 다양한 경제적 이익의 창출이 가능하다. 녹색산업 집적에 따라 산업활동에 필요한 지원서비스 집중, 정보교환 및 이에 따른 기술의 발전과 전문 인력풀 형성 등 경제적 이익이 창출된다. 그리고 녹색산업 집적에 따라 기업발전에 필요한 다양한 공공재의 투입을 유발하고, 기업지원서비스 투자를 확대시켜 역동적 혁신클러스터 형성을 촉진한다. 뿐만 아니라, 지역내 녹색산업 기반 구축을 통해 지역의 그린에너지 관련 R&D 허브역할을 성공적으로 수행할 수 있는 공동연구, 연구인력 육성, 벤처기업 육성과 같은 경제성장을 위한 기반구축이 가능하다.

셋째, 우리나라 녹색산업의 경쟁력은 세계 최고수준의 60~90%에 불과하다. 세계적인 선도기업(leading company)의 육성과 시장을 선점해야 한다는 점에서 녹색산업의 중요성을 찾을 수 있다. 2011년 현재 태양광산업은 선진국 대비 90% 수준을 유지하고 있으나, 바이오에너지산업은 60% 수준에 그치고 있다(홍미영 외, 2011).

제2절 녹색산업의 주요내용

1. 관련법률 및 정책

녹색산업과 관련한 정책과 제도는 크게 두 가지 유형으로 구분된다. 첫째는 녹색성장의 법적 기초와 근간을 이루고 있는 저탄소 녹색성장기본법과 같은 법률이고, 둘째는 녹색산업의 범주에 포함된 개별 산업에 대한 정부의 지원제도이다.

저탄소 녹색성장기본법에서는 녹색경제체제의 구현, 녹색기술·녹색산업, 기후변화대응 정책, 에너지 및 지속가능발전 정책 등을 내용으로 하는 저탄소 녹색성장 국가전략을 수립하도록 하고 있다. 그리고 녹색산업의 배경이라 할 수 있는 온실가스 감축, 지구온난화 등에 대한 경쟁력 강화를 위해서 산업발전법에 근거하여 경쟁력 강화시책을 수립하고 있다. 여기에서 국제화·친환경화 및 지식기반화의 촉진 방안, 자원생산성 향상 방안, 산업부문의 온실가스 배출 감축 지원 방안, 산업부문별 지구온난화 등 기후변화에 따른 영향분석 및 적응방안 등에 대한 경쟁력을 강화하기 위한 시책을 수립토록 규정하고 있다.

녹색산업에 속한 개별 산업들에 대한 정부의 규제 및 지원제도는 신재생에너지 지원제도, 에너지효율 관련 산업 지원제도, 환경산업에 대한 지원제도 등이 있다. 신재생에너지 지원제도는 신재생에너지의 사업화와 직·간접적으로 연관된 대부분의 제도를 포함하는데, 신재생에너지 사업화 지원과 관련한 제도는 크게 보급지원제도, 기술개발사업, 그리고 기반조성사업 등으로 구분할 수 있다. 에너지효율 또는 에너지절약과 관련한 정책과 사업은 주로 에너지이용합리화법을 근거로 시행되고 있다. 에너지효율 정책의 근간이라 할 수 있는 에너지이용합리화 기본계획은 에너지이용합리화법에 근거하여 수립하며, 에너지절약형 경제구조로의 전환, 에너지이용효율의 증대, 에너지이용 합리화를 위한 기술개발 등을 내용으로 하고 있다. 특히 제4차 에너지이용합리화 기본계획은 고유가 극복, 기후변화협약 대응, 무역수지 개선 등을 목표로 원천적인 에너지 낭비 요인을 줄일 수 있는 인센티브 개발에 중점을 두고 있으며, 백열전구 퇴출, 에너지 효율 목표관리제 등 신규 시책의 도입을 통해 에너지 절약과 기후변화협약에 능동적으로 대응한다는 방침을 세워두고 있다. 마지막으로 정부의 현행 환경산업 지원 정책은 환경기술 및 환경산업 지원법에 의거하여 환경산업의 기술개발, 환경산업체의 전문화와 대형화를 유도하여 환경산업체의 규모의 경제와 범위의 경제 실현, 환경산업의 수출전략화 지원, 환경산업에 필요한 인력양성 등으로 구성되어 있다.

〈표 3.2.1〉 녹색산업의 관련법률

관련법률	정책 및 계획	주요내용	주관부처
저탄소 녹색성장기본법	· 저탄소 녹색성장국가전략	· 녹색경제 체제의 구현에 관한 사항 · 녹색기술 · 녹색산업에 관한 사항 · 기후변화대응 정책, 에너지 정책 및 지속가능발전 정책에 관한 사항 등	· 국무총리실
산업발전법	· 산업부문별 경쟁력 강화 시책	· 산업부문별 경쟁력의 현황 및 강화 방안 · 기술 · 인력 · 입지 · 자원 등 기업활동 요소의 원활한 공급 방안 · 국제화 · 친환경화 및 지식기반화의 촉진 방안 · 자원생산성 향상 방안 · 산업부문의 온실가스 배출 감축 지원 방안 · 산업부문별 지구온난화 등 기후변화에 따른 영향 분석 및 적응 방안 등	· 산업통상자원부
에너지이용합리화법	· 에너지이용합리화 기본계획	· 에너지절약형 경제구조로의 전환 · 에너지이용효율의 증대 · 에너지이용 합리화를 위한 기술개발 · 에너지의 합리적인 이용을 통한 온실가스의 배출을 줄이기 위한 대책 등	· 산업통상자원부

환경기술 및 환경산업 지원법	· 환경기술 및 환경산업 육성계획	· 환경기술 및 환경산업의 육성목표, 정책의 기본방향 및 부문별 육성시책에 관한 사항 · 환경기술 및 환경산업의 육성에 관한 연도별 투자 및 추진계획 · 환경기술 및 환경산업의 국제협력 및 해외시장 진출 · 학교 · 학술단체 · 연구기관 등에 대한 환경기술 및 환경산업의 연구 지원 · 환경기술의 보급 및 실용화 촉진 등	· 환경부

녹색산업의 발전을 위해서는 표준화가 중요한 이슈로 되고 있다. 1995년 세계시장이 관세 및 무역에 관한 일반협정(General Agreement on Tariffs and Trade: GATT) 체제에서 세계무역기구(World Trade Organization: WTO) 체제로 변경됨에 따라 표준이 비관세 장벽화되어 각국은 국가경쟁력 확보전략으로 표준화 정책의 중요성을 인식하게 되었다. 우리나라는 표준화 정책의 국제적 협력의 중요성을 인식하고 2009년 6월, 25개국 32개 기관과 표준화 관련 양해각서를 체결하였다. 여타 기술발전과 마찬가지로 녹색기술 발전도 시작단계에서부터 표준이 먼저 확립되어야 하므로 우선 탄소배출량 측정의 표준화가 확립되어야 한다. 또한 여타 환경규제 대상이 되는 물질에 대해서도 측정의 표준화가 필요하며, 신재생에너지산업의 경우도 태양에너지, 태양전지, 수소에너지 등의 측정 및 평가와 관련하여 표준화가 필요하다.

2. 녹색산업의 정책방향

1) 녹색창조산업의 육성

녹색창조산업의 육성은 ICT · 녹색기술기반 신산업 및 신시장 창출, 녹색창조산업에 대한 발전기반 조성으로 구분해 볼 수 있다. 우선 ICT · 녹색기술 기반 신산업 및 신시장 창출을 위해서는 에너지 신산업 부문에서 신기술의 사업화가 가능한 비즈니스 모델을 창출하여 신규투자를 촉진하고, 기후변화대응기술을 활용한 고부가가치 창출, 물산업 · 환경산업의 육성 및 해외시장 진출 등을 지원하는 것이 매우 중요하다.

그리고 녹색창조산업 발전기반 조성을 위해서는 녹색기술·제품에 대한 공급을 확대하고, 중소기업을 대상으로 하여 녹색경영 지원을 확대할 뿐 아니라, 기업 환경정보의 공개 및 활용을 촉진하는 것을 적극적으로 추진해야 한다.

2) 규제합리화 및 녹색인재 양성

규제합리화 및 녹색인재 양성을 위해서는 규제합리화 및 인증제도 정비, 인재양성 및 일자리 창출이 필요하다. 에너지 효율화 및 신재생에너지 보급 확대를 저해하는 규제를 찾아서 개선하고, 재활용업 인·허가제도 선진화 등 규제제도의 합리화를 전개해야 한다. 녹색경영, 녹색기업, 우수그린비즈 등 녹색산업과 관련한 다양한 인증제도에 대한 정비·활성화가 필요하다.

그리고 인재양성 및 일자리 창출을 위해서는 각 부처별로 온실가스관리, 농업, 신재생에너지, 환경자원관리 등에 대한 다양한 프로그램을 운영하고 있다.

3) 자원순환형 경제·산업구조 구축

자원순환형 경제·산업구조 구축은 순환자원 통합 관리체계 구축, 자원순환 활성화 기반 구축, 자원순환산업 성장 동력화 추진 등으로 구분된다. 첫째, 순환자원 통합 관리체계 구축은 제조업에서 사용되는 자원의 순환적 이용을 제고하기 위한 자원흐름분석 및 자원순환시스템 구축을 의미한다.

둘째, 자원순환 활성화 기반 구축은 지방자치단체별로 나누어져 있는 폐기물 처리시설을 광역화하고, 공동처리시설이 입지한 지방자치단체에 인센티브를 부여하는 등 폐기물 수거에 대한 규모의 경제 확보를 주요내용으로 하고 있다. 그리고 재활용을 통해 추출된 귀금속, 희유금속 등에 대한 공공구매를 유도하는 재활용제품의 수요기반 확충을 유도하고 있다.

셋째, 자원순환산업 성장동력화는 생산자 책임재활용의 대상이 되는 폐전기·폐전자 제품의 품목을 확대하는 도시광산 규모의 확대 및 도시광산 자원 재활용 기술개발 촉진을 추진하고 있다.

3. 녹색산업의 주요내용

1) 그린카산업

그린카는 기존 내연기관 대비 효율이 높고, 배출가스가 적은 친환경 신기술 자동차를 말한다. 그린카에는 2차전지, 연료전지 등을 사용하여 직간접적인 고출력 전기동력으로 구동하는 전력기반차와 기존 화석연료를 사용하면서 엔진이나 후처리 시스템 등의 클린 엔진 기술로 고효율과 저공해를 만족하는 엔진기반차로 분류할 수 있다.

전 세계적으로 고유가에 대한 대응과 대기환경 개선의 일환으로 온실가스 감축을 위한 연비규제가 강화되고 있어 에너지 소비효율이 우수하고 무공해 또는 저공해 기준을 충족하는 그린카가 각광을 받고 있다. 그러나 그린카산업의 발전을 위해서는 배터리의 기술개발 및 성장이 절대적으로 필요하다.

〈표 3.2.2〉 그린카의 종류 및 개념

구 분		개 념
전력기반차	· 전기자동차	· 배터리와 전기모터의 동력만으로 구동
	· 하이브리드자동차	· 내연기관 구동시 발생하는 전기나 외부로부터 전기를 배터리에 충전하여 활용
	· 연료전지자동차	· 수소와 산소 반응으로 전기를 생산하여 구동
엔진기반차	· 클린디젤자동차	· 저공해이면서 CO_2 규제에 대응가능한 초고효율 디젤엔진으로 구동
	· 천연가스자동차	· 천연가스를 연료로 하는 엔진으로 구동

자료: 이준석 · 서재익(2013).

2) LED산업

LED산업은 미국, 대만, 일본, 중국을 비롯한 세계 각국에서 신성장동력으로 육성하고 있다. 기존 광원 대비 고효율, 저전력, 장수명, 빠른 응답속도, 친환경성 등의 장점이 있다. 그러나 가격이 높고, 열에 취약하여 별도의 방열설계를 요구하는 단점도 있다. LED산업은 전후방 사슬을 형성하고 있는 광소자, 모듈, 조명

기기 산업을 포괄하고 있다.

우리나라는 일본, 대만에 이어 3위의 위치에 있다. 그러나 LED조명은 높은 가격과 초기 투자비용으로 인해 시장조성에 문제가 있고, 에피, 칩, 패키지 등 핵심부품의 높은 수입 의존으로 LED가격이 비싸기 때문에 보급에 장애가 있다. LED가격 구성을 보면, 에피, 칩, 패키지가 50%, 광원모듈이 25%, 기구설계가 25%로 국내 LED산업 생산능력 증대 및 해외시장 개척에 어려움이 있다(이두희 외, 2010).

3) 물산업

물산업이란 가정과 공장에 안전한 식수와 산업용수를 공급하는 산업을 말한다. 구체적으로 보면 오·폐수의 정화, 상수도원 관리 및 상수도 공급, 바닷물을 민물로 만드는 담수화 사업 등을 의미한다. 생수도 넓은 의미로 물산업에 포함되지만 기업체에서는 식음료 산업의 일부로 보고 있다. 2013년 세계 물시장 규모는 5,560억 달러에 달하고 2018년 6,890억 달러 규모의 시장으로 연평균 4.2% 정도의 성장이 전망된다(한국수출입은행, 2014). 개발도상국의 경제성장 및 소득수준 향상에 따른 물수요 증가가 물시장 성장의 가장 큰 요인으로 작용하고 있다.

물산업은 인류의 삶에 없어서는 안되는 중요한 기반산업으로서의 역할을 하고 있다. 2000년 5월 포춘지는 특집기사로 21세기의 물산업이 20세기의 석유산업을 능가할 것으로 전망한 바 있다. 국내외적으로 요구되고 있는 친환경 및 녹색산업에 대한 인프라를 구축하고, 녹색산업을 선도할 수 있는 산업으로서 분리막(멤브레인)의 중요성이 부각되고 있는 실정이다.

제3절 녹색산업의 사례

녹색산업의 해외사례로 일본 혼다(Honda)와 도요타(Toyota)의 그린카산업, 캐나다의 연료전지산업, 우리나라 LG이노텍의 LED산업과 대구의 물산업을 선정하여 살펴보기로 한다.

1. 해외사례

1) 일본의 혼다와 도요타의 그린카산업

그린카는 앞서 살펴본 바와 같이 전기자동차, 하이브리드자동차, 연료전지자동차, 클린디젤자동차, 천연가스자동차 등으로 구분된다. 여기에서는 하이브리드자동차를 중심으로 살펴보기로 한다. 하이브리드자동차는 저속주행시에는 배터리로, 고속주행시에는 엔진으로 주행하고, 엔진 주행시에 배터리가 충전된다.

일본의 혼다자동차는 1999년에 최초의 하이브리드 모델인 인사이트(Insight)를 미국시장에 선보였고, 2000년에는 도요타가 프리우스(Prius)를 미국과 유럽에 출시하면서 일반화되었다. 이러한 하이브리드자동차는 휘발유 차량에 비하여 연비가 매우 높을 뿐 아니라 기계적 고장이 적은 것으로 나타나 많은 소비자에게 관심을 끌고 있다. 그러나 하이브리드자동차는 기존의 휘발유 차량에 비하여 비싸다는 것이 문제로 지적되고 있다. 휘발유 차량과의 가격 격차를 상쇄하기 위하여 미국을 중심으로 하이브리드자동차에 대하여 세금을 감면해주는 정책을 펴고 있다.

2) 캐나다의 연료전지산업

캐나다에서는 1983년부터 토론토대학, 국방연구원 및 국립연구원에서 연료전지 연구가 진행됐으며, 초기단계에는 알칼리 및 인산형 연료전지 연구에 집중했으나 Ballard사가 국방연구원과의 계약에 의해 고분자 전해질형 연료전지를 집중 연구하기 시작하면서 이동용 전원 및 소형 발전시스템으로 응용하려는 연구가 본격적으로 추진되고 있다. 캐나다의 수소 및 연료전지 산업은 연료전지 개발기술, 시스템 통합, 연료공급 장치, 연료보관 장치, 엔지니어링, 관련 금융업 등 다양한 부문에서 폭 넓게 발전하고 있다.

캐나다 정부의 적극적인 움직임에 의한 연료전지 홍보활동 및 수요가 증가하고 있다. 특히 브리티시 컬럼비아주는 전 세계에서 가장 활발한 수소연료전지 산업 클러스터라고 할 수 있다. 연료전지 및 수소산업의 성장세가 두드러짐에 따라 연료전지 개발기업, 공급업체, 인프라 개발 기업 및 관련 서비스를 제공하는 업체를 중심으로 밴쿠버, 캘거리, 토론토, 킹스톤, 몬트리올 등에 관련 기업이 밀집하기 시작했다(이두희 외, 2010).

2. 국내사례

1) LG이노텍의 LED산업

LED산업은 조명을 중심으로 Philips, Osram, GE가 세계 시장의 40%를 점유하고 있으며, Philips가 단연 선두를 지키고 있다. 국내에서는 삼성전자, LG전자, LG이노텍 등이 LED 조명시장에서 선두 기업군으로 부상하고 있다(박성현 외, 2011). LG 이노텍은 LED 핵심기술과 첨단설비를 기반으로 생산 전공정, 즉 에피웨이퍼 제조, 칩, 모듈 등에 대하여 수직계열화를 구축하고 각 부문간 시너지를 극대화하며 글로벌 기업으로 부상하고 있다.

LG이노텍은 원천기술분야에 있어서도 국제적으로 경쟁가능한 기술력을 지니고 있으며 일본, 미국, 독일, 대만 등 선진국 수준의 80% 수준에 도달해 있다. 특히 칩 제조기술까지 독자 개발하였다는 점과 국내의 수요 증가로 국내 LED산업 클러스터 구축이 가능하다는 점이 강점요인이다.

이러한 LED산업의 육성을 위해서는 관련 연구개발기관 지원, 전문인력의 양성, 관련 녹색산업단지 조성, LED 양산화와 신뢰성 확보를 위한 국제 기술 표준화와 인증시스템 구축, 대형건물 및 공공기관 LED 설치 지원, 핵심 및 원천기술의 연구개발 지원 및 특허권 확보, 글로벌 협력체제 구축 또는 수직계열화 등을 들 수 있다(이두희 외, 2010).

2) 대구의 물산업

우리나라는 미래 수자원을 확보하고, 세계적으로 이슈가 되고 있는 수자원을 안정적으로 확보하기 위하여 분리막에 대한 기술개발, 스마트워터 그리드 원천기술 확보, 선진국과 동일한 통합 물 관리 정책 추진 등의 노력을 다하고 있다.

2015년 우리나라 대구광역시와 중국 장쑤성(江蘇省) 이싱시(宜興市)가 양국 민간 기업들과 합자회사를 만들어 중국 물산업 시장에 진출하는 사례가 있다. 대구환경공단과 엔바이오컨스, 중국의 이싱환보과기공업원, 강소필립환보공정유

한회사 등 4개 기관은 한·중 경영합자계약을 맺고 전문 폐수처리회사를 만들어 환경오염으로 물 문제가 심각한 중국에 진출하였다. 대구에 입지한 폐기물처리 전문기업인 엔바이어컨스는 기술이전을 하는 대가로 1억 위안의 수익을 창출하였다.

한편 대구광역시와 경상북도는 2015년 4월 개최한 세계물포럼을 계기로 하여 물산업에 대한 많은 사업을 추진하고 있다. 대구국가산업단지에 649천㎡ 규모로 물산업 실증 테스트베드, 국가 물산업진흥원 등이 들어서는 물산업 클러스터는 대표적인 사례라고 할 수 있다.

[그림 3.2.1] 대구 물산업클러스터 조감도

3. 시사점

녹색성장을 견인하는 녹색산업의 사례를 통해 세 가지 관점에서 시사점을 제시할 수 있다. 핵심주력산업을 녹색으로의 변화, 저탄소형으로 산업구조의 재설계, 그리고 생산-물류-마케팅-서비스-자원순환에 이르는 가치사슬의 전 과정을 친환경화하는 것이다.

첫째, 핵심주력산업의 녹색화이다. 이는 신성장동력으로 녹색산업을 개발하는 것과 같은 의미이다. 즉 신성장동력으로 선정된 그린카산업은 그 자체가 신규사업이면서 동시에 자동차 산업이 녹색화되는 것을 의미한다. 녹색산업은 지금과는 완전히 동떨어진 분야가 아니므로 기존 산업을 발전시키면서 새로운 경쟁력을 확보하는 전략이 현실적으로 타당한 것이다.

둘째, 저탄소형으로 산업구조를 재설계하는 것이다. 핵심적인 녹색산업 외에도 산업전반을 저탄소형으로 전환하기 위해서는 구조조정이 필요하다. 우리나라는 제조업 및 에너지 다소비 산업의 비중이 높으므로 이산화탄소와 같은 온실가스의 감축비용이 선진국에 비하여 높은 것이 현실이다.

셋째, 생산–물류–마케팅–서비스–자원순환에 이르는 가치사슬을 녹색화하는 것은 녹색성장에 대한 인프라를 제공하는 것으로 이해할 수 있다. 산업과 시장은 기본적으로 민간부문의 몫이므로 자율성을 보장함으로써 민간부문의 창의성을 최대한 발현시킬 수 있다. 이 때 정부의 역할은 시장이 제대로 기능하도록 하는 인프라를 제공하는 것이다.

제4절 녹색산업의 전망과 과제

1. 전망

녹색산업의 전망을 살펴보면 첫째, 향후 녹색산업의 영역이 점점 확대되고, 녹색산업의 성장을 위한 국제적 협력과 경쟁이 가속화될 것으로 전망된다. 따라서 경쟁우위를 확보하기 위하여 기술개발을 비롯한 다양한 노력이 필요하다. 특히 신재생에너지, 물산업, 그린카산업 등에 대한 시장은 타 산업에 비하여 크게 성장할 것으로 보이는 바, 성장가능성이 높은 산업을 중심으로 한 기술개발이나 사업화 전략이 필요하다.

둘째, 우리나라는 세계 10대 에너지 소비국으로서 온실가스 감축에 대한 국제적 규제가 강화될 것으로 보이는 바, 이는 녹색산업의 지속적 성장에 대한 기회로 작용할 것이다.

셋째, 녹색산업의 성장을 통한 일자리 창출의 선순환 구조 구축을 위한 노력이 전개될 전망이다. 따라서 녹색전문인력을 양성하기 위한 다양한 사업이 추진되고, 원활한 인력수급을 위한 녹색일자리 정보체계 구축 등이 강화될 것으로 보인다.

2. 과제

녹색산업의 성장에 따른 과제는 국가적 차원과 지역적 차원과 같은 추진주체를 기준으로 살펴볼 수 있고, 기능별로 구분해서 볼 수도 있다. 우선 국가적 차원의 과제로는 기초연구의 지속적 발전을 위한 지원체계 구축을 들 수 있다. 이를 위해서는 녹색기술에 대한 정부의 기초연구 지원 비중을 확대해야 한다. 그리고 부처별·산업별 맞춤형 전략 마련 및 범부처 차원의 연계 및 협력을 통한 녹색기술의 연구개발사업 추진이 필요하다.

그리고 지역적 차원의 과제는 기존 산업군의 오염물질 배출여부 확인 및 대응전략 수립이다. 이를 위해서는 특정범위에서의 환경오염 총량 및 환경오염 저감시설 설치 등이 요구된다. 그리고 지역차원의 생태에너지 발전전략 구상 등의 장기적 발전전략 수립과 탄소시장에 대한 관심과 대응이 요구된다. EU를 중심으로 탄소시장이 형성되고 있으며, 그 규모는 2020년 3조 5천억 달러로 전망된다. 향후 기하급수적으로 증가하는 탄소시장에 선제적인 대응이 요구된다.

한편 기능에 대한 과제는 다음과 같다. 첫째, 기술 혁신역량 강화이다. 녹색산업에 대한 중장기단계별 기술 및 투자로드맵을 동시에 수립하여 기술개발과 제품상용화 투자가 연계되어 이루어질 수 있도록 전략을 마련해야 한다. 연관산업과의 기술융합화를 통해 단기간내에 기술개발과 함께 상용화가 가능한 분야, 5년내에 기술개발이 이루어질 분야, 아직은 기술개발력이 축적되어 있지 않지만 선진국으로부터의 기술이전 가능성이 희박한 분야를 구분하여 단계별로 체계적인 투자가 이루어져야 한다. 이를 위해 녹색산업전문기술연구소 설립이 필요하다.

둘째, 스트림간·이업종간 상생협력이 필요하다. 중장기 국가기술개발과제 선정시 소재-부품-모듈-완제품으로 이어지는 스트림간·이업종간 협력과제가 우선 선정될 수 있도록 기술과제 선정방식을 개선해야 하며, 소재-부품-모듈-시스템 및 완제품 연계형 혁신클러스터 조성이 필요하다. 또한 완제품 개발단계에서 소재업체가 참여하여 제품성능향상에 필요한 소재를 공동으로 개발하는 제품성능향상형 상생협력관계 구축도 필요하다.

셋째, 중소 부품소재기업의 육성이 필요하다. 중소기업 R&D 지원효율화 및 혁신형 중소기업을 집중적으로 지원해야 한다. 이를 위해 중소기업 기술혁신 지원 제도(Korea Small Business Innovation Research: KOSBIR) 제도를 통한 정부·공공기관의 중소기업 R&D 지원을 확대하고, 중소기업분야에 전략적 지원을 강화해야 한다. 아울러 KOSBIR 대상 중소기업지원 프로그램을 종합 점검·분석하고, 중소기업 지원을 적극적으로 추진해야 한다.

넷째, 국제협력 강화가 필요하다. 녹색기술과 녹색산업의 육성을 위해서는 자체 기술개발도 중요하지만 선진국과의 기술협력을 통한 원천기술확보 전략이 시간 및 투자면에서 효율적일 수 있다. 따라서 단기간내에 국내기술개발이 어려운 분야에 대해서 한·미 및 한·유럽연합 자유무역협정(free trade agreement: FTA) 등을 활용한 국제기술협력을 통해 기술력을 배양할 필요가 있다. 국제공동 R&D에 대한 외국기관의 실질적 참여를 위한 제도·사업체계 개선이 필요하다. 국제공동 R&D 사업에 대한 외국기관의 참여허용을 비롯하여 국내기관과 동등한 자격을 부여하여 국제 공동연구를 활성화해야 한다. 이를 위해 지배권 분배, 기술료 징수, 사업비 정산 등의 유연성을 제고하는 국제공동 R&D 시스템개선이 필요하다.

다섯째, 수출산업화를 위한 해외시장 개척 지원이다. 녹색제품의 수출마케팅 지원을 위해 녹색제품 전문국제전시회를 개최하여 홍보·마케팅력을 강화해야 한다. 중소기업 녹색제품의 브랜드화를 추진하고, 국내외 전시회 참가 및 해외시장개척단 파견을 지원하고 해외마케팅 지원을 위한 전담조직을 설치해야 한다.

추천자료

녹색성장을 위해서는 녹색산업의 육성이 필수적 과제이다. 녹색산업의 배경과 내용, 전망 등을 이해하기 위해서는 산업통상자원부, 녹색성장위원회, 산업연구원 등의 홈페이지를 살펴볼 필요가 있다.

이두희 외(2010), 주요 녹색산업의 지역별 발전전략, 산업연구원.
녹색성장위원회(2014), 제2차 녹색성장 5개년계획.
http://www.greengrowth.go.kr(녹색성장위원회)
http://www.kiet.re.kr(산업연구원)
http://www.motie.go.kr(산업통상자원부)

tip

정보통신기술(information & communication technology: ICT)

정보기술(information technology)과 통신기술(communication technology)의 합성어로 컴퓨터, 미디어, 영상 기기 등과 같은 정보 기기를 운영·관리하는데 필요한 소프트웨어 기술과, 이들 기술을 이용하여 정보를 수집·생산·가공·보존·전달·활용하는 모든 방법을 의미한다(학생백과사전).

녹색자원순환

생산이나 소비 등의 경제활동에 수반하여 불필요한 것이 발생하지만 그들을 폐기하지 않고 이용하는 것을 말하며, 자원 리사이클 혹은 자원재순환, 자원 재이용 등과 같은 말로 사용된다. 우리나라는 지구온난화로부터 지구환경 보호의 필요성 및 자원 낭비로 인해 발생하는 여러 문제들의 심각성을 인지하여 자원 절약과 재활용, 폐자원의 에너지화 등을 범국민적으로 알리고 자원순환을 통한 녹색생활실천운동의 계기를 마련하기 위해 매년 9월 6일을 '자원순환의 날'로 지정하였다(시사백과사전).

녹색창조산업

Howkins(2001)는 예술부터 과학·기술까지의 범위에서 창조적 재화와 서비스를 창출하여 창조경제에 기여하는 산업으로, 유엔무역개발협의회(United Nations Conference on Trade and Development: UNCTAD, 2008 & 2010)는 창조성과 지적자본을 사용하여 만든 재화와 서비스를 생산, 분배하여 잠재적인 수입을 창출하고 또 다른 지적자산을 창조할 수 있는 산업으로 정의한다. 한편 박근혜 정부의 창조경제는 특정 산업 육성에 국한하는 것이 아니라 경제사회 전반의 혁신을 통한 신성장 동력 확보와 일자리 창출을 추구하고 있다는 특징을 가지고 있다.

유엔환경계획

유엔환경계획(United Nations Environment Programme: UNEP)은 1972년 열린 제27차 총회에서 채택된 결의 제2997호에 의거해 설립되었다. 1972년 6월 스웨덴 스톡홀름에서 개최된 국제연합 인간환경회의(United Nations Conference on the Human Environment: UNCHE)에서 채택된 인간환경선언(Declaration on the Human Environment: DHE) 및 국제환경행동강령의 실행기구이다. 국제연합 환경계획의 목적은 국제연합 기구가 이행하고 있는 환경에 관한 제반 활동을 종합적으로 조정 관리하며, 아직 착수하고 있지 않은 환경 문제에 대해 국제적인 협력을 추진하는 것이다(외교부, 외교개황).

탐구학습

1. 주요개념
   - 녹색산업
   - 신재생에너지산업
   - 에너지효율향상산업
   - 친환경산업

2. 토론 및 과제
   - 녹색성장에 있어서 녹색산업이 가지는 중요성
   - 녹색산업의 육성을 위한 과제

참고문헌

경상북도(2009), 경상북도 저탄소 녹색성장추진계획.

금한승(2009), "녹색성장을 위한 환경기술·산업 정책방향", 대한환경공학회지, 제31권 제3호, 대한환경공학회.

녹색성장위원회(2009a), 녹색성장 5개년계획.

녹색성장위원회(2009b), 녹색성장 국가전략.

녹색성장위원회(2014), 제2차 녹색성장 5개년계획.

류승한(2009), "녹색성장시대의 산업입지 정책방향", 글로벌시대의 녹색성장과 미래국토전략, 국토연구원.

박성현 외(2011), LED 산업과 태양광 산업의 지식창출 역량에 관한 연구, 과학기술정책연구원.

배준강(2009), "녹색성장을 위한 기업의 발전전략", 녹색성장과 국민복지, 아산재단 창립 32주년 기념 심포지엄, 아산사회복지재단.

이두희 외(2010), 주요 녹색산업의 지역별 발전전략, 산업연구원.

이세찬(2009), "차세대 성장 동력으로서 녹색산업의 비전", News & Information for Chemical Engineers, 한국화학공학회.

이준석·서재익(2013), "그린카 분야 정부 R&D 지원현황과 향후과제", 오토저널, 제35권 제11호, 한국자동차공학회.

정상기(2009), "녹색산업의 비전과 발전전략", 녹색성장과 국민복지, 아산재단 창립 32주년 기념 심포지엄, 아산사회복지재단.

조창현 외(2009), 녹색산업 발전방안 연구, 산업연구원.

지식경제부(2008), 보도자료: 저탄소 녹색성장의 열쇠.

최근희(2009), "쾌적한 환경 조성기반 고부가가치 산업유치", 지방행정, 제58권 668호, 대한지방행정공제회.

한국수출입은행(2014), 국내 물산업의 해외진출 전략.

홍미영 외(2011), 중점녹색기술 기술수준현황과 시사점, 한국과학기술기획평가원.

http://www.greengrowth.go.kr(녹색성장위원회)

http://www.kiet.re.kr(산업연구원)

http://www.me.go.kr(환경부)

http://www.motie.go.kr(산업통상자원부)

제 3 장

녹색기술

제1절 녹색기술의 의의

1. 배경

기후변화 및 지구온난화에 대응하기 위해서는 녹색기술의 개발과 활용이 필요하다. 지구의 평균 온도 상승을 2℃ 이내로 제어하려면 이산화탄소 농도를 450ppm으로 안정시켜야 하고, 이를 위해서는 신재생에너지 발전 비중을 40% 수준으로 확대하는 등 녹색기술의 확산이 요구된다.

이러한 상황에서 녹색기술의 등장배경을 구체적으로 살펴보면 첫째, 자원고갈 및 국제적인 유가 불안 등으로 인하여 신재생에너지 및 에너지 효율화기술이 부상되기 때문이다. 둘째, 탄소배출량 삭감, 에너지 효율화를 통해 환경위기와 자원위기에서 벗어나기 위한 기술이 필요하기 때문이다. 셋째, 세계적 경제위기의 해결책이자 저탄소 녹색경제 사회로 이행을 위한 기회의 원동력으로 녹색기술에 대한 관심이 높아지고 있기 때문이다(조환익, 2009). 한편 우리나라의 에너지와 환경 분야 녹색기술에 대한 기술수준은 선진국의 약 60~80% 수준에 그치고 있는 실정이다. 따라서 세계의 자원과 환경, 경제적 위기에 대응하기 위한 녹색기술의 개발이 매우 필요한 상황이라 할 수 있다.

2. 개념

녹색기술은 녹색산업과 밀접한 관련성을 지니고 있으며, 다양하게 정의되고 있다. 일반적으로 녹색기술은 경제활동에서 발생하는 환경오염물질의 배출량을 감축시켜 환경친화성을 증가시킬 뿐만 아니라, 에너지 사용의 효율성을 제고하고,

이를 통해 새로운 시장을 창출해 경제성장까지 견인하는 기술을 말한다. 따라서 녹색기술은 물질 및 에너지 소비를 최소화하고 순환 및 재생이 가능한 물질과 에너지를 활용하며 자연의 원리를 따르고 촉진하는 기술이다.

저탄소 녹색성장기본법에서는 녹색기술을 경제활동의 전 과정에 걸쳐 에너지와 자원의 사용을 줄이고 온실가스 및 오염물질의 배출을 최소화하는 온실가스 감축기술, 에너지이용 효율화기술, 청정에너지기술, 자원순환 및 친환경기술 등으로 규정하고 있다. 이는 다음 세 가지로 정의될 수 있다. 첫째, 녹색기술은 제품 생산에서 소비까지 경제활동의 전 과정에 걸쳐 에너지 사용을 줄이고, 오염물질 및 폐기물 배출을 최소화하는 기술을 의미한다. 둘째, 저탄소화와 녹색산업화에 기여하여 환경보호와 경제성장이 선순환되는 녹색성장의 전략적 구심점으로서 자원이용의 효율성을 제고하고 오염물질 배출을 최소화하는 기술이다. 셋째, 재생 및 청정에너지 자원을 포함한 환경친화적 자원활용기술을 의미한다. 따라서 녹색기술은 물질 및 에너지 소비 최소화, 순환 및 재생가능 물질과 에너지의 활용, 자연의 원리를 따르며 촉진하는 것을 장기적으로 지향하며, 정보기술(IT), 바이오기술(bio technology: BT), 나노기술(nano technology: NT)와 함께 활용하는 특징이 있다. 그리고 저탄소 청정에너지·자원의 생산, 에너지·자원의 이용효율성 제고, 온실가스의 저감, 환경오염의 저감, 또는 자원순환 등이 당해 기술의 주된 내용과 기능을 구성하면서 녹색산업 발전 및 녹색성장에 기여하는 기술로 규정할 수 있다.

녹색기술의 유사개념으로 청정생산기술, 자원순환기술 등이 있다. 청정생산기술은 환경 오염물질이 인간과 환경에 미치는 위험을 최소화하기 위하여 생산과정에 적용되는 사전 예방적인 기술이다. 이는 원료물질의 채취에서부터 최종적으로 폐기하는 단계에 이르기까지 제품의 전 과정에 투입되는 에너지나 자원의 사용 및 오염물질 발생을 감소시키는 생산기술을 의미한다. 그리고 자원순환기술은 환경오염을 낮추고 에너지와 자원을 절감하기 위한 기술이다. 이는 폐기물을 효율적으로 회수하고 재이용하기 위하여 투입되는 일련의 기술이라 할 수 있다.

3. 중요성

녹색기술은 녹색성장을 위한 핵심적인 역할을 담당한다는 측면에서 볼 때 매우 중요한 분야이며, 환경기준에 따라 산업이 재편되면서 다음과 같이 녹색성장 사회의 핵심적 기술로 인식되고 있다.

첫째, 녹색기술은 기존산업에 비해 높은 일자리 창출효과를 가지고 있어, 고용 없는 성장(jobless growth)의 문제해결에도 크게 기여할 것으로 기대하고 있다. 즉 지속가능한 경제발전의 주요한 성장 동력원으로서의 역할을 수행할 것으로 보인다.

둘째, 지역내 녹색산업 기반구축을 통해 첨단 녹색산업을 유치하고 육성함으로써 지역경제 활성화가 기대된다. 지역내 녹색산업 관련 전문기업들의 체계적인 실용화 지원을 통한 제품의 브랜드화로 대외 경쟁력을 확보한 부품·소재분야의 핵심기업을 육성함으로써 지역경제가 활성화될 것으로 보인다. 또한 지역 산업체의 기술이전 및 자문을 담당함으로써 산업현장이나 대학, 연구소가 효율적으로 정보 및 기술을 공유하여 산업화를 위한 기술이전이 활발해질 것으로 보인다.

셋째, 녹색산업 분야 첨단기업의 유치와 집적이 이루어질 경우 전후방 연관산업의 지속적인 집적과 기술확산을 통하여 고용창출 뿐만 아니라 높은 생산 및 부가가치 유발효과를 창출할 것으로 보인다. 녹색기술은 저탄소화와 녹색산업화에 기여하여 환경보호와 경제성장이 선순환되는 녹색성장의 전략적 구심점 환경기준에 따라 산업이 재편되고 녹색기술이 핵심적인 기술로 부상하고 있으며, 녹색기술이 지속가능한 경제발전의 주요 성장 동력원으로 부상, 탄소배출권 거래, 신재생에너지, 친환경 소재 등 녹색시장 규모가 급속히 성장하여 2020년 3천조원 규모로 전망된다(Clean Edge, 2008).

따라서 녹색기술의 개발은 저탄소화와 녹색산업화를 동시에 지향함으로써 환경보호와 경제성장이 선순환되는 녹색성장의 전략적 구심점 역할을 수행한다고 할 수 있다.

제2절 녹색기술의 주요내용

1. 관련법률 및 정책

녹색기술과 관련한 법률로는 저탄소 녹색성장기본법, 산업기술혁신촉진법 등을 들 수 있다.

저탄소 녹색성장기본법에서는 녹색기술의 연구개발 및 사업화 등을 촉진하기 위하여 녹색기술과 관련된 정보의 수집·분석 및 제공, 녹색기술 평가기법의 개발 및 보급, 녹색기술 연구개발 및 사업화 등의 촉진을 위한 금융지원, 녹색기술 전문인력의 양성 및 국제협력 등에 대한 시책을 수립 및 시행토록 하고 있다.

산업기술혁신촉진법에 의거하여 수립하는 산업기술혁신계획에는 신에너지 및 재생에너지에 대한 중·장기 정책목표 및 방향, 기술혁신촉진을 위한 제도의 수립 및 정비, 기술혁신 성과의 확산 및 보호, 기술이전 및 사업화의 촉진, 기술혁신을 위한 재원조달 등에 대한 계획을 수립토록 하고 있다.

〈표 3.3.1〉 녹색기술의 관련법률 및 정책

관련법률	정책 및 계획	주요내용	주관부처
저탄소 녹색성장 기본법	· 녹색기술의 연구개발 및 사업화 촉진	· 녹색기술과 관련된 정보의 수집·분석 및 제공 · 녹색기술 평가기법의 개발 및 보급 · 녹색기술 연구개발 및 사업화 등의 촉진을 위한 금융지원 · 녹색기술 전문인력의 양성 및 국제협력 등	· 국무총리실
산업기술 혁신촉진법	· 산업기술혁신 계획	· 산업기술혁신의 중·장기 정책목표 및 방향 · 산업기술혁신의 촉진을 위한 제도의 수립 및 정비 · 산업기술혁신사업의 추진계획 · 지역의 산업기술혁신 추진 · 산업기술혁신 성과의 확산 및 보호, 기술이전 및 사업화의 촉진 · 산업기술혁신에 필요한 투자의 확대를 위한 재원조달 계획 · 민간부문의 산업기술혁신활동 촉진 등	· 산업통상자원부

정부는 녹색기술을 육성하기 위하여 다양한 부처에서 정책을 추진하고 있다.

첫째, 산업통상자원부에서는 저탄소·청청에너지의 비중 확대, 국내보급 확대, 그린홈(green home) 100만호 공급사업을 통해 신재생에너지에 대한 수요를 창출하고, 차세대 박막태양전지와 같은 핵심 원천기술개발을 지원하고 있다.

둘째, 환경부에서는 CO_2 배출량을 40% 이상 저감하고 연비를 50% 이상 향상하는 그린카 기술개발과 수처리 선진기술, 기후변화대응기술, 온실가스 대체물질기술, 고효율 자원회수기술, 토양·지하수오염 정화기술, 생물자원 활용·복원기술, 생활공감형 친환경제품기술, 환경보건 선도기술, 융합기반 환경오염 개선기술 등의 10대 환경기술개발, 그리고 하수처리수 재이용, 블루그린(blue-green) 네트워크, 클린코리아 실천사업 등의 그린뉴딜사업을 수행하고 있다.

셋째, 해양수산부에서는 녹색국토 해양산업 육성정책으로 CO_2 해양처리기술개발 및 산업화를 추진하고 있다.

넷째, 행정자치부에서는 유비쿼터스그린(ubiquitous-green) 도시 구현과 IT를 활용한 에너지 절감 및 탄소배출 저감 활동, IT를 통한 대기, 수질, 토양오염 방지 활동 등을 수행하고 있다. U-Green 도시 구현을 통해 실시간 환경모니터링 시스템 구축, 국가정보자원 개방·공유체계를 구축한다. IT를 활용한 에너지 절감 및 탄소배출 저감 활동을 통해, 스마트그리드(smart grid), 텔레프레즌스(telepresence), 건물에너지관리시스템, 클라우드 컴퓨팅 등을 구현한다.

IT를 통한 대기, 수질, 토양오염 방지 활동을 통해 그린 IT 전문가 양성, 그린 IT 솔루션 상 추진, 국내 기업간 친환경 공동인증제 도입지원, 산업분야 에너지관리시스템(engergy management system: EMS) 표준제정, 환경경영시스템 인증제 도입, 서비스형 소프트웨어 활성화를 위한 기반구축, 기반조성, 제도개선, 연구개발지원, 산·관·학 협력 등을 구현하고 있다.

2. 녹색기술의 주요내용

1) 녹색기술의 유형

(1) 활용분야별 녹색기술

녹색기술은 활용분야에 따라 에너지자원기술, 환경기술 그리고 기후변화대응기술 등 세 가지로 구분한다. 첫째, 에너지자원기술에는 신연료기술과 자원탐사기술, 신에너지기술, 재생에너지기술, 미래형 원자력기술, 핵융합기술, 에너지효율향상기술, CO_2 포집 및 저장(carbon capture & storage: CCS)기술, 기후변화 예측 및 대응기술 등이 포함되고, 둘째, 환경기술에는 청정생산기술, 자원순환기술, 환경오염방지기술, 수처리기술 등이 포함된다. 셋째, 기후변화대응기술은 신에너지기술, 재생에너지기술, 미래형 원자력기술, 핵융합기술, 에너지효율향상기술, CO_2 포집 및 저장기술, 기후변화 예측 및 대응기술 등으로 구성되어 있다.

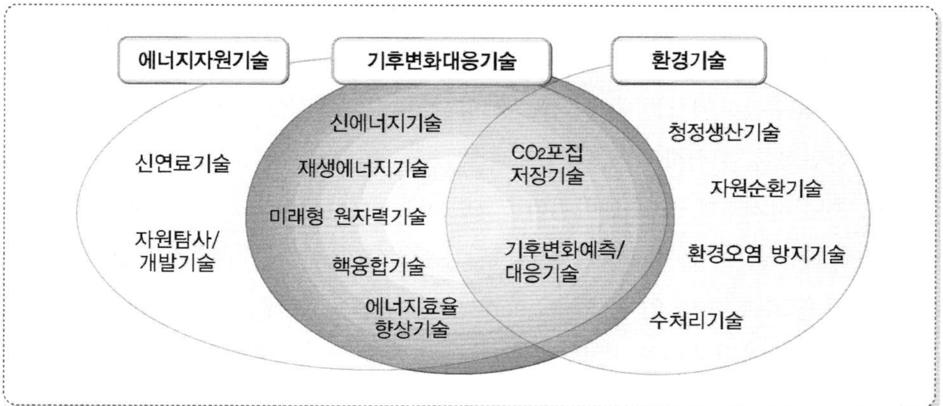

자료: 미래기획위원회(2010).

[그림 3.3.1] 활용분야별 녹색기술

(2) 활용단계별 녹색기술

녹색기술의 활용단계는 예측단계, 에너지원단계, 고효율화단계, 사후처리단계로 구분된다. 첫째, 예측단계에는 배출된 환경오염물질과 생태계의 변화를 감시 · 계측, 분석 · 실험 등의 과학적 연구를 통해 미래 환경변화를 예측하여 향후 발생할 다양한 영향을 사전적으로 평가하는 기술이 필요하며, 여기에는 기후변화 예측, 지구환경변화영향평가, 기후변화적응 등이 포함된다.

둘째, 에너지원단계에는 고갈성 자원인 화석연료를 대신하여 재생에너지, 원자력 및 핵융합, 수소연료전지와 같은 재생가능한 자연에너지 또는 탄소를 포함하지 않는 미래에너지로 에너지원을 대체하는 기술단계이다. 태양광, 풍력, 바이오에너지, 해양에너지, 지열, 태양열, 수력, 복합·기반, 원자력, 핵융합, 수소제조, 수소저장, 연료전지 등이 여기에 해당한다.

셋째, 고효율화단계는 산업 활동의 공정개선 및 효율향상을 통해, 동일한 산출을 얻는데 필요한 투입자원의 양을 줄여 소비되는 에너지·자원과 배출되는 환경오염물질의 양을 절감하는 기술단계로, 석탄액화 및 가스화, 가스액화, 신화석연료, 자동차·철도·선박해양·우주항공 등의 교통·물류, 그린시티, 그린홈 및 그린빌딩, 친환경공정 및 제품, 제조공정 및 소재효율성 향상, LED·IT기기, 초전도활용·전력 IT, 발전효율성 향상, 에너지 저장이 해당한다.

넷째, 사후처리단계는 산업활동의 부산물로 발생한 환경오염물질의 배출·확산 제어 및 배출된 환경오염물질에 의해 변화된 생태계의 복원·처리 기술단계를 의미한다. 여기에는 CO_2 포집저장처리, Non-CO_2 모니터링 및 처리, 수처리, 수자원 확보, 생태계 복원, 토양지하수 복원, 폐기물 자원화 및 에너지화, 폐기물 처리, 위해성 평가 등이 있다.

〈표 3.3.2〉 활용단계별 녹색기술

활용단계	녹색기술의 내용	
예측단계	·기후변화 예측 및 영향평가	·기후변화 예측
		·지구환경변화 영향평가
		·기후변화 적응
에너지원단계 (input)	·재생에너지	·태양광
		·풍력
		·바이오에너지
		·해양에너지
		·지열
		·태양열
		·수력
		·복합기반
	·원자력/핵융합	·원자력
		·핵융합
	·수소·연료전지	·수소제조
		·수소저장
		·연료전지

고효율화단계 (process)	· 화석연료 활용성 향상 및 고효율화	· 석탄액화 및 가스화
		· 가스액화
		· 신 화석연료
	· 수송부분 효율성 향상	· 자동차, 철도, 선박, 우주항공 등
	· 녹색국토	· 그린시티
		· 그린홈/그린빌딩
	· 친환경제조공정/소재효율성 향상	· 친환경 공정 및 제품
		· 제조공정/소재 효율성 향상
	· 전력 효율성 향상	· LED, IT 기기
		· 초전도활용 · 전력 IT
		· 발전효율성 향상
		· 에너지 저장
사후처리단계 (by-product)	· 대기오염 모니터링 및 제어	· CO_2 포집저장처리
		· Non-CO_2 모니터링 및 처리
	· 수질환경	· 수처리
		· 수자원 확보
	· 환경복원	· 생태계 복원
		· 토양지하수 복원
	· 폐기물	· 폐기물 자원화 및 에너지화
		· 폐기물처리
	· 환경보건	· 위해성 평가

자료: 국가과학기술위원회(2009)를 일부 수정.

(3) 중점녹색기술

2014년 우리나라는 녹색기술에 대한 연구개발사업의 효율적인 지원과 성과분석 등을 위하여 녹색기술분류체계를 확립하였다. 이는 녹색기술과 연관성이 낮으면서 포괄적인 기술분야를 제외하는 절차를 거쳐 37대 녹색기술과 27대 중점녹색기술로 구분하였다.

〈표 3.3.3〉 37대 녹색기술 및 27대 중점녹색기술

37대 녹색기술분야		27대 중점녹색기술	
1단계	분야명	2단계	기술명
A01	기후변화와 예측 및 모델링	B0100	기후변화 예측 및 모델링 개발기술
A02	기후변화 영향평가 및 적용	B0200	기후변화 영향평가 및 적응기술
A03	실리콘계 태양전지	B0300	실리콘계 태양전지의 고효율 저가화기술
A04	비실리콘계 태양전지	B0400	비실리콘계 태양전지 양산 및 핵심원천기술
A05	풍력		기타 녹색기술

A06	바이오에너지	B0500	바이오에너지 생산요소기술 및 시스템기술
A07	해양 에너지		기타 녹색기술
A08	지열		기타 녹색기술
A09	태양열		기타 녹색기술
A10	수력		기타 녹색기술
A11	고속로	B0700	친환경 핵비확산성고속로 및 순환핵주기 시스템기술
A12	순환핵주기시스템		
A13	개량형 정수로	B0600	개량형 정수로 설계 및 건설기술
A14	핵융합	B0800	핵융합로 설계 및 건설기술
A15	수소 제조	B0900	고효율 수소제조 및 수소저장기술
A16	수소 저장		
A17	연료전지	B1000	차세대 고효율연로전지시스템기술
A18	석탄 액화 및 가스화	B1200	석탄가스화 복합발전기술
A19	가스 액화		기타 녹색기술
A20	고효율저공해차량	B1300	고효율 저공해 차량기술
A21	지능형교통, 물류	B1400	지능형 교통, 물류기술
A22	그린시티	B1500	생태공간 조성 및 도시재생기술
A23	그린홈/그린빌딩	B1600	친환경 저에너지 건축기술
A24	친환경 공정 및 제품	B1100	친환경 식물성장 촉진기술
A25	제조공정/소재 효율성 향상	B1700	Green Process 기술
A26	LED	B1800	조명용 LED · 그린 IT기술
A27	그린IT		
A28	전기기기 효율성향상	B1900	전력IT 및 전기기기 효율성향상기술
A29	전력IT		
A30	에너지저장	B2000	고효율 2차전지기술
A31	CO_2 포집 저장 처리	B2100	CO_2 포집, 저장, 처리기술
A32	Non-CO_2 모니터링 및 처리	B2200	Non-CO_2 처리기술
A33	수처리	B2300	수계 수질평가 및 관리기술
A34	수자원 확보	B2400	대체수자원 확보기술
A35	폐기물 자원화 및 에너지화	B2500	폐기물저감, 재활용, 에너지화기술
A36	유해성물질 모니터링 및 관리	B2600	유해성물질 모니터링 및 환경정화기술
A37	가상현실	B2700	가상현실기술

자료: 미래창조과학부(2014).

2) 주요 녹색기술

녹색기술의 주요 내용은 앞서 살펴본 27대 중점 녹색기술 가운데 차세대 고효율 연료전지시스템기술, 고효율 저공해 차량기술, 친환경 저에너지 건축기술, 조명용 LED·그린 IT기술, 전력 IT 및 전기기기 효율성향상기술, CO_2 포집, 저장, 처리기술 등을 중심으로 살펴보기로 한다.

(1) 차세대 고효율 연료전지시스템기술

차세대 고효율 연료전지시스템기술은 연료(수소, 메탄올, 석탄, 천연가스, 석유, 바이오매스가스, 매립지가스 등)의 화학에너지를 전기화학반응에 의한 전기에너지로 직접 변환 발전하는 장치로서, 높은 발전효율과 공해물질 배출이 적으면서 전기와 열을 동시에 생산하는 기술이다. 발전용 연료전지, 선박용 연료전지, 건물용 연료전지, 이동형 연료전지, 휴대용 연료전지 등이 있다.

(2) 고효율 저공해 차량기술

고효율 저공해 차량기술은 기존 자동차 및 수송용 차량의 연비를 향상시키고, 새로운 동력원 및 지능화 기술을 활용하여 유해 배출가스를 최소화하고 에너지 효율을 극대화하는 기술이다. 세부적으로 보면 클린디젤자동차, 하이브리드자동차, 신재생저탄소연료자동차, 연료전지자동차, 전기자동차 등이 있다.

(3) 친환경 저에너지 건축기술

친환경 저에너지 건축기술은 진공유리, 삼중로이유리, 진공단열재, 저탄소 건축자재 등 원천기술과 건물외피, 창호 등 건축기술을 융복합한 고효율 외피시스템, 고효율 냉난방, 공조 환기시스템 및 여기에 건물에너지 관리기술, 신재생에너지 기술을 통합하여 건물에너지소비 및 이산화탄소 배출을 제로수준으로 최소화하는 그린홈, 그린빌딩 구현 기술을 말한다.

(4) 조명용 LED·그린 IT기술

이는 일반 조명을 대체하는 에너지 절감형 고효율 조명용 LED 핵심원천기술 및 IT기기들의 열관리 효율화·저전력화를 통하여 에너지 효율을 극대화하는 기술이다. 여기에는 그린 스토리지, 그린 서버, 모바일 네트워크, 고효율 에너지 자가 수집 센서 시스템, 고휘도/고효율 LED 광원, 스마트 감성조명 등이 포함된다.

(5) 전력 IT 및 전기기기 효율성향상기술

전력 IT(지능형 전력망) 기술은 발전, 송전, 배전 등 전력기술에 정보통신 기술을 융·복합하여 전력시스템과 중전기기를 디지털화·지능화하고 전력서비스를 고부가가치화하는 기술이다. 그리고 전기기기 효율성향상기술은 전력이용 손실을 줄임으로써 에너지 절약 효과의 극대화가 가능한 제품 및 프로세스를 구축하는 기술이다.

(6) CO_2 포집 · 저장 · 처리기술

이는 발생되는 CO_2를 포집하고 이송하여 지중 및 해양에 저장(누출 등에 대한 장기 모니터링)하거나 반응촉매, 화학소재 및 연료화 등으로 전환처리하는 기술을 말한다. 연소후 CO_2 포집 플랜트, 순산소연소 발전 플랜트, 석탄가스화 CO_2 분리 및 저장 플랜트, CO_2 활용 유용물질 제조 기술 등이 핵심이다.

제3절 녹색기술의 사례

녹색기술의 많은 분야가 에너지와 관련이 있다. 에너지 분야는 제2편에서 다루고 있으므로 여기에서는 에너지를 제외한 분야에서 사례를 선정하였다. 해외사례로 미국의 그린카기술, 노르웨이와 캐나다의 이산화탄소 포집·저장기술, 우리나라 산업통상자원부의 그린카기술, 스마트그리드사업단을 각각 선정하여 살펴보기로 한다.

1. 해외사례

1) 미국의 그린카기술

2013년 세계 친환경자동차 판매는 전년대비 7.4% 증가한 반면, 전기차 판매는 전년대비 111.1% 증가하였다. 2020년 세계 친환경자동차 시장은 약 800만대로 예상되며, 이중 전기차는 100만대를 차지할 것으로 전망된다.

이러한 전망에 따라 세계 각국은 그린카에 대한 기술개발에 매진하고 있다. 미국은 EV Everywhere이라는 전기자동차 보급계획을 수립하였고, 독일은 국가 E-모빌리티 개발계획에 따라 경제활성화 패키지 II를 추진 중이다. 그리고 일본은 2020년까지 친환경차량의 비중을 10~20%로 늘릴 계획으로 그린카에 대한 기술개발을 추진하고 있다.

2) 노르웨이와 캐나다의 이산화탄소 포집 · 저장기술

노르웨이 Sleipner 프로젝트는 Statoil에 의해 1996년부터 상업적 목적으로 시행 중이며, 1998년부터 CO_2 지중저장 모니터링을 시행하고 있다. CO_2의 포집과 지반내의 주입은 북해의 해상 플랫폼에서 행해지고 있으며, 천연가스와 함께 배출되는 CO_2 가스를 분리 회수하여 대수층에 주입하고 있다. 주입량은 연간 약 100만 톤이며, 노르웨이에서는 CO_2 배출시에 탄소세가 과세되므로 CCS 프로젝트를 통하여 수익을 창출하고 있다.

캐나다의 Weyburn 프로젝트는 미국의 석탄가스 플랜트에서 포집한 CO_2를 파이프라인으로 320㎞를 수송하여, 캐나다 Weyburn의 유전층에 주입하는 석유회수증진법(enhanced oil recovery: EOR)으로 약 700만 톤의 CO_2를 주입하였다. 석유회수증진법은 초임계상태의 CO_2가 석유에 녹는 것에 의해서 체적 팽창과 함께 점성이 저하되는 특성을 이용하여 유전 지층에서 보다 많은 석유를 회수하는 방법이다.

2. 국내사례

1) 산업통상자원부의 그린카기술

우리나라는 산업통상자원부를 중심으로 전기차 핵심부품 기술개발을 지원하고 있다. 짧은 주행거리 개선을 위해 부품업체 위주 전기소비 고효율 핵심부품 연구개발 지원을 통하여 2020년까지 1회 충전으로 주행거리 300㎞ 달성을 목표로 하고 있다. 고효율 모터기술을 통하여 여자동기 모터 국산화를 통해 모터 경량화 및 고효율화를 추구하고, 배터리 온도제어를 통하여 혹한 및 혹서 상황에서 배터리의 열제어 에너지소모량 저감을 유도하고 있다. 무금형 차체성형을 통하여 경제적인 경량화에 필요한 전기차용 차체 성형방식을 개발하고 있고, 고효율 공조

제어를 통하여 에어컨 및 히터 작동시 전기소모의 최소화를 유도하고 있다. 그리고 고전압 전장제어기술개발을 통하여 전장부문통, 경량화 및 소형화 냉각효율의 증대를 추구하고 있다.

〈표 3.3.4〉 주행거리 향상을 위한 그린카의 주요 내용

구 분	세부내용
고효율 모터기술	· 여자동기 모터 국산화를 통해 모터 경량화, 고효율화
배터리 온도제어	· 혹한 혹서 상황에서 배터리의 열제어 에너지소모 저감
무금형 차체성형	· 경제적 · 효과적인 경량화를 위해 전기차용 차체 성형방식 개발
고효율 공조제어	· 에어컨/히터 작동시의 전기소모 최소화
고전압 전장제어	· 전장부문통합, 효율화를 통해 경량화 소형화 냉각 효율 증대

자료: 녹색성장위원회(2014b).

2) 스마트그리드사업단의 스마트그리드기술

스마트그리드는 기존의 전력계통에 전력 IT 기술을 접목하여 에너지네트워크와 통신네트워크가 결합된 형태의 지능형전력망을 의미한다. 이를 통하여 에너지 공급자와 소비자 사이에서 양방향 정보소통이 가능하고, 이를 이용해서 에너지 효율최적화, 다양한 신재생에너지원의 수용, 에너지관련 부가서비스 창출 등이 가능할 것으로 전망된다.

우리나라는 2009년에 한국스마트그리드사업단을 설립하였고, 2010년에 국가로드맵을 발표하였다. 2011년에는 지능형전력망의 구축 및 이용촉진에 관한 법률을 제정하고, 기본계획을 수립하였다. 에너지 효율 향상, 다양한 에너지원 도입 등이 가능하므로 향후 에너지 자립이 가능하다는 차원에서 스마트그리드에 대한 기대와 시장이 점차 커지고 있을 뿐 아니라, 높은 기술력을 기반으로 세계시장에서 선도적 역할을 수행하는 우리나라에서는 보급 및 확산에 대한 노력을 확대하고 있다.

3. 시사점

녹색기술의 사례에서 살펴본 그린카, 스마트그리드, 이산화탄소 포집 · 저장

등에서 공통적으로 찾을 수 있는 특성은 해당 기술과 관련한 시장의 급성장, 녹색성장을 위한 핵심 분야, 그리고 기술개발을 위한 협력체계 구축 등으로 요약된다. 즉 녹색기술이 환경 및 자원위기에서 벗어날 수 있는 대안으로 인식되고 있고, 세계의 많은 국가에서 녹색기술개발을 중요한 국정과제로 추진 중인 것을 알 수 있다. 사례를 통한 시사점을 도출해 보면 다음과 같다.

첫째, 그린카, 스마트그리드, 이산화탄소 포집・저장기술은 에너지저장, LED 조명 등과 함께 녹색성장을 견인하는 필수적인 기술이며 유망성장산업이다. 특히 스마트그리드의 경우 전 세계 시장은 연평균 7% 이상 성장해 2020년 총시장규모가 400조원에 달할 것으로 예상된다. 따라서 성장하는 시장에서 주도권을 확보하기 위해서는 지속적인 기술개발이 필요하다. 그러나 투자 리스크, 환경변화에 대한 민감도 차이 등으로 인해 특히 중소기업들이 녹색기술 개발에 안정적으로 투자하는 데 어려움을 겪고 있는 실정이다.

둘째, 적극적인 녹색기술 개발을 통해 저탄소 녹색성장 시대를 대비하고 있다는 것이다. 정부는 규제와 지원을 통해 기업의 기술개발을 유도하고, 기업은 기술 패러다임 변화에 부응, 선도적 기술을 개발하였다. 특히 산업 및 기술변화 동향에 주의를 기울이고, 장기적 관점에서 꾸준한 R&D 투자를 통해 선도기술을 개발했다.

셋째, 녹색기술의 개발을 효율적으로 추진하기 위하여 관련기관간 협력체계를 구축했다는 것이다. 중앙정부는 녹색기술에 대한 전략적 연구개발의 투자확대를 추진하였고, 대기업과 중소기업의 상호협력적 공동기술개발이 추진되었다는 것은 매우 중요한 함의를 제공하고 있다.

제4절 녹색기술의 전망과 과제

1. 전망

기후변화와 녹색성장시대에 녹색기술의 중요성이 강조되고 있다. 따라서 세계 각국은 녹색기술개발을 위한 다양한 활동을 전개할 것으로 보인다. 이러한 측면에서 다음과 같이 녹색기술에 대해 전망해 보기로 한다.

첫째, 녹색기술은 정보통신기술 이후 가장 유망한 기술로 각광받을 것으로 전망되고 있다. 환경위기 및 자원 위기에서 벗어날 수 있는 대안으로 부상하고 있으며, 재생에너지 기술, 이산화탄소 포집 및 저장기술 등은 기후변화대응에서 핵심적 역할 수행하는 녹색성장의 원동력으로 부상하고 있다. 우리나라를 비롯하여 세계 각국의 정부도 녹색기술 개발을 우선과제로 추진하고 있다(조환익, 2009).

둘째, 녹색기술의 융합 및 복합화가 지속적으로 전개될 것으로 전망된다. 즉 전통적인 녹색기술이 IT, NT, BT 등과의 융합 및 복합화되는 추세가 가속화될 것이다.

셋째, 스마트그리드, 에너지저장, LED 조명, 그린카, 이산화탄소 포집 및 저장 등 핵심적 녹색기술분야에 대한 시장규모가 크게 확대될 것으로 전망된다. 특히 스마트그리드분야는 2012년 3,947억원에서 2020년 2.5조원의 규모로 LED는 같은 기간 4.3조원에서 15조원으로 성장하여 각각 533%와 248%의 높은 성장률을 보일 것으로 전망되고 있다.

〈표 3.3.5〉 녹색기술의 전망

구 분	시장전망	개발 과제
스마트그리드 기술	3,947억원('12) → 25,000억원('20)	· 기술적 한계(개발 단계) 및 경제성 부족으로 인한 민간 투자 지연
에너지저장 기술	710억원('12) → 8,629억원('17)	· 기술 대부분이 실험 및 개발 단계 중으로 기술의 실증 및 상용화 미흡 · 수요관리 및 피크부하 저감 등 경제적 비즈니스 모델의 부재
LED 조명 기술	4.3조원('12) → 15조원('20)	· 기존 기술 대비 높은 초기 투자비용
그린카 기술	1.2조원('12) → 6.6조원('20)	· 높은 가격(일반 내연기관 자동차 대비 60% 이상)과 배터리 기술 부족 · 충전시설 등의 기본 인프라 부족
이산화탄소 포집 · 저장 기술	3,120억원('12) → 5,640억원('20)	· 고투자 비용 · 잠재적 저장 능력의 한계와 불확실성 존재 · 저장 안전성(누출 가능성)에 대한 우려

자료: 녹색성장위원회(2014a).

2. 과제

선진국 수준의 녹색기술을 확보하기 위해서는 기술개발에 대한 투자 외에도 다양한 분야의 노력이 필요하다. 첫째, 민간의 수요를 파악하고 이를 반영해야 한다. 기술육성정책의 수립에 있어 민간분야의 수요를 보다 폭 넓게 진단하고 이를 반영하는 것이 필요하다.

둘째, 효율적인 연구개발체계를 구축해야 한다. 민간기업은 확보된 기술을 바탕으로 응용연구 위주로 개발하고, 기초 및 원천연구는 대학과 연구기관에서 주도하는 역할분담이 필요하다.

셋째, 에너지, 자원, 환경기술의 균형을 유도해야 한다. 녹색기술이 주로 에너지기술에 치중되어 왔기 때문에 녹색성장사회를 구현하기 위해서는 에너지관련 기술 이외에 자원활용과 환경기술에 대한 관심과 정책의 우선순위화도 필요하다 할 수 있다.

넷째, 국가차원의 녹색기술에 대한 분류체계를 정립해야 한다. 각 부처에서 수행하는 사업중심의 녹색기술의 분류체계에서 탈피하여 녹색성장 기본법에 따른 새로운 기술의 분류체계 도입이 필요하다. 이 때 기존 로드맵과 연계하되, 미래에서 활용가능한 기술분류체계를 도입해야 한다.

다섯째, 녹색기술과 관련된 투자 확대가 필요하다. 녹색기술의 개발과 활용에 대한 효율성을 제고하기 위해서는 신규사업에 대한 투자도 중요하지만, 기존사업에 대한 투자확대도 필요한 분야임을 명심해야 할 것이다.

추천자료

녹색기술은 녹색산업과 밀접한 관련성이 있다. 녹색기술의 전반적 내용을 알기 위해서는 산업통상자원부, 산업연구원, 녹색기술센터, 녹색기술정보포털 등을 검색할 필요가 있다.

녹색성장위원회(2014), 제2차 녹색성장 5개년계획.
http://www.greengrowth.go.kr(녹색성장위원회)
http://www.kiet.re.kr(산업연구원)
http://www.motie.go.kr(산업통상자원부)
http://www.gtck.re.kr(녹색기술센터)
http://www.gtnet.go.kr(녹색기술정보포털)

tip

고용없는 성장(jobless growth)

국가경제는 전체적으로 성장해 생산이 늘어나는 데도 고용은 늘어나지 않는 현상을 말한다. 즉 경제성장에도 불구하고 일자리가 늘어나지 않거나, 오히려 줄어드는 현상이 고용없는 성장이다. 경제학자들은 산업구조의 고도화에 따른 공장자동화, 정보기술산업에 대한 의존도 확대, 전통업종인 노동집약형 산업체들의 해외 투자 확대 등을 고용없는 성장의 주요원인으로 보고 있다. 이를 해결하기 위해서는 무엇보다도 국내 투자 확대가 선행되어야 한다는 것이 경제 전문가들의 공통적인 견해이다. 세부적으로는 투자 확대를 막는 각종 정책의 불확실성 최소화, 노동시장의 유연성 확대 등이 해결 방안으로 꼽힌다.

LED(light emitting diode) 기술

LED란 갈륨비소 등의 화합물에 전류를 흘려 빛을 발산하는 반도체소자로, 반도체의 접합구조를 이용하여 소수캐리어(전자 또는 정공)를 주입하고 이들의 재결합에 의하여 발광시킨다. LED는 컴퓨터 본체에서 하드디스크가 돌아갈 때 깜빡이는 작은 불빛, 도심의 빌딩 위에 설치된 대형 전광판, TV 리모컨 버튼을 누를 때마다 TV 본체에 신호를 보내는 눈에 보이지 않는 광선 등을 만들 때 필요하다. 전기에너지를 빛에너지로 전환하는 효율이 높기 때문에 최고 90%까지 에너지를 절감할 수 있어, 에너지 효율이 5% 정도 밖에 되지 않는 백열등·형광등을 대체할 수 있는 차세대 광원으로 주목되고 있다(시사상식사전, 박문각).

그린 IT 기술

정보기술 전 분야에서 유해 물질 사용을 자제하고 에너지 절감을 통해 친환경 제품과 서비스를 제공하는 개념이다. 세계 각국에서 시행되고 있는 환경규제에 능동적으로 대응하고 친환경 신시장을 개척하기 위해 필요한 분야로 글로벌 기업들을 중심으로 연구개발 및 사업발굴 움직임이 활발하게 나타나고 있다. 예를 들어 디스플레이에서 동일 성능을 유지하면서 구동 집적회로 수를 줄이는 경우나, 소프트웨어 업계에서 하드웨어의 효율을 높이는 가상화 기술을 활용하거나, 데이터 센터 수를 줄이고 비용을 절감할 수 있는 서비스형 소프트웨어를 확산시켜 나가는 것도 대표적인 그린 IT 기술의 사례이다(IT용어사전).

탐구학습

1. 주요개념
   - 녹색기술
   - 청정생산기술
   - 자원순환기술
   - 순환-평형-저엔트로피
2. 토론 및 과제
   - 저탄소 녹색성장을 위한 녹색기술의 역할
   - 녹색기술 개발을 위한 산학연 주체별 역할

참고문헌

경상북도(2009), 경상북도 저탄소 녹색성장추진계획.

금한승(2009), "녹색성장을 위한 환경기술·산업 정책방향", 대한환경공학회지, 제31권 제3호, 대한환경공학회.

녹색성장위원회(2009a), 녹색성장 5개년계획.

녹색성장위원회(2009b), 녹색성장 국가전략.

녹색성장위원회(2014a), 제2차 녹색성장 5개년계획.

녹색성장위원회(2014b), 전기자동차 보급확대 및 시장활성화 계획, 제5기 제1차 회의 자료.

미래기획위원회(2010), 녹색성장의 길, 중앙북스.

미래창조과학부(2014), 2012년도 녹색기술 국가연구개발사업 성과분석보고서.

유의선(2008), 기후변화 대응의 과학기술정책과제, 과학기술정책연구원.

이귀호·주홍신(2009), "녹색기술 연구개발 정책방향", 대한환경공학회지, 제31권 제3호, 대한환경공학회.

이세찬(2009), "차세대 성장 동력으로서 녹색산업의 비전", News & Information for Chemical Engineers, 한국화학공학회.

조창현 외(2009), 녹색산업 발전방안 연구, 산업연구원.

조환익(2009), 세계를 이끌어갈 차세대 녹색기술, Kotra Executive Brief, 09-013, KOTRA.

홍미영 외(2011), 중점녹색기술 기술수준현황과 시사점, 한국과학기술기획평가원.

http://www.greengrowth.go.kr(녹색성장위원회)

http://www.kiet.re.kr(산업연구원)

http://www.me.go.kr(환경부)

http://www.motie.go.kr(산업통상자원부)

제4장

녹색기업

제1절 녹색기업의 의의

1. 배경

닷컴 신화가 무너진 자리에 왓컴(watt com) 신화가 부활하면서 미국의 실리콘밸리는 그린 밸리로 변화하고 있다. 석유분야의 메이저 기업인 BP는 태양광, 풍력 등 신재생에너지 개발을 통해 녹색시장에 진출하겠다는 계획을 추진하고 있다. 다국적 자동차회사인 볼보는 풍력발전을 도입하여 에너지 절약 및 신재생에너지 보급·확대를 적극적으로 추진 중에 있다.

기업은 일상의 경영활동 중에 이윤을 추구하면서 환경보호에도 기여할 수 있는 저탄소 녹색성장에 대한 관심을 가지게 되었다. 기업은 환경에 대한 높은 사회적 관심에 주목하면서 녹색기술을 활용한 녹색산업을 새로운 성장동력으로 활용하려는 움직임이 증가하고 있다.

즉 기업의 경우에도 정부의 정책에 부응하여 경영활동 과정에서 자원과 에너지를 절약하고 효율적으로 이용하여 온실가스의 배출과 환경오염의 발생을 최소화하기 위한 많은 노력을 하고 있다. 이러한 경영을 추진하는 기업은 녹색성장의 실천을 통해 소비자의 환경 선호에 부응하며, 녹색제품에 대한 녹색소비를 활성화시켜 기업의 경쟁력 뿐만 아니라 국가의 경쟁력을 높이는데 기여하고 있다.

2. 개념

녹색기업(green corporation)은 녹색성장과 기업의 합성어라고 할 수 있다. 따라서 녹색기업은 녹색성장의 정책기조에 부응하고, 에너지 및 자원의 투입을 최소화하거나 효율적으로 사용하며, 온실가스 및 오염물질 발생 최소화를 추구하는 기업이다.

녹색기업은 녹색제품, 녹색시장, 그리고 녹색경영 등과 관련된다. 녹색제품은 기업이 생산하는 제품 중에서 에너지·자원의 투입과 온실가스 및 오염물질의 발생을 최소화한 것을 말한다. 녹색시장(green market)은 녹색제품이 거래되는 장소라고 할 수 있으며, 녹색시장에서 장소성은 특정한 공간이 아니라 온라인과 오프라인을 통합한 개념으로 이해할 수 있다. 녹색경영이란 기업이 경영활동에서 자원과 에너지를 절약하고 효율적으로 이용하여 이산화탄소와 같은 온실가스의 배출과 환경오염을 최소화함으로써 사회적·윤리적 책임을 다하는 경영형태를 말한다(저탄소 녹색성장기본법 제2조).

3. 중요성

녹색기업은 기업의 생존차원에서 선택의 문제가 아닌 반드시 지향해야 할 목표이기도 하다. 녹색기업으로의 전환이 중요한 이유는 다음과 같다. 첫째, 2008년 하반기 이후 미국 주택시장의 거품붕괴와 이에 따른 금융시장의 위기 증폭, 그리고 세계경제의 동반 침체 등으로 인하여 세계 각국의 성장률은 하락하고, 산업의 발전잠재력은 심각하게 훼손되었다. 대외의존도가 높은 우리 경제는 전 세계적인 경기침체의 영향으로 기업차원의 경영효율화 노력만으로는 성장둔화와 고용감소를 극복하기 쉽지 않은 실정이기 때문이다.

둘째, 중국·인도 등 거대 신흥경제국을 중심으로 한 에너지수요의 급증과 석유, 가스 등 화석연료의 공급능력 제약으로 인해 에너지의 가격이 불안정한 움직임을 보이고 있다. 우리나라도 기후변화협약 관련 온실가스 감축의무에 따라 국내기업은 상당한 경제적 타격이 불가피할 것으로 예상된다. 우리 경제는 산업구조에 있어 제조업 비중이 높을 뿐만 아니라, 선진국 기업에 비하여 에너지효율이 낮아 에너지·환경 관련 대외 압력의 대응 역량이 취약하기 때문이다.

셋째, 현재와 같은 대내외적 환경하에서 에너지·환경 및 기후변화협약 문제에 대한 대응능력을 제고함과 동시에 신성장동력원 발굴을 지향하는 녹색성장으로의 패러다임 변화는 기업의 성장 대안으로 부상하였다. 기업차원에서의 녹색성장은 급변하는 대외경제환경 속에서 우리 경제가 지닌 단점을 극복하고, 치열한 글로벌 경쟁에서 우위를 점하기 위해 반드시 지향해야 할 성장 패러다임이라는 차원에서 녹색기업의 중요성이 증대되고 있다.

제2절 녹색기업의 주요내용

1. 관련법률 및 정책

녹색기업을 육성하기 위한 관련 법률로는 저탄소 녹색성장기본법이 있다. 이 법에서 기업의 녹색경영을 지원하기 위하여 친환경 생산체제로의 전환을 위한 기술지원, 기업의 에너지・자원 이용 효율화, 온실가스 배출량 감축, 산림조성 및 자연환경 보전, 지속가능발전 정보 등 녹색경영 성과의 공개, 중소기업의 녹색경영에 대한 지원 등을 포함하는 시책을 수립하도록 하고 있다.

정부는 녹색기업과 관련하여 국내 탄소시장 창출 규모, 녹색 사회적 기업 규모 등을 지표로 하여 목표를 설정하였다. 우선 국내 탄소시장 규모는 2013년 0.5조원에서 2020년 2조원, 2030년 3조원을 거쳐, 2050년에는 5조원으로 전망된다. 그리고 녹색 사회적 기업은 2013년 40개에서 2020년 500개, 2030년에는 600개, 그리고 2050년에는 800개를 목표로 하고 있다.

이러한 목표를 달성하기 위하여 녹색금융 인프라 구축, 탄소시장 육성, 친환경적 세제운영, 녹색상품・산업에 대한 조세지원, 저탄소 사회를 위한 규제 및 유인 혁신, 녹색 일자리 창출 촉진 등의 여섯 가지 전략이 추진되고 있다. 첫째, 녹색금융 인프라는 제도적 인프라, 기술적 인프라를 비롯하여 인적 인프라까지 구축해야 한다. 둘째, 탄소시장 육성을 위하여 도입된 배출권 거래제를 통해 탄소시장이 활성화되도록 하는 제도를 마련함과 동시에 우리나라가 아시아 탄소시장의 허브가 되어야 한다. 셋째, 친환경적인 세제 운영을 위해서는 중장기적으로 환경친화적 에너지세제로의 개편이 필요하다. 그리고 대외여건, 해외사례 등을 고려한 환경친화적 에너지세제 개편 방안을 마련함과 동시에 환경친화적 에너지세제 개편에 따른 보완대책을 병행적으로 마련해야 한다. 넷째, 녹색상품・산업에 대한 조세지원은 친환경제품에 대한 조세지원과 녹색투자 확대를 위한 세제

운영 그리고 환경관련 부담금 및 부과금 등의 구조개선을 통해 이루어지도록 해야 한다. 다섯째, 저탄소 사회를 위한 규제 및 유인 혁신을 위해서는 경제와 환경의 상생촉진을 위한 규제 및 유인기반을 확충하고, 주력산업의 대외경쟁력을 고려한 규제 및 지원 방안을 마련하며, 녹색경제활동에 대한 지원을 확대하고 중복되거나 불합리한 규제를 개선해야 한다. 여섯째, 녹색일자리를 창출해야 하는데 이를 위해서 녹색기술의 개발, 공공재원 투입을 통한 일자리 창출, 녹색인력 고용 연계·유지 기반 마련, 양질의 녹색일자리(decent green job) 창출 등이 필요하다.

2. 녹색기업의 주요내용

1) 녹색기업의 인증

정부는 저탄소 녹색성장 정책에 부응하는 기업에 대해 녹색전문기업과 녹색기업이라는 제도를 두고 있다. 녹색전문기업의 지정은 산업통상자원부, 녹색기업의 지정은 환경부에서 각각 시행하고 있다.

(1) 녹색전문기업

녹색전문기업의 핵심은 녹색기술의 보유와 이를 통한 사업 활동이다. 녹색전문기업의 자격은 정부로부터 인증 받은 녹색기술에 의한 전년도 매출액 비중이 총매출액의 30% 이상이며 창업 후 1년이 경과되어야 한다. 인증받은 녹색기술이 다수인 경우, 각 녹색기술에 의한 매출의 합이 30% 이상인 경우를 포함한다. 정부는 녹색기술인증은 신재생에너지, 탄소저감, 첨단수자원, 그린차량, 첨단그린주택도시, 신소재, 친환경농식품, 환경보호 및 보전 등의 10대 분야의 유망 기술을 대상으로 기술성, 시장성, 녹색성 등을 평가하여 시장의 최고기술대비 70% 이상인 경우에 인증이 가능하다.

녹색전문기업이 받는 혜택은 중소기업 정책자금 융자시 한도적용 제외, 기술평가보증 우대, 민·관합동 신성장 동력펀드 투자 대상에 포함하는 자금지원이 있다. 이와 함께 국가연구개발사업 참여시 가점, 특허출원시 우선 심사, 수출 인큐베이터사업 등 맞춤형 해외진출 지원사업 신청시 가점, 수출보험·보증료 할

인·보증한도 우대 등 후속상용화 및 수출·마케팅 분야의 혜택이 있다.

(2) 녹색기업

환경부는 과거 환경친화기업을 녹색기업으로 재탄생시켰으며 환경관련 투자를 통한 기업의 경쟁력 강화와 사회적 책임성 제고에 앞장서고 있다. 환경부는 녹색기업 지정제도 운영규정에서 녹색기업이란 오염물질의 현저한 감소, 자원과 에너지의 절감, 제품의 환경성 개선, 녹색경영체제의 구축 등을 통하여 환경개선에 크게 이바지하는 제조 및 비제조기업 등으로 규정하고 있다.

환경부는 녹색기업에 대해 많은 인센티브를 주고 있다. 첫째, 기존 환경친화기업의 경우에는 지도·점검 면제의 범위를 확대하고, 각종 평가에서 우대혜택을 부여한다. 둘째, 녹색금융 데이터베이스 평가 및 한국거래소의 사회책임투자지수 평가시 고득점 획득 유도, 개별 금융기관들과 녹색기업 우대 협약 추진, 환경산업육성 융자금 지원사업 선정 및 환경기술개발사업 평가시 가산 부여 등이 마련되고 있다. 셋째, 녹색기업 홍보 및 마케팅 강화를 위해 기업 단위로 지정된 경우 상품·포장재·홍보물에 로고 사용이 가능하도록 한다. 또한 녹색경영 전략·환경관리 현황을 공개하도록 하여 녹색기업의 녹색경영 성과제고 및 자율적 환경관리 활성화도 유도하고 있다.

2) 녹색기업의 활동

(1) 녹색경영

녹색기업은 경영활동에서 녹색경영을 추구한다. 기업은 기후변화에 따른 경영위기로 규제, 공급망, 제품 및 기술, 소송, 평판 등의 리스크를 겪을 수 있다. 기업들은 이러한 위기를 극복하고 새로운 사업영역을 개척하기 위해 녹색경영 체재로 전환해야 한다. 녹색경영이 위기의 극복을 위한 기업의 성장전략인 것이다. 따라서 녹색경영은 제품, 서비스 개발, 조직, 공정, 마케팅, 협력사 관리와 같은 기업 경영의 전 가치 사슬을 대상으로 저탄소 고효율의 경영체제로 개편하는 것을 의미한다. 기업의 녹색경영을 판단하는 기준으로는 기업의 전략, 시스템, 자원·에너지, 온실가스·환경오염, 사회·윤리적 책임 등이 있다(김형국, 2011).

정부는 기업의 녹색경영을 촉진하도록 하기 위하여 저탄소 녹색성장기본법

제25조에서 관련내용을 규정하고 있다. 첫째, 정부는 기업의 녹색경영을 지원·촉진하여야 한다. 둘째, 정부는 기업의 녹색경영을 지원·촉진하기 위하여 ① 친환경 생산체제로의 전환을 위한 기술지원, ② 기업의 에너지·자원 이용 효율화, 온실가스 배출량 감축, 산림조성 및 자연환경 보전, 지속가능발전 정보 등 녹색경영 성과의 공개, ③ 중소기업의 녹색경영에 대한 지원, ④ 그 밖에 저탄소 녹색성장을 위한 기업활동 지원에 관한 사항 등을 포함하는 시책을 수립·시행하도록 하고 있다.

(2) 녹색제품

녹색제품은 에너지·자원의 투입과 온실가스 및 오염물질의 발생을 최소화하는 제품을 말한다(저탄소 녹색성장기본법 제2조). 녹색제품은 녹색제품 구매촉진에 관한 법률에 의해 자원의 낭비와 환경오염을 방지하고 국민경제의 지속가능한 발전에 이바지함을 목적으로 녹색제품 구매를 촉진하기 위한 노력이 행해지고 있다. 기업이 생산하는 녹색제품은 정부와 공공기관이 적극적으로 구매하도록 공공 구매의무정책을 추진함으로써 녹색제품의 확대생산을 유도하고 있으며, 국민들도 기업의 녹색경영에 관심을 기울이고, 녹색제품의 소비를 늘리도록 권장되고 있다.

녹색제품의 적용범위는 첫째, 환경기술 및 환경산업 지원법 제17조에 따른 환경표지의 인증을 위한 대상 제품으로서 인증을 받은 상품, 환경부장관이 정하여 고시하는 대상 제품별 인증기준에 적합한 상품이다. 둘째, 자원의 절약과 재활용촉진에 관한 법률 제33조 및 산업기술혁신 촉진법 제15조에 따라 재활용제품의 품질인증 대상품목으로서 인증을 받은 상품 또는 인증기준에 적합한 상품이다. 셋째, 환경부장관이 관계 부처 장관과 협의하여 고시하는 대상품목별 판단기준에 적합한 상품이다.

(3) 녹색마케팅

녹색마케팅은 일반적으로 환경보전에 관련된 기업의 제반 활동이다. 마케팅은 소비자의 욕구를 밝히고, 그 욕구를 충족시킬 제품을 개발하며, 제품이 주는 편익을 개인이나 조직에게 소개·전달하고 적절한 시장으로 유통시키는 것이다(장

홍섭 외, 2002). 녹색 마케팅은 기존의 마케팅이 단순히 소비주체인 개인에게 집중한 것에 비해 고객을 보다 넓은 차원에서 인식하여 인간의 삶의 질과 환경에 무게중심을 둔다. 기업이 추진하는 녹색 마케팅은 크게 제품과 촉진에서 추구할 수 있다. 제품에서는 제품과 관련한 친환경 전략을 추구하는 것이고, 촉진에서는 소비자에게 친환경적인 소비에 대한 인식을 설득·촉진하여 환경지향적인 소비행동으로의 전환을 유도하는 것이다.

기업의 녹색마케팅은 고객의 욕구충족, 기업의 이미지 제고 및 법적 제재 사전방지, 시장점유 및 경쟁우위 확보용이, 장기적으로 기업의 영속성 보장 등의 측면에서 필요하다(연세대학교 경영학과 실전마케팅학회, 2013).

(4) 녹색일자리

녹색기업은 고용과 관련하여 녹색일자리를 창출한다. 녹색성장을 추진하는 과정에서 투자의 급증은 녹색산업의 발전과 더불어 새로운 고용기회의 제공으로 이어지고 있다. UNEP는 녹색일자리를 생태계의 다양성과 시스템을 보호하고 에너지와 자원을 절감하며, 탄소를 적게 배출하고, 오염을 절감하는 환경의 질적 수준을 유지하거나 복원하는 데 기여하는 직종으로 정의하고 있다.

정부는 녹색성장과 기업에서 녹색일자리 창출의 선순환 구조를 구축하기 위해 온라인을 통한 녹색일자리 취업지원을 위한 일자리 정보를 구직자에게 제공하고, 기업의 작업장을 녹색 근무환경으로 개선하기 위해 화학물질이 함유된 사업장을 구분관리하며, 원격 근무와 같은 에너지 절감형 근무형태를 확산하도록 유도하고 있다.

녹색일자리의 유형을 구분하면 첫째, 풍력, 태양광, 바이오 화학 및 생물연료 등의 신재생 에너지분야, 둘째, 대기오염, 폐기물 관리, 수처리 및 폐수 처리 등의 환경분야, 셋째, 토목·전기 및 대중교통, 건물 개조 등의 분야로 구분할 수 있다. 기업이 창출하는 녹색일자리는 해당 인력을 녹색인재로 양성하여 환경의 보존과 회복에 기여하게 된다(김형국, 2011).

제3절 녹색기업의 사례

기업경영에서도 환경을 고려하고, 에너지를 절약하고자하는 움직임이 증가하고 있다. 해외 기업 중에서는 제품의 친환경성을 중시하여 전기차 생산에 주력한 테슬러, 환경파괴기업에서 친환경기업으로 끊임없이 노력하는 듀폰 등이 있다. 국내기업 중에서는 녹색기업으로 선정된 풀무원(춘천공장), 온실가스를 체계적으로 관리하는 현대중공업, 녹색경영을 실천하고 있는 포스코 등의 사례를 살펴본다.

1. 해외사례

1) 친환경 전기차의 선도기업 테슬러

테슬러(Tesla)는 2003년 교류모터를 이용한 시제품으로 창업한 실리콘밸리에 위치한 벤처기업이다. 친환경 전기차로 주목받고 있는 테슬러는 내연기관 차량을 단 한 대도 제조하지 않는다. 미국에서 공공기관의 시험용 차량이 아닌 순수 양산형 전기차를 생산하고 있는 곳은 테슬러 하나로 2008년에 전기차를 1,000대 이상 생산하였다. 테슬러의 2009년형 로드스터(Roadster)는 미국 내 도로주행이 가능한 순수 전기차로서 리튬이온 배터리를 장착하여 한 번 충전으로 320㎞ 이상을 주행할 수 있고 시속 97㎞에 도달하는 시간이 3.9초에 불과하다. 전기차는 내연기관을 대체하여 배기가스의 배출이 없는 그린카로서 에너지 고갈문제, 환경문제 등을 해결할 수 있는 대안으로 주목받고 있다.

테슬러는 전기차 파워트레인 분야의 핵심특허를 보유하여 기존 완성차 업계에 전기 파워트레인 부품을 공급하고 있으며, 독특한 마케팅 전략 및 홍보활동을 하고 있다. 고객 측면의 홍보전략은 딜러가 아닌 테슬러 회사가 직접 운영하는 전시장을 통해 제품을 판매하고, 온라인 홍보를 중시한다. 전기차라고 하는 친환경적이면서 멋있는 차로 구축된 이미지를 바탕으로 최고급 스포츠카 이외에도 대중적인 차량까지 생산라인을 확대하여 전기차의 선구자로 인식되고 있다. 테슬러는 제품의 친환경성을 중시하고, 실리콘벨리의 친환경 관련 벤처기업과 네트워크 및 투자처를 활용하며 성장하고 있다(곽대종 외, 2011).

자료: giga-www.bayareacouncil.org.

[그림 3.4.1] 테슬러의 전기차 생산현장

2) 환경파괴기업에서 친환경기업으로 변신하고 있는 듀폰

듀폰(Dupont)은 1802년 화학회사에서 시작하여 1920년부터 화학물질과 에너지 산업 분야에 진출했으며 현재는 식품과 영양, 의류, 안전과 보호, 건축, 전자, 운송 등의 사업을 하는 세계적 기업이다. 듀폰은 세계에서 가장 안전한 일터라는 명성을 얻고 있는데 미국 전체 산업계 평균보다 약 50배, 화학업계 평균보다는 약 10배 가까이 우수한 안전 기록을 보유하고 있다.

지구온난화 문제가 대두되면서 듀폰이 개발·생산한 오존 파괴 물질인 프레온가스(freon gas)로 인해 환경파괴 기업으로 인식되며 위기를 겪었다. 하지만 듀폰은 환경을 보호하기 위한 노력을 지속적으로 추진하였다. 듀폰은 1938년에 세계 최초로 공해 방지 전담 엔지니어를 임명하여 산업계에서 환경보호의 선도적 위치를 굳히기 시작하였다. 또한 1966년 최고 경영자를 의장으로 하는 환경위원회를 발족한 이후 환경보호 프로그램의 방향설정과 정책수립을 수행해오고 있다. 이로 인해 유엔 산하기구인 세계환경센터를 비롯한 미국 중앙정부 및 환경청 등 세계 유수의 환경기구로부터 공로를 인정받았다. 최근에는 산업재해, 질병,

사고, 각종 폐기물을 0으로 줄인다는 제로 목표를 설정해 대내외적으로 공표하고 이를 실천하고 있다. 듀폰은 지속가능한 성장을 모토로 에너지 자원의 효율성을 극대화하고 환경오염을 최소화하기 위한 기술개발과 다양한 환경보호 프로그램을 추진하는 등 친환경 과학기업으로 변신하고 있다(시사매거진 웹사이트).

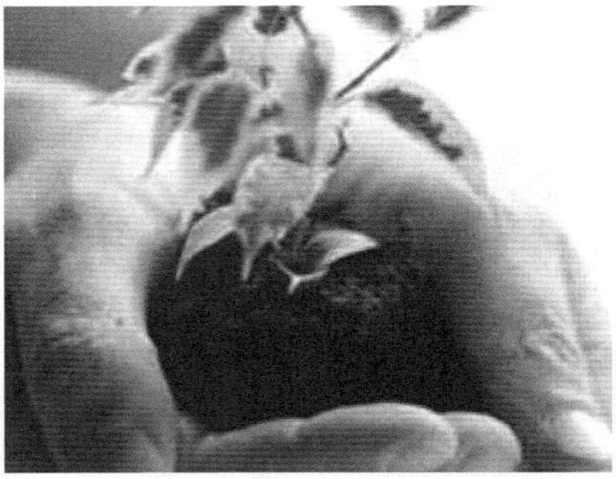

자료: 듀폰 웹사이트.

[그림 3.4.2] 듀폰사의 친환경 플라스틱 소재(Sorona)

2. 국내사례

1) 녹색기업으로 선정된 풀무원 춘천공장

풀무원 춘천공장이 2013년 9월 2일부터 3년간 환경부가 지정하는 녹색기업으로 지정되었다. 춘천공장은 풀무원의 환경안전정책 수립 실무를 맡고 있는 ES(Environment & Safety) 사무국을 중심으로 수질개선, 용수 및 에너지 절약 등을 중점 시행하여 녹색기업으로 선정되었다. 1992년 준공된 춘천공장은 풀무원의 대표 식품인 두부와 식용얼음을 생산하며 2010년부터 2012년까지 전체 공장설비투자비 가운데 13%를 환경을 위해 투자하여 친환경 공장으로 거듭났다.

풀무원 춘천공장은 수도권 상수원보호구역 인근에 있어 수질개선에 주력하기 위해 체계적인 폐수 처리 시스템을 구축하였다. 울트라 필터를 폐수 정화에도 도입하여 수질오염물질 배출량을 법적 허용 기준의 1/4 수준까지 낮추었다. 그리고 정화된 폐수는 하천으로 배출하기 전에 환경에 악영향을 미치는 질소와 인을 줄이기 위하여 공장 내 조성된 인공습지(당림정원)을 거치도록 설계했다. 그 결과 현재 폐수가 배출되는 하천은 지역 농민을 위한 농업용수로 사용되고 있으며, 당림정원은 인근 대학생과 지역 주민을 위한 환경경영의 체험교육현장으로 운영되고 있다. 그 외에도 공정 과정을 개선해 용수와 에너지 사용량을 기존보다 각각 7.2%, 7.5% 줄였다. 식용얼음 생산 중 판매가 어려운 작은 얼음조각은 두부를 제조할 때 냉각수로 재사용하고, 불필요한 용수와 에너지 사용을 최대한 줄였다.

또한 풀무원 춘천공장은 폐기물 분리 배출 시스템을 도입하여 공장에서 배출되는 플라스틱케이스, 폐비닐 등의 순수폐기물까지 모두 시멘트 제조 연료로 재활용되고 있다. 그 결과 폐합성수지 배출량은 40% 감소했고 재활용 판매액은 2배로 증가했다. 풀무원은 사람과 자연을 모두 건강하게 하는 환경안전경영을 위한 중장기계획을 수립 및 시행하고 있다(코리아뉴스 웹사이트).

자료: 풀무원 웹사이트.

[그림 3.4.3] 풀무원 춘천공장의 당림정원 전경

2) 온실가스 인벤토리를 구축한 현대중공업

현대중공업은 조선업계에서 세계 최초로 온실가스 현황을 한눈에 볼 수 있는 온실가스 인벤토리를 구축하였다. 현대중공업의 온실가스 인벤토리는 기업 활동 과정에서 발생하는 온실가스의 배출원을 목록화하고, 배출량을 통계화한 것으로 온실가스를 체계적으로 관리할 수 있다는 장점이 있다.

또한 현대중공업은 온실가스 저감을 위하여 2005년에는 벙커C유나 등유를 사용하는 모든 설비를 청정에너지인 액화 천연가스 사용설비로 교체하였으며, 에너지 저소비형 선박 및 고효율 엔진개발, 신재생에너지 사업확대에 박차를 가하고 있다.

현대중공업은 2008년 충북 음성에 18,360㎡ 규모의 태양전지 생산공장을 완공하였고, 태양광 전지와 모듈을 각각 연간 30MW씩 생산하고 있다. 태양전지의 핵심소재인 폴리실리콘부터 태양전지, 모듈까지 태양광 발전의 모든 분야를 아우르는 생산체제를 갖추게 되었다. 태양광발전 뿐만 아니라 풍력발전에도 진출하는 등 신재생에너지사업을 확대하고 있다.

자료: 현대중공업 웹사이트(현대중공업가족 2015.12).

[그림 3.4.4] 현대중공업 그룹사의 친환경 선박엔진 제조현장

3) 녹색경영을 실천하는 포스코

포스코는 2018 녹색성장 마스터플랜을 수립하여 2018년까지 녹색성장 부문에 7조원을 투자해 연 매출 10조원을 달성한다는 목표를 설정하고 있다. 이를 위하여 스마트 원자로, 스마트그리드, LED, 연료전지 등을 중심으로 녹색성장 사업을 적극 추진하고 있다. 또한 포스코는 기후변화 대응을 위해 2020년까지 2007~2009년 평균 조강 1톤당 CO_2배출원단위 대비 9% 감축, 사회적 온실가스 1,400만 톤 감축을 목표로 고효율 철강재 보급을 위해 노력하고 있다. 뿐만 아니라 혁신적인 저탄소 기술개발을 통해 사내외 온실가스 및 사회적 온실가스 감축을 지속적으로 추진하고 있다. 2007년에는 총 설비 투자액의 12%인 4,940억원을 환경설비에 투자하였으며, 광양제철소 제품 창고 지붕에 1MW급 태양광 발전 설비를 설치하였다.

포스코가 사회공헌활동의 일환으로 운영하고 있는 포스코 탄소중립 프로그램은 사회적 온실가스 감축을 위해 다양한 홍보 및 실천활동들을 포스코가 지원하는 프로그램으로 일상생활 속의 탄소배출을 상쇄시킬 수 있는 다양한 방법들을 고민하고, 세상에 적극 알리면서 실천을 독려하고 있다.

포스코는 생물다양성 보전의 중요성을 인식하고 갯녹음에 의해 훼손된 연안 해역을 회복시키기 위해 포항산업과학연구원과 철강슬래그를 이용한 해양구조물 트리톤을 개발하였다. 또한, 한국수자원관리공단, 포항산업과학기술연구원 등과 함께 추진하는 바다숲 조성 사업 및 환경부와의 파트너십 체결 등 다양한 생물다양성 보전 활동도 추진하고 있다(포스코 기업 블로그).

자료: 포스코 기업 블로그.

[그림 3.4.5] 포스코 탄소중립프로그램 발대식 현장

3. 시사점

녹색기업의 국내외 사례를 통해 살펴보았을 때 시사점은 다음과 같다. 첫째, 기업도 저탄소 녹색성장을 위해 적극적이고 자발적인 참여가 필요하다. 주요 온실가스 배출원인이 되는 산업부문의 기업이 정부의 정책에 동참하지 않는다면 저탄소 사회로의 전환은 어려울 것이다. 녹색기업은 녹색성장정책에 부응하고, 지구온난화와 기후변화에 대응하여 자발적이고 적극적으로 참여하고 있다. 둘째, 기업도 환경을 성장동력으로 활용하고 있다는 점이다. 기업의 지속가능한 성장을 위하여 에너지 소비가 많고 공해를 유발하는 공정 및 생산품에 대한 이미지를 개선하기 위한 환경친화적 생산설비에 투자해야 한다. 또한 친환경 제품과 사업에 대한 과감한 도전과 연구개발을 통해 국민의 지지를 얻고 시장을 선점함으로써 기업이 성장해 갈 수 있다는 것이다. 셋째, 어떠한 기업도 녹색기업으로 변신하여 사회와 국가에 기여할 수 있다. 듀폰, 포스코 등 환경과는 거리가 있어 보이는 기업도 의지만 있다면 얼마든지 환경친화적인 제품, 마케팅, 공정개선, 경영 등을 통해 녹색기업이 될 수 있음을 알 수 있다.

제4절 녹색기업의 전망과 과제

1. 전망

저탄소 사회를 이룩하기 위해서는 첫째, 국가뿐만 아니라 국민, 기업 모두가 노력해야 한다. 온실가스배출량의 절반이상은 산업부문에서 배출되므로 기업의 참여는 필수적이라 할 수 있다. 기업들 중에서 정부의 녹색성장정책에 부응하여 환경친화적인 생산과정과 제품개발에 노력하는 녹색기업은 점차 증가할 것으로 전망된다.

둘째, 기후변화에 대응하기 위한 국제사회의 노력으로 국가별·산업별 탄소감축량의 강제 할당 및 조세제도의 변화 등 관련규제는 더욱 강화될 것으로 예상된다. 이와 같은 세계적인 패러다임의 전환과정에서 기업의 역할은 적극적인 녹색기술의 개발을 통해 녹색산업을 선도하는 것이라고 할 수 있다. 셋째, 기업의 미래 먹거리를 환경이라는 아이템에서 찾고, 관련 시장을 선점함으로써 기업의 영속성 유지와 성장잠재력을 높일 수 있을 것으로 전망된다.

2. 과제

국내의 기업들이 녹색기업으로 변화되고 성장하기 위해서 해결해야 할 과제는 다음과 같다. 첫째, 녹색경영에 대한 마인드 제고이다. 기업경영에서 환경과 녹색에 대한 위상을 재정립하고 사업구조, 조직문화 등 경영체제 전반에서 종합적인 접근을 해야 한다. 기업은 지원기관, 대학 및 연구소 등과 연계하여 녹색이미지 선점을 위한 아이디어를 창출하고, 환경친화적인 사업에 대한 방향성을 제시하여 비전을 만들고 이를 표현하는 전략이 필요하다.

둘째, 녹색기업은 온실가스와 폐기물 감축활동 전개, 기술개발 및 공정 개선, 친환경 제품개발 등을 통해 오염물질 배출량 감소, 친환경 기술경쟁력 확보 등을 적극 추진해야 한다. 녹색기업으로의 성장은 기술경쟁력, 산업경쟁력, 내수시장 확대에 따른 수출 경쟁력 등에 의해 좌우된다.

셋째, 기업의 저탄소 경영활동에 대한 정부의 지원과 시민단체 및 국민들의 관심과 모니터링이 필요하다. 정부는 다양한 지표로써 녹색기업을 발굴하고 장기적인 측면에서 지속적으로 지원하는 제도를 운영해야 한다. 시민단체와 국민은 기업의 환경친화성 여부에 대한 감시와 관심 및 지지를 통해 녹색기업으로 성장할 수 있도록 해야 할 것이다.

추천자료

녹색기업과 관련된 자료는 환경부 웹사이트에서 녹색기업, 산업통상자원부 웹사이트에서 녹색전문기업 등을 찾아보고, 녹색성장위원회 등 아래의 인터넷사이트를 통해 녹색기업에 대해 좀 더 깊이 있는 이해를 할 수 있다.

녹색성장위원회(2014), 제2차 녹색성장 5개년계획.
http://www.greengrowth.go.kr(녹색성장위원회)
http://www.kiet.re.kr(산업연구원)
http://www.me.go.kr(환경부)
http://www.motie.go.kr(산업통상자원부)
http://www.fki.or.kr(전국경제인총연합회)

tip

실리콘밸리(Silicon Valley)

미국의 캘리포니아주(州) 샌프란시스코만(灣)을 둘러싼 샌프란시스코반도 초입에 위치하는 샌타클래라 일대의 첨단기술 연구단지를 말한다. 인근에 스탠퍼드대학·버클리대학·샌타클래라대학 등 명문대학이 있어 우수한 인력확보가 쉬운 입지조건을 갖추었다. 또 캘리포니아 주정부의 전자회사 유치를 위한 초기의 세제상 특혜 등으로 인하여 세계 유수의 반도체산업이 한데 모인 첨단기술의 전진기지가 되었다. 연구단지의 명칭은 반도체 재료인 실리콘과 완만한 기복으로 펼쳐지는 샌타클래라 계곡(밸리)에 의거한 조어(造語)로서, 1970년대 초부터 널리 쓰였다. 오늘날에는 반도체 생산뿐만 아니라, 반도체가 만들어내는 온갖 종류의 마이크로일렉트로닉스 관련기업도 참여하여 첨단기술 분야에서의 기술혁신, 벤처비즈니스, 벤처캐피털에 의해서 일대 산업복합체가 형성되어 있다. 이곳에서 급성장한 대표적 기업으로는 페어차일드, 인텔 등의 반도체 관련기업이 있다(두산백과사전).

탄소시장

탄소시장은 온실가스를 배출할 수 있는 권한, 즉 탄소배출권을 상품화해 거래하는 시장을 뜻한다. 세계적 헤지펀드 회사인 맨그룹(Man Group)은 탄소시장을 새로운 놀이터라고 명명하였다. 선진국 기업들은 온실가스 감소나 청정에너지 개발 투자에 많은 돈을 쓰는 대신 상대적으로 비용이 저렴한 탄소배출권 구매에 나서고 있다(매일경제용어사전).

프레온 가스(freon gas)

클로로 풀루어로 카본(chloro fluoro carbon)의 통칭. 무색무취의 가스로 불연성·불폭발성이 화학적으로 안정되어있어 금속을 부식하지 않으므로 냉매·에어졸 분무제, 소화제, 추출제, 우레탄폼 발포제 등에 쓰인다. 프레온 가스는 1928년 미국의 토머스 미즈리에 의해 발견됐고 인체에 독성이 없고 불연성을 지닌 이상적인 화합물이어서 한때 꿈의 물질이라고까지 불렸다. 그러나 이 가스가 대기 중에 올라가면 지구의 기류에 의해 남극에 모여 점차 퍼져나가 오존층을 파괴함으로써 자외선을 막지 못해 기상에 이상을 초래, 피부암을 일으킬 가능성이 있는 것으로 알려지고 있다(매일경제용어사전).

탐구학습

1. 주요개념
   - 녹색기업
   - 녹색제품
   - 녹색경영
2. 토론 및 과제
   - 녹색기업을 육성하기 위한 정부의 인센티브
   - 녹색기업의 사례와 성공배경

참고문헌

경상북도(2009), 경상북도 저탄소 녹색성장추진계획.

곽대종 외(2011), 녹색산업의 신규 비즈니스 창출 및 지속기반 구축을 위한 정책과제, 산업연구원.

김석준(2009), "저탄소 녹색성장 실현을 위한 과학기술정책 방향", 일자리 창출과 녹색성장 전략 추진을 위한 대토론회, 경제인문사회연구회.

김용진(2009), "녹색산업 발전을 위한 플랜트 기계 기술", 녹색성장과 국민복지, 아산재단 창립 32주년 기념 심포지엄, 아산사회복지재단.

녹색성장위원회(2009a), 녹색성장 5개년계획.

녹색성장위원회(2009b), 녹색성장 국가전략.

배준강(2009), "녹색성장을 위한 기업의 발전전략", 녹색성장과 국민복지, 아산재단 창립 32주년 기념 심포지엄, 아산사회복지재단.

연세대학교 경영학과 실전마케팅학회(2013), "Go, Green! 그린마케팅", 마케팅, 제47권 제10호, 한국마케팅연구원.

장흥섭 외(2002), Marketing, 삼영사.

정상기(2009), "녹색산업의 비전과 발전전략", 녹색성장과 국민복지, 아산재단 창립 32주년 기념 심포지엄, 아산사회복지재단.

조환익(2009), 세계를 이끌어갈 차세대 녹색기술, Kotra Executive Brief, 09-013. KOTRA.

최근희(2009), "쾌적한 환경 조성기반 고부가가치 산업유치", 지방행정, 제58권 668호, 대한지방행정공제회.

홍범석(2009), "녹색성장과 환경경영, 그리고 그린 IT", 월간통신시장.

http://blog.posco.com(포스코 기업 블로그)

http://www.dhns.com(코리아뉴스)

http://www.greengrowth.go.kr(녹색성장위원회)

http://www.me.go.kr(환경부)

http://www.motie.go.kr(산업통상자원부)

http://www.sisamagazine.co.kr(시사매거진)

제 4 편

녹색실천

본 편은 기후변화와 지구온난화에 대응하는 녹색성장의 사회적 실천방안에 대해 소개한다. 녹색성장을 위한 녹색실천의 의의, 국민 개개인의 녹색생활, 시민의 자발적인 연대를 강조한 녹색 NGO, 공공과 민간부문의 역량과 협력차원의 녹색거버넌스, 그리고 녹색인재양성을 위한 녹색교육에 대해 살펴본다.

제1장

녹색실천의 의의

제1절 녹색실천의 개념

우리나라는 2010년 기준 이산화탄소 배출총량 세계 7위로서 녹색성장이라는 전 지구적인 이슈에 관한 기후변화협상에서 경제적 위상에 걸맞은 책임 있는 역할을 요구받고 있다.

정부는 2015년 12월 파리에서 개최된 제21차 유엔기후변화협약 당사국총회에서 온실가스를 2030년 예상배출량 대비 37% 감축하기로 국제사회에 공포하였다. 이를 실천하기 위해 국가차원뿐만 아니라 산업, 수송, 건물, 농림어업, 폐기물 등 각 부문별로 온실가스 감축목표를 설정하고, 목표의 달성을 통한 저탄소 사회를 실현하고자 노력하고 있다. 배출권거래제와 같은 시장친화적인 감축제도의 운영과 온실가스 대량 감축 기술개발과 같은 과학기술의 활용도 활발해지고 있다.

그렇지만 국가와 정부차원의 온실가스 감축노력만으로는 지구환경문제의 해결은 어려울 것이다. 시민, NGO(non-governmental organization) 등 사회 각계각층의 참여와 실천이 요구되며, 인식의 전환과 공감대를 형성하기 위한 교육 등 다양한 해결노력이 지속되어야만 녹색성장사회를 이룩할 수 있을 것이다.

녹색실천은 경제와 환경이 조화를 이루는 녹색성장을 실현하기 위해 사회를 구성하고 있는 모든 단위인 국가, 지방자치단체, 시민, 기업, NGO 등이 참여하고 협력하여 목표를 달성하고자 하는 공동의 노력이라고 할 수 있다.

지속가능발전은 이론적으로 달성이 가능하나 공공정책과 시장기제가 필요한 투자를 이끌어내지 못해 실제로 실현되기 어렵다(김형국, 2011 재인용)는 학계의 비판을 받고 있다. 하지만 실천가능성을 중시하는 녹색성장은 사회적 실천을 통해 경제발전과 환경보호라는 목표의 동시적 실현을 이룩할 수 있다.

제2절 녹색실천의 중요성

정부는 녹색성장을 선도하는 법적기반을 마련하고자 제정한 저탄소 녹색성장 기본법을 통해 녹색성장 정책의 종합적·체계적 추진을 추구하고 있다. 저탄소 녹색성장기본법은 저탄소 사회 구현을 위한 국가의 책무(제4조), 지방자치단체의 책무(제5조), 사업자의 책무(제6조), 국민의 책무(제7조) 등 각 주체별로 의무적인 사회적 실천사항을 규정하여 국민의 삶의 질을 높이고, 국제사회에서도 책임을 다하는 성숙한 선진 일류국가로 도약하기 위해 제정되었다. 즉 녹색성장이 단순히 이념이나 구호로만 그치지 않도록 사회적 실천을 통해 새로운 성장 동력원으로 삼고, 사회를 변화·발전시키고자 하는 의지를 표방하고 있는 것이다.

정부차원의 일방적인 정책에서 한 단계 발전하여 녹색성장 교육을 통한 국민의 이해와 생활의 녹색화, 기업의 녹색관련 기술개발·산업화, 시민단체의 주도적인 감시·통제와 참여, 공공부문과 민간부문의 협력적 네트워크 구축 등을 통한 녹색성장의 사회적 실천은 녹색성장 사회를 이룩하는 기반이 된다는 측면에서 중요하다.

제3절 녹색실천의 내용

녹색성장의 사회적 실천은 크게 녹색생활, 녹색 NGO, 녹색거버넌스(green governance), 녹색교육 등으로 구분하여 살펴볼 수 있다.

첫째, 녹색생활은 국민이 일상생활 속에서 자원과 에너지를 현명하고 친환경적으로 이용하여 지구온난화의 원인이 되는 온실가스를 줄이고 저탄소 녹색사회를 구현하고자 하는 생활습관이다. 녹색생활은 국내에서 저탄소 친환경생활운동으로 활발하게 전개되고 있다.

둘째, 녹색 NGO는 녹색성장이라는 공익성을 추구하는 시민의 자발적인 연대인 비영리민간단체이다. 녹색 NGO는 환경운동연합, 녹색소비자연대 등의 환경운동을 발전시켜 녹색성장이 상향적이고, 실사구시적인 사회운동으로 승화시키기 위해 노력하고 있으며 그 역할이 점점 중요해지고 있다.

셋째, 녹색거버넌스는 녹색성장에 대해 공공과 민간 부문의 다양한 이해당사자가 수평적인 참여와 협력에 기반하여 지역의 환경문제를 공동으로 해결해 나가는 네트워크이다. 녹색거버넌스는 환경문제와 경제발전에 대한 새로운 문제해결 방식으로 참여 주체의 역량과 협력적인 네트워크 형성을 위한 공식적·비공식적 제도 기반이라는 측면에서 중요하다.

넷째, 녹색교육은 지속가능발전을 목표로 하는 환경교육과는 달리 경제와 환경이 조화를 이루는 국가와 지역사회의 진취적 성장을 목표로, 미래 녹색성장을 주도할 녹색인재양성 및 범지구적 차원에서 녹색생활의 가치를 인식·실천할 수 있는 글로벌 녹색시민양성교육을 추구하는 것이다. 녹색성장사회를 이룩하기 위해서는 국민의 이해와 참여가 필수적이며, 녹색교육의 중요성은 한층 부각될 것으로 기대된다.

참고문헌

김형국(2011), 녹색성장 바로 알기, (주)나남.
http://greengrowth.go.kr(녹색성장위원회)

제2장

녹색생활

제1절 녹색생활의 의의

1. 배경

산업혁명 이후 인류는 급속도로 발전하고 있는 과학과 기술을 통해 독극물 생성, 환경오염 및 생태계 파괴 등이 해결될 것으로 생각하였다. 1960년부터 환경에 대한 인류의 관심이 높아졌고, 1970년에는 처음으로 지구의 날(the Earth Day)이 선포되었으며, 1974년과 1979년의 두 차례 석유파동은 환경보호와 자원보전의식을 세계적으로 확산시킨 계기가 되었다. 1980년대 이후에는 산성비, 지구온난화 현상 등의 환경문제와 자원고갈 문제에 대한 우려가 가시화되었다. 특히 21세기에 접어들면서는 인터넷, 스마트폰 등 실시간 양방향 통신체제의 일반화로 기후변화, 기상이변, 자연계의 파괴, 재해 등을 현장감 있게 접하게 되면서 지구환경의 생태적 위협에 대한 불안이 고조되었다.

반면 사람들은 과거보다 여유로운 삶을 살게 되면서 자신들의 후손 세대에 관심을 두게 되었다. 즉 사회가 발전하면서 사람들은 미래세대의 환경문제에 대하여 우려를 하게 되었다. 이러한 현상은 환경적 상속에 대한 측면에서 환경의 질적 개선을 위해 무언가를 해야 한다는 친환경적인 가치관이 대두되면서 환경에 대한 책임의식을 확산시켰다(김임순, 2009).

경제발전을 추구하는 가운데 환경에 대한 책임의식의 확산은 국민들의 생활에서부터 환경을 고려하게 되었다. 개인차원의 녹색생활의 실천의지를 일상생활 속에서 실행하기 위해서는 범정부차원에서 지원하고 실천할 수 있는 방안의 마련이 중요해지고 있다.

2. 개념

저탄소 녹색성장기본법 제2조에서 녹색생활은 기후변화의 심각성을 인식하고 일상생활에서 에너지를 절약하여 온실가스와 오염물질의 발생을 최소화하는 생활을 말한다라고 규정하고 있다.

즉 녹색생활이란 국민 개개인이 일상생활 속에서 자원과 에너지를 현명하고 친환경적으로 이용하여 지구온난화의 원인이 되는 이산화탄소(CO_2), 메탄(CH_4) 등 온실가스를 줄이고 저탄소 녹색사회를 구현하고자 하는 생활습관을 말한다. 녹색생활은 개인 및 가정에서 저탄소 녹색생활실천을 바탕으로 하는 운동이라 할 수 있다.

3. 중요성

녹색생활은 전 국민이 환경보전의 필요성을 체감하고 생활의 녹색화가 되어야 한다. 녹색생활이 중요한 이유는 첫째, 가정 · 상업 · 수송 등 일상생활에서의 온실가스 배출량이 전체 배출량의 37.9%를 차지할 정도로 비중이 크다. 둘째, 온실가스를 줄이기 위해서는 주부, 학생, 직장인 등 각계각층의 주민참여와 실천을 이끌어내어야 한다. 셋째, 산업분야보다 감축비용이 낮음에도 불구하고 온실가스의 즉각적인 감축의 효과가 발생하기 때문이다. 녹색생활은 녹색기술, 녹색산업과 더불어 녹색성장을 이끄는 중요한 축이라 할 수 있다.

〈표 4.2.1〉 우리나라 부문별 온실가스 배출량(2010년 기준)

(단위: tCO_2eq/yr, %)

분야	산업	상업 · 공공	수송	가정	농어업	폐기물 등
배출량	369,536,973	87,173,891	84,341,673	82,278,213	21,257,623	24,234,725
비율	55.3	13.0	12.6	12.3	3.2	3.6

주: 배출량 비율은 251개 지자체의 온실가스 배출량 중 산림 및 국제벙커링 제외
자료: 김대곤 외(2013), p.14.

제2절 녹색생활의 주요내용

1. 녹색생활 관련법률

저탄소 녹색성장기본법에서는 녹색생활을 실현하기 위한 다양한 내용을 규정하고 있다. 제2조에서 녹색생활의 개념을 정의하고, 제58조에서는 정부차원의 녹색생활 운동의 촉진을 위한 노력을 요구하고 있다. 내용을 살펴보면 첫째, 정부는 국민 및 기업들이 녹색생활에 친숙할 수 있도록 하는 시책을 마련하고 지방자치단체·기업·민간단체 및 기구 등과 협력체계를 구축하며 교육·홍보를 강화하는 등 범국민적 녹색생활 운동을 적극 전개하여야 한다. 둘째, 정부는 녹색생활 운동이 민간주도형의 자발적 실천운동으로 전개될 수 있도록 관련 민간단체 및 기구 등에 대하여 필요한 재정적·행정적 지원 등을 할 수 있다.

또한 제57조 4항에서는 국민들이 녹색제품의 사용·소비 촉진 및 확산을 위하여 재화의 생산자와 판매자 등으로 하여금 그 재화의 생산과정에서 발생되는 온실가스와 오염물질의 양에 대한 정보 또는 등급을 소비자가 쉽게 인식할 수 있도록 표시·공개하도록 하는 등의 시책을 수립·시행할 수 있도록 하였다.

2. 녹색생활 관련 주요정책

정부는 친환경 생활기반을 확대하기 위한 다양한 정책을 추진하고 있다. 관련 정책은 녹색생활의 실천을 확산시키고, 녹색소비를 활성화시키는데 주안점을 두고 있다(녹색성장위원회, 2014).

1) 저탄소 녹색생활실천 확산

저탄소 녹색생활을 확산시키기 위한 정책은 크게 네 가지로 구분할 수 있다. 첫째, 저탄소생활 실천네트워크의 확대이다. 저탄소생활 실천운동 전개의 중심기구인 한국기후·환경네트워크의 활동을 확대하여 역할을 다변화하도록 하고, 대국민 기후변화 교육기반의 확대 및 국민 참여형 저탄소 문화 캠페인을 전개한다. 또한 탄소중립프로그램[1] 활성화를 통해 저탄소 생활문화를 확산시키

---

1) 탄소중립프로그램이란 개인·기업 등이 일상생활에서 배출하는 이산화탄소를 자발적으로 감축하여 탄

도록 한다.

둘째, 녹색생활 교육 및 홍보 강화이다. 이를 위해 유아에서 성인에 이르기까지 대상별로 맞춤형 환경교육을 강화·지원해야 하며, 특히 국민건강 증진 및 식생활 개선을 위한 녹색 식생활 교육·홍보 강화 등이 필요하다.

셋째, 친환경운전 확대이다. 소비자단체가 시민들에게 실연비가 표시연비 수준으로 나올 수 있는 운전 방법을 교육하는 프로그램을 운영하고, 운전자에게 주행정보를 실시간으로 알려주는 친환경운전 안내장치를 보급한다. 또한 경제운전 체험교육 시행 및 가상체험관을 운영하여 에너지 절약 및 자동차 온실가스 배출량의 감축을 유도한다.

넷째, 쿨맵시·온맵시 실천 확대이다. 품위유지와 예절에 어긋나지 않는 범위 내에서 업무능률 향상과 에너지 절약을 위한 복장 자율화에 국민의 관심과 참여를 권장한다.

2) 녹색소비 활성화

녹색소비를 활성화하기 위한 정책은 크게 네 가지로 구분할 수 있다. 첫째, 친환경상품 표시제도를 활성화한다. 수요자 중심으로 환경표지 인증기준을 제·개정하여 친환경제품의 구매를 보급하고 확대한다. 녹색제품 유통질서 확립을 위하여 가짜 친환경 제품인 그린워싱제품의 퇴출을 위한 시장의 감시기능을 강화하도록 한다.

둘째, 녹색제품 구매기반 및 유통망 확충이다. 친환경성을 갖춘 녹색매장의 지정 및 녹색구매지원센터의 설치·운영을 확대하고, 오픈마켓에서도 녹색제품을 구매할 수 있도록 녹색장터를 운영하며, 조달청 나라장터와도 연계를 확대한다. 또한 그린카드[2]의 사용을 확대하기 위해 저탄소·친환경상품 제조·유통업체에 대한 인센티브를 강화한다.

셋째, 친환경 농산물 구매 및 직거래 활성화이다. 친환경농산물의 유통·소비를 확대하기 위하여 직거래매취자금 지원 및 소비촉진 홍보를 확대·추진한다.

소배출량을 zero로 상쇄시키는 대국민 참여형 프로그램이다.

2) 그린카드는 전 국민이 손쉽게 친환경소비생활문화를 실천할 수 있도록 도입한 제도로 친환경제품 구매, 가정에서 에너지 절약 등 친환경소비생활을 하면 현금처럼 사용할 수 있는 포인트가 적립된다.

친환경 전문 매장과의 유통망 구축·지원과 그린카드와 연계하여 저탄소 농산물을 구매할 경우 포인트를 적립해 주도록 한다. 또한 농업인이 주체가 된 로컬푸드 개념의 소비자 참여형 직거래를 확대하고, 인터넷 직거래시스템 및 학교급식 등을 통해 친환경 농산물의 소비가 활성화되도록 인프라를 확충한다.

넷째, 생태관광 활성화이다. 생태자원을 활용하여 생태관광을 산업화하고 육성하여 지역경제도 활성화하도록 한다.

3. 녹색생활의 주요 실천내용

1) 녹색생활의 핵심인재 육성

녹색생활의 모범적인 실천자로서 국내에서는 그린혁명을 이끌 대중적 인지도를 갖는 전문가인 그린리더를 육성하고 있다. 그린리더의 역할은 첫째, 가정·상업시설·사무실 등의 온실가스 배출진단 및 컨설팅, 둘째, 주민대상 녹색성장·기후변화 및 온실가스 감축방안 교육, 셋째, 내 고장 특성에 맞는 녹색생활 운동전파 및 온실가스 감축프로그램 개발·적용, 넷째, 찾아가는 기후학교 등 녹색교육 확산 및 교육프로그램 개발·적용 등이다(환경부·그린스타트 전국네트워크, 2011). 그린리더는 16개 광역시·도를 중심으로 온실가스 줄이기 실천운동을 전개하여 주민들의 녹색생활을 선도하고 있다.

또한 학교를 대상으로 그린캠퍼스 및 그린스쿨을 활성화하고, 자연환경연수원,

자료: 경북의제21 웹사이트.

[그림 4.2.1] 그린리더 양성교육

기후학교 등을 통해 녹색생활의 교육기반을 구축하고 있다. 국가차원에서는 2020년까지 전 국민의 10% 정도인 약 500만명을 녹색시민으로 양성하고자 추진중에 있다.

2) 녹색생활 및 소비촉진

녹색생활은 저탄소 녹색생활실천을 바탕으로 하는 자발적인 운동이다. 국민의 실천을 확산시키기 위해 시기별·장소별로 다양한 실천방안과 캠페인을 전개하고 있다.

〈표 4.2.2〉 녹색생활 실천대상의 유형 및 CO_2 저감잠재량

<table>
<tr><th colspan="3">구분</th><th>저감량
(kg-CO_2/가구, 월)</th><th>경제적
편익(원/년)</th></tr>
<tr><td colspan="2">난방</td><td>· 실내난방온도 20도 유지</td><td>19.00</td><td>58,583</td></tr>
<tr><td rowspan="16">전
기</td><td>· TV</td><td>· 불필요한 TV시청 시간 1시간 줄이기</td><td>2.58</td><td>7,123</td></tr>
<tr><td>· 컴퓨터</td><td>· 2시간/일 이내 사용</td><td>3.07</td><td>8,477</td></tr>
<tr><td>· 에어컨</td><td>· 2시간/일 이내 사용, 사용일 8일 줄이기</td><td>1.28</td><td>3,539</td></tr>
<tr><td>· 선풍기</td><td>· 일일사용시간 1시간30분 단축</td><td>0.32</td><td>884</td></tr>
<tr><td>· 세탁기</td><td>· 세탁물 모아서 주3회 이내 사용</td><td>0.82</td><td>2,265</td></tr>
<tr><td>· 냉장고</td><td>· 내용물 60%정도로 유지 보관</td><td>0.83</td><td>2,303</td></tr>
<tr><td>· 다리미</td><td>· 20분/주 이내 사용</td><td>0.19</td><td>522</td></tr>
<tr><td>· 비데</td><td>· 절전기능 사용</td><td>0.39</td><td>1,080</td></tr>
<tr><td>· 조명기구</td><td>· 백열등을 형광등으로 교체</td><td>3.67</td><td>10,129</td></tr>
<tr><td rowspan="6">· 대기전력
차단</td><td>· 에어컨</td><td>0.31</td><td>856</td></tr>
<tr><td>· TV</td><td>0.60</td><td>1,657</td></tr>
<tr><td>· 컴퓨터</td><td>0.31</td><td>856</td></tr>
<tr><td>· 전자레인지</td><td>0.47</td><td>1,298</td></tr>
<tr><td>· 기타(오디오 등)</td><td>3.49</td><td>9,638</td></tr>
<tr><td>소 계</td><td>5.18</td><td>14,305</td></tr>
<tr><td colspan="2">수도(물)</td><td>· 절수기 사용 및 세탁횟수 줄이기 등</td><td>2.2</td><td>1,500</td></tr>
<tr><td colspan="2">폐기물</td><td>· 음식물 쓰레기 줄이기 및 분리수거</td><td>0.6</td><td>450</td></tr>
<tr><td colspan="3">합계</td><td>40.13</td><td>137,768</td></tr>
</table>

주: 4인 가족 기준으로 에어컨, 난방 등의 계절에 따라 사용하는 에너지 사용기기의 저감 가능량은 1년 전체 온실가스배출량을 월평균으로 환산함.
자료: 환경부(2009).

일상생활 속에서부터 실천할 수 있는 녹색실천 대상으로는 난방·전기·수도(물)·폐기물 등이 있다. 생활습관의 개선을 통하여 에너지의 절약도 가능하고, 온실가스의 배출을 저감할 수 있으며, 이를 통해 환경보호와 기후변화에도 대응할 수 있을 것이다.

소비에 있어서는 1회용품 줄이기와 재활용을 촉진하고, 녹색식생활의 확산과 음식물쓰레기를 줄여야 한다. 식품의 원료수입 및 수송거리 등 푸드마일리지(food mileage)에 대한 체계적인 분석과 정보를 제공하여 소비자의 인식 제고를 통해 로컬푸드운동에 대한 참여를 권장한다. 또한 슬로푸드로 각광받는 한식문화의 확산과 합성첨가물 대신 천연첨가물 등을 사용하는 그린푸드운동을 통해 탄소배출량 감소 및 녹색식품에 대한 소비자의 선택권을 확대시켜야 한다. 녹색 식생활의 조기 확산을 위해서 녹색식생활을 이해하고 실천할 수 있는 식생활 지침을 개발 및 보급하고 있다(녹색성장위원회, 2009).

3) 온실가스감축활동 촉진

쿨맵시·온맵시와 같은 기후적응형 복장은 체감온도를 2~2.4℃ 정도 조절할 수 있어 적정한 복장착용만으로도 냉난방에 관련된 에너지사용을 줄여 온실가스의 배출을 저감할 수 있으므로 국민적 관심의 유도가 필요하다.

또한 재택근무, 원격 근무센터 구축·운영, 영상회의 활성화 등 스마트오피스(smart office)[3]를 추진하여 온실가스의 감축이 활성화되면 교통수요 감소 등을 통한 에너지 절감도 가능하다. 스마트오피스는 수도권 외곽과 교통요지에 있는 공공기관 사무실을 활용하여 운영되었는데 최근 행정자치부는 스마트워크센터[4]로 확대하여 추진하고 있다. 2014년 1월 기준으로 총 14개 스마트워크센터를 구축하여 총 137개 기관이 이용하고 있다(행정자치부, 2014).

---

3) 스마트오피스는 직원들이 주거지 근처에서 원격 근무할 수 있는 전용사무실로 화상회의시설, 육아시설 등이 갖춰진다. 아이나 집안 일로 방해 받을 수 있는 재택근무와 달리 업무에만 전념하도록 일반 사무실과 비슷하게 꾸며진다.

4) 스마트워크센터란 도심에 있는 사무실에 출근하지 않고 주거지 인근 및 출장지 등 원격지에서 업무가 가능하도록 정보통신기술(ICT) 기반의 원격업무시스템을 갖춘 사무공간을 지칭하는 것이다. 스마트워크센터에서 주로 수행하고 있는 스마트워크(smart work)는 특정한 근무 장소를 정하지 않고 정보통신망을 이용하여 업무를 수행하는데 재택근무, 스마트워크센터 근무, 이동(모바일) 근무를 포함하는 근무형태이다.

교통부문은 온실가스의 감축효과가 크게 기대되는데 친환경 운전문화(에코드라이빙(eco-driving)) 확산, 자전거 이용 활성화, 대중교통의 이용 및 걷기의 생활화 등을 추진하고 있다.

4) 녹색생활 실천인센티브 확대

국민들이 일상생활 속에서 녹색생활을 확산시킬 수 있도록 탄소캐시백, 탄소포인트, 그린카드, 직장의 인센티브제도로서 그린포인트제 등 실질적인 인센티브의 제공을 통한 녹색생활 실천확대를 지원하는 제도를 시행하고 있다.

녹색기술과 제품에 관해서는 생산자에 대한 유인체계 강화 및 다양한 인증제도를 활용하고 있다. 첫째, 녹색제품의 구매를 활성화하기 위해서 제품에 대한 탄소배출 정보를 제공하는 탄소성적표지와 환경성적표지・친환경농축산물인증제 등을 시행하고 있다. 둘째, 소비자가 쉽게 이용할 수 있도록 친환경상품의 판매장소에 대하여 그린스토어 인증제를 도입하였다. 셋째, 그린카와 같은 녹색생활 기반 제품의 경우 세제혜택과 공공기관의 구매촉진을 추진하고 있다.

〈표 4.2.3〉 탄소성적표지 및 환경성적표지 인증마크

탄소성적표지 인증마크				환경성적표지 인증마크
탄소배출량	저탄소제품(A)	저탄소제품(B)	탄소중립제품	
탄소배출량 000g CO_2 환경부	저탄소제품 000g CO_2 환경부	저탄소제품 CO_2 환경부	탄소중립제품 ZERO CO_2 환경부	EDP

제3절 녹색생활의 사례

녹색생활은 세계적 추세이다. 세계 곳곳에서 환경을 생각하고 에너지 절약을 실천하고 있다. 먼저 해외사례로는 미국의 대표적인 소비자활동인 에코맘, 가정을 중심으로 하는 영국의 에코 패밀리, 녹색직장을 실현하는 브리티시 텔레콤의

원격근무시스템, 생활 속에서 환경운동을 실현하기 위한 일본의 Challenge 25 등을 살펴보고, 국내사례로는 한국기후・환경네트워크가 주도하고 있는 저탄소 친환경생활운동에 대하여 살펴본다.

1. 해외사례

1) 미국의 에코맘

미국의 대표적인 녹색소비자활동인 에코맘(ecomom)은 지구를 지키는 일은 집에서부터(saving earth begins at home)라는 슬로건 아래 미국 전역에서 활발하게 활동 중으로, 가사나 육아 등 일상생활에서 환경보호나 에너지절약을 실천하는 녹색어머니들을 지칭한다. 이들은 지역단위 혹은 인터넷 등 가상공간을 매개로하여 다양한 친환경적 생활방식을 공유하고 실천하면서 새로운 문화적 트랜드를 만들어내고 있다. 가정 내 에너지 절약, 일회용품 줄이기, 친환경 세제 이용 등 조금만 신경 쓰면 손쉽게 할 수 있는 집안일들을 통해 환경에 기여하고 있다(문화체육관광부, 2008).

에코맘은 가정에서 엄마가 친환경적인 행동역할 모델이 됨으로써 아이도 자연스럽게 환경에 대해 생각하도록 유도한다는 데 의의가 있다. 이와 같은 에코맘의 생활 밀착형 활동은 점점 확대되고 있으며, 전 세계 여성들에게 지속가능한 미래 환경과 건강한 삶을 만들 수 있다는 확신을 심어 주고 있다.

2) 영국의 에코 패밀리

영국은 녹색 소비에서 가정을 변화의 중심으로 보고 있다. 영국은 주부들을 친환경 생활방식이나 소비방식의 강력한 전파자로 보고, 이 분야에서 앞서 가는 주부를 전문가로서 인정하는 에코 패밀리 코디네이터(eco family coordinator)제도를 시행하고 있다. 에코 패밀리 코디네이터는 에너지와 물 사용, 폐기물 배출, 상품구매 및 사용습관을 진단해 가정에서 이산화탄소 배출을 줄일 수 있는 방법을 제시하고 교육해 주는 전문가들이다. 이들은 지역의 시민단체나 아파트 부녀회와 연계해 교육을 실시하고 있으며 적극적으로 참여하는 가정은 저탄소 에코 패밀리 시범 가정으로 지정하고 있다(미래기획위원회, 2009).

에코 패밀리 코디네이터는 가정에서 녹색 소비생활이 정착되도록 소비의 구체적인 가이드라인과 역할 모델이 되고 있다.

3) 브리티시 텔레콤의 원격근무시스템

영국 브리티시 텔레콤(BT)은 1993년부터 원격근무시스템을 실시하고 있다(매일경제 녹색성장팀, 2009). 직원들은 재택근무를 하거나 사무실 근무 혹은 병행 근무 등 다양한 근무형태를 선택하도록 하고 있다. 2009년까지 전체 임직원 가운데 87%가 원격근무에 참여하였다. 이에 따라 사무실 공간 자체를 없앨 수 있었다. BT는 사무실 운영비가 필요 없게 되면서 매년 9억 5천만 달러를 절감하고 있다. 이로 인해 감축되는 이산화탄소만 해도 매년 92만여톤 규모이다.

원격근무는 정보통신기술을 이용해 시간과 장소에 구애받지 않고 일하도록 하며, 개인의 여가시간이 증가해 삶의 질이 높아지는 효과가 있다. 선진국에서는 원격 근무가 보편화되어 있다. 2008년 기준 네덜란드는 전체 사업체 중 49%, 일본도 전체 근무자 중 원격근무자 비율이 15.2%이다.

4) 일본의 Challenge 25

일본은 생활 속의 환경운동을 실현하기 위해 Challenge 25라는 국민캠페인을 펼치고 있다. 사무실이나 가정에서 실천할 수 있는 이산화탄소를 줄이기 위한 구체적인 행동을 제안하여 국민들이 실천할 수 있도록 하고 있다. 구체적인 행동은 에코 생활 스타일 선택하기, 에너지 절약 제품 선택하기, 자연을 이용한 에너지 선택하기, 주거의 친환경화 선택하기, 이산화탄소 절감 노력 응원하기, 지역이나 직장에서 함께 온난화 방지활동에 참여하기 등 여섯 가지이다. 일본은 녹색생활을 실천하도록 다양한 인센티브 제도도 시행하고 있다. 그 중 대표적인 제도는 에코 액션 포인트(eco action point)이다. 이 제도는 소비자가 온실가스 저감 상품을 구입하거나 에너지를 절약하는 행동을 하는 경우에 포인트를 제공하고, 축적된 포인트는 다양한 상품과 서비스로 바꾸거나 다른 포인트 또는 전자머니로 교환할 수 있도록 하고 있다(김형국, 2011; 도전25 웹사이트).

2. 국내사례

국내의 대표적인 녹색생활운동으로 비산업부문의 온실가스 배출량을 감축하고자 2008년 10월 출범한 그린스타트 운동은 기후와 환경을 포괄하는 범국민 실천운동인 저탄소 친환경생활운동으로 확대되어 전개되고 있다. 일부 국민들 사이에서 산발적으로 진행해왔던 녹색생활 캠페인을 정부, 기업계, 시민단체 등이 연계되면서 녹색생활 관련 제도와 정책을 체계적으로 추진하게 되었다.

1) 저탄소 친환경생활운동

저탄소 친환경생활이란 일상생활 속에서 자원과 에너지를 현명하고 친환경적으로 이용하여 온실가스 배출을 적게 하고 기후변화에 대응하고자 하는 생활습관(life style)을 말한다. 저탄소 친환경생활운동은 우리나라 온실가스 배출량의 약 38%정도가 가정, 상업 등 비산업부문에서 배출되고 있어 산업부문보다 감축비용이 낮고, 즉각적 감축효과가 발생하기 때문에 일상생활에서 국민의 참여와 실천을 도모하는 범국민 실천운동이다.

저탄소 친환경생활운동을 추진하고 있는 한국기후·환경네트워크는 국내 녹색생활운동의 대표적 브랜드화를 통하여 환경부, 대한상공회의소, 전국시장군수구청장협의회, 경제계, 시민사회, 국민운동단체, 직능단체, 지방의제21 등을 중심으로 전국 245개 지역네트워크가 구성되어 기후변화 대응을 위한 다양한 활동을 전개하고 있다.

구체적인 성과로는 온실가스 1인 1톤 줄이기 실천서약운동에 2015년 5월 기준 163만명 이상이 동참하였고, 그린리더 양성, 기후변화주간 행사, 저탄소 친환경여행 만들기, 저탄소 친환경명절 만들기, 한국기후·환경네트워크 전국대회 등을 통해 기후변화의 위기를 저탄소 친환경생활

자료: 한국기후·환경네트워크 웹사이트.

[그림 4.2.2] 온실가스 1인 1톤 줄이기 포스터

운동으로 극복하고자 노력하고 있다.

2) 저탄소 친환경생활운동의 활동사례

(1) 녹색생활 실천방안

일상생활 속에서 구체적인 실천방안을 8가지로 축약하여 제안하고 있는데 관련내용을 살펴보면 다음과 같다.

- 적정한 실내온도를 유지합니다.
  - 여름 26°C이상, 겨울 20°C이하로 냉난방 온도를 1°C조정하면 연간 128kg의 CO_2가 줄어듭니다.
- 쓰레기를 줄이고 반드시 분리 배출합니다.
  - 폐플라스틱 1kg을 재활용할 경우 약 1kg의 CO_2가 줄어듭니다.
- 쓰지 않는 전자제품의 전기플러그를 뽑습니다.
  - 대기전력은 에너지 제품 이용 전력의 약 11%를 차지합니다.
- 수도꼭지를 잠그고 물을 아껴 씁니다.
  - 샤워시간을 1분 줄이면 CO_2도 4.3kg 줄어듭니다.
- 걷기, 자전거타기, 대중교통 이용을 생활화합니다.
  - B.M.W(Bus, Metro, Walking)로 내 몸과 지구를 건강하게!
- 일회용 봉투 사용을 줄이고 장바구니를 애용합니다.
  - 일회용 비닐봉투가 분해되는 데는 100년 이상의 시간이 걸립니다.
- 생활 속 일회용품 사용을 자제합니다.
  - 종이컵을 하루 5개 덜 사용하면 연간 20kg의 CO_2가 줄어듭니다.
- 친환경운전을 언제나 생활화합니다.
  - 급출발, 급가속 할 때마다 40원씩 낭비됩니다.

(2) 저탄소 친환경생활 캠페인

한국기후・환경네트워크는 시기별・장소별로 캠페인을 통해 저탄소 친환경생활을 유도하고자 한다. 구체적인 내용을 살펴보면 다음과 같다.

① 저탄소 친환경명절 캠페인(설, 추석)

- 그리운 고향으로 출발! 플러그는 뽑고, 냉장고는 가볍게!
- 귀성 · 귀경길에는 대중교통, 친환경운전으로 즐겁게!
- 맛있는 명절음식, 먹을 만큼만 적당히!
- 성묫길에도 저탄소 친환경생활은 필수!
- 명절선물은 우리 농산물과 친환경 제품으로!

② 저탄소 친환경여행 캠페인

- 설레는 출발~꼼꼼히 살펴봅시다!
  - 출발 전 대기전력 차단, 냉장고 비우기, 저탄소 친환경여행지 선택
- 이동할 때는 대중교통, 저탄소 친환경운전으로 즐겁게!
  - 대중교통 이용, 승용차 이용 시 공기압 점검 및 최소 적재
- 환경보호를 위해 나부터 실천!
  - 분리수거 철저, 일회용품 사용 않기, 음식물쓰레기 분리배출

③ 여름철 쿨맵시, 겨울철 온맵시 캠페인

- 쿨맵시: 시원한 헤어스타일, 노타이와 반팔셔츠, 통풍이 잘되는 기능성 소재 옷, 단화 또는 가벼운 운동화 착용!
  - 체감온도 2℃ 정도 낮추는 효과로 냉방비용 절약, 냉방병 예방, 온실가스 감축 효과
- 온맵시: 스카프나 목도리 등 겨울패션 소품, 여러 겹의 옷 겹쳐 입기. 보온효과가 좋은 기능성 소재 옷, 긴 양말과 부츠 착용!
  - 체감온도 2.4℃ 정도 높이는 효과로 난방비용 절약, 추위에 대한 적응력 강화, 온실가스 감축 효과

④ 그린오피스 캠페인

- 그린터치: 컴퓨터를 잠시 사용하지 않을 때 컴퓨터 본체 및 모니터를 절전모드로 전환시켜주는 무료프로그램!
  - 전기절약, 전기 생산에 필요한 이산화탄소의 배출을 막아 친환경생

활 실천
· 그린프린터: 프린터 출력 때 양면 · 흑백 인쇄를 유도하는 무료프로그램!
- 종이와 인쇄비용 절약, 종이 생산에 필요한 이산화탄소 배출을 막아 저탄소 친환경생활 실천

3. 시사점

녹색생활을 실천하기 위해 노력하는 국내와 해외의 사례를 통해 나타난 시사점을 살펴보면 다음과 같다. 첫째, 녹색생활 운동은 선택의 문제를 넘어 범지구적인 차원에서 다양한 내용으로 실천되고 있다. 해외뿐만 아니라 국내의 경우에도 녹색생활의 실천을 확산시키기 위해 가정에서부터 자발적인 참여와 협조의 중요성을 인식하고 노력하고 있음을 알 수 있다. 둘째, 녹색생활 운동은 정부차원의 하향식 운동만으로 성과를 내기 어렵다. 개인이 가정과 직장 등 일상생활에서부터 온실가스 감축, 자원 및 에너지 절약, 에코드라이빙 등을 통한 실질적인 실천이 뒷받침되어야 성공할 수 있는 운동이다. 셋째, 녹색생활이 성공적으로 국민의 생활로 정착되기 위해서는 정부차원의 실천의지도 중요하다. 정부는 생활의 녹색혁명을 위해 국민 개개인의 인식차원에서 한 단계 발전시켜 일상생활에서 실천을 유도하여 녹색생활이 조기에 정착하도록 지원할 필요가 있다. 국민 개개인이 인식의 전환을 할 수 있도록 정부 및 관련단체의 적극적인 홍보 및 다양한 지원과 장기적 · 지속적인 캠페인이 요구됨을 알 수 있다.

제4절 녹색생활의 전망과 과제

1. 전망

저탄소 친환경생활운동과 같은 녹색생활은 개인차원의 선택문제가 아니라 반드시 참여해야만 하는 당면과제라고 할 수 있다. 녹색생활의 일상화운동은 국민들이 미래세대와 공유해야 할 환경에 대한 인식을 개인의지의 차원에서 한 단계

발전시켜 일상생활 속에서 자연스럽게 실천하도록 할 것이다.

녹색생활이 가져올 몇 가지 주요한 변화를 살펴보면 첫째, 국민들은 녹색소비자로서 다양한 녹색제품을 적극적으로 구매하며, 에너지를 절감하거나 소모하지 않기 위한 노력을 광범위하게 전개할 것이다. 녹색제품의 선호도가 높아짐에 따라 전 세계적으로 불고 있는 탄소성적표지, 환경성적표지 등은 모든 제품으로 확대될 것이다. 둘째, 탄소포인트는 현재 인기가 있는 OK포인트나 항공마일리지처럼 전 세계적으로 이용가능한 포인트로서 캐시백 카드에 적립해 현금처럼 사용하는 것과 같은 그리노믹스(greenomics)의 확산이 보편화 될 것으로 전망된다. 셋째, 일하는 장소와 일하는 시설에 구애받지 않는 스마트워크는 정부뿐만 아니라 민간기업에서 더욱 확대될 것으로 예상된다.

2. 과제

녹색생활의 성공적인 안착을 위해서는 국민의 실천적인 참여와 지속적인 캠페인이 필요하다(환경부 외, 2011). 첫째, 녹색생활의 실천을 유도하기 위한 인센티브의 확대가 필요하다. 탄소포인트, 그린포인트 등의 도입에도 불구하고 국민들이 공감할 수 있는 실질적인 인센티브제도가 부족한 실정이다. 일상생활 속에서의 실천이 경제적인 보상체계로 연계될 수 있도록 하는 제도적 기반을 구축하고 강화할 필요가 있다.

둘째, 녹색소비의 확산을 위한 정보제공 노력이 확대되어야 한다. 국민이 녹색제품을 구입하려고 해도 어디에서 어떠한 제품을 구매할 수 있는지에 대한 정보를 찾기 어렵다. 녹색소비를 통해 녹색생활을 촉진하도록 하는 녹색소비의 선순환체계의 구축을 위해서는 정보 전달체계의 구축과 홍보가 필요하다.

셋째, 녹색생활이 안착되도록 대국민 캠페인의 지속적인 전개가 필요하다. 국민이 녹색생활에 참여함으로써 경제적인 측면의 인센티브와 공익 및 환경보호에 기여한다는 정서적인 만족감을 공유하여야 한다. 따라서 녹색생활과 관련된 다양한 콘텐츠를 개발하고 제공하여 국민이 자발적으로 참여할 수 있도록 저탄소 친환경생활운동과 같은 캠페인을 지속적으로 전개하고 확대하여야 한다.

추천자료

환경부 웹사이트의 홍보자료 내 영상관에서는 지구의 열을 식히는 친환경운전, 음식물류 폐기물 줄이기 공모전 등 환경UCC, 저탄소 명절보내기, 실천수칙4가지, 친환경 여름휴가를 떠나요 등 홍보동영상, 그린카드 1편~3편, 라바와 함께하는 음식물쓰레기 분리배출 등 환경애니메이션 등을 통해 녹색생활에 대한 이해를 쉽게 할 수 있다.

대구경북연구원(2013), 지구를 살리는 65^+가지 실천방법.
Green Patriot Working Group(2009, 국가지속가능발전위원회 옮김), 지구온난화를 막는 50가지 방법, 환경재단 도요새.
Joanna Yarrow(2009, 황정일 옮김), 지구를 구하는 1001가지 방법, 도요새.
http://www.greengrowth.go.kr(녹색성장위원회)
http://www.kcen.kr(한국기후환경네트워크)
http://www.me.go.kr(환경부)

tip

탄소캐시백

마치 신용카드나 비행기 마일리지처럼 탄소 저감으로 적립된 포인트를 다양한 곳에서 현금처럼 사용가능하도록 한 제도이다.

탄소포인트(carbon point)

가정 등에서 온실가스 저감활동 실적을 기준년도 사용량과 대비하여 감축분에 대해 포인트를 지급하는 제도이다. 가정, 상업 등의 전기, 가스, 수도 등의 절감량을 온실가스 감축분으로 환산하여 포인트를 지급하고 이에 상응하는 인센티브를 제공하는 전 국민 온실가스 감축 실천 프로그램이다.

탄소성적표지(carbon labeling)

2009년 2월부터 본격 도입된 제도로 제품의 생산, 수송, 사용, 폐기 등의 모든 과정에서 발생되는 온실가스 발생량을 CO_2배출량으로 환산하여 라벨형태로 제품에 부착하는 것을 말한다. 탄소성적표지는 기업의 자발적 참여에 의한 임의 인증제도로서 1단계인 탄소배출량 인증과 2단계인 저탄소제품 인증으로 구성되어 있다. 탄소배출량 인증제품은 기후변화에 대응한 제품이고, 저탄소제품 인증제품은 저탄소기술을 적용하여 온실가스 배출량을 감축한 제품임을 정부가 인증한 제품이다.

환경성적표지

재료 및 제품의 환경성 제고를 위해 재료 및 제품의 생산, 유통, 소비 및 폐기단계 등의 전과정에 대한 환경성 정보를 계량적으로 표시한 것으로 소비자의 친환경제품에 대한 구매를 지원하기 위한 제도이다. 환경성적표지제도는 국제환경경영인증인 ISO 14000시리즈 중 환경라벨링(ISO 14020)에 속하는 제도이다. 이와 비슷한 것으로 환경마크제도가 있는데, 환경마크제도는 제품의 포장 겉면에 자신의 환경성을 나타내는 성적표를 부착해 제품이 우수한 환경성을 갖고 있다는 것을 나타내는 것이다. 제품의 환경성 기준 및 품질 기준을 설정하고 이 기준에 합당할 경우 객관적으로 인증하여 환경마크를 사용할 수 있게 한 제도이다(매일경제 매경닷컴).

그린스토어(green store)

정부가 추진하는 지식·혁신주도형 녹색성장 산업발전전략의 하나로 친환경상품 구매, 친환경 매장, 친환경물류 관리 선도기업에 대한 인증제도를 의미한다.

그리노믹스(greenomics)

Green(환경)과 Economics(경제)의 결합어로, 환경에 기반을 두고 녹색성장을 통해 이룩해가는 경제를 말한다. 이는 환경과 경제가 상충된다는 고정관념에서 탈피하는 것을 기본 개념으로 한다. 즉 경제성장이 환경을 훼손하는 것이라는 옛 개념에서 벗어나 환경을 더 개선해야 경제성장을 이룰 수 있으며, 더 나아가 환경을 새로운 동력으로 삼는 경제성장을 이루자는 것이다. 그리노믹스는 녹색을 바탕으로 성장을 추구한다는 점에서 녹색을 환경론적 시각에서만 보는 환경경제학과는 다르다(경제용어사전).

탐구학습

1. 주요개념
   - 녹색생활
   - 저탄소 친환경 생활
   - 그린리더
   - 스마트워크
2. 토론 및 과제
   - 녹색생활의 개념과 출현배경
   - 저탄소 녹색생활 활성화 방안
   - 녹색소비의 활성화 방안
   - 해외에서 녹색생활의 실천사례
   - 국내에서 녹색생활의 실천사례

참고문헌

김대곤 외(2013), 라이프스타일 변화에 따른 온실가스 배출특성 연구(Ⅰ), 국립환경과학원.

김임순(2009), 저탄소 녹색성장, (주)도서출판 북스힐.

김형국(2011), 녹색성장 바로 알기, (주)나남.

녹색성장위원회(2009), 녹색성장 5개년계획(2009~2013).

__________(2014), 제2차 녹색성장 5개년 계획.

매일경제 녹색성장팀(2009), 그린쇼크, 매일경제신문사.

문화체육관광부(2008), 녹색부국으로 가는 길.

미래기획위원회(2009), 녹색성장의 길, 중앙북스.

행정자치부(2014), 스마트워크센터 능률적 이용 가이드 및 운영지침.

환경부(2009), 4인 가족 저탄소 생활양식.

환경부 · 그린스타트 전국네트워크(2011), 2011년 그린리더 운영 · 관리 매뉴얼.

환경부 · 보건복지부 · 농림수산식품부(2011), 생활 속 녹색생활문화 확산방안.

http://www.challenge25.go.jp(도전25)

http://www.cpoint.or.kr(탄소포인트제)

http://www.edp.or.kr/carbon(탄소성적표지)

http://www.greengrowth.go.kr(녹색성장위원회)

http://www.kb21.org(경북의제21)

http://www.kcen.kr(한국기후환경네트워크)

http://www.me.go.kr(환경부)

제3장

녹색 NGO

제1절 녹색 NGO의 의의

1. 배경

NGO는 서구의 근대화 과정에서 국가와 시민사회가 분리되면서 움트기 시작하였는데, NGO의 개념이 국제적으로 공식 정립된 것은 1945년 유엔(United Nations: UN)이 창설되면서부터이다. NGO는 국가권력의 영향력이 미치지 못하는 분야에서 발생하는 문제를 시민사회 스스로가 해결책을 모색하면서 조직되었다. 이 때문에 사회구성 영역은 정부를 제1영역, 기업・시장을 제2영역, NGO를 제3영역으로 구분하기도 한다.[1)]

오늘날 NGO는 사회현상을 분석하는 핵심적인 대상이다. NGO는 각종 권력과 자본을 견제하고 약자의 이익을 대변하며, 공공서비스 및 시민교육 등 중요한 역할을 수행하고 있다. 현대 사회에서 개인은 NGO를 통하여 환경, 인권, 평화, 문화 등 다양한 탈물질적 가치를 지향한다. 또한 NGO는 가치지향적인 삶을 경험하면서 개인이 지향하는 창조적 삶의 세계를 형성할 수 있는 영역이다.

이중에서 환경 NGO는 환경관련분야에서 정부기관이나 기업에 종속되지 않고 그들의 영역 밖에서 독자적으로 활동하며, 공적인 이해관계나 관심을 가진 개인들이 집단적인 차원에서 환경이슈를 구체화시키고 실현하기 위해 조직한 것이다.

---

1) 1950년대부터 NGO개념이 자리잡기 시작해 현재는 환경, 인권, 난민, 핵, 빈곤 등 공익을 추구하기 위한 시민의 자발적 연대조직이라는 틀을 갖췄다. 1995년 덴마크 코펜하겐에서 열린 사회개발정상회의는 유엔(UN)이 NGO를 이 같은 지구촌 과제 해결의 파트너로 인정해 NGO의 세계적 연계를 강화하는 계기가 됐다. NGO의 영향력과 힘이 커지면서 입법, 사법, 행정부와 제4부로 불리는 언론에 이어 제5부라고도 불린다.

환경 NGO는 사회·환경교육을 통해 시민들을 경제논리에 의해 희생되는 환경을 보전하고 수호할 새로운 세력으로 인식한다. 시민들이 인지하는 환경문제를 적극적으로 쟁점화하여 시민들의 환경자의식과 실천 활동을 불러낸다. 또한 동시에 공공부문에 대해서도 시민들의 생활환경을 제약하는 환경문제의 쟁점을 부각시켜 정부를 통해 해결할 수 있도록 자극함으로써 지역·환경·행정과 시민의 참여적 노력이 만날 수 있도록 해주는 역할을 수행한다.

그러나 기존의 환경관련 NGO들은 환경근본주의의 성격을 띠어 성장·개발·계획을 무조건적으로 비판하고 부정하는 경향을 지녔다. 그런데 녹색성장이 공공의 패러다임으로 전제되면서 환경을 경제성장과 동일시할 정도로 정책의 변화가 이루어졌다. 따라서 기존의 환경 NGO에서 한 단계 발전한 녹색 NGO는 녹색성장이 지향하는 자연과 사람, 환경의 보존과 경제성장을 동시에 고려하는 사회운동의 필요성으로 대두되고 있다.

2. 개념

NGO[2)]란 비정부기구 또는 비정부단체의 약자로 정부기구가 아닌 민간조직 혹은 비영리 민간단체를 총괄하는 용어이다. NGO의 개념은 비정부·비정파·비영리 결사체로서 시민의 자발적이고 능동적인 참여로 결성되고 자원주의(voluntarism)에 입각하여 공익추구를 목적으로 하는 결사체로 정의할 수 있다(박상필, 2008). NGO는 공익을 추구하는 비영리민간단체로서 시민이 자발적으로 만들고, 회원 가입이 자유로우며, 자원봉사 활동에 의해 공익적 사업을 수행해야 한다는 점을 구성요건으로 한다.

녹색 NGO는 NGO와 같이 비영리성, 비정부성, 자발성을 특성으로 하는 민간단체로서 공익성 있는 활동을 특징으로 한다는 점은 같지만 녹색성장이라는 목표를 추구하는 시민의 자발적인 연대라는 차이점이 있다.

---

2) NGO는 유사한 개념으로 NPO(non-profit organization), 즉 비영리조직과 비슷한 의미로 쓰인다. 또한 시민사회단체를 의미하는 CSO(civil society organization)는 NGO보다 광의적인 개념으로 쓰이는데 정부 혹은 이윤추구 사부문에 속하지 않은 공식적인 혹은 비공식적인 개인들과 협회들의 모임으로 정의된다(최영수, 2009).

3. 중요성

환경적으로 건전하고 지속가능한 개발(ESSD)은 중요한 화두이다. 자연환경과 생활환경의 오염 내지 파괴에 무관심하거나 그 악화를 방치하는 한 국가적인 차원이나 지구적인 차원에서 우리의 미래는 밝을 수가 없다. 지난 역대 정부에서는 경제개발이라는 절대적인 가치를 실현하기 위하여 환경보전에 역량을 집중할 수 없었다. 환경오염에 대한 정부의 낮은 문제의식에 경종을 울리고 경제개발지상주의 일변도의 개발정책에 대해 견제와 비판이 필요하다. 이러한 문제의식의 필요성에 대하여 1980년대 민주화의 바람과 함께 등장한 것이 시민운동 즉 NGO이다. NGO의 환경운동은 환경문제를 경시하거나 환경문제에 무관심한 정부에 대하여 중요한 의미를 가진다. 미래세대와 함께 공유해야 할 환경을 보전하고 국민의 건강과 행복을 지키는 파수꾼의 역할을 담당하고 수행하기 때문이다(박노경, 2004).

한편 이명박 정부 때부터 정부차원에서 녹색성장을 정책적 아젠다로 삼게 되었다. 이제 국가적인 차원에서 환경을 경제와 함께 고려하는 시대가 온 것이다. 하지만 녹색성장의 성공여부를 가름하는 열쇠는 아래로부터 시작되는 변화이다. 국가주도의 위로부터, 중앙으로부터의 통제는 녹색성장에서는 큰 효력을 발휘하기 어렵다. 녹색성장은 시민사회, 국가, 기업 간의 협력과 견제를 통해 이루어지는 거버넌스 방식을 지향한다. 각 주체들 간의 원활하고 효율적인 상호소통이야말로 녹색성장의 핵심적인 부분이다(문화체육관광부, 2008).

따라서 녹색 NGO는 녹색성장이라는 새로운 시대의 과제를 아래로부터의, 실사구시적인 사회운동으로 승화시키기 위하여 그 역할이 중요하다.

제2절 녹색 NGO의 주요내용

1. 녹색 NGO 관련법률

녹색 NGO를 규정하고 있는 법률은 없으나 NGO와 관련된 일반 법률이 2000년에 제정된 비영리민간단체지원법이다. 이 법은 주로 공익활동을 수행하는 비영리민간단체의 자발적인 활동을 보장하고 건전한 민간단체로의 성장을 지원함으로써 비영리민간단체의 공익활동증진과 민주사회발전에 기여함을 목적으로 한다.

저탄소 녹색성장기본법에서도 녹색 NGO와 같은 시민단체와의 협력을 통해 녹색성장을 추구하고 있다. 관련 규정은 첫째, 제3조 8호에서 정부는 국민 모두가 참여하고, 시민단체가 협력하여 저탄소 녹색성장을 구현하도록 노력한다. 둘째, 제4조 3항에서 국가는 녹색성장의 정착·확산을 위하여 사업자와 국민, 민간단체에 정보의 제공 및 재정 지원 등 필요한 조치를 할 수 있다. 셋째, 제5조 4항에서 지방자치단체는 관할구역 내의 사업자, 주민 및 민간단체의 저탄소 녹색성장을 위한 활동을 장려하기 위하여 정보 제공, 재정 지원 등 필요한 조치를 강구하여야 한다. 넷째, 제58조 1항에서 정부는 지방자치단체·기업·민간단체 및 기구 등과 협력체계를 구축하며 교육·홍보를 강화하는 등 범국민적 녹색생활 운동을 적극 전개하여야 한다. 다섯째, 제58조 2항에서 정부는 녹색생활 운동이 민간주도형의 자발적 실천운동으로 전개될 수 있도록 관련 민간단체 및 기구 등에 대하여 필요한 재정적·행정적 지원 등을 할 수 있다.

2. 녹색 NGO의 환경운동 유형과 방향

녹색 NGO는 환경과 관련된 활동을 한다. 지금까지의 환경운동 유형은 철학적인 입장보다는 자본주의와 관련성이 높은 산업주의에 대한 태도에 따라 생존주의, 지속가능한 발전주의, 녹색낭만주의, 녹색합리주의 등으로 구분할 수 있다(이진우, 2000; 김종달, 2001). 이를 통해 녹색 NGO의 환경운동 방향을 살펴볼 수 있다.

1) 생존주의의 환경운동

생존주의는 "적재량을 초과하지 마라!"라는 Garrett J. Hardin의 말이 의미하는 것처럼 지구 및 생태계가 감당할 수 있는 한계가 있으니 이 한계를 넘어서면 파국을 초래할 수 있다는 입장이다. 우리가 살고 있는 자연, 환경, 생태계는 제한되어 있으므로 환경운동은 그것이 어떤 가치와 목표를 추구하든 상관없이 모두 이러한 한계 의식에서 출발한다.

생존주의는 인구의 폭발을 문제 삼는다. 또한 구미에서 환경문제를 사회적 의제로 확립시켰으며, 생존주의의 핵심적 내용을 담고 있는 것이 로마클럽보고서 성장의 한계(The Limits to Growth)이다. 이 연구 프로젝트는 인류 역사상 최초로 컴퓨터 프로그램을 사용하여 인류와 지구의 암울한 미래를 전망하였다.

생존주의는 다른 환경운동과는 달리 산업주의에 한계를 설정하기 위해 강력한 권위주의적 정부가 필요함을 주장한다. 또한 생존주의는 시스템 이론가・인구생물학자・생태학자 등 전문가를 강조하는데 전지구적 문제를 해결할 수 있는 전문가 집단의 운동이라는 점에서 엘리트적이다. "지구적으로 생각하고, 지구적으로 행동하라"는 표제어처럼 생존주의는 사회운동으로서 한계를 가지고 있지만 오존층 파괴에 관한 국제협의, 1992년의 환경과 개발에 관한 회의, 1994년 인구와 개발에 관한 국제회의 등에서 볼 수 있는 것처럼 오늘날 환경운동의 일반적인 의제로 정착되어 있다.

2) 지속가능한 발전주의의 환경운동

지속가능한 발전은 1987년 환경과 개발에 관한 세계위원회(Brundtland Commission)의 보고서(Our Common Future)가 발표된 이래 오늘날 환경과 관련된 공공의 논의를 주도하고 있다. 지속가능한 발전은 미래세대가 그들의 필요를 충족시킬 능력을 저해하지 않으면서 현 세대의 필요를 충족시키는 것이다(이정전, 2008). 지속가능한 발전은 경제성장과 과학의 발전으로 말미암아 지구적 환경문제를 국제적 차원에서 해결하고 동시에 환경우호적인 발전전략을 개발하고자 하는 환경운동의 입장을 대변한다.

지속가능한 발전의 핵심적 담론은 발전을 원하는 세계의 많은 사람들의 열망이 완전히 충족될 수 없다는 인식에 기초한다. 제3세계의 모든 나라들이 선진국이 걸었던 발전의 과정을 똑같이 반복한다면, 세계의 생태계에 미칠 영향과 해악은 파국적일 수도 있다는 것이다. 그러므로 경제발전은 진흥되어야 하지만 환경적으로 부드럽고 동시에 사회적으로 정의로운 방식으로 인도되어야 한다.

지속가능한 발전을 추구하는 환경운동의 주체는 환경문제에 대해 예리한 감수성을 가지고 활동의 준비가 되어 있는 지성을 갖춘 전지구적으로 조직된 시민사회이다. 그들은 때로는 비정부조직에서, 때로는 지역적 환경운동 단체에서 활동하지만 근본적으로 환경문제는 전지구적 차원에서 해결될 수 있다고 확신한다.

3) 녹색 낭만주의의 환경운동

낭만주의는 본래 현대 과학과 자유주의 정치에 대항하여 예술적이고 심미적인 삶을 추구하였던 18세기와 19세기의 지성적 운동을 가리킨다. 이 입장은 유기적인 관계를 맺고 있는 인간과 자연은 과학적 이성보다는 오히려 감정과 통찰을 통해 이해될 수 있다는 것이다. 낭만주의는 가까운 미래에 성취될 수 있는 정책 및 제도의 개선에 관해서는 관심을 가지지 않고 비교적 의식의 혁명적 전환이나 삶의 심미적 태도를 중시한다.

녹색 낭만주의는 세계를 변화시키려고 하지만, 세계의 변화는 개인의 의식변화를 통해 이루어질 수 있다고 확신한다. 또한 자연은 고유한 가치를 가지고 있고 자연에서 벗어난 인간세계는 가치가 없다고 생각한다. 대표적인 단체로는 1980년대 미국을 기반으로 활동한 Earth First를 들 수 있다.

녹색 낭만주의의 업적은 물품을 재활용하고, 일회용품사용을 반대하며, 환경에 이로운가를 살펴보는 소비태도의 변화를 가져온 것이다. 녹색낭만주의자는 환경운동에는 적극 참여하지 않지만 자신의 삶의 방식에서는 어느 정도 환경친화적인 환경생활주의자들(lifestyle greens)이다.

4) 녹색 합리주의의 환경운동

녹색 합리주의는 환경문제들이 서양 이성을 단지 도구적으로만 사용하였기 때문에 생겨난 것이지 계몽 자체에서 기인하는 것은 아니라고 주장한다. 녹색 합리주의는 계몽의 핵심이념인 평등, 권리, 개방성, 비판의식을 인간과 자연의 관계에 적용하면 환경문제를 해결할 수 있다고 생각한다. 녹색 합리주의는 환경오염과 생태계의 파괴를 초래한 서양 이성을 비판하면서 우리의 환경을 보전하고 구원할 수 있는 다른 이성을 모색하는데, 새로운 정치로 세계를 구원하라고 주장한다. 가장 대표적인 단체는 유럽의 녹색당들이다.

녹색 합리주의는 인간과 자연의 호혜적 관계를 회복하기 위하여 우선 인간사회내의 불의와 불평등에 주목한다. 왜냐하면 환경오염과 생태계의 파괴는 경쟁과 위계질서를 생산해내는 자본주의 체계의 구조적 결과이기 때문이다. 이러한 맥락에서 자연환경과 조화를 이루는 소규모의 자족적 지역공동체를 선호한다.

5) 녹색 NGO의 환경운동 방향

환경운동은 인류문명, 기술진보 및 지구환경이 한계에 다다랐다는 인식에서 출발한다. 따라서 인간과 자연이 조화로운 관계를 유지할 수 있고, 인간에 의한 환경파괴를 인간의 노력으로 치유할 수 있다는 신념이 필요하다. 환경이 국가경쟁력의 핵심으로 대두되는 시대가 되었고 녹색성장은 온실가스와 환경오염을 줄이는 지속가능한 성장이고, 녹색기술과 청정에너지로 신성장 동력과 일자리를 창출하는 새로운 패러다임이 전개되고 있다. 녹색성장시대의 환경운동은 환경을 훼손하지 않고 개선하며 환경을 새로운 동력으로 삼는 경제성장을 고려하는 방향으로 전개되어야 할 것이다.

따라서 녹색 NGO는 환경오염의 지구적 효과에 대해 세계시민연대를 통해 대처하면서도 동시에 지역공동체에 부합하는 지속가능한 발전을 추구하여 경제성장과 환경의 조화로운 발전을 모색하여야 한다.

3. 녹색 NGO의 역할과 기능

NGO가 왜 존재하고, 행하는 역할과 기능이 무엇인가는 NGO가 존재하는 특정 사회의 조건에 따라서 달라질 수 있다. 따라서 일반론적 측면에서 녹색 NGO도 NGO의 일반적인 역할과 기능에 준하여 설명하면 다음과 같이 정부와의 상호작용을 통한 보완적 역할과 기능, 정부에 대한 감시·통제적 역할과 기능 등으로 구분할 수 있다(최준호, 2006).

1) 정부와 녹색 NGO의 보완적 역할과 기능

정부와 녹색 NGO의 보완적인 측면의 역할과 기능은 네 가지로 구분할 수 있다.

첫째, 공공서비스 공급의 정부실패를 보완한다. 녹색 NGO의 역할 중에서 핵심부분으로 정치경제학적 측면의 정부실패에 따른 녹색 NGO의 역할을 강조하는 것이다. 녹색 NGO가 정부보다 주민들에게 더욱 밀접해 있고 주민들의 의견을 잘 반영할 수 있기에 공공서비스의 제공에 있어서도 정부의 모자란 부분을 보충하는 보완적인 기능을 수행할 수 있다는 것이다.

둘째, 공공서비스의 공동생산이다. 공공서비스 생산의 효율성과 비용 절감을 위하여 정부와 녹색 NGO가 협력적 파트너십의 구축을 통해 공동생산의 역할을 수행해야 한다. 정부와 녹색 NGO간의 정책집행대상과의 상호작용(정부의 의견수립과 녹색 NGO의 정책과정 참여)을 통하여 공공서비스를 더욱 효율적이고 효과적으로 생산하여 제공할 수 있다.

셋째, 비시장적 서비스의 공급이다. 사회적 수요는 존재하나 시장이나 정부에 의해서 충족되지 못하는 특정한 서비스의 공급이 필요할 때 녹색 NGO가 이를 보완하는 역할을 할 수 있다.

넷째, 주민의 대변자이다. 녹색 NGO는 조직화되지 못한 주민들의 의견을 수렴하여 이를 정부정책과정에 투입시킴으로써 정부가 파악하지 못했거나 알지 못했던 주민 관련사항들을 정책에 반영될 수 있게 하는 역할을 한다.

2) 정부에 대한 녹색 NGO의 감시·통제적 역할과 기능

녹색 NGO는 정부에 대해 세 가지 측면에서 감시·통제적 역할과 기능을 한다.

첫째, 포괄적인 사회비판이다. 정부나 시장의 잘못된 인식과 지배적인 가치에 대해서 도덕적이고 이념적인 비판기능의 역할을 녹색 NGO는 수행한다. 또한 심각한 사회문제를 해결하는 기능도 수행하고 있다.

둘째, 행정책임을 확보하도록 한다. 녹색 NGO는 국가권력에 대한 합법적인 비판과 감시 기능을 통하여 행정활동에 대한 행정책임을 확보하기 위하여 통제기능을 수행한다. 국가 활동에 대한 감시와 대안을 제시함으로써 국민에 대한 정부의 행정책임을 확보하고자 노력한다.

셋째, 주민들의 권리보장과 민주주의 참여이다. 녹색 NGO는 시민들의 권리보장 기능을 수행하기 위하여 시민적 권리를 관철시켜 나감으로써 실행확대와 시민사회의 국가 및 시장에 대한 비판적 기능을 활성화시키는 역할을 수행한다.

제3절 녹색 NGO의 사례

환경관련 NGO는 녹색성장이 지향하는 가치를 실현하기 위해 노력하며 녹색 NGO로 발전하고 있다. 주요 NGO로는 그린피스, 지구의 벗, 내셔널 트러스트, 세계자연보호기금, 세계습지네트워크, 기후그룹, 로마클럽, 환경운동연합, 녹색소비자연대, 환경정의시민연대, 녹색미래, 에너지시민연대, 영남자연생태보존회 등이 있다. 이 중 해외사례로는 대표적 글로벌 NGO인 그린피스, 내셔널 트러스트 등을 살펴보고, 국내사례로는 환경운동연합, 녹색소비자연대, 에너지시민연대 및 영남자연생태보존회 등에 대하여 살펴보기로 한다.

1. 해외사례

1) 그린피스

그린피스(Greenpeace)라는 명칭은 1971년 9월 캐나다 밴쿠버 항에서 12명의 환경보호운동가들이 미국의 알래스카 암치카(Amchitka)섬 핵실험 반대시위를 위해 타고 간 녹색기가 걸린 소형선박의 이름에서 시작되었다. 그린피스는 1970년대 포경산업과 유독성 폐기물을 포함한 다양한 환경 문제에 대한 캠페인을 시작하여 오늘날 전 지구적인 환경캠페인을 펼치고 있는 국제단체로 발전하였다.

그린피스는 지구의 모든 다양한 생명이 번영할 수 있게 하기 위하여 ① 모든 형태의 생물다양성 보호, ② 해양, 토양, 대기, 수질의 오염과 남용 방지, ③ 모든 핵위협 종결, ④ 세계 평화, 군비 축소, 비폭력 촉진 등을 목표로 삼고 있다.

그린피스가 추구하는 핵심가치는 네 가지이다. 첫째, 긍정적인 행동이다. 환경에 대한 공개토론의 질과 수준을 높이기 위해 창조적이고 비폭력적인 대응방식을 취한다. 둘째, 글로벌이다. 초국적인 환경문제에 대응하고, 범세계적인 지식과 자원을 활용한다. 셋째 신뢰이다. 환경문제를 폭로하고 대안을 제시하는 과정에서 독립적으로 조사·연구 및 행동을 하여 신뢰성을 유지한다. 넷째, 독립성이다. 정치적·상업적 이해관계로부터 재정 독립성을 확보한다. 그린피스는 독립성·목표·순수성을 훼손할 수 있는 어떤 후원을 구하거나 받지 않는다.

그린피스의 활동방식은 전 세계 정부 및 기업들의 환경파괴를 조사하고 기록하며 폭로한다. 문제점에 대해서는 직접적인 행동으로 표현하며, 해결책 도입을 위해 로비한다. 또한 사회가 환경을 위해 열린 토론을 하도록 돕고, 책임감이 있고 올바른 선택을 하도록 돕는 것을 지향하고 있다.

그린피스의 주요 활동분야는 크게 네 가지이다. 첫째, 기후에너지이다. 관련 활동으로는 북극 보호, 탈핵, IT와 재생가능에너지, 석탄 사용 줄이기, 후쿠시마를 잊지 마세요 등이다. 둘째, 해양 보호이다. 관련 활동으로 착한 참치 요구, 고래 보호, 남극해 보존 등이다. 셋째, 산림 보호이다. 넷째, 독성물질 제거이다.

그린피스는 네덜란드 암스테르담에 국제 본부가 있고, 전 세계 40여 개국에서 약 300만명의 서포터를 확보하여 국가 및 지역별 사무소를 두고 있다. 사무소는 독립적으로 전 지구적인 캠페인 전략을 수행하며, 필요 재정은 모금 활동을 통해 마련하고 있다.

자료: 그린피스 웹사이트.

[그림 4.3.1] 그린피스의 해양운동

2) 내셔널 트러스트

내셔널 트러스트(National Trust)운동은 1895년 영국의 세 명의 자선사업가(O. Hill, R. Hunter & C. H. Rawnsely)에 의해 시작되었다. 무분별한 개발과 산업화가 초래한 문제들에 대해 각별한 관심을 가졌던 이들은 위협받는 전원지역이나 건물의 매입 운동을 전국적으로 캠페인하기 위한 안내자(guardian)로 트러스트를 설립하였다.

다른 환경 및 경관보존 운동과 달리 내셔널 트러스트운동은 보존가치가 있는 땅, 경관, 시설 등을 매입해 이를 현실적으로 영구히 보존하는 것을 추구한다는 특징이 있다. 내셔널 트러스트운동은 시민들이 자발적인 자산기증과 기부를 통해 보존가치가 높은 자연환경과 문화유산을 확보하여 시민의 소유로 영구히 보전하고 관리하는 시민운동이다.

주요 활동으로는 보존가치가 있는 자산의 취득 및 관리, 전국 각지의 보호재단 지원업무, 조사 연구를 위한 자료수집, 국내·국제적인 네트워크 활동, 환경교육, 보급개발 활동, 자원봉사지원 및 육성을 활동내용으로 하고 있다. 현재 잉글랜드, 웨일즈, 북아일랜드 약 24ha가 넘는 아름다운 정원지대와 575mile의 해안선, 350여 곳의 역사적으로 중요한 가치를 지니고 있는 건축물이나 정원을 보유 및 관리하고 있다(윤지영, 2004).

영국에서 시작된 내셔널 트러스트는 우리나라를 비롯하여 미국, 일본, 호주, 말레이시아 등 세계 약 30여 개국에서 내셔널 트러스트운동을 진행하고 있다. 내셔널 트러스트는 약 370만명 이상의 회원과 6만 1천명 이상의 자원봉사자 등으

자료: 내셔널 트러스트 웹사이트.

[그림 4.3.2] 내셔널 트러스트의 보호자산

로 구성되어 있으며, 비영리민간단체인 만큼 회비, 기부금, 유산관련 수입, 보조금 등을 통해 활동하고 있다.

2. 국내사례

1) 환경운동연합

환경운동연합은 1993년 4월에 설립되었는데 창립 이후 지금까지 현장성, 대중성, 전문성에 기반하여 국내 최대의 환경단체를 넘어 아시아 최대의 환경단체로 발전하였다. 환경운동연합은 생명·평화·참여를 중심가치로 삼아 지구촌 모든 사람들과 힘을 합쳐 우리와 미래세대를 위한 지속가능한 세상을 만들어 나감을 목적으로 한다(환경운동연합 정관 제2조).

1990년대 지리산·점봉산·덕유산 보호, 시화호 살리기, 동강 살리기, 가야산 골프장 저지, 핵폐기장 강행 저지, 새만금 살리기, 서남해안 습지 보전, 비무장지대 보호, 팔당상수원 보호, 낙동강살리기, 시민 대기 조사, 대만 핵폐기물 반대 등 금수강산의 파수꾼 역할을 하고 있다. 또한 환경운동연합은 핵물질 이용 반대, 고래 보호, 기후변화 대응 등 지구환경문제를 해결하기 위한 국제 연대에 적극적으로 참여하다가 2002년 지구의 벗이라는 세계적인 환경단체에 회원단체로 정식 가입하였다.

주요 사업으로는 ① 환경오염과 생태계 파괴를 방지하기 위한 사업, ② 환경운동을 위한 조직사업, ③ 환경에 대한 시민들의 인식을 높이기 위한 교육 및 홍보 사업, ④ 환경문제에 대한 조사, 연구 및 정책 제시, ⑤ 환경피해지역과 지역단위 사업을 지원하는 제반 활동, ⑥ 환경권침해에 대한 법률적 구조 및 대책 사업, ⑦ 국내외 환경단체 및 환경운동에 뜻을 같이하는 사회단체와의 연대사업, ⑧ 기타 환경운동연합의 목적을 달성하는 데 필요한 사업 등이 있다(환경운동

자료: 환경운동연합 웹사이트.

[그림 4.3.3] 환경운동연합 활동사진

연합 정관 제5조).

환경운동연합의 조직을 살펴보면 회원 수가 약 8만여 명으로 공동대표(5인 이내)를 정점으로 전국대표자회의, 중앙위원회, 사무총장, 중앙사무처 등으로 구성되어 있다. 그리고 3개의 특별위원회, 9개의 상설위원회, 5개의 전문기관 및 지역조직 49개 등을 두고 있다.

2) 녹색소비자연대

녹색소비자연대는 1996년 소비자의 권리를 보호하며 환경을 고려하는 소비생활을 함께 실천함으로써 생태환경을 보전하며, 안전하고 인간적인 사회를 건설하는데 이바지할 목적으로 설립되었다. 녹색소비자연대는 ① 소비자들이 참여하는 시민단체, ② 소비자들의 권리와 이익을 보호하는 소비자행동망, ③ 회원들의 자발적이고 주동적인 힘에 의해 조직되고 운영되는 회원운동체이자 시민 자원활동단체, ④ 세계경제질서가 야기시키고 있는 국제적 차원의 환경, 소비자 이슈들에 대해 뜻을 같이하는 국제적인 환경단체, 소비자단체, 시민단체들 간에 연대와 협력을 도모해 가는 지국 시민운동단체 등을 특징으로 하고 있다.

주요 사업으로는 녹색구매운동, 자원재활용, 깨끗하고 안전한 삶터 만들기, 물가 안정과 공정하고 깨끗한 경제 만들기 등이 있다. 주요 활동으로는 ① 녹색살림행동21 가이드 발간, ② 소비자의 8대 권리를 위한 상담과 피해 구제활동, ③ CO_2절약운동, 로컬푸드운동, 생태지수 운동, 전자쓰레기제로운동 등 환경문화운동, ④ 생태여가지도자 · 환경자원봉사단 등의 사회적 리더십 개발, ⑤ 의약품안전사용, 건강한 학교, 녹색식품연구소 등 안전하고 건강한 삶을 위한 문화운동, ⑥ 에코체험, 오촌이도, 지역역사탐방, 녹색나눔장터 등 시민과 함께 하는 생태적인 문화운동 및 캠페인 진행, ⑦ 그린스포츠, 그린캠퍼스 등의 사회적 공감대의 확산 캠페인 활동 등이 있다.

녹색소비자연대의 조직을 살펴보면 회원 수 1만 1천여 명, 자원봉사자 1만 4천여 명이 참여하고 있는데 공동대표, 이사회, 상임위원회, 전국협의회 사무국, 소비자권리팀, 생태환경팀, 건강안전팀, 식품표시 바로알기 운동본부, 의약품안전사용운동본부, 건강학교연대, 녹색시민권리센터, 건강한 학교만들기 운동본부,

초록천사운동본부, 녹색살림사업단, 녹색식품연구소, 지역조직 등으로 구성되어 있다.

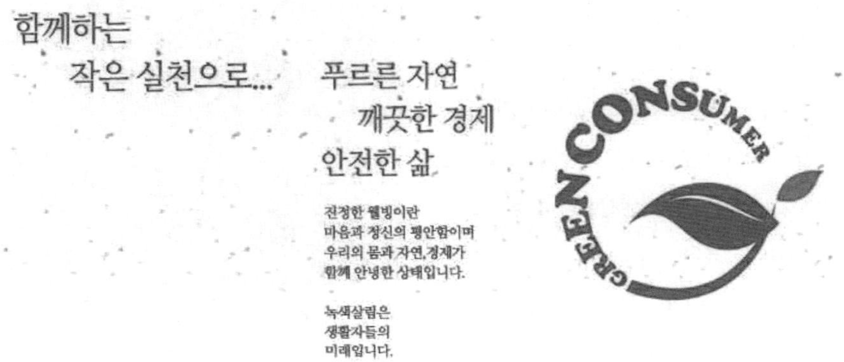

자료: 녹색소비자연대전국협의회 웹사이트

[그림 4.3.4] 녹색소비자연대 CI

3) 에너지시민연대

에너지시민연대는 2000년 6월에 창립된 환경·소비자·여성·시민단체들로 구성된 에너지절약운동 연대기구이다. 에너지시민연대는 시민들의 자발적인 에너지절약 운동의 확산과 신재생에너지 보급 확대 및 관련 정책의 전환 활동을 통하여 지속가능한 에너지체계를 구현하고 미래세대에 친환경적인 지구를 물려주기 위한 다양한 활동전개를 목적으로 한다(에너지시민연대 정관 제3조).

주요 사업으로는 ① 지속가능한 에너지 체계 마련을 위한 정책 개발 및 제도개혁 운동, ② 교육 및 홍보활동, ③ 에너지절약을 위한 시민실천활동, ④ 에너지효율제품 보급 확대운동, ⑤ 신재생에너지 보급 확대운동, ⑥ 지구온난화 방지를 위한 활동, ⑦ 기타 에너지시민연대의 목적달성을 위해 필요한 사업 등이 있다(에너지시민연대 정관 제4조).

에너지시민연대의 주요 5대 활동으로는 ① 에너지절약 100만 가구 운동 및 대한민국 CO_2 10% 줄이기 운동, ② 에너지 낭비에 대한 의식을 제고하기 위한 에너지낭비 실태조사 활동, ③ 저탄소 녹색 사회를 위한 에너지기본법과 조례 제정운동 및 정책생산 활동, ④ 지속가능한 교통시스템 구축을 위한 대중교통 및 자전거 이용 활성화 운동, ⑤ 에너지절약에 대한 시민의식 고취를 위한 에너지교육 및 캠페인 등이 있다. 주요 실천사례로는 에너지절약 100만가구운동, 10리터 석유모으기, 사랑온도20도, 초록에너지카드, 에너지절약 방송 캠페인 등이 있다.

자료: 에너지시민연대 웹사이트.

[그림 4.3.5] 에너지시민연대 에너지의 날 행사포스터

에너지시민연대의 조직은 소비자시민모임, 환경운동연합, 자전거타기운동연합, YMCA 등 전국 246개 단체가 연대하여 공동대표단, 운영위원회, 정책위원회, 사무처, 지역사무국 및 회원단체 등으로 구성되어 있다.

4) 영남자연생태보존회

영남자연생태보존회는 대구광역시에 기반을 두고 1994년 11월에 창립된 자연지킴이를 표방하는 환경운동단체이다. 영남자연생태보존회는 악화되어가는 자연환경의 실태와 그 대책에 관한 조사연구와 더불어 환경과 관련된 교육 및 각종 활동을 함으로써 자연환경을 되살려 우리와 후손들로 하여금 자연과 조화된 건강한 삶을 누릴 수 있도록 하는데 설립목적을 두고 있다(영남자연생태보존회 정관 제2조).

주요 사업과 활동분야는 ① 생태계와 자연 자원의 조사 및 그 복원 대책에 관한 연구, ② 올바른 자연관을 심어주기 위한 자연체험교육, ③ 환경정책 평가 및 대안 제시, ④ 영남자연생태보존회의 목적과 관련된 공익을 위한 각종 사업이나 활동 등이다(영남자연생태보존회 정관 제4조).

주요 실천사례로는 첫째, 조사연구와 관련된 활동으로 달성습지 공원조성 자문회의, 낙동강 환경포럼, 달성보 일대 녹조현상 현장답사, 낙동강 구미지역 물고

기떼죽음 현장답사, 귀이빨대칭이 집단폐사현장 현황조사, 금호강 상류권 생태계 조사 등이 있다. 둘째, 체험교육과 관련된 활동으로는 주로 생태탐사단 체험교육을 통해 주상절리, 비슬산 계곡, 달성습지, 내성천, 운문산 휴양림 숲, 창녕 우포늪, 순천만 갯벌 등을 답사하였다. 셋째, 환경보전운동과 관련된 활동으로 내성천 개발문제 제안, 금호강 버들숲 보전운동, 4차순환도로 금호강 자연훼손 반대, 탈핵운동관련 활동방향논의, 앞산터널 파동 바위그늘집 문화재 보전 등이 있다.

영남자연생태보존회의 조직은 이사회를 중심으로 (사)자연생태연구소와 금대생태학교로 구성되어 있으며, 회비와 후원금, 생태탐사단·금대생태학교 등 교육사업의 수익금 등으로 운영된다.

자료: 영남자연생태보존회 웹사이트.

[그림 4.3.6] 영남자연생태보존회 생태체험교육 현장

3. 시사점

녹색 NGO는 인간을 둘러싸고 있는 환경의 가치를 중요시하면서도 지속가능한 발전을 위한 성장을 도외시할 수 없다는 현실사회의 패러다임을 추구하는 NGO이다. 사례에서 보듯이 한 단계 성숙하고 시민의 신뢰를 받는 NGO는 첫째, 체계적인 내부조직을 구성하고 있으며 운영방식을 투명하게 공개하여 민주적인 의사결정절차를 두고 있다. 둘째, 시민사회의 폭넓은 지지를 받고 있으며 많은 회원을 확보하고 수입기반을 다양화하고 있다. 셋째, 합리적이면서 체계적인 활동역량을 통해 국내에서만이 아니라 지구촌으로 활동범위를 넓혀 가고 있다. 이는 영향력의 광역성을 지닌 환경문제의 특성과도 부합한다.

제4절 녹색 NGO의 전망과 과제

1. 전망

녹색 NGO의 역할과 영향력은 저탄소 녹색성장 사회에서도 확대될 것으로 예상되는데 그 이유는 다음과 같다. 첫째, 녹색성장의 구현을 위해서는 정부·기업·국민의 공동 노력이 요구되는데 국민과 공감대를 형성하기 위해서는 민·관 네트워크구축이 필요하다. 정부와 녹색 NGO의 네트워크를 통한 녹색거버넌스의 구축은 녹색 NGO를 상호협력의 대상으로 인식하게 되고, 정부의 부족한 힘을 녹색 NGO가 해결할 수 있는 메커니즘으로 나타나게 될 것이다.

둘째, 녹색 NGO는 환경윤리의 형성과 확산에 기여할 것이며, 환경문제와 관련된 지역이기주의·집단이기주의·개인이기주의 등의 문제도 상당부분 해소할 것이다. 녹색 NGO는 정부보다는 시민의 자각과 자율적인 참여를 바탕으로 환경문제 해소에 기여할 것으로 예상된다.

셋째, 지구환경문제를 극복하기 위해서는 정치권과 경제적 이익을 향유하고 있는 기득권의 변화가 있어야 한다. 녹색 NGO는 변화의 주역으로서 시민의 자발적인 환경운동단체로 아래로부터의 협력적 사회변화를 추진해나갈 것으로 기대된다.

따라서 녹색성장이라는 목표의 성패를 가름하는데 있어 녹색 NGO의 역할은 보다 확대되고 강화될 것으로 전망된다.

2. 과제

녹색 NGO의 발전과 지속성을 위해서는 첫째, NGO본연의 내부역량 강화가 필요하다(김태환, 2008). 녹색 NGO는 국내의 많은 NGO들이 안고 있는 문제[3]를 가지고 있다. 따라서 NGO가 본연의 역할과 기능을 제대로 수행하기 위해서는 내부 문제의 해결이 우선되어야 한다. 이를 위해서는 ① NGO실무자를 위한 교육프로그램을 도입하여 리더십 교육과 체계적인 인재개발교육 병행, ② 회원확대와 모금방법 다양화, ③ NGO 스스로 명확한 비전과 목표를 갖고 계획을 지속적으로 추진해나가는 개혁을 통한 내부역량 강화 등이 요구된다.

둘째, 녹색 NGO의 활동역량 강화가 필요하다. 녹색 NGO는 환경과 경제의 조화를 이루는데 선도적인 민간의 역할을 수행하여야 한다. 현재 정부주도적인 경향이 강한 지구온난화방지를 위한 이산화탄소 줄이기, 환경오염 방지, 생활 속 에너지 절약 등의 녹색캠페인들을 국민들이 인식하고 실천하도록 하는 데에는 NGO의 역할 확대가 필요하다. 녹색 NGO는 거버넌스의 구축과 함께 아래로부터의 운동이 될 수 있도록 환경분야에 대한 전문성을 키우고, 관심과 활동의 폭을 넓혀 나갈 수 있도록 활동역량을 지속적으로 강화하여야 한다.

셋째, 해외 환경 NGO와의 교류확대에 노력해야 한다. 한국의 녹색 NGO는 세계화시대에 맞게 외국의 환경 NGO들과 교류하고 연대하여 세계시민의 입장에서 국내와 전 지구적인 환경문제 등에 대한 해결책을 모색하여야 할 것이다. 또한 한국의 녹색 NGO는 국제 연대 사업을 수행할 수 있는 인적·사회적 자원을 확보하는데 주력해야 하며 연대활동에 일반 시민들도 적극적으로 참여할 수 있도록 다양한 프로그램을 개발하여야 한다.

추천자료

녹색 NGO를 이해하기 위해서는 NGO에서 개별적으로 구축하여 운영하고 있는 웹사이트를 통해 정관과 추구하는 이념, 조직구성, 주요활동 등의 자료가 도움이 될 것이다.

http://www.enet.or.kr(에너지시민연대)
http://www.gcn.or.kr(녹색소비자연대 전국협의회)
http://www.greenpeace.org(Greenpeace)
http://www.kfem.or.kr(환경운동연합)

3) NGO들이 안고 있는 문제로는 첫째, 인적자원 관리의 문제로서 상근인원의 부족과 열악한 근무환경, 지도자의 자질문제, 둘째, 정부의 재정지원을 받는 상황에서도 부족한 재원문제, 셋째, 계획성이 결여된 조직운영상의 문제 등이 있다.

http://www.k-nature.or.kr(영남자연생태보존회)
http://www.nationaltrust.org.uk(내셔널 트러스트)

tip

성장의 한계(The Limits to Growth)

1972년 로마클럽에서 발표하였는데 MIT의 교수들이 식량 생산, 산업 생산, 지하자원 이용량, 인구, 환경오염물질 배출량 등 5개 변수를 기본으로 삼아 인류의 미래를 예측한 모형의 분석결과 보고서이다. 핵심 메시지는 인류가 계속 경제성장을 추구하다가는 머지않아 인류의 종말이 오게 된다는 것이다. 경제성장률을 극적으로 낮추지 않는 한 자연 자원의 고갈과 환경오염으로 인한 인류의 종말은 피할 수 없고, 기술진보는 대재앙을 시간적으로 약간 늦출 뿐이라는 내용이다(김형국(2011), 녹색성장 바로알기).

지구의 벗(Friends of the Earth International: FOEI)

1969년 9월 David Brower가 미국 샌프란시스코에서 설립한 환경단체로서 그린피스, 세계자연보호기금(WWF)과 함께 세계 3대 환경보호단체 중의 하나이다. 지구의 벗은 현재의 경제 모델과 기업의 세계화에 대해서 문제를 제기하고 환경적으로 지속가능한 사회를 창조하자는 운동을 수행하고 있다. 지구온난화 방지, 산림보존, 생물다양성의 보존 등 다양한 분야에서 활동하며, 전통적인 자연보호를 넘어서 지속적인 발전과 경제에 대해서 문제를 제기한다. 우리나라는 2002년에 환경운동연합이 지구의 벗 한국 지부로 등록하였다(위키백과).

세계자연보호기금(World Wide Fund for Nature: WWF)

1961년 9월 스위스 글란트에서 세계야생생물기금(World Wildlife Fund)이라는 이름으로 설립되어 1986년 세계자연보호기금으로 변경되었다. 영국의 Julian Huxley가 1960년 The Observer에 동부아프리카 지역에서의 동물 남획과 서식지 파괴실태를 경고하는 글을 기고한 것이 계기가 되어 설립되었다. 인도의 야생나귀 보호사업 지원, 멸종 위기에 처한 동물 보존을 위한 자연보호구역·해양보호구역 설치, 포경·상아교역 제한을 위한 국제협정 체결 등의 성과를 올렸고, 1981년 이후에는 단순한 야생동물 보호기구의 틀을 벗어나 포괄적인 생태계 보존과 공해 방지, 자연자원의 지속적 이용 추진 등으로 활동범위가 확대되었다. 2009년 기준 90여 개국에 500만명 이상의 회원이 있으며, 1만 5,000여 개의 보호·환경 프로젝트를 수행하고 있다(브리태니커).

탐구학습

1. 주요개념
   - NGO
   - 환경 NGO와 녹색 NGO
   - 지속가능한 발전주의
   - 내셔널 트러스트

2. 토론 및 과제
   - 녹색 NGO의 개념과 중요성
   - 녹색 NGO의 역할과 기능
   - 환경운동의 유형
   - 환경관련 NGO의 사례와 발전방안

참고문헌

김종달(2001), 환경과 사회, 경북대학교.

김태환(2008), “한국 NGO의 한계와 그 개선방안에 대한 연구”, 대진대학교 대학원 석사학위논문.

문화체육관광부(2008), 녹색부국으로 가는 길.

박노경(2004), 박노경의 환경수첩, 도서출판 서등.

박상필(2008), NGO와 정부 그리고 정책, 한울.

윤지영(2004), “역사문화환경 보존을 위한 내셔널트러스트 운동에 관한 연구”, 단국대학교 대학원 석사학위논문.

이정전(2008), 환경경제학, 박영사.

이진우(2000), “담론으로 본 환경보호운동의 경향과 우리의 자세”, 경북대학교 환경과 사회 강의자료.

최영수(2009), “한국 비영리민간단체(NGO)의 실태와 지원정책에 관한 연구”, 대진대학교 법무행정대학원 석사학위논문.

최준호(2006), “우리나라 지역 NGO의 역할과 기능에 대한 재고”, 한국지역혁신논집, 제1권 1호.

환경부(2006), 참여적 녹색정부 구현을 위한 환경 거버넌스 구축방안에 관한 연구.

http://www.enet.or.kr(에너지시민연대)

http://www.gcn.or.kr(녹색소비자연대 전국협의회)

http://www.greenpeace.org(Greenpeace)

http://www.kfem.or.kr(환경운동연합)

http://www.k-nature.or.kr(영남자연생태보존회)

http://www.nationaltrust.org.uk(내셔널 트러스트)

제4장

녹색거버넌스

제1절 녹색거버넌스의 의의

1. 배경

환경문제에 대한 기존의 접근방식은 정부주도의 환경관리방식과 시장주도의 환경관리방식으로 구분된다. 첫째, 정부주도의 환경관리방식은 환경문제를 기술적이고 제도적 방식에 의해 해결 가능한 것으로 인식하면서 관련 법규의 제정, 명령 및 통제의 성격을 지니고 있었다. 둘째, 시장주도형 환경관리방식은 하향적이고 강제적인 환경관리의 비효율성을 극복하는 데에 목적을 두고, 시장기제를 활용하여 외부효과로서의 환경문제를 내부화하는데 초점을 두었다(정규호, 2002). 그러나 이와 같은 접근은 전 지구적인 차원으로 확대되고 있는 환경문제를 다루는 데 한계가 있다. 이러한 맥락 하에 새롭게 대두된 개념이 녹색거버넌스이다.

녹색성장의 중요한 배경은 환경, 에너지 그리고 경제적 문제이다. 이 가운데 환경은 첫째, 문제의 복잡성, 문제해결에 관여하는 행위자들간 상호의존성으로 인해 네트워크 내에서의 지속적 협상(negotiation), 행위자들간의 학습과정(learning process) 등이 매우 중요하다. 둘째, 환경문제의 해결을 위해서는 정부뿐만 아니라 다양한 주체, 예컨대 시민단체, 기업, 민간 연구기관 등 네트워크에 기반한 공동체적 의사결정과 참여가 필수적이다.

이에 따라 녹색성장에 있어서 시민 실천운동이 증가하고, 녹색성장을 위한 시민단체의 설립 등이 활성화되고 있다. 녹색성장을 위한 시민참여는 녹색정책의 효율성을 높이는 중요한 과제이다.

2. 개념

녹색거버넌스는 녹색과 거버넌스의 합성어로 이해할 수 있다. Oxford English Dictionary는 거버넌스를 통제나 권위를 적용대상에 행사하기 위해 필요한 통치의 행위나 방식 또는 규제체제로 정의하고 있다. 세계은행(World Bank)은 국정운영을 위한 정치적 권력행사 또는 발전을 위해 한 국가의 경제·사회적 자원들을 관리하는 권력행사의 방식으로 정의하고 있다. 이러한 거버넌스의 개념은 기존의 국정운영의 주체가 정부로 한정된 데에 비해, 사회의 여타 주체와의 협력을 강조하는 개념으로 확대됨을 의미한다.

이러한 거버넌스의 개념이 확대되는 과정은 첫째, 1970년대에는 국가수준의 관리능력으로 이해되었고, 둘째, 1980년대에는 민관 협력의 파트너십으로 사용되었으며, 셋째, 1990년대에는 시민사회의 참여와 합의형성과 같은 절차적 합리성을 중시하는 개념으로 확대되었다. 넷째, 2000년대에 들어와서는 다양한 정부조직과 사회구성원 사이의 네트워크를 특징으로 하는 협력적 거버넌스 개념이 대두되어, 다양한 사회조직간의 협력을 통해 새롭게 등장한 사회문제를 해결하는 방식으로 인식되고 있다.

〈표 4.4.1〉 거버넌스 개념의 변천

1970년대	1980년대	1990년대	2000년대
· 정부와 같은 의미 · 국가수준에서의 관리능력에 대한 관심 · 경제, 사회적 발전의 동력으로서 공공서비스 공급체계에 대한 관심	· 거버넌스에 대한 국제적 관심 증대 · 국가차원의 사회통합과 발전관리능력에 초점 · 지역경제의 활성화를 위한 민관파트너십의 강조	· 거버넌스의 민주주의적 특성 강조 · NGO, CBO의 역할에 대한 새로운 인식 · 새로운 제도와 기능 및 과정 개발의 필요성 인식	· 협력적 거버넌스 개념 대두 · 다양한 조직간 공식적·비공식적 협력 강조 · 새로운 사회문제에 대한 해결방식으로 인식

자료: 이미홍(2003)을 바탕으로 2000년대 내용 추가 구성.

종합하면 녹색거버넌스의 개념은 다음과 같이 정의할 수 있다. 첫째, 녹색거버넌스는 녹색성장과 관련하여 정부만에 의한 의사결정은 많은 변화를 수용할 수 없는 통치실패(governing failure)를 수반하기 때문에, 정부뿐만 아니라 기업, 전문가집단, 시민사회 등 다양한 주체의 참여하에 녹색성장정책을 수립하고 집행하는 과정을 의미한다. 둘째, 녹색거버넌스는 녹색성장과 관련하여 공공과 민간부문의 다양한 이해당사자가 수평적인 참여와 협력에 기반하여 지역의 환경문제를 공동으로 해결해 나가는 네트워크로 정의할 수 있다. 셋째, 녹색거버넌스는 이해당사자간 협력적인 의사결정을 위한 기제이고 대립과 경쟁, 갈등, 협력 등 상호작용을 통해 이해관계를 조정하고 협력해 나가는 지속적인 과정이다.

한편 녹색거버넌스가 환경 및 녹색성장에 대한 새로운 문제해결 방식으로 합리적으로 작동하기 위해서는 참여 주체의 역량과 협력적인 네트워크 형성을 위한 공식적·비공식적 제도 기반이 매우 중요하다. 이러한 녹색거버넌스의 역량과 제도적 기반은 녹색성장정책에 관한 다양한 이해관계자가 효과적으로 참여하거나, 이들 주체가 자율적인 협력 체제를 구성하여 지역의 환경문제를 해결하는 능력에 의해서 좌우된다.

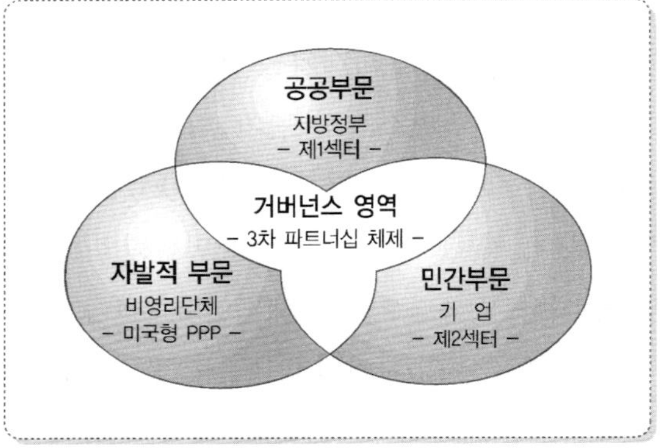

자료: 정규호(2002).

[그림 4.4.1] 거버넌스의 영역

3. 중요성

현실 사회제도에 대한 통치요구와 실질적인 통치능력간의 괴리가 거버넌스라는 새로운 통치체제를 형성하게 만들었다고 할 때, 환경문제는 녹색거버넌스의 등장과 역할에 큰 영향을 미쳤다.

녹색거버넌스가 중요한 이유는 환경문제에 대한 대응의 한계에 있다고 할 수 있다. 첫째, 현재 당면하고 있는 환경문제는 오염물질들 간의 순환과 복합상승효과 등으로 인과관계를 정확하게 밝혀내기가 어렵고, 환경파괴로 인한 영향과 피해가 시간적으로 지연되어 나타나기 때문에 즉각적인 대응책 마련이 힘든 실정이다. 둘째, 환경문제는 기존의 지역적 수준을 탈피하여 전 지구적인 차원으로 그 영향이 확산되는 특성을 가지고 있다. 셋째, 기존의 통치체제는 즉각적이고 가시적인 결과에 집중하는 정치적 영향을 받음으로써 장기적인 전망보다는 단기적인 시간 위에서 작동하였기 때문에 복잡한 생태환경 문제에 적절히 반응하지 못하고 사후적인 반응에 치우치는 경향이 크며, 관리주체와 책임소재가 불분명한 문제가 발생하였다.

결국 환경문제를 둘러싸고 사전예방적이고 포괄적인 통치체제의 확립이 요구되었고, 이러한 상황에서 다양한 이해당사자들의 포괄적 참여와 이들 상호간의 자율적이고 협력적인 노력을 통해 조정과 조절의 사회제도적 역량을 높일 수 있는 새로운 통치기제로서 녹색거버넌스는 많은 가능성을 가지고 있다(정규호, 2002). 이상을 종합해 볼 때 녹색거버넌스는 환경문제의 처리 및 정책수립에 대하여 효율성, 형평성, 참여성 등을 확립한다는 측면에서 그 중요성이 점차 높아지고 있다.

제2절 녹색거버넌스의 주요내용

1. 녹색거버넌스의 추진내용

녹색거버넌스를 구현하기 위한 정책은 녹색교육, 기업참여를 통한 녹색생활, 녹색홍보 등의 다양한 측면에서 접근할 수 있다.

첫째, 녹색교육을 위한 실천 네트워크를 강화하는 것이다. 이를 위하여 지방자치단체간 녹색성장교육 협력 네트워크를 구축하고, 경제단체, 환경단체, 여성단체 등 범 단체간 녹색성장교육협력체계의 구축 및 모범사례의 공유를 활성화할 필요가 있다. 그리고 민·관 교육기관, 기업 인재개발원, 교육매체 개발기업, 교육컨설팅업체간 협력네트워크를 강화해야 한다.

둘째, 기업참여를 통한 녹색생활 실천 저변의 확대이다. 기업의 녹색 마케팅 지원과 직장녹색운동을 전개하여 기업들의 그린 마케팅 및 사회적 책임성을 적극적으로 연계하는 것이 필요하다. 자동차 업체들의 Eco-Driving 운동은 좋은 사례이다. 또한 정부 주도의 권위 있는 시상·인증제도 시행과 의식주 전반에 걸친 녹색생활의 실천에 전업종 참여를 유도하여 기업의 탄소중립 실천 확대, 친환경 관련 R&D 실적 등에 대한 보상 및 대외 이미지 제고에 기여할 수 있다. 그리고 기업 대상의 녹색 마케팅 활동을 정부 차원에서 제도적으로 지원하고 후원하는 윈-윈(win-win)전략의 전개가 필요하다. 이러한 녹색마케팅 활동은 관련 활동의 성격과 대상 등을 고려해 정부가 추진하는 유관 정책 및 관련 부서와 연결하는 것이 매우 중요하다.

셋째, 녹색생활 국민 인식제고와 실천촉진을 위한 홍보활동의 강화이다. 녹색생활 실천을 유도할 각 분야별 그린리더를 선정하여 민간차원의 기고, 토론 프로그램 출연, 방송출연, 각종 인터뷰 등 언론매체를 통한 녹색생활 실천을 위한 홍보를 강화하는 것도 중요하다.

넷째, 녹색생활 실천 네트워크 강화이다. 국민이 자발적으로 참여하는 녹색생활 실천 네트워크를 강화하여 민간단체, 친환경 상품제조업체, 공공기관 등이 함께 참여하는 전국 단위의 전국 녹색생활 실천 네트워크를 운영하여 에너지 절약을 기반으로 하는 저탄소 녹색생활 실천 캠페인으로서 그린에너지 패밀리운동을 추진하는 것이 필요하다.

다섯째, 녹색마을 거버넌스 체제 구축이다. 마을단위로 녹색마을협의체를 구성하여 녹색마을 전략, 정책, 계획을 구상하며, 마을 내 다양한 계층의 주민들이 공동 참여할 수 있도록 제도적 장을 마련한다. 나아가 마을단위의 각 주체가 함께 참여하여 비전, 목표, 방향 등을 선언하는 녹색마을 헌장을 마련하는 것이 필요하다. 또한 마을단위의 생태감시를 적용할 필요가 있다. 이를 통하여 관공서, 학교, 주택, 마을의 에너지, 물 등 자원의 사용량 파악을 통해 재활용과 소비 절감을 유도하는 자발적 프로그램을 구축하고, 지방자치단체와 연계하여 인센티브, 물자, 기술적 조언 등을 제공하며, 정부·기업·가정의 재활용 제품 확대 및 녹색구매를 촉진한다.

여섯째, 녹색생활 실천을 활성화하기 위한 지원체제를 구축한다. 즉 녹색생활 가이드 제도 도입, 가정 및 마을 단위에서 CO_2를 줄이기 위한 실천 방안을 진단하고 교육할 수 있는 전문가 육성, 기후변화 해설사(기후코디) 양성, 에코패밀리 시범 가정과 마을 지정 및 확대 등이 필요하다.

2. 녹색거버넌스의 추진체계

녹색성장 추진체계는 중앙의 추진체계와 지방의 추진체계로 나눌 수 있는데, 첫째, 중앙의 추진체계는 녹색성장위원회를 정점으로 각 부처의 집행업무를 조정하는 시스템으로 구성되어 있으며, 위원회 밑에 실무를 총괄하는 녹색성장지원단이 설치되어 있다. 중앙의 추진체계의 가장 큰 특징이자 한계는 각 부처의 녹색성장업무를 통합・조정할 수 있느냐의 여부이다. 예를 들면 공공청사 에너지절감정책의 경우 국무총리실(에너지이용합리화 추진지침), 행정자치부(지방자치단체 청사 에너지절약 추진), 환경부(공공청사 탄소배출거래제 참여), 산업통상자원부(신・재생에너지 도입, 지방에너지 절약사업 보급) 등으로 관련업무가 분산되어 있어 비효율적일 뿐 아니라 일선 지방자치단체에서도 중앙과의 업무연계에 혼란을 겪고 있는 한계가 있다는 점이다. 따라서 위원회에서 각 부처의 업무를 효과적으로 조정해야 하며 필요한 경우 특별회계의 설치를 통해 관련 업무를 조정하는 방안도 검토할 필요가 있다. 현재 녹색성장위원회는 부처간 업무의 조정과 협력의 중요성을 인식하고 국무총리 소속으로서 기획재정부, 미래부, 행정자치부, 환경부 등의 장관이 당연직 위원으로 참여하고 있다.

둘째, 지방의 추진체계는 저탄소 녹생성장기본법을 근거로 구성되어 있다. 저탄소 녹생성장기본법에서는 지방자치단체에 녹색성장 관련 업무를 전담하는 녹색성장책임관을 지정할 수 있도록 규정하고 있으며, 지방자치단체의 녹색성장에 관한 주요 정책 및 계획과 그 이행을 심의하기 위한 지방녹색성장위원회를 설치하도록 규정하고 있다. 많은 지방자치단체가 2010년 법률이 제정되기 이전부터 지방녹색성장위원회를 구성하였고, 녹색성장책임관도 지정하였다. 예를 들면 대구시의 경우 2009년부터 녹색성장 관련 업무를 총괄 기획・조정하고 그린에너지 정책을 발굴・육성하기 위하여 녹색정책관을 신설하고, 책임관을 신기술산업국장으로 지정하였으며, 녹색정책관실을 녹색성장, 에너지정책, 신재생에너지, 에너지관리 등 4개 부서로 구성하였다가, 현재는 녹색환경국을 두고 환경정책, 자원순환, 물관리, 공원녹지 등 4개 부서로 구성하고 있다.

제3절 녹색거버넌스의 사례

녹색거버넌스는 환경문제를 둘러싼 포괄적인 통치체제이다. 다양한 이해당사자들의 참여와 이들 상호간의 자율적이고 협력적인 노력을 통해 조정과 조절의 사회제도적 역량을 높일 수 있다. 녹색거버넌스의 대표적인 해외사례와 국내사례는 다음과 같다. 해외사례로는 두바이 녹색 도시환경조성사업, 싱가포르의 민관협력 스마트 에너지정책을 살펴보고, 국내사례로는 고양시 습지생태공원 조성, 인천시 한남정맥 복원사업을 살펴본다.

1. 해외사례

1) 두바이 녹색 도시환경조성사업

두바이는 최근 몇 년간 녹색, 친환경 정책 및 녹색사업환경 조성에 역점을 둔 프로젝트를 연달아 발표하였다. 그 대표적인 예가 그린빌딩코드 발효 및 ESCO (energy saving/service company) 사업환경 조성이다.

UAE 정부는 지난 2014년 2월 중동지역 최초로 ESCO에 대한 규제 프레임워크를 발표하였다. 이는 2030 두바이 통합에너지전략에 따라 2030년까지 에너지 수요량의 30%를 감축하겠다는 목표 달성을 위한 정책의 일환이었다. 이에 따라 두바이는 국영기업인 Etihad ESCO 설립과 함께 ESCO 승인제도(ESCO accreditation scheme)를 통해 민영기업에도 시장진출을 장려함으로써 민관협력의 시장환경을 조성할 계획이다.

ESCO는 에너지절약 전문기업이라는 의미로 에너지 절약을 위해 기존의 에너지 사용시설을 개체 보완시 기술적·경제적 부담으로 사업을 시행하지 못할 경우 에너지절약 전문기업이 기술, 자금 등을 제공하고 투자시설에서 발생하는 에너지 절감액으로 투자비를 회수하는 사업형태를 말한다. 시설 설치에 투자되는 자금은 ESCO가 조달해 에너지 절감 장치를 설치하고, 투자 이후 에너지 절감 비용은 건물 소유주와 ESCO의 약정에 의해 배분하며, 투자비 회수가 종료되면 절감 비용은 건물 소유주의 이익으로 돌아가는 시스템을 특징으로 한다(KOTRA 해외비즈니스정보포털).

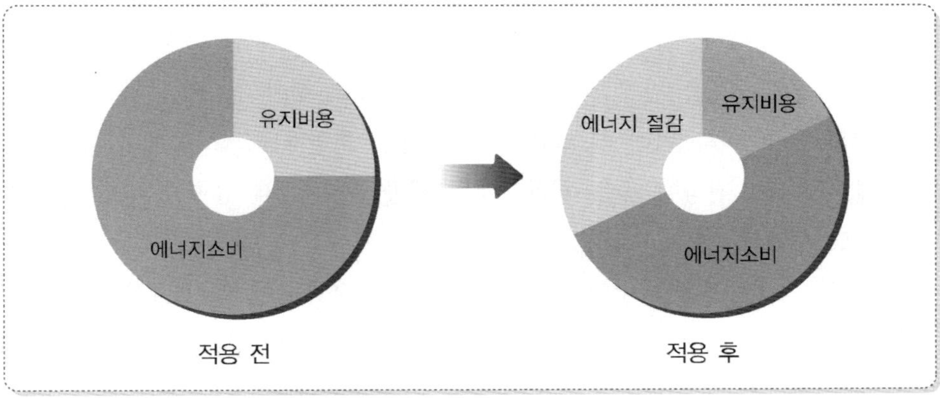

자료: KOTRA 해외비즈니스 정보포털 웹사이트.

[그림 4.4.2] ESCO 시스템 사용 전후 비교

2014년 4월 두바이 정부는 2014년 3월에 발효된 두바이 그린빌딩코드 의무화의 일환으로 구건축물 개보수 계획을 발표하였다. 그린빌딩코드 의무적용 이전에 지어진 노후건물 3만여 채를 대상으로 2030년까지 개보수 작업을 진행할 예정이며, 이는 현재 두바이에 지어진 건물 전체의 25%에 해당하는 수치이다. 정부 건물을 시작으로 에너지 효율이 낮은 건물을 선정해 차례대로 공사를 진행할 예정이다. 한편 두바이 전체 전력소비량의 75%가 건물운용에 사용되는 것으로 추산되는데 이번 개보수 작업에 따른 전력소비량 절감효과도 예상되고 있다(KOTRA 해외비즈니스정보포털).

이러한 두바이 그린빌딩코드는 친환경적인 방법으로 도시계획 및 건물 디자인과 운용을 규제함으로써 자원활용을 극대화하고 지속가능한 발전을 도모하자는 취지로 발의됐으며, 두바이 경기회복 이후 본격 시행되고 있다. 2010년부터 그린빌딩 인센티브 및 규제를 시행하기로 발표한 바 있으나, 부동산 및 건설경기 침체로 추진이 더디어졌다가 2013년 5월 친환경 건물 인증기준을 발표했고, 2014년 3월부로 적용이 의무화된 것이다.

두바이는 그린환경산업에 관심을 갖고 2014년에는 녹색산업페스티벌을 개최하기도 하였다. 2014년 3월 16일부터 4월 16일까지 UAE Green Festival을 개최하였는데, 페스티벌의 테마는 Live, Learn and Have Fun in a Low Carbon World이며, UAE 정부기관 및 국영기업, 글로벌기업을 포함한 민간분야에서 대거 참가하였다. 이 기간에 모터쇼, 패션쇼, 국제회의 등 다양한 행사가 진행되었으며, 친환경제품 판매장터, 공원에서의 스포츠 행사 등 체험 가능한 이벤트도 개최되었다. 이를 위해 페스티벌에 참가하는 호텔과 레스토랑은 환경친화적 숙박시설 구축 및 건강에 좋은 친환경메뉴 제공 등 관광객 유치를 위한 계획을 수립하기도 하였다.

두바이의 녹색사업환경 구축은 개별사업과 정부정책을 통해 에너지절감, 도시민 생활환경개선에서 나아가 페스티벌의 개최 등으로 민간기업의 참여, 기업간 비즈니스 활성화까지 추구하고 있는 것이 특징이라 할 수 있다. 나아가 절감 비용의 이익을 건물소유주에게 돌아가게 하는 등 녹색사업의 추진에 따라 창출되는 이익을 다시 민간에 환원하여 녹색사업의 성과를 높이고 있다는 점이 특징이다.

2) 싱가포르의 민관 협력 스마트 에너지정책

싱가포르는 일찍이 환경문제를 큰 현안과제로 인식하여 엄격한 환경정책을 실행해 왔고, 특히 다양한 산업폐기물을 재처리하여 에너지원으로 활용하고 있다. 2001년 설립된 싱가포르 에너지시장청(Energy Market Authority: EMA)은 통상산업부 산하 기관으로, 안정적인 에너지 공급, 에너지 시장의 경쟁촉진, 활발한 에너지산업 육성을 담당하고 있다. 스마트 에너지, 지속가능한 미래라는 비전 아래 지속가능한 혁신적인 에너지산업을 육성하고 시장을 구축하는 것이다.

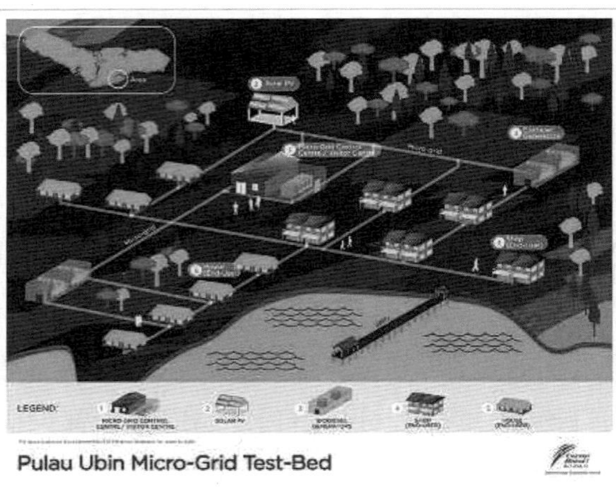

자료: KOTRA, 2012.

[그림 4.4.3] 팔라우 우빈섬 마이크로그리드

또한 싱가포르는 자국 북동쪽에 위치한 자연생태섬인

팔라우 우빈섬을 자립형 청정에너지 도시로 시범 개발한다는 목표로, 섬 내부에 있는 디젤발전기를 신재생에너지 발전시스템으로 전면교체하고, 섬에 가동할 전력시스템은 바이오 디젤과 태양광을 통해 생산된 전력을 스마트그리드의 축소판인 마이크로그리드 시스템에 연계하는 작업을 추진해 왔다.

싱가포르는 청정에너지 기술연구개발 활성화를 위해 30개 이상의 녹색자금 지원과 인센티브제도를 운영하고 있다. 예를 들어 에너지 시장청에서는 에너지연구개발기금(Energy Research Development Fund: ERDF)을 통해 에너지원의 다변화 및 에너지 안보강화, 에너지 집약도 감축목표 달성 지원, 에너지산업 육성 등 3가지 목표를 위한 프로젝트 실행에 재정적 지원을 하고 있다(이선이, 2014). 또한 청정에너지산업 육성 차원에서도 기업을 위한 다양한 인센티브 프로그램을 운영하고 있다. 싱가포르 경제개발청에서는 청정에너지사업단(Clean Energy Programme Office: CEPO)을 통해 국내와 해외기업이 싱가포르에서 청정에너지 기술을 실험하는데 자금 지원을 아끼지 않고 있다.

싱가포르 에너지 시장청은 싱가포르의 청정에너지산업의 육성에서 나아가 세계에너지 논의에서 싱가포르의 위상을 높이고 국가간 협력과 대화를 촉진하기 위해 2008년부터 매년 싱가포르 국제 에너지 주간(Singapore International Energy Week: SIEW)을 개최하여 국제 에너지 부문의 만남과 대화, 협력을 도모하고 있다. SIEW는 싱가포르 정부의 가장 중요한 에너지 중심 행사로 매년 일주일 간 토론회, 무역 박람회, 네트워킹 세션 등 다양한 세부행사로 구성되어 개최된다. SIEW는 각국의 정책 입안자, 비즈니스 리더 등이 모여 에너지 문제, 전략 및 솔루션 등을 논의하고 협력하는 플랫폼으로서 전통적인 에너지부터 재생가능한 에너지까지 모든 에너지 시장을 다루고 있다(이선이, 2014). 특히 2015년에는 가스텍(Gastech) 국제회의가 싱가포르에서 SIEW기간 동안 개최되었다.

싱가포르 사례에서 주목할 점은 정부주도의 친환경정책을 추진함에 있어, 기업과 국민, 외국자본 등의 참여를 유도하기 위한 다양한 인센티브를 활용하고 있다는 점이다. 나아가 SIEW 개최를 통해 국제간 교류·협력은 물론 외국투자자본을 유치하는 이중의 효과를 보고 있으며, 자국 내 에너지 정책의 효과를 제고하는데 한정하지 않고 국제적 협력으로 발전시켰다는 점은 주목할 만하다.

2. 국내사례

1) 고양시 습지생태공원 조성

2009년 고양시는 13년간 나대지로 쓰레기더미에 묻혀있던 땅을 생태공원으로 개발하면서 시민단체 등과 연계·협력하여 세부공정에 이르기까지 생태적 요소들을 도입하여 생태공원을 조성하였다. 생태공원을 조성하는 단계에서부터 경기개발연구원, 고양환경운동연합, PGA생태습지연구소 등 다양한 환경단체에 자문을 구하고, 이들의 의견을 최대한 반영하고 수렴하고자 전문가들과 지속적으로 의견을 교환하며 해결방안을 모색하였다. 현장답사, 설계검토, 분야별 모니터링에 이르기까지 협력관계를 형성하여 추진하였다.

분야별 민간협력 체계를 정리하면 다음과 같다.

- 사업총괄 : PGA습지연구소
- 습지분야 : 고양환경운동연합
- 조류분야 : 인천조류학회 및 관재 조류전문가 참여
- 식물분야 : 에코코리아
- 농업분야 : 고양시 도시농업 네트워크
- 친환경방제 : 한국생태도시연구소
- 생태교란식물 제거 및 하천청소 : 고양청소년 적십자단
- 고양시의회(환경경제위원회)
- 생태전문가 : 한국건설기술연구원 등 다수 참여

자료: 지역발전위원회 웹사이트.

그 과정에서 친환경적 시설이 추가로 설치되었고, 부정적인 시선을 보내던 환경단체들이 생태공원의 가장 큰 후원자로서 생태공원 문제점의 대안을 제시하고 대체에너지설치, 생태공원의 주제 설정, 향후 운영관리방안 제시 등 준공 이후 발생할 문제에도 조언을 하는 등 협력관계를 유지하였다.

[그림 4.4.4] 고양시 습지생태공원

이와 같이 고양시 습지생태공원 조성사례는 사업의 계획단계부터 민·관 협력체계의 구축으로 계획, 설계, 시공, 운영관리방안에 대한 대책을 수립함으로써 위험과 시행착오를 최소화하였다는데 의의가 있다.

2) 인천시 한남정맥 복원사업

인천시는 2000년대 초반부터 공업도시로부터 녹색도시로의 변화를 추진해왔다. 개발로 망가진 도시전체를 깨끗하게 복원하고 시민들이 푸른 환경과 더불어 편안히 살아게게 하는 것이 인천시 환경사업의 목표였다. 이를 위해 일부분에 집착하지 않고 전체를 조망하는 녹색 네트워크를 구축하였다.

인천시의 녹색 네트워크는 산과 녹지, 공원, 하천과 바다가 연계되도록 하는 환경사업의 기본 모토로서 녹지를 연결하고 도시 엔트로피를 줄여 생태계를 복원하는 다양한 사업으로 이어졌다. 먼저 백두대간의 13정맥 중 하나인 한남정맥이 인천시를 통과하고 있어, 이를 중심으로 S자 산맥의 손상된 곳곳을 복원하는 사업을 진행하여 단절구간의 상당부분을 복원하였고, 철새들과 야생동물의 서식지를 제공하는 등 생태계의 척추를 살리는 작업으로 진행되었다.

복원사업은 개발로 인해 끊어진 두 개의 산 사이에 통로를 만들어 산줄기가 이어지도록 한 것으로, 산맥을 이어주는 역할을 하게 하는 것이었다. 이 과정에서 시(市)의 환경정책과와 함께 환경운동단체 등 시민단체와 연계하여 생태와 사람이 함께 아우르는 방안을 고안해 내었다. 즉 주된 주안산길은 등산로로 활용하면서 인적이 드문 원적산길 생태통로는 고스란히 생태보호에 중점을 두어 개발하였다. 또한 이 과정에서 생태복원에 대한 시민들의 이해를 돕기 위해 사전에 시민설명회를 진행하였고, 이에 시민들은 사업시행기간 동안 적극적으로 협조하여 아무런 마찰 없이 사업이 진행되었다.

인천시의 한남정맥복원 사업은 관청과 환경단체, 일반 시민이 협력하여 이뤄낸 중요한 환경정책적 성과라 할 수 있다.

자료: 지역발전위원회 웹사이트.

[그림 4.4.5] 왼쪽부터 야생동물보호 울타리, 원적산길 생태연못

3. 시사점

녹색 거버넌스에 대한 사례를 통한 시사점은 크게 세 가지로 요약된다. 첫째, 명확한 목표설정이다. 싱가포르의 스마트에너지 정책, 두바이의 녹색 도시환경조성사업에서 보는 바와 같이 명확한 목표설정은 주민, 전문가집단, 시민단체 등의 참여를 유도할 수 있고, 관계 기업의 참여와 국제간 교류에서 방향성을 잃지 않으면서 다양한 의견을 하나로 모아가는 기능을 수행한다. 이런 과정에서 주민 설득을 위한 지도자들의 헌식적인 노력이 뒷받침되고 있다.

둘째, 자발적 참여이다. 고양시와 인천시의 사례에서 보듯이 녹색성장을 위한 다양한 의사결정과 집행에 있어 자발적 참여가 전제될 경우 정책집행의 효율성을 제고할 수 있다. 참여의 범위에 있어서도 해당지역으로 한정하는 것이 아니라, 외부의 전문가와 주민이 참여할 수 있도록 개방성을 확보하는 것도 매우 중요하다.

마지막으로 유연한 조직이다. 녹색성장에 대한 정책을 결정하고 집행하는 주체는 유연한 구조를 가져야 한다. 녹색거버넌스를 통해 해결해야 할 문제는 매우 다양하다. 따라서 경직된 조직구조로는 다양하게 나타나는 문제에 민첩하게 대응하기에는 한계가 있다.

제4절 녹색거버넌스의 전망과 과제

1. 전망

지구적 차원의 환경문제를 해결하기 위한 새로운 접근방식으로 대두된 녹색거버넌스는 국가의 역할과 영향력이 점점 약화되는 추세와 달리 그 중요성이 증대될 것으로 전망된다.

첫째, 국제적으로는 1992년 리우 회의의 의제21과 2002년 세계지속가능발전정상회의(WSSD)이행계획에서 강조된 건전한 거버넌스(good governance)가 지속가능발전 및 녹색성장을 달성하기 위한 과정과 수단으로서 점차 강조될 것이다.

둘째, 국내적으로는 1990년대 이후 민주화, 분권화, 삶의 질에 대한 수요 증가 등의 흐름과 맞물려 정부, 시민, 기업의 참여와 파트너십에 의한 거버넌스적 접근이 대안적인 문제 해결 기제로 부각되었고, 이는 향후에도 유지될 전망이다.

셋째, 지방자치단체 차원에서도 녹색거버넌스는 주민이 참여하는 단순한 형태에서 벗어나, 지방정부와 기업간의 협약을 통한 녹색활동을 실천하는 적극적 형태로 전개될 것으로 전망된다.

넷째, 거버넌스의 확대에 따라 거버넌스가 이전의 문제 해결 방식에 비해 어느 정도 효과적인지에 대한 관심도 증가할 것으로 보인다.

2. 과제

녹색거버넌스의 활성화를 위한 과제는 정책적 분야와 행정적 분야로 구분해서 도출할 수 있다. 정책적 분야는 녹색사회자본의 확충이 선결과제이다. 첫째, 정부와 국민, 정부와 시민단체, 국민과 국민간의 신뢰구축과 녹색인재네트워크 형성 등 사회적 자본을 확충하는 것이 필수적이다. 상호간의 신뢰가 없이는 어떤 정책의 합의도, 추진도 어렵기 때문이다.

둘째, 녹색성장 추진체계를 구축하고 녹색성장정책에 대한 의사결정과정에 시민의 적극적인 참여를 보장해야 한다. 시민단체와의 정기적인 모임을 활성화하고, 시민단체와 협력사업을 추진하여 신뢰를 강화하는 것이 중요하다.

셋째, 녹색거버넌스를 위해서는 각종 지원제도도 필요하다. 녹색기술에 대한 지적재산권의 보호, 각종 사업에 대한 세금감면 등이 필요하며, 모범적인 녹색가정을 선정하여 시상하고, 녹색마을 만들기 사업에 대한 지원도 필요하다.

그리고 행정적 분야에서는 첫째, 저탄소 녹색성장업무추진 담당 중앙부처를 일원화할 필요가 있다. 정부의 저탄소 녹색성장 추진에 부응하여 시・도별로 자체 실정에 적합한 계획을 수립・추진중이나, 녹색성장 관련 중앙부처별로 지방자치단체에 유사한 조직구성, 자료제출, 회의참석 등을 요구함으로써 행정력 손실을 초래하고 있는 바, 지방자치단체의 녹색성장 지원을 담당하는 중앙부처의 일원화가 필요하다.

둘째, 녹색성장 전담조직 신설에 따른 추가업무에 대응할 수 있도록 지자체 총 정원을 상향 조정할 필요가 있다. 녹색성장업무를 능동적이고 적극적으로 추진하기 위해서는 전담조직이 필요하지만 현행 총 정원범위 내에서는 녹색성장업무만 담당하는 전담조직 구성에 어려움이 있으므로 총 정원 운용을 탄력적으로 조정해야 한다.

셋째, 녹색성장업무의 추진은 행정의 힘만으로 달성할 수 있는 성격이 아니라 지역사회 구성원의 관심과 참여가 절대적으로 요구되기 때문에, 지방자치단체가 주축이 되고 기업, 주민, 시민단체, 유관기관 등이 협력하여 녹색성장에 대응하는 것이 바람직하다.

추천자료

녹색거버넌스와 관련하여 환경정책평가연구원, 지역발전위원회 등의 웹사이트와 녹색성장위원회에서 발간한 자료가 있다.

녹색성장위원회(2009a), 녹색성장 5개년계획.
녹색성장위원회(2009b), 녹색성장 국가전략.
미래기획위원회(2010), 녹색성장의 길, 중앙북스.
http://www.globalwindow.org(KOTRA 해외비즈니스정보포털)
http://www.kei.re.kr(환경정책평가연구원)
http://www.region.go.kr(지역발전위원회)

tip

세계은행(World Bank)

세계은행은 UN 산하의 국제 금융기관으로 설립 및 운영의 공식 목표는 빈곤의 구제다. 세계은행은 1944년의 브레튼우즈 협정에 기초해 1946년 6월에 IMF와 함께 발족되었다. 세계은행은 IBRD(International Bank for Reconstruction and Development)와 IDA(International Development Association)라는 두 조직으로 구성되어 있는데 회원국은 2011년 기준 187개국이며 IMF 회원국은 자동가입이다. 제2차 세계대전 후 각국의 전쟁 피해 복구와 개발을 위해 설립된 기관이었으나, 현재는 주로 개발도상국의 공업화를 위해 IBRD를 통해 대부를 하고 있다. IMF가 대외 결제에 곤란을 겪고 있는 국가에 대한 단기 대부를 주로 하는 반면, IBRD는 장기 대부를 하는 것이 특징이다. 우리나라는 IBRD에 1955년 8월 26일 58번째 회원국으로 가입했고, IDA에는 1961년 5월 18일에 43번째 회원국으로 가입했다(나무위키).

ESCO(energy saving/service company)

ESCO는 에너지 사용자를 대신해 에너지 절약 시설에 투자하고 이에 따른 에너지 절감액으로 투자비를 회수하는 기업이다. ESCO를 이용할 경우 에너지 사용자는 경제적, 기술적 위험부담 없이도 에너지를 절약할 수 있다. 우리나라는 1992년에 도입됐으며 현재 삼성애버랜드, 태일정밀, 신광기업 등의 업체가 등록되어 있다. 정부는 ESCO사업 활성화를 위해 저리자금을 지원하고, 에너지절약시설 투자에 대한 투자세액을 공제하는 등의 혜택을 주고 있다(매일경제).

세계지속가능발전정상회의(World Summit on Sustainable Development: WSSD)

세계지속가능발전정상회의는 1992년 브라질 리우 지구정상회의 이후 10년 만에 열린 지구촌 최대의 환경정상회의다. 남아프리카공화국 요하네스버그에서 개최된 이 회의에서는 174개국에서 100여명의 국가수반과 대표단 및 각급 비정부기구(NGO) 회원들이 참가해 2015년까지 세계의 빈민인구를 절반으로 줄이기로 하였다. 이를 위해 세계연대기금의 설립을 합의하였고 보건, 식수, 농업, 생물다양성, 교육·무역, 에너지 등 6대 의제별 현안도 논의되었다. 리우 회의 이후 10년 만에 열린다는 의미에서 일명 리우(Rio)+10회의라고도 불린 이 회의는 삶의 질을 향상시키면서 후세에 하나뿐인 지구를 깨끗하고 살기 좋은 곳으로 물려 줄 수 있는 지속가능한 발전 방안을 모색, 모든 국가들이 이를 실천해 나가도록 하는 것을 목적으로 한다(매일경제).

PPP(Public Private Partnership)

PPP는 개발도상국에 개발지원을 공공부문과 민간부문이 협력하여 수행하는 접근방식이다. 나아가 PPP는 다자간 기관과 민간부문과의 협력이나 효율적인 공공서비스의 실현을 위한 정부, 민간기업, NPO, 커뮤니티기반의 조직 등이 업무를 분담하는 협력관계로 정의되기도 한다(지식경제용어사전).

탐구학습

1. 주요개념
   - 거버넌스
   - 녹색거버넌스
   - 협력적 거버넌스
2. 토론과 과제
   - 녹색거버넌스의 활성화 방안
   - 녹색거버넌스의 국내외사례

참고문헌

경상북도(2009), 경상북도 저탄소 녹색성장추진계획.

김병완(2002), "녹색거버넌스로서 지방지소각능발전위원회(LCSD)의 필요성과 구성방안", 광주 · 전남행정학회보, 제9호, 광주 · 전남행정학회.

이미홍(2003), "발표논문 : 환경거버넌스 비교 분석: 일본 녹색구매네트워크(JGPN)와 한국 녹색구매네트워크(KGPN)을 대상으로", 2003년도 하계학술대회 발표논문집, 한국행정학회.
이선이(2014), 녹색성장 전략을 통한 글로벌 환경거버전스 강화방안 연구, 환경부.
정규호(2002), 녹색거버넌스란 무엇인가, 환경과생명.
KOTRA 그린리포트(2012, 4. 15호)

제5장

녹색교육

제1절 녹색교육의 의의

1. 배경

녹색성장을 위해서는 국민적 공감대 형성과 확산이 최우선 과제라 할 수 있다. 녹색성장이라는 개념을 쉽게 가슴에 와 닿도록 하여 국가나 기관뿐만 아니라 가정, 사무실, 학교 등에서 국민 스스로가 해야 할 일이 무엇인지를 알게 하는 것은 중요하다. 녹색성장은 미래 사회에서 우리가 반드시 적응해야 하고 나아가서는 적극적으로 관리해야 할 시대적 필수 요구 사안임을 국민들이 이해하는 것이 중요하다.

따라서 녹색성장의 장기적이고 누적적인 효과를 위해서는 교육영역의 강화가 필요하다. 특히 국민들이 초등학교 교육에서부터 기후변화의 문제에 대해 인식하고, 일상생활 속에서 에너지의 절약을 몸에 익힐 수 있도록 교육하는 방안의 추진이 필요하다.

또한 교육자에게 기후변화와 녹색성장에 대해 교육하고 자료 제공을 통하여 녹색성장이 무엇이고 왜 필요한지를 충분히 이해시켜야 진정한 녹색교육이 가능할 것이다.

2. 개념

녹색교육은 광의로는 학교와 평생 교육의 새로운 청사진으로 녹색성장의 중요성을 인식하고 녹색생활 양식을 체득하게 하는 것을 의미한다. 협의로는 학생들에게 녹색성장에 필요한 역량을 강화하는 학교교육을 뜻한다(김형국, 2011).

구체적으로 살펴보면 녹색교육이란 경제와 환경이 조화를 이루는 국가와 지역사회의 진취적 성장을 목표로, 미래 녹색성장을 주도할 녹색인재양성 및 범지구적 차원에서 녹색생활의 가치를 인식·실천할 수 있는 글로벌 녹색시민양성교육이다(녹색성장위원회 외, 2009).

세분화하여 살펴보면 ① 경제성장과 환경보전을 융합시킨 녹색생활 교육, ② 미래 녹색기술·산업에 대한 직업개척 능력 및 전문지식 향상을 위한 진로 교육, ③ 국제사회에서 녹색성장 선도국 지위 확보를 위한 글로벌·리더교육이라 할 수 있다.

〈표 4.5.1〉 녹색교육과 환경교육의 비교

구분	환경교육[1]	녹색교육
정의	· 국가와 지역사회의 지속가능발전을 목표로 국민이 환경을 보전하고 개선하는데 필요한 지식·기능·태도·가치관 등을 배양하고 이를 실천하도록 하는 교육(환경교육진흥법 제2조)	· 경제와 환경이 조화를 이루는 국가와 지역사회의 진취적 성장을 목표로, 미래 녹색성장을 주도할 녹색인재양성 및 범지구적 차원에서 녹색생활의 가치를 인식·실천할 수 있는 글로벌 녹색시민 양성교육
목표	· 인간과 자연의 조화를 이룸으로써 국가와 지역사회의 지속가능한 발전에 기여(환경교육진흥법 제1조)	· 창의적이고 장인·개척자 정신을 갖춘 글로벌 녹색시민양성을 통해 세계 녹색성장 선도
현실성	· 환경 보전에 대한 과학적 지식을 바탕으로 학교 및 사회의 환경의식 제고와 지속가능발전 실현에 기여하나 성장 측면을 강화 필요	· 경제와 환경이 조화를 이루는 성장이라는 목표를 위해 글로벌 시민품행을 갖춘 창의적이며 전문적인 녹색인재를 육성하고자 하는 현실적이고 시의적인 국가 교육 전략

자료: 녹색성장위원회 외(2009), 녹색성장교육 활성화 방안.

1) 현행 학교의 환경교육은 다음과 같은 문제점이 지적되고 있다. 첫째, 환경과목 선택률 저조 및 부실 운영이다. 2008년 기준으로 중학교의 환경과목에 대해 257개교(8.4%), 59,278명(3%)만이 선택하였고, 고등학교의 생태와 환경과목의 경우 498개교(37%), 142,654명(10%)가 선택하였다. 환경과목의 중요성에 대한 인식이 낮고 수업도 자습이나 타 과목 수업 등으로 변질되어 부실하게 운영되고 있다. 둘째, 환경 담당 교원의 전문성 부족이다. 환경과목을 담당하는 교원은 2008년 기준으로 2,883명이나 이중 1,984명(69%)은 미자격의 교원인 것으로 조사되어 전문성이 부족한 실정이다. 셋째, 범교과 차원의 내실있는 환경교육 실현의 어려움이다. 환경교육의 각 과목별 특성에 적합한 환경내용과 소재 활용이 미흡하고, 타 과목 교원이 환경과 관련된 체계적인 교원연수를 위한 체제가 마련되지 않아 내실있는 환경교육의 실현이 어려운 실정이다(녹색성장위원회 외, 2009).

3. 필요성

녹색성장은 범지구적 환경 및 에너지 위기에 대응하고, 신성장동력 확충과 좋은 일자리를 창출하며, 국민의 삶의 질을 개선하고 국가 위상을 제고하는 1석 3조의 미래 국가비전이다. 녹색성장을 견인하기 위해서는 녹색산업 및 시장창출을 뒷받침할 미래 녹색인재 육성이 요구되므로 다음과 같은 녹색교육이 필요하다(녹색성장위원회 외, 2009).

1) 녹색성장 이해도 제고

녹색성장이 무엇이고 왜 필요한지를 충분히 이해해야 한다. 환경보호와 경제성장은 상반된 개념이 아니라 동시에 추구할 수 있는 조화의 개념이다. 녹색성장은 미래 사회에서 우리가 반드시 적응해야 하고 나아가서는 적극적으로 리드해야 할 시대적 필수 요구 사안임을 주민들이 이해하는 것이 중요하다.

2) 녹색생활 실천 유도

일상생활에서 가능한 부분부터 녹색생활을 우선적으로 실천하여야 한다. 즉 에너지 절약 등 주민 각자가 일상의 생활과정에서 실행할 수 있는 부분들을 찾아서 실천할 수 있도록 유도할 필요가 있다.

3) 미래 녹색성장사회 준비

가까운 장래에 본격적으로 도래할 녹색성장사회를 적극적으로 준비해야 한다. 따라서 녹색인재의 육성을 위해 미래 사회의 주역인 학생들에게 교육과정에 반영하여 신기술 교육 등을 통한 적극적인 진로 지도와 준비가 필요하다.

4) 국제적 노력에 동참

우리나라는 2010년 G20 의장국이었고, 같은 해 11월 정상회의 주최국으로서 기후변화 대응과 같은 전지구적 이슈에 동참하였다. 하지만 국제사회의 요구에 선진국과 대등한 수준으로 자발적으로 참여하고, 나아가서는 선도국으로서의 자리매김을 위한 노력이 필요하다.

제2절 녹색교육의 주요내용

1. 녹색교육 관련법률

기후변화 등 환경문제는 사전예방이 중요하므로 경제주체와 사회구성원에 대한 환경교육을 체계적・종합적으로 진흥・지원하기 위해 2008년 환경교육진흥법이 제정되었다. 이 법은 학교 및 사회에서의 환경교육을 활성화하고, 인간과 자연의 조화를 이룸으로써 국가와 지역사회의 지속가능한 발전에 기여함을 목적으로 하고 있다.

또한 녹색교육에 관한 법률로는 저탄소 녹색성장기본법 제59조에 관련 내용이 규정되어 있다. 구체적인 내용을 보면 첫째, 정부는 저탄소 녹색성장을 위한 교육・홍보를 확대함으로써 산업체와 국민 등이 저탄소 녹색성장을 위한 정책과 활동에 자발적으로 참여하고, 일상생활에서 녹색생활 문화를 실천할 수 있도록 하여야 한다. 둘째, 정부는 녹색생활 실천이 어릴 때부터 자연스럽게 이루어질 수 있도록 교과용 도서를 포함한 교재 개발 및 교원 연수 등 저탄소 녹색성장에 관한 학교교육을 강화하고 일반 교양교육, 직업교육, 기초평생교육 등과 통합・연계한 교육을 강화하여야 한다. 셋째, 정부는 녹색생활 문화의 정착과 확산을 촉진하기 위하여 신문・방송・인터넷포털 등 대중매체를 통한 교육・홍보 활동을 강화하여야 한다. 넷째, 공영방송은 지구온난화에 따른 기후변화 및 에너지 관련 프로그램을 제작・방영하고 공익광고를 활성화하도록 적극 노력하여야 한다.

2. 녹색교육 관련 주요정책

녹색교육과 관련된 정책은 크게 녹색교육의 정착과 활성화를 위한 기반구축, 교육시스템 구축, 실행역량 강화 및 파트너십 강화 등으로 구분해서 살펴볼 수 있다(녹색성장위원회, 2009).

1) 녹색교육의 정착과 활성화를 위한 기반구축

녹색교육의 정착과 활성화를 위해서는 첫째, 녹색교육에 대한 국가차원의 실행체계 구축이 필요하다. 녹색교육의 조기 정착을 위해서는 녹색교육을 종합적이고 체계적으로 추진해야 한다. 녹색성장위원회 · 교육부 · 환경부 · 행정자치부 등이 협의체를 구성하여 일관된 실행체계의 구축이 요구된다. 또한 지방자치단체는 각 지역의 특성을 살린 개별화된 교육계획을 수립하고 지원센터 및 교육프로그램을 운영할 필요가 있다.

둘째, 녹색교육에 대한 로드맵의 수립 및 녹색시민의 비전을 확산시켜야 한다. 녹색성장에 대한 명확한 목표 및 범위를 설정하여 녹색성장과 유사한 개념인 지속가능발전 · 환경 · 에너지 교육 등과의 관련성 및 차별성을 모색하도록 한다. 녹색기술과 녹색산업에 대한 도전의식과 녹색성장 정책의 지속적 추진에 요구되는 소양 · 기술 및 직업의 개척능력을 제고하도록 녹색성장에 대한 인식과 녹색시민의 비전을 홍보하여 확산시키도록 한다.

2) 녹색시민 양성을 위한 교육시스템 구축

국민을 녹색시민으로 양성하기 위해서는 첫째, 제도교육 내의 녹색교육을 강화하도록 한다. 초 · 중등 교과과정에서 녹색성장 교육프로그램을 개발하여 소양교육을 실시하도록 한다. 교과서에 기후변화 · 에너지 등 녹색성장관련 내용을 반영하고 다양한 학습 보조자료를 개발하여 일선학교에 보급하여야 한다. 고등교육기관에서는 친환경 교양 · 전공과목을 개발하고, 녹색성장 교육 컨설턴트 양성과정 및 시범학교의 지정 · 운영이 필요하다. 또한 학교교육 관련교사를 대상으로 기후변화 및 저탄소 녹색성장 관련 연수과정을 마련하여 연수를 실시

자료: 파라소닉 에코테크놀로지센터 웹사이트.

자료: 경북의제 21 내부자료.

[그림 4.5.1] 녹색시민 양성을 위한 녹색교육 현장

하도록 유도해야 한다. 그 외에도 에너지절약 및 온실가스 감축 실천 캠페인 등 그린캠퍼스 운동을 추진해야 한다.

둘째, 국민을 대상으로 녹색 평생교육을 실시하도록 한다. 공공교육기관과 경제단체・종교단체・여성단체・직능단체 등 민간기관과의 상호협력을 통한 녹색성장 평생교육체제 구축을 추진하고, 기존의 과학관, 박물관, 공공도서관, 산림교육시설 등을 활용한 녹색교육의 시행도 요구된다. 인터넷을 활용하여 국민 대상 사이버 녹색성장 웹사이트와 교육강좌를 개설하여 학위부여 등을 추진해야 한다. 또한 사회환경교육지도사 제도를 도입하고, 우수한 환경교육프로그램에 대한 인증을 확대하도록 한다.

3) 녹색교육 실행역량 강화

녹색교육의 실행역량을 강화하기 위해서 학교 교육내 녹색교육 자료 및 프로그램을 개발・보급하고, 실행결과를 평가할 수 있는 지표를 개발하여야 한다. 또한 전 국민의 녹색시민 소양을 높이고, 녹색생활의 실천을 위한 프로그램의 개발과 정보매체를 다양화해야 한다. 이를 위해 국가・지역환경교육센터를 지정하여 운영을 활성화하고, 환경교육포털 사이트의 개편 등을 통한 환경교육의 저변확산을 추구한다.

4) 의사소통 파트너십 강화

녹색교육 관련자, 즉 학생, 교원 및 학교간, 정부와 국민간, 민・관 교육기관간, 외국대학과 국제민간단체 기구간 네트워크를 구축하여 다양한 의사소통의 창구로써 협력체계를 구축・강화해야 한다.

제3절 녹색교육의 사례

환경교육은 학생들을 대상으로 하는 환경교육인 학교차원의 환경교육과 학교환경교육을 제외한 환경관련분야 종사자, 일반시민, 학생 등을 대상으로 실시하는 일반교육인 사회차원의 환경교육으로 구분할 수 있다. 독일, 미국, 호주, 일본 등 해외 선진국의 환경교육은 주로 지속가능발전 교육을 중심으로 운영되고 있다. 녹색교육이 지향하는 녹색성장의 개념은 교육과정에 구체화되어 있지는 않은 상태이다. 이하에서는 해외 주요 국가와 국내의 환경 및 녹색관련 교육을 살펴본다(녹색성장위원회 외, 2009; 이미숙 외, 2013; 환경부, 2004).

1. 해외사례

1) 독일

독일은 일찍부터 환경교육에 관심을 가져서 세계적인 환경교육 선진국이 되었다. 연방 정부 차원에서 환경교육 진흥을 위해 노력하여 환경관련 교과교육의 비중이 점차 높아지고 있다. 교육체계는 16개의 주별로 각각 고유한 커리큘럼을 개발하고 있어 차별성을 두고 있다.

환경교육에서 다루어지는 주요 영역은 사회정의와 갈등, 생활양식, 환경부담과 환경오염, 환경 시스템과 그 기능, 에너지 등이다. 특히 에너지, 산림보존, 재활용 등에 대한 주제로 4,620여개 자연교육센터의 운영을 통한 토론식 교육도 이루어지고 있다. 독일은 지속가능발전을 위한 교육(Education for Sustainable Development: ESD)을 환경교육에서 강조하였다. ESD를 구현하기 위하여 국가적인 대규모 프로젝트인 BLK-프로그램21이 추진되었으며, 이 과제의 핵심은 관련 내용을 학교 교육에 보다 강화하여 포함하려는 것이다. BLK-프로그램21은 ① 학제간 학습 형태(interdisciplinary study)의 체계적인 시험, ② 참여적 학습, ③ 혁신적 구조(innovative structure)의 개발 및 시험 등을 시도하면서 지속가능발전을 위한 교육의 개선에 많은 기여를 하였다.

대학의 경우를 살펴보면 환경에 관심이 높은 대학 중 트리어대학은 환경과 에너지분야를 전문교육하는데 뷔레켄펠트 환경캠퍼스(Umwelt Campus Wirekenfeld)는 이산화탄소를 배출하지 않고 대학에서 필요한 전기와 열을 모두 재생에너지로 충당하는 세계최초의 CO_2-free 대학으로 주목을 받고 있다.

한편 사회환경교육은 많은 환경 NGO의 활동과 정부 차원의 지원 및 기업 등의 후원 등으로 다양하게 전개되고 있으며, 그 성과가 점차 가시화되고 있다.[2)]

---

2) 독일은 비공식 환경교육 분야의 강좌를 제공하는 기관이 5천개 가량 되며, 8만명에 달하는 사람이 일한다. 이 중 약 1만~1만 2천명이 환경교육을 중심으로 활동한다. 교육기관들은 환경관련 주제와 지속

그러나 독일의 환경교육 전문가들은 사회환경교육이 아직 미흡하다고 보고, 교육을 더욱 강화하기 위하여 여러 분야에서 적극적인 노력을 전개하고 있다.

2) 미국

미국은 전 세계에서 처음으로 국가수준의 환경교육법(1970년)을 제정하여 환경교육의 중요성을 강조하고, 교육감들에게 환경교육에 대한 권한을 부여하며, 재정을 지원하는 등 환경교육의 기틀을 마련하였다. 또한 1990년에는 연방 환경보호청(Environmental Protection Agency: EPA)이 주도하여 수행하는 국가환경교육법을 제정하여 환경문제에 대한 인식제고 및 환경관련 교육 프로그램의 개발·지원을 하도록 하였다. 이후 2001년 존 에이치 체이피 환경교육법(John H. Chafee Environmental Education Act)으로 개정하여 환경교육 강화를 위한 적극적인 활동을 하고 있다. 또한 미국의 환경교육은 북미환경교육학회(NAAEE)를 중심으로 국가 수준의 환경교육 목적과 목표·방향을 설정하여 활발한 활동을 하고 있다.

환경교육관련 학제는 북미환경교육학회에서 제시한 국가환경교육기준을 중심으로 주마다 다양한 교육상황이 전개되고 있으나 많은 주에서 학교 환경교육의 질 향상을 위하여 환경교육 도달 기준을 마련하여 학교 장학 지도에 활용하고 있다. 환경교육 프로그램으로는 Project Wild, Project Learning Tree 등이 있으며, 국가 수준의 교육기준에 맞춘 환경교재인 Project WET, Project Wild Aquatic 등이 많이 활용되고 있다.

대학의 경우에는 2007년 152개 대학총장들이 미국 대학총장 기후변화 위원회(American College & University Presidents Climate Commitment)를 구성하였고, 2009년에는 623개 대학이 참여하여 환경문제 해결에 적극적으로 노력하였다. 미국의 대학 환경교육은 농학, 생물학, 경제학, 환경과학, 환경보건학, 환경관리학, 생태학, 환경정치, 물리학 등 환경과 관련된 모든 학부에서 환경교육을 교양과목 또는 전공과목으로 개설하여 운영하고 있다.

또한 EPA의 환경교육 및 훈련활동과 서비스를 국내외적으로 운영하기 위한

가능성에 대해 이론적·실용적으로 명확하면서 강고하게 추진하고 있다(환경부(2004), p.31).

자선 비영리법인인 국립환경교육 및 훈련재단(National Environmental Education and Training Foundation)을 설립하여 환경교육 프로그램의 개발과 시행에서 공공부문과 민간부문이 협력하고 있다. 미국의 학교환경교육은 사회환경교육과의 파트너쉽 프로그램을 운용하여 연계방안 구현에 중점을 두고 있다. 사회환경교육은 인터넷 활용, 다양한 참여 프로그램과 NGO 등에서 많은 활동을 전개하고 있다. 환경교육을 위한 예산은 EPA와 환경교육법에 따라 연방 정부와 각 주, 관련 기관과 단체 및 기업 등에서 다양하게 지원하고 있다. 그리고 학교환경교육과 사회환경교육의 연계를 위한 활동도 점차 증가 추세이며, 이를 위한 지도자 연수 프로그램 등이 증가하고 있다.

3) 호주

호주는 연방 정부로서 다양한 방법에 의한 활발한 활동으로 환경교육을 추진하고 있다. 연방 정부 주도 하에 호바트 선언(Hobart Declaration) 및 애들레이드 선언(Adelaide Declaration)을 통하여 각 주에서 공동으로 환경교육의 목표와 기본지침 등을 정하고, 주 정부와 공동으로 이의 구현을 위하여 적극 노력하고 있다. 특히 지속가능발전교육을 위한 교육시스템의 재정립을 국가실행계획으로 제시하고 교육과정에 지속가능성의 개념을 포함하고 있다.

호주는 국가 수준에서 초·중등학교에 환경교육 내용이 많은 통합 교과인 사회와 환경연구(Studies of Society and Environment: SOSE) 교과를 만들어 필수적으로 학습하고 있다. 사회와 환경연구는 시공간적 다양성 안에서 환경, 문화, 경제, 정치 체제를 탐색함을 목표로 하며, 핵심 학습 영역은 인간 사이의 상호작용과 인간과 자연의 상호작용에 대한 관심에 중점을 두고 있다.

또한 대학의 경우에도 지속가능발전을 위한 교육을 대학 교과 및 수강 영역에 통합시키고, 대학 캠퍼스를 지속가능한 방식으로 관리하고 있다.

그리고 주별로 차이가 있으나, 대부분의 주에서 환경교육센터[3]를 비롯한 환

3) 호주의 환경교육센터는 학교 교육의 보조기관으로서 학교 학생에게 학교 교육과정에 맞춘 프로그램으로 교육함은 물론 교사 교육을 실시한다는 점에서 제도권 교육(formal education 또는 형식교육)에 포함되어 있다. 그러나 동시에 호주의 환경교육 센터는 비제도권 교육(informal education 또는 비형식교육)의 범주인 사회환경교육 혹은 커뮤니티 환경교육(community environmental education)의 역할도 하고 있다(환경부(2004), pp.174~177.).

경교육 시설을 만들고 교사 연수와 자료 개발 등을 적극적으로 추진하고, 다양한 NGO들이 많은 프로그램을 가지고 활동하고 있다. 호주는 대학교와 NGO 등이 연계하는 활동이 활발하고, 형식교육과 비형식교육이 다양하게 추진되며, 예산은 연방정부와 지방정부 및 각 단체에서 지원하고 있다.

4) 일본

일본은 1993년 환경기본법을 제정하면서 환경의 보전에 관한 교육과 학습의 진흥 및 홍보를 통해 국민이 환경보전에 대한 이해와 활동을 행하도록 노력하였다. 일본은 중앙 정부의 환경성과 문부과학성이 협력하여 환경을 위한 전지구관측시스템 모델학교 지정, 환경교육 추진 모델지역 지정, 환경학습 페어 개최 등 환경교육에 관심을 가지고 지원하고 있다. 일본은 2003년 지속가능한 사회를 구축하는데 필요한 환경보전 활동에 기여하는 것을 목적으로 하는 환경보전을 위한 의욕증진 및 환경교육 추진에 관한 법률(약칭 환경교육추진법)을 제정하면서 국내외적으로 연계를 가지고 다양한 활동을 하고 있다. 그러한 사례로 미국에서 개발되어 세계적인 네트워크를 형성하며 발전하고 있는 환경을 위한 지구의 학습 및 관측(Global Learning and Observations to Benefit the Environment: GLOBE) 프로그램과 ESD 구현을 위한 10년 활동 등을 적극 전개하며, 한·중·일 3개국 환경교육네트워크 사업(TEEN) 등을 주도적으로 추진하고 있다.

학교환경교육에서는 환경교육 실시를 강화하고 있으며, 주요내용은 과거의 공해 교육에서 ESD를 강조하고자 노력하고 있다. 학교환경교육은 문부과학성에서 지침하는 교과 교육을 기본으로 전 교과에 걸쳐 행해지고 있으며, 교과 등의 성격이나 목표 등 학교교육 활동 전체를 통해 체계화되어 있다. 교과이외의 환경교육으로서는 종합적인 학습(總合學習)의 시간을 이용하여 특정한 테마에 대해서는 숲, 연못, 자연관찰원 등 실외에서 체험활동을 하기도 한다. 또한 문부과학성에서는 학교에서의 환경교육을 한층 더 강화하기 위한 환경교육 추진 그린 플랜의 일환으로 학교, 가정, 지역이 하나가 되어 환경교육을 실천할 수 있도록 지역을 지정하여 환경교육 실천 모델사업을 실시하고 있다.

대학은 환경교육 지식을 전문적으로 육성하는 기관으로서 각 국립대학교의 교육학부에 설치되어 있는 환경교육 코스 등을 통해 인재를 양성하고 있다.

사회환경교육 활동은 많은 NGO/NPO를 중심으로 다양하게 전개중이며, 근래에는 모든 관련 NGO/NPO들이 연계하여 활동하는 것을 강조하고 있다. NGO/NPO는 환경분야에서 다양한 활동을 지역과 밀착하여 전개해 나가는데 리사이클을 추진하고, 내셔널 트러스트운동과 같은 자연환경보전운동을 조직화하고, 국제교류・연대 등을 통한 정책입안과 정책제안 등 폭 넓은 활동을 하고 있다.

〈표 4.5.2〉 해외 환경관련 교육의 주요내용

구분	내 용
독일	・저학년의 경우 다음의 주제가 높은 비율을 차지하고 있음. – 에너지, 열대우림, 쓰레기, 사막화, 토양, 공기, 가정에서 쓰는 화학물질, 쓰레기, 화학 물질과 환경 일반, 숲, 물, 자연보호(학교 정원 포함), 환경위협, 토양과 농업, 천해부와 해안보호, 지구생활환경의 위협, 소음, 온난화와 온난화 방지, 기후변화, 가정용품과 환경오염 ・사회 정의와 사회적 갈등 및 환경부담, 생태시스템, 생활양식(소비 유형) 등의 주제
미국	・환경적으로 의미있는 생태학적인 지식과 이들 개념들 간, 개념 내에 환경과의 상호관계 ・야외 활동과 같은 적절한 방법으로 행동할 수 있도록 환경감수성을 습득할 수 있는 내용 ・환경쟁점에 관한 지식, 조사 및 분석하는 기능의 습득과 적용할 수 있는 기회 부여 ・쟁점을 해결하는데 필요한 시민행동에 관한 기능과 이들 기능을 적용할 수 있는 기회부여 ・내적 통제에 의해 학생 스스로 책임있는 방법으로 행동할 수 있는 수업 상황 ・국제적, 국가적, 지역적인 환경쟁점을 조사하고 이를 평가하는 기능을 학년 수준에 맞게 학교 내는 물론 밖에서도 적용할 수 있는 기회 부여
호주	・사회와 환경연구(SOSE)를 중심으로 초중등 교육(1～10학년)과정에서 환경교육 시행 – 주요내용은 환경학습, 지리, 인류학, 세계 연구, 정치학, 사회학, 평화학습, 역사, 상업, 법, 경제, 미래학, 윤리와 시민, 원주민 연구로 이루어짐. ・SOSE가 추구하는 가치–민주주의 과정, 사회 정의, 생태적・환경적 지속가능성, 평화 ・SOSE의 학습 목표 – 시공간적 다양성 안에서 환경, 문화, 경제, 정치 체제 및 인간 상호작용 탐색 – 학생들의 체계적인 조사활동, 의사소통, 창조, 성찰, 실천의 과정 포함 – 사회, 환경, 역사, 경제, 정치 혹은 문화적 이슈를 조사하는 기술과 과정 발달

일본	· 취학 전 아동 : 근접 지역의 자연관찰 · 체험, 기업 견학, 상급학교와의 교류 등 · 초등학교 : 자연에 대한 감수성과 흥미 · 관심을 고조시키는 것과 동시에 자연의 아름다움과 생명의 중요성을 느낄 수 있도록 하는 생활 속에서의 교육을 지향 · 중학교 : 환경현상에 직면시켜 구체적인 인식을 통해 인간관계, 상호관계를 파악, 문제해결능력을 키우는 지도를 목표로 사회과, 이과 이외의 각 교과에서 채택 · 고등학교 : 지리역사과, 공민과, 생물, 지학, 가정과를 중심으로 환경문제를 종합적으로 사고 · 판단해 현명한 선택과 의사결정을 할 수 있도록 하고, 환경보전, 환경개선에 주체적으로 행동할 수 있는 능력과 태도를 육성하는 것을 목표로 폭 넓은 시야에서 환경교육을 실행함.

자료: 환경부(2004), 주요 외국의 환경교육 비교연구, pp.308~309.

〈표 4.5.3〉 해외 환경관련 교육동향

구분	내 용
독일	· 지속가능발전을 위한 교육(ESD)이 점점 환경교육을 대체하고 있는데, ESD에는 생태, 사회정의, 지속가능 경제가 서로 연관되어 다루어지고 있고, 이렇게 함으로써 주제의 범위가 확대되고 있음.
미국	· 미국 학교환경교육은 사회환경교육과의 파트너십 프로그램을 운영하여 학교환경교육과 사회환경교육과의 연계 방안 실현 · Project Wild, Project Wet, Project Learning Tree와 같이 북미 여러 지역에서 사용되는 교재들의 개정 및 수정 보완 작업이 진행되고 있고, 알래스카와 같은 도서벽지 지역을 위한 환경교육 프로그램 개발 활발 · 환경문제나 환경오염에 관한 지식보다는 환경쟁점을 중심으로 조사, 평가, 행동참여를 강조하는 환경교육과정 도입 · No Child Behind Left Act에 의해 교사의 전문성을 신장시킬 수 있는 연수에 집중 투자 · 환경교육을 위한 학교 환경과 사회환경교육을 연결하는 환경교육 인프라 구축 노력 · 환경교육 지원을 위한 온라인 네트워크 형성(EE Link)
호주	· 교육과정에 관한 검토-2003년 국가환경교육위원회(NEEC)의 보고서 · Sustainable School Project - 기존에 산재한 지속가능 교육의 모든 형태를 통합하는 프로젝트이며, 측정 가능한 환경적 · 재정적 요소들과 교육과정으로 총체적 프로그램을 구현하는 것이 목적 - NEE Network에 의한 지원 - 2002년 7월 Environment and Heritage 장관 Dr. David Kemp에 의해 A$ 200,000(호주 달러 2십만불; 한화 환산 약 1억 8천만원) 투자하여 New South Wales 주와 Victoria 주에서 파일럿 프로그램 시행
일본	· 환경위기 극복과 지속가능한 사회 창조를 목표로 함.

자료: 환경부(2004), 주요 외국의 환경교육 비교연구, p.312.

〈표 4.5.4〉 해외 사회 환경교육 관련동향

구분	내 용
독일	· 국가적 과제인 BLK-프로그램21과 아젠다 21 등을 통한 지속가능발전 교육에 주력
미국	· 학교환경교육과의 연계 방안 모색 · 사회환경교육 안내서 개발(NAAEE) · 사회환경교육프로그램의 평가 방법 연구 · 사회환경교육과 학교환경교육 관련 온라인 네트워크 구축 · 학교환경교육과정 개발에 참여 · 각 NGO별 특성화된 Hands-on 환경교육 프로그램 개발
호주	· 주로 지역 사회에서 발생하는 환경 이슈에 관련된 주민 단위의 환경교육 · 성인 교육 활동을 빌어 성인교육 범주에서 실시하는 환경교육
일본	· 지속 가능한 지역 사회의 건설 · 환경을 위한 지구의 학습 및 관측(GLOBE) 프로그램 참여

자료: 환경부(2004), 주요 외국의 환경교육 비교연구, p.315.

2. 국내사례

1) 학교차원의 녹색교육

우리나라는 학생들이 환경보호와 환경문제에 관심을 갖도록 1982년 제4차 교육과정개편에서 과학 등 일부 교과에 환경 내용을 반영하였고, 이후 제6차 교육과정부터 환경 교과목이 선택과목으로 개설되었다. 또한 우리나라는 환경교육진흥법의 제정을 통해 환경교육을 지속적으로 추진하고 있다. 학교교육단계별로 살펴보면 유치원의 누리과정에서는 신체운동·건강과 자연탐구영역에서 환경관련 지도서를 활용한 교육이 이루어지고 있다. 초등학교에서는 국어·사회·과학 등의 교과목에 환경관련 내용을 포함시키고 창의적 체험활동을 통해 환경교육을 실시할 수 있도록 하고 있다. 중학교와 고등학교에서는 학교장의 재량에 따라 환경 교과목을 선택적으로 개설할 수 있으며 창의적 체험활동을 통해 환경교육을 실시할 수 있다. 하지만 교육현장의 관심부족, 전문성있는 교사부족 및 입시 위주의 풍토로 말미암아 환경교육이 활발히 시행되지 않고 있는 실정이다(이미숙 외, 2013).

하지만 녹색생활 양식의 체득을 위한 녹색교육의 중요성이 부각되면서 초·

중등 교육과정에 각 교과목별로 녹색성장 관련 내용을 반영하고, 고등학교 선택 과목으로 환경과 녹색성장 교과서를 보급하며, 녹색성장 관련 교과과정 개발 및 운영과 교내·외 체험프로그램 실시를 위한 연구학교를 지정하는 등 많은 노력이 시행되고 있다.

특히 교육환경측면에서 친환경 기법이 적용되지 않은 노후한 초·중·고등학교를 자연친화적인 학교로 바꾸고 있다.[4] 학교건물을 친환경 자재로 교체하고, 신재생에너지를 설치하거나 에너지 절약형 시설로의 개선이 추진되고 있다. 또한 생태환경을 조성하여 그린스쿨로써 리모델링하고 있다. 친환경적인 학교조성을 통해 학생들의 정서함양과 인성교육에 필요한 환경교육의 장 및 인근 주민들과 공유할 수 있는 공간으로 활용되도록 추진하고 있다.

대학교는 환경교육 인력을 양성하는 역할도 수행하면서, 환경교육의 수요자이기도 하다. 대학교의 환경교육은 그린캠퍼스를 중심으로 이루어지고 있는데 그린캠퍼스 운동 사례를 공유하고, 체계적으로 추진하기 위해 2008년 11월에 한국그린캠퍼스협의회가 설립되었다. 또한 그린캠퍼스 조성을 위해 2009년 3월에 산림청과 가톨릭계 대학교간 MOU를 체결하여 대학의 녹색성장을 위한 교육을 확산시키고자 노력하였다(녹색성장위원회 외, 2009). 환경부는 2011년부터 대학의 그린캠퍼스 조성 지원사업을 추진하면서 2013년까지 고려대학교, 부산대학교, 계명대학교 등 20개의 대학을 선정하였다. 그린캠퍼스는 친환경적인 그린캠퍼스의 조성, 그린인재 양성, 대학 환경의식 개선을 지원하여 대학이 지속가능사회의 기반이 될 수 있도록 유도하고, 대학들의 온실가스 감축을 지원하여 국가 온실가스 감축 목표 달성에 기여하기 위해 추진하고 있다. 또한 대학들은 녹색성장과 관련된 교재편찬과 교과목의 개설을 통해 학생들에게 환경의 중요성을 일깨우고, 실천방안을 모색하는 노력을 추진하고 있다.

---

4) 2013년 기준 우리나라 전체에너지소비량(2,306,560toe)에서 건물부문의 에너지소비실적을 살펴보면 아파트(407,936toe), 상용(363,252toe), 학교(335,899toe)의 순이다(에너지관리공단, 2014). 즉 학교에서의 에너지소비량이 전체 에너지 소비의 약 14.6% 정도를 차지하고 있다는 것으로 학교에서의 온실가스 감축이 중요하다는 것을 시사하고 있다. 왜냐하면 학교는 전국에 고루 분포되어 있으며 소비패턴이 정형화되어 있기 때문에 전체적인 변화를 유도하기 용이하고 여기에 학교에서 이루어지는 에너지절약 및 관련 환경교육이 가정에서의 실천으로 유도될 수 있기 때문이다(국립환경과학원 외, 2014).

2) 사회차원의 녹색교육

학생뿐만 아니라 일반인, 공무원 등을 대상으로 녹색교육을 실시하기 위하여 자연환경연수원, 환경교육센터, 환경부 소속·산하기관 등이 활동하고 있다. 또한 초·중등학교 선생님을 대상으로 하는 생태체험 프로그램도 운영되고 있다.

기후프로젝트, 녹색환경협의회 등 환경교육단체는 소규모·생태체험 위주로 운영되며, 녹색성장교육을 포괄하기 위해서 체계적인 교재개발과 프로그램을 개발하고 있다(녹색성장위원회 외, 2009). 또한 환경운동연합, 녹색연합 등 녹색 NGO는 환경교육, 홍보, 캠페인 등을 통해 환경과 에너지 및 녹색성장의 중요성을 일깨우고 지속가능한 세상을 만들기 위해 노력하고 있다.

3. 시사점

녹색교육을 향한 해외 각 국가와 국내의 사례를 통한 시사점은 다음과 같다.

첫째, 해외의 각 국가들은 중앙정부 조직인 환경부(명칭은 나라마다 상이함)를 중심으로 환경 관련 법률을 제정하고, 학교와 사회에서의 환경교육을 중요시하고 있음을 알 수 있다.

둘째, 학교차원의 환경교육은 지속가능교육 구현과 환경 관련 내용을 학교의 정규 교육과정에 많이 포함시키고 있으며, 교사 교육도 강화하고 있다. 미국, 호주 등은 국가 수준의 환경교육 기준을 제시하여 학교환경교육의 성취 수준을 평가하고 있다. 국가 수준의 독립된 환경교육 교과목은 호주의 사회와 환경연구(SOSE)가 있고, 국가별로 환경관련 교과목을 통합하여 지도하거나 반영하기 위하여 노력하고 있으며, 일본은 종합적인 학습의 시간을 활용한 체험활동이 특징적이다. 우리나라도 환경관련 교과목이 일부 있지만 내실있는 교육이 이루어지고 있지 못한 실정이나 녹색성장의 중요성이 부각되면서 녹색교육의 실현을 위한 노력이 추진되고 있다.

셋째, 사회차원의 환경교육은 우리나라를 비롯한 대부분의 국가에서 전 계층을 대상으로 환경 NGO가 중심이 되어 많은 프로그램을 운영하면서 활발하게 추진되고 있으며, 주요 주제는 ESD, 녹색성장 등 다양하다. 최근 일반시민을 대상으로 하는 녹색교육과 학교의 형식교육을 상호 연계하여 발전시키는 방안에 많은 관심을 가지고 있는데, 특히 대학과의 공동연구와 기업의 연계를 활발하게 추진해 나가야 한다.

제4절 녹색교육의 전망과 과제

1. 전망

녹색교육은 학생들을 대상으로 하는 학교교육만이 아니라 국민 모두를 대상으로 녹색성장의 중요성을 인식하고 녹색생활 양식을 체득하게 하는 것이다.

녹색교육은 자연과 어우러지는 삶의 방식 속에서 행복을 발견하도록 해주고, 사회 변화를 녹색성장의 기준에서 판단할 수 있는 사고력을 지니게 하며, 지역 및 지구 환경문제의 예방과 해결에 적극적으로 참여할 수 있는 건강한 시민양성에 기여할 것이다(김형국, 2011).

녹색성장의 성패는 결국 국민의 이해와 참여에 좌우될 것이다. 교육의 중요성이 부각됨에 따라 학교환경교육은 유치원부터 대학까지 지속적·체계적인 교육 시스템이 강조될 것이며, 사회환경교육은 다양한 콘텐츠가 개발되고 시민과 유관 단체의 관심과 지원은 확대될 것으로 전망된다.

녹색교육은 환경교육이 지향하는 지속가능발전보다 실천성을 중요시한다. 녹색성장사회를 이룩하기 위해 내실 있는 녹색교육이 강조되고 있으므로 각종 체험프로그램과 실천운동이 발굴되고 활성화될 것으로 기대된다.

2. 과제

개인의 가치관 변화와 함께 행동의 변화를 유도하고 생활습관으로 자리 잡을 수 있도록 유아기부터 환경교육이 일상화되어야 한다. 이를 위해서는 가정교육과 학교환경교육 및 사회환경교육이 유기적인 관계를 유지해야 하며, 관련 교재 및 프로그램의 개발·지원 등이 필요하다(김임순, 2009).

녹색교육의 활성화를 위한 과제는 다음과 같다(교육부 웹사이트; 녹색성장위원회 외, 2009). 첫째, 초·중등교육단계에서의 녹색교육 확대이다. 미래의 녹색기술·산업에 대한 도전의식과 직업에 대한 개척능력을 제고하고 녹색생활의 체화를 유도하기 위해 에너지 절약, 환경오염 최소화 등과 관련한 교내·외 체험 프로그램을 집중 개발하고 사례를 통한 교육을 활성화하도록 한다. 특히 어릴 때부터 녹색생활을 습관화할 수 있도록 저학년은 녹색환경교육을, 고학년은 녹색성장교육의 비중을 확대하는 방향으로 나아가야 한다. 녹색교육을 담당할 인력의 양성을 위해 교원을 대상으로 하는 녹색교육 연수를 강화하고, 녹색교육을 선도할 교육기관의 육성과 교내외의 녹색성장 교육을 연계시켜 확대하여야 한다.

둘째, 대학 단계에서의 녹색교육 및 평생교육 강화이다. 캠퍼스 내에서 저탄소 실행방안을 계획·실천하고 성과를 공유하는 그린캠퍼스 운동을 현재보다 확대·추진해야 한다. 대학 내에서도 녹색기술 관련 연구개발과 녹색산업인력의 양성을 위한 전공개설 및 관련 연구소의 설치가 확대되도록 정책적인 지원이 요구된다. 양성된 녹색교육 전문가에 대해서는 인사 풀(pool)을 데이터베이스화하여 각종 교육프로그램에 활용하여야 한다. 또한 지역특성을 반영한 교육프로그램 개발과 체험 프로그램 운영 등 대학의 지역서비스를 강화해야 한다. 지역차원에서도 녹색성장 관련 평생교육을 강화하기 위하여 녹색시민 양성 강좌를 개설하고, 지자체 및 지역 NGO와 녹색생활 확산을 위한 실천운동을 전개하는 등의 노력이 지속적으로 필요하다.

셋째, 녹색교육의 세계화 추진이다. 녹색교육에 대한 인식의 폭을 넓히기 위해서는 국제기구의 환경 및 녹색성장 관련 교육에 동참하고, 녹색교육에 대한 국제협력 및 공조체제를 구축하여야 한다. 녹색교육 성과의 국제 홍보 및 확산을 통해 차별화된 한국형 녹색교육의 세계화를 이룩하여 녹색성장을 선도하여야 한다. 이와 같은 녹색교육의 세계화로 녹색시민과 녹색인재를 양성하고, 궁극적으로 저탄소 녹색성장을 통한 녹색일류국가를 구현할 수 있도록 한다.

추천자료

환경교육은 환경교육센터, 한국환경교육협회, 환경교육연구지원센터, 한국환경교육학회 등을 통해 관련 정보를 얻을 수 있다. 또한 녹색생활을 실천하는 녹색시민양성교육에 관한 자료는 아래의 자료를 통해 도움을 얻을 수 있다.

국립환경과학원 외(2014), 학교에서의 온실가스 감축방안 연구(Ⅱ), 국립환경과학원.
녹색성장위원회(2009), 녹색성장 5개년계획(2009~2013).
____________ (2014), 제2차 녹색성장 5개년 계획.
녹색성장위원회 외(2009), 녹색성장교육 활성화 방안.
http://greengrowth.go.kr(녹색성장위원회)
http://www.kb21.org(경북의제21)
http://www.me.go.kr(환경부)

tip

환경교육

환경교육은 인간, 인간의 문화, 그리고 인간의 생물·물리적인 주변환경 간의 상호 관련성을 이해하고 올바르게 인식하는데 필요한 기능과 태도들을 개발시키기 위하여 가치를 인식하고 개념들을 명료화하는 과정이다. 또한 환경의 질에 관련된 문제들에 대한 행동규범을 결정하고 수립하는 실행과정을 동시에 수반한다. 환경교육의 목적은 모든 사람들이 환경문제의 예방과 해결에 필요한 인식, 지식, 태도, 기능 등을 갖도록 하고 환경문제의 해결과정에 적극적으로 참여할 수 있는 기회를 제공하는 것이다. 더 나아가 환경문제의 심각성에 대한 인식의 고양을 통하여 환경문제에 대해 바람직한 의사결정과 그에 따른 실천적 활동을 이끌어내는 데에 그 궁극적인 목적이 있다. 환경교육의 내용은 환경에 관한 교육, 환경으로부터의 교육, 환경을 위한 교육으로 구분된다. 현재 우리나라 환경교육의 영역은 자연환경, 인공환경, 인구, 산업화·도시화, 자원, 환경오염, 환경보전과 대책, 환경위생, 환경윤리, ESSD, 건전한 소비생활등 11개 영역을 제시하고 있다(한국민족문화대백과사전).

BLK-program 21

1999년에 시작된 독일의 연방 정부와 주정부 간의 회의체인 교육계획과 연구촉진을 위한 연방-주 위원회(BLK)에서 진행한 모델 프로그램인 지속가능발전을 위한 교육을 말한다.

호바트 선언(Hobart Declaration)

1989년에 행해진 Hobart 선언은 호주의 학교교육을 위한 10가지 국가 목표로 구성되어 있는데 환경교육과 직접적으로 관련된 목표는 두 가지이다. 첫째, 지구 환경의 균형적 개발에 대한 이해와 관심을 높여나갈 것, 둘째, 도덕성, 윤리, 사회정의 문제에 대한 판단력을 훈련하는 것이다.

애들레이드 선언(Adelaide Declaration)

애들레이드 선언은 21세기의 학교교육을 위한 새로운 국가 목표를 다듬어 발표한 것이다. 각 주와 교육 장관이 교육, 고용, 훈련과 청소년 문제에 관한 각료 회의를 애들레이드에서 열었다. 1999년의 애들레이드 선언은 1989년 호바트 선언(Hobart Declaration)을 검토한 1998년의 토론 보고서를 토대로 만들어졌으며 이전의 문서를 대체하게 되었다.

애들레이드 선언의 서문에 따르면 '호주의 미래는 필요한 지식과 기능을 습득하며 열린 사회에서 생산적이고 살아볼만한 삶의 가치를 추구하는 시민 개개인에게 달려 있다.' 고 전제하고 이것이 질 높은 학교교육이 성취해야할 핵심이라고 언급하였다. 이 선언문의 내용은 청소년의 학습능력 및 학습능력을 개발하는 데 있어서 학교교육의 역할을 강조하고 있다. 동시에 아이들에 대한 1차 교육자로서 부모의 역할과 학습 과정에서 교사의 중심적 역할도 함께 인식하고 있다.

탐구학습

1. 주요개념
   - 환경교육
   - 녹색교육
   - ESD
   - 그린캠퍼스
2. 토론 및 과제
   - 녹색교육의 개념과 필요성
   - 환경교육과 녹색교육
   - 녹색교육 관련 근거법과 그 내용
   - 학교와 사회에서 녹색교육의 활성화방안

참고문헌

국립환경과학원 외(2014), 학교에서의 온실가스 감축방안 연구(Ⅱ), 국립환경과학원.
김임순(2009), 저탄소 녹색성장, (주)도서출판 북스힐.
김형국(2011), 녹색성장 바로 알기, (주)나남.
녹색성장위원회(2009), 녹색성장 5개년계획(2009~2013).
녹색성장위원회 외(2009), 녹색성장교육 활성화 방안.
이미숙・김지연(2013), 환경교육 활성화를 위한 법제도 개선방안, 한국환경정책・평가연구원.
에너지관리공단(2014), 2013년 에너지사용량 통계.
환경부(2004), 주요 외국의 환경교육 비교 연구.
http://ekp.me.go.kr(환경지식포털)
http://greengrowth.go.kr(녹색성장위원회)
http://panasonic.co.jp/eco/petec(파나소닉)
http://www.kb21.org(경북의제21)
http://www.me.go.kr(환경부)
http://www.mest.go.kr(교육부)

제 5 편

기후변화와 국제사회의 협력과 대응

본 편에서는 기후변화와 지구온난화에 대응하기 위한 범지구적 국제사회의 협력을 다룬다. 구체적 내용은 기후변화와 국제협력의 의의, 기후변화와 국제협력의 내용, 기후변화와 주요국가의 대응, 그리고 기후변화와 녹색성장의 국제개발협력에 대해 살펴보기로 한다.

제1장

기후변화와 국제협약의 의의

제1절 기후변화와 국제협약의 의의

1. 기후변화와 국제협약의 대두배경

산업혁명을 계기로 인류는 농경사회에서 산업사회로의 전환을 맞이하게 되지만 더불어 자원고갈과 급속한 생태환경의 변화에 직면하게 되었다. 생태환경의 변화는 지구온난화, 오존층파괴, 사막화의 진전, 엘니뇨와 라니냐현상 등으로 나타나고 있으며, 전체적으로는 범지구차원의 기후변화를 초래하여 인류의 존망을 위협하는 수준으로까지 진행되고 있다.

현재 진행중인 기후변화는 다음과 같은 점에서 더 이상 방치할 수 없는 중대한 사안이라 할 수 있다. 첫째, 기후변화가 미치는 영향의 범위가 국가 단위를 뛰어 넘어 매우 광역적이라는 점이다. 이 사실은 문제해결을 위한 정책단위가 개별국가로 되어 있는 현행 대응방법으로는 근본적인 효과를 거둘 수 없다는 점을 시사하고 있다.

둘째, 금세기 들어 기후변화의 진행속도가 더욱더 빨라지고 있어 대응책 마련이 시급하다는 점이다. 2013년 발표된 기후변화에 관한 정부간 패널(Intergovernmental Panel on Climate Change: IPCC) 제5차 보고서에 의하면 2010년 기준으로 과거 133년간 지구의 평균기온이 0.85℃ 상승하였으며, 이 영향으로 해수면이 110년간 19㎝ 상승하였다고 한다. 또한 이러한 추세가 계속될 경우 2100년에는 평균기온 3.7℃, 해수면 63~98㎝ 상승하고 생물종의 30~40%의 멸종을 예상하고 있다.

셋째, 기후변화로 인한 생태환경의 변화는 임계점을 넘을 경우에는 원상회복이 불가능하다는 비가역성에 있다. 기후변화의 원인이 인류의 활동에 기인하고 있으며 또한 임계상태에 직면하고 있다면 더 늦기전에 대책을 강구해야만 할 것이다.

기후변화가 인류생존에 미치는 영향에 대응하는 문제는 광역성, 시급성, 비가역성으로 인해 개별 국가단위에서 해결가능한 문제가 아니라 국제적인 문제로서 범위가 시간적·공간적으로 확대되고 있다.

기후변화에 따른 지구환경문제는 세계 각국의 협력과 공동대응이 필요하다는 점을 인식하게 된 것은 비교적 최근의 일이다. 현재 세계 각국은 기후변화에 따른 지구환경문제에 공동으로 대처하기 위한 지속적인 논의를 진행하고 있으며 구속력 있는 국제협약을 체결하기에 이르렀다.

2. 국제협약의 개념

국제협약이란 국가나 국제기구사이에 공통의 이해관계가 필요한 문제에 대하여 합의한 사항을 문서화한 것이다. 국제협약에는 합의된 문제의 성격, 범위, 구속력의 여부에 따라 조약(treaty), 협약(convention, conference), 협정(agreement), 약정(arrangement), 의정서(protocol) 등 다양한 형태가 있다.

조약이란 특정 사안에 대하여 국가와 국가사이에 맺은 법적 구속력을 가진 약속으로 당해 국가가 의회 등을 통하여 이를 비준하면 그 국가의 법으로서 효력을 가지게 된다. 조약은 국교수립과 같은 중요한 문제에 대한 국가간의 합의로 큰 틀에 대한 원칙을 내용으로 담고 있으며, 주로 외교관계에서 많이 이용되고 있다. 또한 넓은 의미로 조약은 국가나 국제기구사이에서 이루어진 협약, 협정, 약정 등 모든 형태의 국제적 약속을 총칭하기도 한다.

협약은 다양한 형태의 국가간 합의를 정리한 문서로 상당히 널리 사용되고 있다. 협약은 특정 분야에 대한 입법적 성격의 합의가 필요한 경우에 많이 사용되고 있으며, 특히 국제기구의 주관으로 개최된 국제회의에서 체결되는 조약의 경우에도 사용되고 있다. 그리고 협약에는 조약에서 합의된 사안에 따른 부속내용을 정리한 것도 있으며, 조약이 두 나라사이에서 합의된 사항이라면 협약은 다자적 성격을 지닌 문제에 대한 국가간 합의라 할 수 있다.

협정은 조약보다는 중요도가 떨어지는 사안이나 효력의 범위가 한시적인 내용에 대한 국가간의 합의에 많이 사용되고 있다. 협정은 주로 행정부가 주도하여 체결하는 국제적 합의에 이용되고 있으며, 민간단체와 국제기구간의 합의에도 협정이라는 용어가 사용되는 경우가 있다.

의정서는 기본문서에 대한 내용의 개정이나 보충적인 성격을 띠는 조약에 주로 사용되고 있으나, 최근에는 전문성을 띠고 있는 다자간 조약에도 많이 사용되고 있다. 또한 의정서는 어떤 문제에 관한 교섭이 장기화되어 그동안의 교섭과정을 요약하여 합의할 경우나 회의가 종료된 후 회의기간에 이루어진 합의를 요약, 재해석, 적용범위에 관한 합의서 등 세부적인 내용까지를 포함할 경우에 주로 사용된다.

일반적으로 외교적인 문제에 대한 국가간 합의에는 조약과 부속합의 내용을 포함한 협약이 주를 이루고 있으며, 자유무역, 투자보장과 같은 경제적인 관계에서는 협정의 형태가 많이 사용되고 있다. 환경관련 국제적인 약속은 주로 협약과 의정서의 형태로 이루어지고 있다. 협약의 형태로는 바젤협약, 유엔기후변화협약, 생물다양성보존협약, 런던협약 등이 있으며, 의정서는 오존층파괴에 대응책을 구체적으로 명시한 몬트리올의정서와 온실가스 규제의 국제적 범위와 방법을 제시한 교토의정서 등이 있다

1992년 리우회의에서 세계 각국은 기후변화의 원인인 온실가스 감축을 위한 노력에 원칙적으로 합의하여 유엔기후변화협약을 체결하였으며, 기후변화 방지에 노력하기로 하였다. 이후 당사국총회를 매년 개최하여 세부적인 방안(국가별 감축목표 설정 등)에 대한 논의를 거듭하고 있다.

3. 국제협약의 중요성

지구환경문제는 개별 국가차원에서의 해결이 불가능하다는 인식에 따라 국제기구의 필요성이 증대되고 있으며 이에 따라 국제협력의 필요성이 제기되고 있다.

첫째, 국제협력의 실효성을 확보하기 위해서는 협정을 강제할 수 있는 조치의 마련이 필요하다. 현재 세계 각국은 자국의 경제적 이익을 우선적으로 생각하기 때문에 상이한 이해관계로 인하여 실효성 있는 해결방안의 도출이 매우 어려운

형편이다. 온실가스 배출에 대한 책임소재가 주요 선진국에 있다는 점에서는 의견 일치를 보고 있으나 감축목표와 감축일정 설정에서 합의도출은 쉽게 이루어지지 않고 있다.

둘째, 온실가스 감축을 위한 자발적인 참여가 중요하다. 선진국과 개발도상국 간에 견해차이가 나타나고 있는데 선진국의 경우 기후변화를 환경문제로 취급하고자 하는 반면, 개발도상국은 기후변화를 경제문제로 다루고자 하는 입장차이가 있다. 또한 선진국은 개발도상국 특히 중국, 인도 등에 대하여 수준 높은 온실가스배출량 규제를 요구하고 있으나, 개발도상국은 온실가스는 산업화의 부산물이므로 배출증가는 선진국의 1인당 배출수준까지 허용되어야 하며 개발도상국의 배출감축 조치 이행에 따른 재정지원을 요구하고 있다.

셋째, 지구온난화 등 지구환경문제에 대한 공통의 관심과 해결방안 모색은 지구의 번영과 인류의 안녕을 가져올 것이라는 강한 믿음이 필요하다. 이를 통해 국제협약은 중요한 지구문제의 해결사로서 역할을 하게 될 것이다.

제2절 기후변화 관련 국제협약의 추진경위

1. 문제제기

20세기에 들어 산업혁명 이후의 급속한 인구증가와 경제활동이 생태환경의 변화를 초래하여 인류의 생존과 지속가능발전에 위협이 될 수 있다는 문제가 제기되었다. 이러한 문제제기는 지구온난화에 관련된 문제와 지속가능한 성장을 위한 자원고갈 문제, 인류의 삶을 지탱하는 환경의 오염문제로 대별할 수 있다.

먼저 지구온난화에 대한 문제제기는 1939년 영국의 과학자가 대기중의 이산화탄소(CO_2)농도 증가로 지구온난화가 발생되었다고 주장한 것이 출발점이라 할 수 있다. 이 문제제기에 대하여 당시 학계에서는 바다가 CO_2를 충분히 흡수할 수 있다고 보아 반응은 회의적이었다. 그러나 1950년 미국 해양연구소의 Revelle 교수 등이 빙하가 빠른 속도로 CO_2를 흡수할 수 없다는 연구결과를 발표하였고, Kelling교수는 대기중 CO_2농도 변화를 체계적으로 관측하여 분석한 결과 인류

활동과 인구증가가 지구대기시스템 변화에 상당한 영향을 주고 있다고 발표하였다. 그러나 당시 지구온난화에 관한 문제제기는 그다지 심각하게 받아들여지지 않았으나 1979년 G. Woodell과 G. MacDonald 등의 과학자들이 지구온난화의 심각성을 경고한 후로 세계적으로 주목받기 시작하였다.

이에 따라 인류활동이 기후변화에 미치는 영향에 대한 관심이 높아졌으며 1979년 스위스 제노바에서 세계기상기구(World Meteorological Organization: WMO)주관으로 개최된 제1차 세계기후회의에서 온실가스 감축에 대한 국제적인 논의가 본격적으로 시작되었다. 이후 1988년 세계기상기구와 유엔환경계획(United Nations Environment Programme: UNEP)에 의한 기후변화에 관한 정부간 패널(IPCC)의 설립에 이어 1992년 리우 환경정상회의에서 기후변화에 관한 유엔기본협약(UNFCCC)을 체결하여 지구온난화 문제에 대하여 국제적인 관점에서 대응하기에 이르고 있다.

다음은 산업혁명 이후의 과도한 경제성장이 자원, 식량의 고갈을 유발시켜 인류의 지속가능한 성장에 부정적 영향을 미칠 수 있다는 문제제기이다. 이 문제는 세계 각국의 과학자, 경제학자, 교육자, 기업경영자들을 구성원으로 설립된 민간연구단체인 로마클럽(Club of Rome)에서 최초로 제기하였다. 로마클럽은 과도한 경제성장에 따른 천연자원의 고갈, 환경오염, 개발도상국의 폭발적인 인구증가 등 인류의 위기에 대한 해결책을 모색하고자 1970년에 설립되었다. 1972년 발표된 로마클럽의 보고서 성장의 한계(The Limits of Growth)에서는 현행 성장패턴을 유지할 경우 인구는 급속히 증가하는데 반하여 부존자원은 감소하여 멀지 않은 장래에 가용 부존자원의 양이 인구성장을 지탱할 수 없는 상황이 도래할 것이라는 비관적인 전망을 발표하였다. 이 보고서는 성장과 자원, 환경과의 관계에 대한 많은 연구를 유발하여 후일 지속가능발전(environmentally sound and sustainable development: ESSD)개념으로 발전하였으며 더 나아가 오늘날 대세를 이루는 녹색성장의 필요성에 대한 기본개념을 제공하고 있다.

마지막 문제제기는 경제활동의 결과로 발생되는 폐기물의 국가간 이동에 관한 문제, 오염물질의 해양투기, 오존층파괴 문제, 사막화의 확대, 생물다양성의 붕괴 등 환경파괴의 문제가 인류의 삶에 위협이 되고 있으며, 이에 대한 국제적인 대응책 마련이 시급하다는 점을 강조하고 있다. 이 문제에 대하여 1970년 이후 환경변화의 사안별로 문제발생 메커니즘과 원인규명, 대책마련이 이루어져 오고 있으나 최근에는 기후변화방지를 중심으로 한 대응책 마련에 부심하고 있다.

2. 추진경위

산업혁명 이후 야기된 생태환경의 변화는 범지구적으로 영향을 미치고 있으며, 대응을 더 이상 미룰 경우 돌이킬 수 없는 사태를 초래할 수 있다는 공통의 인식을 바탕으로 국제적인 차원에서 대응에 나서고 있다. 지구차원의 환경문제에 대한 문제제기와 국제적 대응의 경위를 살펴보면 다음과 같다.

우선 1939년에 지구온난화의 원인이 대기중 CO_2 농도증가에 기인한다는 문제제기가 있었으며 1950년 실증연구를 통해 연관성이 밝혀지게 되었다. 이에 따라 세계 각국은 문제의 심각성을 공유하고 지속적인 조사와 연구에 박차를 가하게 된다. 1972년에는 세계기상기구(WMO)산하의 세계기상회의에서 온실가스에 대한 국제적인 논의를 시작하게 되었다. 세계 각국은 온난화의 진전과 더불어 문제의 심각성을 인식하여 1988년에는 세계기상기구와 유엔환경계획(UNEP)가 공동으로 IPCC를 설립하여 기후변화에 대한 본격적인 대응에 나서게 된다. IPCC는 체계적인 연구를 실시하여 1990년 제1차 보고서를 발간, 지구온난화가 CO_2 등의 온실가스에 의해 발생된다고 보고하였다. 1990년 UN총회에서 3차례의 정부간 협상위원회(INC)를 개최한 결과 유엔기후변화협약(UNFCCC) 초안을 마련하였다. 그리고 1992년 브라질 리우데자네이로에서 열린 세계 환경정상회의에서 선진국과 개발도상국간 차별화된 온실가스 감축 부담의무를 원칙으로 하는 유엔기후변화협약을 채택하기에 이르렀다. 이 협약은 후일 기후변화에 대응하는 가장 중요한 국제적 협약으로 자리매김하게 된다.

유엔기후변화협약은 기본협약으로 기후변화 대응을 위한 큰 틀의 합의는 이루었으나 선진국의 국가별 감축수준, 이행연도와 같은 구체적인 의무규정은 매년 당사국총회(Conference of Parties: COP)를 개최하여 정하기로 했다. 이를 위해 1995년 제1차 베를린 당사국총회에서는 온실가스 감축 논의를 위한 특별그룹(Ad hoc Group on Berlin Mandate: AGBM)을 구성했으며 2000년 이후의 온실가스 감축방안을 1997년까지 마련하기로 결정했다. AGBM은 1995년 이래 1997년까지 모두 8차례 회의를 통해 구체적인 이행방안을 담은 의정서 초안을 마련하였다.

1997년 일본 교토에서 열린 제3차 유엔기후변화협약 당사국총회에서 2008~2012년까지 구속력 있는 온실가스 감축을 명문화 한 교토의정서가 채택되었다. 이로서 기후변화에 대응하기 위한 온실가스 감축문제는 기본적인 틀을 정비하게 되었고 구체적인 실천모드로 진입하게 되었다.

그리고 2007년 인도네시아 발리에서 열린 제13차 당사국총회에서는 발리로드맵이 도출되어 교토의정서 1차 공약기간 이후(post-2012체제)의 국가별 감축목표와 행동강령을 담은 초안을 2009년 6월까지 완성하기로 하였다. 그러나 선진국과 개발도상국의 입장차이가 너무 커 협상이 지지부진하게 되어 2009년 코펜하겐합의에서 협상시한을 1년 연장하기로 합의하였다.

2011년 남아프리카공화국 더반에서 열린 제17차 당사국총회에서는 선진국과 개발도상국이 모두 참여하는 신기후체제[1]에 대한 논의가 시작되었으며, 개발도상국의 기후변화대응을 지원하는 재원마련을 위한 녹색기후기금(Green Climate Fund: GCF)의 설립에 합의하였다.

2012년에 카타르 도하에서 열린 제18차 당사국총회에서는 각국의 이해관계의 첨예한 대립으로 타협점을 찾지 못하고 있던 교토의정서 제2차 공약기간의 시한을 2018년에서 2020년으로 연장하였다. 2014년 페루의 리마에서 열린 제20차 당사국총회에서는 온실가스 감축에 대한 국가별 자발적 기여방안(Intended Nationally Determined contribution: INDC)의 제출범위, 시기, 방법론을 정리한 리마요청(The Lima Call for Climate Action)에 합의하여 선진국과 개발도상국 모두가 신기후체제에 동참하기로 합의하였다.

한편 환경변화에 대응하는 국제협약에는 사안별로 문제해결을 위한 국제적인 대응노력도 있다. 우선 폐기물로 인한 환경오염과 관련된 국제협약으로는 런던협약과 바젤협약이 있다.

런던협약은 폐기물의 해양투기로 인한 해양오염을 방지하기 위하여 체결된

---

1) 제2차 교토의정서 종료시점인 2020년 이후에 기후변화에 대응하는 체제로 선진국뿐만 아니라 개발도상국에게도 일정한 의무와 책임을 부과하는 새로운 기후변화체제이다.

〈표 5.1.1〉 기후변화 관련 국제사회의 대응추이

■ 문제제기

- 1939년 지구온난화가 대기 중 이산화탄소 농도증가로 발생하였음
- 1950년 인류활동이 지구대기시스템 변화에 상당한 영향을 미침(미국 해양연구소 kelling)
- 1972년 로마클럽 성장의 한계보고서 발표

■ 대응

- 1972년 세계기상기구의 세계기상회의에서 온실가스에 대한 국제적 논의 시작
- 1988년 세계기상기구와 유엔환경계획 공동으로 IPCC 설립
  - 1990년 1차보고서에서 지구온난화의 원인이 온실가스이다 규정
- 1990년 UN총회에서 IPCC 주도로 유엔기후변화협약(UNFCCC)초안 마련
- 1992년 리우 환경정상회의에서 유엔기후변화협약 채택
- 1995년 기후변화협약 제1회 당사국총회 (이후 매년 개최)
  - 1997년 교토의정서 채택 (2007~2012년)
  - 2007년 발리로드맵 (post-2012년 체제 논의)
  - 2009년 코펜하겐합의문(post-2012체제 협상시한 연장)
  - 2011년 더반플랫폼(신기후체제 논의, 녹색기후기금 설립 합의)
  - 2012년 도하개정안 채택(제2차 공약기간 변경: 2013~2020년으로 변경)
  - 2014년 리마합의(신기후체제 설립에 합의)
  - 2015년 파리협정채택(신기후체제 도출)

국제협약으로 1972년에 채택되어 1975년부터 발효되었다. 런던협약은 유럽 각국의 폐기물 해양투기로 북해의 오염이 심해짐에 따라 이를 방지하기 위한 오슬로협약이 모체가 되었다. 한국은 1992년에 가입하였다.

바젤협약은 유해폐기물의 국가간 이동과 처리를 규제하려는 목적으로 1981년 제9차 유엔환경계획 총회에서 다루어진 이래 여러차례의 회의를 거쳐 1989년 스위스 바젤에서 제정된 협약으로 1992년부터 발효되었다.

몬트리올의정서는 오존층 파괴물질인 염화불화탄소(CFCs)의 생산과 사용을 규제하려는 목적에서 제정한 협약으로 1989년 발효되었으며 한국은 1992년에 가입하였다. 이에 따라 염화불화탄소와 같은 규제물질을 포함한 냉장고나 에어컨 등의 제품은 1992년 이후 비가입국으로부터 수입할 수 없게 되었다.

생물다양성보존협약은 지구상의 생물종을 보호하기 위한 협약으로 1987년 유

엔환경계획이 생물종의 보호를 위해 전문가회의를 개최한 것이 시작이다. 그 후 여러 차례에 걸친 회의를 통해 1992년 유엔환경개발회의에서 158개국 대표가 서명함에 따라 채택되었고 1993년부터 발효되었다.

유엔기후변화협약은 지구온난화의 원인이 되는 온실가스 배출량을 억제하기 위한 협약이다. 지구온난화를 일으키는 온실가스에는 탄산가스, 메탄, 이산화질소, 염화불화탄소 등 여러가지 물질이 있다. 이 협약은 1992년 리우회의에서 채택되어 1994년부터 발효되었다.

제3절 기후변화 관련 국제협약의 전망과 과제

1. 전망

IPCC는 세계 온실가스 추계배출량 시나리오를 토대로 21세기말까지 지구의 온도상승을 산업화 이전 대비 2℃이하로 억제하라는 목표를 제시했다. 이를 위해서는 2050년까지 대기중 CO_2의 농도를 450ppm 이하로 유지하도록 권고하고 있다(김형국, 2011). 이 목표를 달성하기 위한 국제협약의 역할이 매우 중요하며 전망은 다음과 같이 요약할 수 있다.

첫째, 지구온난화라는 범지구적인 환경문제를 해결하기 위해서는 전세계 모든 국가가 참여하는 국제협약이 필연적으로 요구된다. 현재 온실가스 감축에 개발도상국의 참여를 요구하는 선진국과 국제사회에 대한 기술적·재정적 지원확대를 요구하는 개발도상국사이의 상반된 이해관계는 인류의 지속가능한 발전이라는 대전제하에서 상호간의 양보가 필요하다. Post-2012체제에서 선진국은 통일된 기준에 의한 온실가스 감축목표의 설정과 철저한 이행이 요구되며 개발도상국에 대한 온실가스 저감기술, 대체에너지 개발 및 기술이전과 재정적 지원이 점진적으로 이루어질 것으로 전망된다.

둘째, 개발도상국은 온실가스 감축을 통한 지구온난화에 대응하기 위한 자발적인 노력을 구체적이고 장기적인 계획수립으로 이행하는 것이 궁극적으로 자국의 경제발전을 가져올 것이라는 확신을 가져야 하며 국제협약에 적극적인 참여가 있을 것으로 예상된다.

셋째, 지구온난화에 따른 온실가스 배출규제, 환경규제는 그린보호주의, 탄소세, 벌과금부과 등 새로운 무역규제로 이어져 새로운 세계경제질서 체계를 구축할 것으로 예측되며 국제협력은 향후에도 그다지 순탄하지 않을 것으로 전망된다.

2. 과제

1) 국제협약의 명확한 목표설정

선진국, 개발도상국 공히 온실가스 감축 등의 명확한 목표설정이 있어야 하며 특히 온실가스 배출량이 많은 국가들은 보다 긴밀한 협력으로 지구온난화 방지에 선도적인 역할을 하여야 한다.

2) 달성수단의 구체화

국제협약의 이행을 지원하기 위하여 공동의 국제연구를 통해 불확실한 기존의 개념정립과 과학적이고 객관적인 자료와 논의가 필요하다. 무엇보다도 온실가스의 개념정립부터 요구되며 과학적 논의를 토대로 온실가스 감축방안, 대체에너지 적응, 선진국의 환경관련기술의 과감한 개발도상국 이전과 개발도상국에 대한 재정지원의 수단을 구체화하는 것이 요구된다.

3) 피드백을 통한 이행의지 강화

온실가스감축 목표 대비 실행여부에 대하여 일관된 기준에 의한 평가가 이루어져야 하며 이를 토대로 실적이 미흡한 국가에 대한 제재가 필요하다. 즉 합리적인 피드백을 통한 검증으로 이행의지를 강화하도록 할 필요가 있다. 국제협약에의 적극적인 참여는 에너지를 절감하고 신재생에너지 관련기술로 세계시장의 선도, 새로운 고용창출 등 개별 국가경제 발전에도 도움이 된다는 인식의 전환이 요구된다.

추천자료

기후변화와 국제협력의 의의를 학습하기 위해서는 유엔기후변화협약 홈페이지, 기후변화 홍보포털 등을 검색하거나 환경부에서 발행한 기후변화 자료를 참고하면 된다.

환경부(2008), 기후변화의 이해.
환경부 · 그린스타트 네트워크(2009), 그린리더 업무 매뉴얼.
http://geis.kemco.or.kr(온실가스배출량 정보시스템)
http://www.gihoo.or.kr(기후변화홍보포털)
http://www.unep.or.kr(국제연합환경계획 한국위원회)
http://www.crik.re.kr(한국기후변화대응센터)
http://www.climate.go.kr/home/03_policy/01.html(기상청 기후변화정보센터)
http://www.unfccc.int/(유엔기후변화협약)

tip

로마클럽(Club of Rome)

로마클럽은 1968년 이탈리아에서 결성된 국제적인 민간 연구단체로 범지구적 관점에서 인류가 직면하고 있는 자원고갈과 환경오염 등 인류문화의 발전에 관한 연구와 보고, 계몽활동을 하고 있다. 1972년에 로마클럽에서 발표한 성장의 한계라는 보고서는 지구 전체의 성장률을 현 수준으로 유지할 경우 자원 · 식량 · 환경의 면에서 성장의 한계가 나타난다고 지적하여 세계적인 주목을 받았다. 이 영향으로 세계는 지속가능한 성장 방법을 모색하기에 이르렀다. 그 후 외적 · 물리적 한계의 강조보다도, 지구상의 지역 간 불균형, 인류 공통의 세계상에 대한 탐구 · 학습이나 상호이해의 시스템 제창 등으로 활동의 중심이 옮겨졌다. 전환기에 선 인간사회, 국제질서의 재편성, 낭비의 시대를 넘어서, 인류의 목표, 한계 없는 학습이라는 일련의 보고서가 발표되었다. 1970년대에 인류의 발전방향에 대한 경종을 울린 로마클럽의 계몽적 역할은 매우 크다고 할 수 있다(환경용어사전, 환경산업무역포털).

엘니뇨(El Nino)와 라니냐(La Nina)

엘니뇨는 동태평양 적도지역의 넓은 범위에서 해수면온도가 6개월 이상 지속적으로 평년보다 0.5℃ 이상 높은 현상을 말한다. 엘니뇨로 인해 수온이 높아지면서 영양염류와 용존산소의 감소로 어획량이 줄어들고 어장이 황폐해지고, 상승기류가 발생하여 중남미 지역에 폭우나 홍수 등 기상이변이 일어난다. 이 영향으로 태평양 반대쪽에 위치한 호주일대에는 가뭄이 오고 태평양 양쪽 모두에 기상이변을 초래한다. 우리나라의 경우에는 엘니뇨가 발생하게 되면 여름은 저온, 겨울은 고온현상이 일어난다.

라니냐는 엘니뇨와 반대되는 현상으로 태평양의 해수온도가 높아지면서 동태평양의 저수온 현상이 발생하는 것을 말한다. 라니냐는 엘니뇨가 시작될 때나 끝날 때, 또는 예년에 비해 적도상의 무역풍 세력이 강해질 때 주로 발생한다. 강한 무역풍의 영향으로 서태평양의 적도부근에는 두꺼운 온수층이 형성되고 동태평양의 온수층은 얇아지게 된다. 라니뇨는 인도네시아, 필리핀 등의 동남아시아에서 강수량을 높이고, 페루 등 남아메리카에서는 가뭄이 심해지게 된다. 뿐만 아니라 태평양연안의 중위도 지방에 한파와 가뭄 등 이상기후를 발생시키기도 한다.

세계기상기구(WMO)

세계기상기구는 1951년 세계적인 기상관측체제의 수립, 관측의 표준화 및 국제적인 교환, 타 분야에 대한 기상학의 응용, 그리고 저개발국에서의 국가적 기상서비스의 개발을 추진하기 위해 설립되었다.

조직은 회원국 기상청장이 4년마다 모여 주요사업과 예산, 주요정책을 결정하는 총회와 총회 결정사항 이행을 위한 집행기구로서 매년 37개국 기상청장만이 참여하는 집행이사회(EC), 그리고 전 세계를 6개 지역별로 구분하여 지역차원의 기상문제를 4년마다 논의하는 지역협의회(RA)와 과학기술프로그램 이행을 위해 역시 4년마다 개최되는 8개 기술위원회(TC) 및 행정지원 등을 위한 WMO 사무국(스위스 제네바 소재)이 있다. 우리나라는 1956년 68번째 회원국으로 가입하였으며, 2015년 기준 189개 회원국으로 구성되어 있다.

탐구학습

1. 주요개념
   - 국제협약
   - 지구온난화
   - 기후변화에 관한 정부간 패널(IPCC)
   - 지속가능발전(ESSD)
2. 토론과 과제
   - 기후변화 관련 국제협약의 대두배경
   - 지구온난화와 온실가스의 관계
   - 기후변화 관련 국제사회의 대응추이
   - 지구환경변화에 대응하는 국제협약의 종류

참고문헌

국무총리실 기후변화대책기획단(2008), 기후변화대응 종합기본계획.

김정인 · 김진욱(2008), "한중일의 기후변화 대응 정책에 대한 비교 연구", 동북아경제연구, 제20권 제2호.

김형국(2011), 녹색성장 바로알기, (주)나남.

박재목(2009), 제1기 녹색성장과 기후변화 대응전략 교육, 한국지방행정연구원.

윤순진(2007),영국과 독일의 기후변화정책, ECO, 제11권 1호.

윤영채 · 김종서(2009), "지구온난화 방지를 위한 실효적 방안 연구", 사회과학연구, 제20권 1호, 충남대학교 사회과학연구소.

한국방송신문연합회(2009), 녹색성장과 신환경정책 I.

환경부(2008), 기후변화의 이해.

환경부 · 그린스타트 네트워크(2009), 그린리더 업무 매뉴얼.

淺岡美惠(2009), 世界の地球温暖化對策, 學藝出版社.

제2장

기후변화와 국제협약의 내용

제1절 유엔기후변화협약

1. 배경과 경위

1972년 세계기상기구(WMO)가 주관하는 제1차 세계기후회의에서 인간의 활동에 의한 기후변화 가능성과 그에 따른 대책의 필요성이 국제적 차원에서 제기되었다. 그 후 1988년 6월 캐나다 토론토에서는 대기변화에 대한 세계회의가 개최되어 기후변화 방지를 위한 대책마련이 촉구되었고, 11월 유엔환경계획(UNEP)과 세계기상기구 주관으로 기후변화에 관한 정부간 패널(IPCC)이 설치되었다.

1990년 11월에 열린 제2차 세계기후회의(스위스 제네바)에서는 IPCC의 제1차 보고서[1)]를 기초로 기후변화 방지협약을 제정하기로 합의하였다. 이 합의를 기초로 1992년 6월 브라질 리우데자네이로에서 유엔환경개발회의(United Nations Conference on Environment and Development: UNCED)가 개최되어, 이산화탄소 등 온실가스 배출증가에 따른 지구온난화를 억제하기 위한 기후변화에 관한 유엔기본협약(UNFCCC: United Nation Framework Convention on Climate Change)이 제정되었다(이하에서는 기후변화협약이라 한다).

이 협약은 기후변화에 대응하기 위한 큰 틀의 합의를 이룬 기본협약으로 각국의 감축목표, 의무규정 등 구체적인 실천방안은 매년 당사국총회(COP)를 개최하여 정하기로 했다. 당사국총회는 1995년 제1차 베를린총회를 시작으로 2015년

---

1) 이 보고서에서는 지난 100년간 대기 평균온도가 0.3～0.6℃ 상승하였고, 해수면은 10～25㎝ 상승했다고 하였으며, 에너지 이용이 현 상태로 지속될 경우 CO_2배출량이 매년 1.7배 가까이 증가할 것으로 전망하였다. 이 결과는 UNFCCC의 협상에 필요한 기초자료로 제공되었다.

제21차 파리총회로 이어지고 있으며 기후변화의 억제를 위한 중요한 결정이 내려지고 있다.

지금까지 당사국총회에서 결정된 중요한 합의내용을 살펴보면 다음과 같다. 먼저 일본 교토에서 열린 제3차 당사국총회(1997년)에서는 2008~2012년까지 구속력 있는 온실가스 감축을 명문화 한 교토의정서가 채택되었다. 그리고 인도네시아 발리에서 열린 제13차 당사국총회(2007년)에서는 발리로드맵이 도출되어 교토의정서 제1차 공약기간 이후(post-2012체제)의 국가별 감축목표와 행동강령을 담은 초안을 2009년 6월까지 완성하기로 하였다. 그러나 선진국과 개발도상국의 입장차이가 너무 커 협상이 지지부진하게 되어 2009년 코펜하겐 당사국총회에서 협상시한을 1년 연장하기로 합의하였다.

또한 남아프리카공화국 더반에서 열린 제17차 당사국총회(2011년)에서는 선진국과 개발도상국이 모두 참여하는 신기후체제에 대한 논의가 시작되었으며, 개발도상국의 기후변화 대응을 지원하는 재원마련을 위한 녹색기후기금(GCF)의 설립에 합의하였다.

카타르 도하에서 열린 제18차 당사국총회(2012년)에서는 각국의 이해관계의 첨예한 대립으로 타협점을 찾지 못하고 있는 교토의정서 제2차 공약기간의 시한을 2018년에서 2020년으로 연장하였다. 그리고 2014년 페루의 리마에서 열린 제20차 당사국총회에서는 온실가스 감축에 대한 국가별 자발적 기여(INDC)의 제출범위, 시기, 방법론을 정리한 리마요청에 합의하여 선진국과 개발도상국 모두가 신기후체제에 동참하기로 합의하였다.

기후변화협약은 1992년 채택된 이후 2015년 9월 현재 195개국이 서명하였다. 우리나라도 1993년에 가입(세계에서 47번째)하여 1994년에 발효됨으로써 협약에 참여하고 있다.

2. 내용과 조직

기후변화협약은 산업혁명 이후의 온실가스 배출증가가 지구의 기후변화를 야기한다고 보고 대기중 온실가스의 배출저감을 목적으로 하고 있으며, 협상분야에는 감축, 적응, 기술, 재원 등이 포함된다.

기후변화협약에서 관리해야 하는 온실가스는 이산화탄소, 메탄, 일산화질소 등 포함되어 있으며, 협약에 가입한 모든 당사국은 온실가스의 배출과 흡수에 관한 배출보고서의 작성, 온난화대책의 국가별 계획 등을 사무국에 제출하도록 의무화되어 있다. 특히 선진국은 온실가스 배출량을 1990년 수준으로 감축하기 위한 정책과 수단을 강구해야만 하고 개발도상국에 자금공여 및 기술이전의 의무가 부과되어 있다.

기후변화협약에서는 개발도상국의 온난화대책을 지원하기 위한 자금메커니즘으로서 지구환경기구를 지정하고 있다. 지구환경기구는 개발도상국 등이 지구규모의 환경보전에 대처할 경우 새로 부담하는 증가비용을 무상으로 공여하는 국제적 자금메커니즘으로 후일 제17차 당사국총회에서 녹색기후기금 설립으로 이어졌으며 본부를 인천에 두기로 하였다.

기후변화협약은 기후변화의 위협에 대하여 효율적으로 대응하기 위하여 다음과 같은 조직으로 구성되어 있다. 기후변화협약에서 핵심적인 역할을 하는 기구는 당사국총회로 모든 중요한 결정은 여기에서 이루어지고 있다. 당사국총회를 지원하기 위한 부속기구로서 이행기구(Subsidiary Body for Implementation: SBI)와 과학기술자문기구(Subsidiary Body for Science and Technological Advice: SBSYTA)를 두고 있다. 이행기구는 협약과 교토의정서 실행의 평가 및 검토를 통하여 당사국총회의 업무를 지원하는 역할을 하고 있으며, SBSTA는 협약과

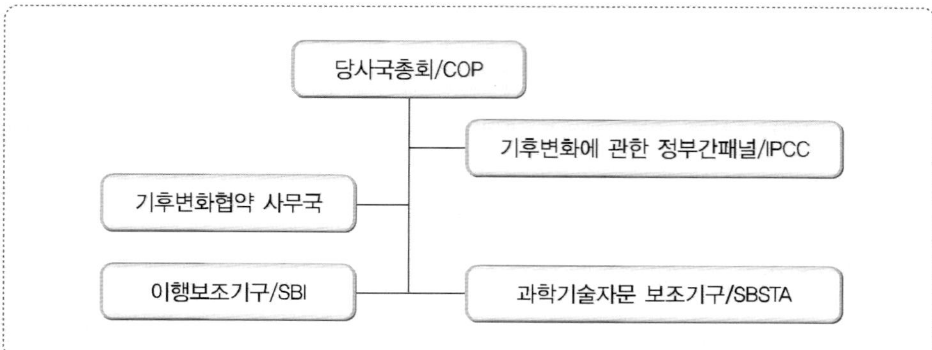

자료: 외교통상부(2008), 기후변화협상 바로알기.

[그림 5.2.1] 기후변화협약 조직도

교토의정서에 관련된 과학, 기술적인 문제에 대한 시의적절한 정보제공과 조언으로 당사국총회의 활동을 지원한다.

3. 기본원칙

1992년에 체결된 기후변화협약은 협약의 목적, 원칙, 공약사항, 기구구성 등 총 26개의 조문으로 이루어져 있다. 이 중 제3조에는 기후변화에 대처하기 위해 가입국가가 지켜야 할 기본원칙 4가지가 명시되어 있다.

1) 형평성의 원칙

기후변화협약 제3조 제1항과 2항에는 지구온난화에 대한 책임과 의무를 선진국과 개발도상국이 형평성에 맞게 분담해야 한다는 형평성의 원칙이 명시되어 있다. 제1항에는 모든 당사국들은 기후시스템을 보호하기 위해 능력수준을 고려하여 공평성 있게 차등화된 의무를 부담해야 하며 따라서 선진국들은 기후변화에 대응하기 위해 선도적인 역할을 수행해야 한다라고 하여 선진국의 능력에 따른 의무를 규정하고 있다. 또한 제2항은 개발도상국은 입장을 배려하여 기후변화의 영향에 취약하거나, 협약으로 인해 과도한 부담이 부가되는 개발도상국의 상황은 고려되어야 한다라고 명시하여 선진국과 개발도상국의 책임과 의무에 차별을 둔 형평성의 원칙을 제시하고 있다. 이 원칙은 선진국들이 산업화 과정에서 다량의 온실가스를 배출함으로써 지구온난화의 원인을 제공한 역사적 책임이 있으므로 기후변화대응을 위한 기술·재정면에서의 선도적인 역할을 강조하고 있다. 또한 개발도상국은 현재의 개발상황에 대한 특수한 사정을 고려하여 산업화 과정에서 필연적으로 수반되는 온실가스 배출에 있어서 선진국과는 다른 기준을 적용하고 일정기간 유예함으로써 선진국과 개발도상국간 의무에서의 형평성을 도모하는 원칙이라 할 수 있다.

2) 예방적 조치의 원칙

IPCC 제2차 보고서에서 지구온난화의 원인을 산업혁명 이후의 인간활동에 기인한 것이라 규정한 이래 국제사회는 지구온난화의 진전을 억제하기 위한 다양한 노력을 하고 있다. 기후변화의 영향이 범지구적으로 광범위하고 한번 일어나면 되돌릴 수 없는 것이라면 이를 사전에 예방할 필요가 있다. 따라서 기후변화협약 제3조 제3항에는 당사국들은 기후변화의 원인을 예상하고 최소화하며 역효과를 완화하기 위한 예방조치를 취하여야 한다고 명시하여 예방적 조치의 원칙을 강조하고 있다.

3) 지속가능발전의 원칙

제4항에서는 모든 당사국은 지구의 기후시스템을 보호하기 위한 방침 및 예방활동을 각 국가의 상황에 맞게 하여야 하며, 이는 각 국가의 국가개발 프로그램과 통합되어야 한다고 명시하여 지속가능발전의 원칙을 강조하고 있다.

〈표 5.2.1〉 기후변화협약의 주요내용

<table>
<tr><th>구분</th><th>조항</th><th colspan="2">주요내용</th></tr>
<tr><td>목적</td><td>2조</td><td colspan="2">· 대기 중 온실가스 농도의 안정화</td></tr>
<tr><td>원칙</td><td>3조</td><td colspan="2">· 형평성의 원칙
· 예방조치의 원칙
· 지속가능발전의 원칙
· 국제협력의 원칙</td></tr>
<tr><td rowspan="2">의무</td><td rowspan="2">4조</td><td>· 선진국</td><td>· 기후변화 완화 정책의 도입 및 시행
· 2000년까지 온실가스 배출량을 1990년 수준으로 감축하기 위한 정책과 수단 강구
· 개발도상국으로의 자금 및 기술 지원
· 온실가스 배출과 흡수에 관한 목록 작성</td></tr>
<tr><td>· 모든 당사국</td><td>· 온실가스 배출원 및 흡수원 목록을 포함한 국가보고서 작성 및 제출
· 기후변화 완화 프로그램 채택
· 에너지 분야에서의 기술 개발
· 산림 등 온실가스 흡수원의 보존 및 확충
· 연구 · 조사 · 관측 등의 국제협력</td></tr>
<tr><td>주요 기구</td><td>7~10조</td><td colspan="2">· 당사국총회는 기후변화협약의 최고 의결기구로, 당사국의 의무 및 제도에 대해 정기적으로 검토
· 과학기술자문보조기구(SBSTA)
· 이행보조기구(SBI)</td></tr>
</table>

자료: 환경부 · 그린스타트 네트워크(2009), 그린리더 업무매뉴얼, p.13.

4) 국제협력의 원칙

제5항에서는 모든 당사국은 개발도상국이 지속가능한 경제성장을 달성할 수 있도록 개방된 국제경제시스템을 구축하는데 협력해야 한다고 규정하여 국제협력의 원칙을 강조하고 있다.

4. 각국의 의무

기후변화협약에서는 가입국을 해당국가의 여건에 따라 부속서(Annex)I국가, 부속서II국가, 비부속서 국가로 분류하고 그룹별로 분담의무를 규정하고 있다. 당사국의 분담체계는 일반의무와 특별의무로 나누어져 있다.

일반의무는 모든 당사국의 공통의무로 온실가스 배출감축을 위한 국가전략을 자체적으로 수립, 시행, 공개하여야 하며, 온실가스 배출과 제거에 관한 국가통계 및 정책이행에 관한 보고서를 당사국총회에 제출해야 한다. 국가보고서의 제출은 선진국은 협약 발효후 6개월 이내, 개발도상국은 3년 이내에 제1차 보고서를 제출하도록 규정하고 있다.

특별의무는 선진국 및 동구권국가(시장경제 전환국)을 대상으로 하고 있다. 부속서I 국가(협약체결 당시 OECD 24개 회원국과 온실가스감축 잠재력이 높은 동유럽 국가를 포함, 통합 38개국이 해당)는 온실가스 배출을 2000년까지 1990년 수준으로 감축하며, 부속서II국가는 개발도상국에 협약이행을 위한 재정·기술적 지원을 규정하고 있다. 국가별로 정도의 차이는 있으나 모든 나라가 책임이 있으므로 능력에 따라 의무를 부담하되 지금까지 에너지를 많이 사용해 왔고 기술적, 경제적 능력이 있는 선진국(협약체결 당시 OECD 회원국이었던 24개 선진국)이 선도적 역할을 하면서 개발도상국의 사정을 배려한다는 원칙하에 이 협약에 가입한 당사국들을 부속서I국가와 부속서II국가로 구분하여 각기 다른 의무를 부과하고 있다.

〈표 5.2.2〉 협약 당사국의 분류와 의무

분 류	분류기준	의 무
부속서1국가	· 협약체결 당시 OECD 24개국 및 EU와 동구권 국가 등 35개국 · 제3차 당사국총회에서 5개국(크로아티아, 슬로바키아, 슬로베니아, 리히텐슈타인 및 모나코)이 추가로 가입하여 40개국 · 터키와 벨라루스는 아직 협약을 비준하지 않고 있으므로 현재 38개국	· 공통의무(비부속서국가와 동일) · 국가별로 규정된 온실가스 배출량 감축 의무
부속서Ⅱ국가	· 부속서Ⅰ국가에서 동구권 국가를 제외한 국가군으로 OECD 24개국과 EU	· 개발도상국 대상 재정지원 및 기술이전 의무
비부속서국가	· 부속서1국가를 제외한 모든 국가	· 온실가스를 줄이기 위한 국가 전략을 수립·시행 · 통계자료와 정책이행에 대한 보고서를 당사국총회에 제출

5. 당사국총회

당사국총회는 유엔기후변화협약의 최고 의사결정기구로, 모든 당사국이 모여 협약이행 및 총회에서 채택된 법적제도를 검토하고 효과적인 협약이행에 필요한 제도적·행정적 결정을 내린다. 당사국총회는 매년 개최되고 있으며, 1995년 제1차 베를린회의를 시작으로 제21차 당사국총회가 2015년 프랑스의 파리에서 개최되었다.

주요 당사국총회의 흐름을 살펴보면 1997년 일본 교토에서 열린 제3차 당사국총회에서는 2008~2012년 기간동안 선진국의 온실가스 감축범위를 명문화한 교토의정서가 채택되었다. 이로서 구속력 있는 온실가스 감축프로그램이 본격적으로 시작되었다. 그러나 온실가스 감축에 따른 각국의 이해관계 대립으로 여러 차례에 걸친 당사국총회에도 불구하고 2008년 이후의 프로그램에 대한 합의도출이 지지부진하였다.

그러다가 2007년 인도네시아 발리에서 열린 제13차 당사국총회에서 제1차 공약기간 이후의 국가별 감축목표와 행동강령을 담은 초안을 2009년 6월까지 완성하기로 한 발리로드맵이 도출되었다. 하지만 선진국과 개발도상국의 입장차이가 너무 커 협상이 난항을 겪게되자 2009년 코펜하겐 당사국총회에서 협상시한을 1년 연장하기로 결정하였다.

2011년 남아프리카공화국 더반에서 열린 제17차 당사국총회에서는 선진국과 개발도상국이 모두 참여하는 신기후체제에 대한 논의가 시작되었으며, 개발도상국의 기후변화대응을 지원하는 재원마련을 위한 녹색기후기금의 설립에 합의하였다.

2012년에 카타르 도하에서 열린 제18차 당사국총회에서는 교토의정서 제2차 공약기간의 시한을 2018년에서 2020년으로 연장하였으며 제20차 당사국총회에서는 온실가스 감축에 대한 국가별 자발적 기여의 제출범위, 시기, 방법론을 정리한 리마 요청에 합의하여 선진국과 개발도상국 모두가 신기후체제에 동참하기로 하였다.

〈표 5.2.3〉 기후변화협약 당사국총회(COP)의 주요내용

회의	장소	주요의제	주요 합의내용
COP1 (1995)	독일 베를린	· 2000년 이후 온실가스 감축 및 안정화 논의	· 2000년 이후 온실가스 감축을 위한 협상그룹을 설치하고 논의결과를 COP3에 보고하도록 하는 베를린 위임(Berlin Mandate) 결정
COP2 (1996)	스위스 제네바	· 베를린 위임에 따른 노력 강화	· 개발도상국의 국가보고서 작성 합의 · IPCC 제2차 평가보고서 공식인정
COP3 (1997)	일본 교토	· 선진국, 개발도상국 감축 의무 · 감축의무 이행 보조수단 도입	· 선진국 감축의무 합의/설정 · 개발도상국 감축의무 논의 연기(교토의정서)
COP4 (1998)	아르헨 부에노스아 이레스	· 교토의정서 이행에 관한 선진국과 개발도상국간 쟁점사항 논의	· 주요 쟁점사항에 대한 시행방안을 COP6까지 타결(부에노스아이레스 행동계획)
COP5 (1999)	독일 본	· COP6 개최 논의	· COP6 개최일정 및 방법 합의
COP6 (2000)	네델란드 헤이그	· 교토의정서 이행방안 협상	· 교토의정서 이행방안 협상실패
COP7 (2001)	독일 본 모로코 마라캐쉬	· 교토의정서 이행방안 협상	· 교토의정서 이행골격 합의(본 협정) · 교토의정서 이행방안 최종합의(마라캐쉬 선언)

COP8 (2002)	인도 뉴델리	· 교토의정서 발효이후 대응방안 논의	· 기후변화대응과 개발도상국의 지속가능발전을 위한 선진국의 노력에 합의 (뉴델리각료선언)
COP9 (2003)	이탈리아 밀라노	· 협약이행결과 검토 · 개발도상국 지원, 기후변화대응 조치 평가	· 개발도상국 기술 및 재정지원 방안 · 선진국의 개발도상국 조림활동 CDM적용
COP10 (2004)	아르헨 부에노스아이레스	· 기후변화의 완화 및 적응 · 교토의정서 이후의 의무	· 적응 및 대응조치에 관한 부에노스아이레스행동 채택 · 1차 공약기간 이후 의무부담에 관한 비공식논의 착수
COP11 (2005)	캐나다 몬트리올	· 교토의정서 1차공약 이후 후속대책 협상 · 개발도상국의 참여방안 논의	· 교토의정서 이행절차 방안을 담은 마라케쉬 결정문 승인 · 2012년 이후 기후변화체제 협의회 구성
COP12 (2006)	케냐 나이로비	· 교토의정서 1차공약 이후 후속대책 협상	· 2차공약기간 온실가스 감축량 설정을 위한 논의 일정 합의 · CCS기술의 CDM사업화 논의
COP13 (2007)	인도네시아 발리	· 2012년 이후 기후변화협상의 기본방향과 일정	· 개발도상국, 협정탈퇴국의 온실가스 감축방안 마련 · post-2012체제 협상을 위한 발리로드맵 채택
COP14 (2008)	폴란드 포즈난	· 교토의정서 1차공약 이후의 기후변화 대응체제 중간점검	· 2009년6월까지 교토의정서를 대체할 새로운 협약 초안 완성에 동의
COP15 (2009)	덴마크 코펜하겐	· 포스트 교토체제 협상완료 시한을 1년 연장	· 기온상승을 산업화이전 대비 2℃로 억제 · 2010년1월까지 부속서1국가는 중기감축목표 제시하고 비부속서국가는 자발적 감축계획 제시(코펜하겐 합의문)
COP16 (2010)	멕시코 칸쿤	· 교토의정서 1차공약 이후 기후변화 대응체제 전반에 대한 논의	· 포스트 교토체제 협상종료 시점 2011년으로 연장 · 2트랙 협상안 합의(선진국(KP), 모든 당사국(LCA)
COP17 (2011)	남아공 더반	· 포스트 교토체제 논의	· 선진국과 개발도상국이 모두 참여하는 신기후체제 마련 합의(더반플랫폼 채택) · 녹색기후기금 설립 합의
COP18 (2012)	카타르 도하	· 교토의정서 연장 · 새로운 감축안 모색	· 신기후체제 출범관련 기간 연장(2020년)에 대한 합의 및 의정서 개정 · 기후변화에 따른 손실과 피해에 대응을 위한 국제적 메커니즘 마련에 합의

COP19 (2013)	폴란드 바르샤바	· Post-2020년 신기후체제 논의	· post-2020 신기후체제 로드맵 도출과 2015년까지 모든 국가가 2020년 이후 감축목표 제출 · 손실피해에 대한 위험관리, 재정·기술 지원을 수행하는 집행위원회 설립 등 바르샤바 메커니즘 확립
COP20 (2014)	페루 리마	· Post-2020년 신기후체제 출범을 위한 예비회의	· INDC의 제출범위, 시기, 기준년도, 협의 절차, 방법론 등을 정리한 리마요청에 합의 · 온실가스 감축에 있어 선진국·개발도상국이 모두 동참하기로 합의함
COP21 (2015)	프랑스 파리	· Post-2020년 신기후체제 파리협정 (Paris Agreement) 도출	· 장기목표(2℃상승)에 대한 적절성과 경과 검토 · 신기후체제 합의 문안(26개 조항) 마련 · 기후변화 대응행동 강화 방안 논의

6. 주요 당사국총회 결과

1) 제3차 당사국총회와 교토의정서

1992년 성립된 기후변화협약은 강제성, 실효성에 대한 의문의 목소리가 많았다. 이에 따라 1997년 제3차 당사국총회에서 협약의 구체적 이행방안으로 선진국의 의무적인 온실가스 감축목표치를 규정한 것이 교토의정서이다.

1995년 독일 베를린에서 개최된 제1차 당사국총회에서 협약의 실행력을 높이기 위한 방안으로서 베를린위임이 가결되었고 이어서 제3차 당사국총회에서 교토의정서가 최종적으로 채택되었다. 교토의정서는 온실가스의 감축목표와 감축일정, 개발도상국의 참여문제 등을 둘러싼 선진국들 사이의 견해 차이, 선진국과 개발도상국들 사이의 견해 차이로 심한 대립을 빚기도 하였다.

교토의정서의 발효조건은 55개국 이상의 비준과 비준당사국 중 부속서Ⅰ에 해당하는 국가의 온실가스 배출량이 전세계 배출량의 55% 이상을 차지할 경우이다. 2001년 세계 최대의 배출량을 가진 미국이 자국의 경제적 이익을 이유로 교토의정서 탈퇴를 선언하여 발효가 불투명해졌으나, 2004년 11월 러시아의 비준으로 2005년 2월 발효되었다.

교토의정서의 주요내용은 다음과 같다. 우선 선진 38개국으로 구성된 부속서 I 국가는 2008~2012년까지 온실가스 배출량을 1990년 기준 평균 5.2% 감축하는 것을 목표로 하고 있다. 교토의정서에서는 국가별로 감축목표가 정해져 있다. 2008년~2012년의 제1차 공약기간에 일본 6%, 미국 7%, EU 8% 온실가스를 줄이도록 목표가 정해졌다. 제1차 공약기간 감축목표 미달성국에 대한 벌칙내용과 2013년 이후부터의 상세한 규정은 정해져 있지 않으나, 미달성분의 1.3배가 추가감축 의무량으로 부과되는 것으로 결정되었다.

또한 교토의정서에는 온실가스 감축의 효율성을 높이기 위하여 다른 나라와 협력하여 목표를 달성하기 위한 교토메커니즘을 도입하였다. 교토메커니즘에는 배출권거래제, 공동이행제도, 청정개발체제 등 세 가지 제도가 있다.

2) 제13차 당사국총회와 발리로드맵

2007년 12월 인도네시아 발리에서 제13차 당사국총회가 개최되었다. 이 회의에서는 발리로드맵이 채택되어 당초 교토의정서의 의무감축 기한인 2012년 이후의 기후변화체제(Post-2012)에 대한 협상이 본격화되었다. 이 협상에서 선진국들은 교토의정서 제1차 공약기간(2008~12년)이후 중국, 인도 등 선발개발도상국에 대한 구속적 감축목표의 부여를 희망하였다.

발리로드맵에서는 Post-2012체제에 대한 협상 프로세스가 두 가지 방법으로 진행되고 있다. 하나는 교토의정서에 따라 제1차 공약기간 이후, 부속서 I 국가의 2012년 이후 감축의무에 관한 논의이고, 다른 하나는 기후변화협약에 따라 선진국과 개발도상국 모두가 참여하는 온실가스 감축 및 재정·기술지원 방안에 관한 것이다.

주요 협상분야는 감축, 적응, 기술 및 재원이다. 선진국은 선발개발도상국 참여방안으로 철강, 시멘트 등 배출부문별로 온실가스를 감축하는 방식(sectoral approach)을 강력 주장하였고, 개발도상국은 온난화에 대한 선진국의 역사적 책임을 강조하여 개발도상국의 감축 및 적응을 위한 재원 및 기술이전을 희망하였다. 일본 등 선진국은 한국, 멕시코 등을 협약 부속서 I 리스트에 포함하여 감축의무 부과를 주장하였다.

〈표 5.2.4〉 협상 프로세스의 내용

트랙	근거	참여대상	주요의제
AWG-KP	교토 의정서	Annex Ⅰ 국가 (38개국) - 미국 제외	· 교토의정서에 따라 Annex Ⅰ 국가의 2012년 이후의 감축의무
AWG-LCA	기후 변화 협약	협약당사국 (190여개국) - 미국 포함	· 선진국: 측정, 보고, 검증 가능한 감축 및 대 개발도상국 지원 공약 · 개발도상국: 측정, 보고, 검증 가능한 방식으로, 선진국 지원이 전제된 감축 활동

자료: 환경부(2008), 기후변화의 이해, p.55.

3) 제17차 당사국총회와 더반플랫폼

제17차 기후변화협약 당사국총회가 남아프리카 더반에서 195개국 기후변화협약 당사국이 참여한 가운데 개최되었다. 이번 총회에서 합의된 주요내용은 다음과 같다.

첫째, 교토의정서의 효력이 끝나는 2020년 이후를 담당할 새로운 기후변화체제인 더반플랫폼 설립에 합의하였다. 더반플랫폼은 선진국만이 참여했던 교토의정서와는 달리 기후변화협약의 모든 당사국이 참여하는 새로운 체제이다. 즉 부속서Ⅰ 국가들만이 감축의무를 짊어졌던 교토의정서 체제와는 달리 개발도상국도 일정부분의 의무를 지게되는 새로운 체제가 탄생한 것이다. 더반플랫폼은 2015년까지 협상을 완료하고 2020년부터 각국에 효력을 발휘할 수 있게 하도록 일정을 정하였다.

둘째, 교토의정서 제1차 의무감축 공약기간 만료에 따라 EU, 호주, 뉴질랜드, 스위스, 노르웨이 등 주요선진국이 제2차 공약기간 설정을 약속하였다. 이전까지의 당사국총회에서는 선진국이 주요 온실가스 배출국인 중국(24%), 미국(18%), 인도(6%)가 모두 규제대상에서 제외되었기 때문에 이들 국가가 의무감축에 참여하지 않는 한 제2차 공약기간을 설정하지 않겠다는 주장과 선진국의 의무감축과 개발도상국의 자발적 감축이라는 이원적 체제유지를 주장하는 개발도상국의 주장이 첨예하게 대립되어 합의도출에 이르지 못하였다. 그러나 이견에 대한 접점을 찾지 못한 체 협상기한을 넘겼던 총회는 EU, 호주, 뉴질랜드, 스위스, 노르웨이 등 주요선진국이 제2차 공약기간 설정을 약속하면서 합의점 도출에 성공하였다.

셋째는 이번 회의에서 녹색기후기금 설립에 합의하였다. 재정상태가 좋지 못한 국가들을 위해 2020년까지 최대 1,000억 달러를 제공하는 녹색기후기금의 마련이 합의되었으며, 이에 대한 지원금 마련방안과 분담방식 등의 구체적인 사안은 향후 논의될 예정이다. 우리나라는 녹색기후기금 사무국 유치를 공식표명하였으며 제2차 회의에서 인천 송도에 유치를 결정하였다.

4) 제21차 당사국총회와 파리협정

제21차 기후변화협약 당사국총회가 2015년 11월 30일부터 12월 11일까지 프랑스 파리에서 개최되어 196개국 기후변화협약 당사국이 참석하였다. 우리나라는 박근혜 대통령을 수석대표로 하여 환경부장관 등 관계부처 대표와 산하기관 대표 및 전문가로 구성된 대표단을 구성하여 참가하였다.

파리 당사국총회는 교토의정서가 완료되는 2020년 이후의 기후변화에 대응하는 신기후체제 채택을 목표로 하였다. 이를 위하여 지구기온 상승의 장기목표 설정과 주기적인 검토, 기후재원 조성, 손실과 피해 등 이전 회의에서 합의되지 못하고 남아있는 핵심 쟁점사안들에 대한 협상이 진행되었다.

신기후체제는 교토의정서를 대체하는 후속체제로, 선진국만이 온실가스 감축의무를 부담하는 교토의정서와는 달리 선진국과 개발도상국이 함께 의무를 부담하는 체제이다. 신기후체제의 핵심요소는 2020년 이후 온실가스 감축에 대한 국가별 자발적 기여방안(INDC) 보고서로, 2015년 11월까지 총 178개 당사국(EU 포함)이 INDC를 제출함으로써 신기후체제의 참여의지를 표명하고 있다. 우리나라는 INDC의 온실가스 감축공약으로 2030년까지 배출전망치 대비 37% 감축목표를 제시하고 있다.

이외에도 이번 당사국총회에서는 범지구적 장기목표로서 기온상승 2℃ 목표의 적절성 및 달성경과에 대한 검토결과 보고서 작성, 산림에서의 탄소흡수, 시장메커니즘, 기술개발 및 이전, 역량배양 등 다양한 의제가 다루어졌다.

7. 국가보고서

기후변화협약에는 모든 국가들이 온실가스 감축 노력을 객관적으로 평가받기 위하여 온실가스 통계량, 온실가스 저감을 위한 정책 및 향후계획 등을 담은 국가보고서의 제출이 의무화되어 있다. 선진국들은 협약발효 후 6개월 이내에 제1차 국가보고서 제출이 의무화되어 있으며, 개발도상국들은 협약발효 후 3년 이내에 또는 선진국의 재정·기술지원이 충분히 이루어진 후에 국가보고서를 제출하도록 되어 있다.

한국은 1998년 3월에 제1차 국가보고서를 제출하였으며 2003년에 제2차 국가보고서를 제출하였다.

제2절 교토의정서

1. 추진경위

1997년 12월 교토에서 기후변화협약 제3차 당사국총회가 개최되었다. 이번 총회에서는 기후변화협약의 강제성, 실효성에 대한 비판에 따라 선진국(부속서 I 국가)에 대한 온실가스 감축의무를 규정한 교토의정서를 채택하였다. 교토의정서가 효력을 발휘하기 위해서는 55개국 이상의 비준과 온실가스 세계배출량의 55%이상을 차지하는 국가의 비준이라는 기본조건을 충족하여야만 한다. 그러나 당시 온실가스 세계배출량의 25%를 차지하고 있던 미국이 개발도상국의 미참여, 과학적 확실성의 부재, 자국의 경제적 이익[2] 등을 이유로 2001년 교토의정서 탈퇴를 선언하여 배출량 55%의 충족이 어려워졌다. 그러나 우여곡절 끝에 2004년 11월 러시아가 비준함으로써 55% 기준을 초과하게 되어 2005년 2월부터 교토의정서는 효력을 발휘하게 되었다. 우리나라는 2002년 11월 비준하였고 2014년 9월 기준으로 세계 192개국이 교토의정서에 동참하고 있다.

---

2) 미국은 자국기업과 경제에 영향을 미치는 어떠한 의정서에도 서명해서는 안된다는 바이드하겔 결의안 (Byrd-Hagel Resolution)을 이유로 교토의정서의 탈퇴를 선언하였다.

2. 주요내용

교토의정서에는 기후변화협약 부속서 I 에 포함된 선진국이 2008~2012년까지 온실가스 배출량을 1990년 기준으로 평균 5.2% 감축하는 것을 목표로 하고 있다. 교토의정서에서 말하는 온실가스란 이산화탄소(CO_2), 메탄(CH_4), 일산화이질소(N_2O), HFC, PFC, SF_6 등 6종류[3]이다. 교토의정서에는 CO_2, CH_4, N_2O에 대해서는 기준년도를 1990년으로 하고 있으나 HFC, PFC, SF_6에 대해서는 기준년도를 1995년으로 하는 것이 가능하다.

교토의정서에는 선진국의 감축목표가 정해져 있다. 2008년~2012년의 제1차 공약기간에 일본 6%, 미국 7%, EU 8% 온실가스를 줄이도록 목표가 정해져 있다. 제1차 공약기간 감축목표 미달성국에 대한 벌칙내용과 2013년 이후부터의 상세한 규정은 정해져 있지 않으나, 미달성분의 1.3배가 추가감축 의무량으로 부과되는 것으로 결정되었다.

교토의정서에는 적은 비용으로 많은 양의 온실가스를 줄일 수 있는 제도로 다른 나라와 협력하여 목표를 달성하기 위한 교토메커니즘을 규정하고 있다. 교토메커니즘에는 배출권거래제도, 공동이행제도, 청정개발체제 등 세 가지 제도가 있다.

〈표 5.2.5〉 교토의정서의 주요내용

<table>
<tr><th>구 분</th><th colspan="3">주요내용</th></tr>
<tr><td rowspan="5">선진국의 온실가스 감축 목표</td><td>· 목표년도</td><td colspan="2">· 2008~2012년(1990년 기준 평균 5.2% 감축)</td></tr>
<tr><td>· 감축대상 온실가스 및 목표년도</td><td colspan="2">· CO_2, CH_4, N_2O: 1990년 기준
· HFC, PFC, SF_6: 1995년 기준</td></tr>
<tr><td rowspan="3">· 온실가스 감축목표율</td><td>−8%</td><td>· 유럽연합, 동유럽, 스위스</td></tr>
<tr><td>−7%</td><td>· 미국</td></tr>
<tr><td>−6%</td><td>· 일본, 캐나다. 헝가리, 폴란드</td></tr>
</table>

3) HFC는 주로 냉매, 카에어콘, 냉장고, 스프레이, 발포제, 세정제에 사용되고 이산화탄소의 약 11,000배의 온실효과를 가진다. PFC는 주로 전자부품, 전자장치, 반도체의 에칭, 세정, 소화제에 사용되며 이산화탄소의 5,000~12,000배 온실효과를 가진다. SF6은 주로 전기절연가스, 반도체에칭가스에 사용되며 이산화탄소의 20,000배에 해당하는 온실효과를 가진다.

		-5%	· 크로아티아
		0%	· 러시아, 뉴질랜드, 우크라이나
		+1%	· 노르웨이
		+8%	· 오스트레일리아
		+10%	· 아이슬란드
기타	· 배출량거래제(ET), 공동이행제도(JI), 청정개발체제(CDM) 도입 · 1990년 이후의 식목, 재식목, 벌채에 의한 흡수원의 변화 인정 · 자발적 감축 협정 관련 조항 삭제 · 감축목표는 법적 구속력 가짐		

자료: 김종달(2001), 환경과 사회.

3. 교토메커니즘

1) 배출권거래제도

(1) 개념

배출권거래제(Emission Trading System: ETS)는 교토의정서의 교토메커니즘에서 공동이행제도(JI)와 청정개발체제(CDM)와 함께 채택된 제도[4]이다. 배출권거래제란 온실가스 배출사업자를 대상으로 배출허용량을 할당하는 등 해당사업자의 감축활동으로 인한 잉여허용량에 대해서는 시장에서 거래할 수 있게 하는 제도이다. 즉 배출권거래제는 정해진 온실가스의 배출량보다 초과 배출한 국가가 정해진 배출량보다 실제 배출이 적은 나라로부터 배출권을 사는 것이 가능한 제도로 배출권을 구입한 나라는 이것에 의해 자국의 온실가스를 감축한 것으로 간주한다. 도입국가는 영국, 노르웨이, 스웨덴 등 EU 30여 개국이며, 거래시장으로는 EU-ETS(EU), RGGI(미국) 등이 있다.

이 제도는 선진국이 온실가스 감축목표를 초과달성한 다른 선진국으로부터 배출권 구입이 가능하다. 배출권거래제의 도입에 의해 온실가스의 감축목표를 저비용으로 확실히 감축된다면 그만큼 배출량으로서 매매가 가능하다. 배출감축활

4) 배출권거래제도는 공동이행제도(JI)와 청정개발체제(CDM)를 통해 발생한 배출권을 국제적으로 거래할 수 있게 하는 메커니즘이다. CDM에서 확보한 배출권을 CER(certified emission reduction)이라고 하고, JI의 배출권은 ERU(emission reduction unit)라고 한다. 온실가스 배출권의 한 단위는 이산화탄소 1톤의 배출에 대한 권리를 나타낸다(김형국, 2011).

동이 고비용이 든다는 계산이 나오면 구입에 의해 배출감축분을 충당하는 등 배출권거래는 유연성이 높고 전체적으로는 배출량의 감축이 효율적으로 진행할 것으로 기대된다.

(2) 배출권의 발생방식

배출권거래에는 Cap & Trade형(총량제한 방식)과 Baseline & Credit형(프로젝트 베이스방식) 등 2가지가 있는데, 이를 통해 청정개발체제와 공동이행제도 등으로부터 발행된 배출권(Credit: CER, ERU 등)을 거래가능하다(打川 和男 · 內藤 高志, 2008, 김형국, 2011).

Cap & Trade형 배출권거래는 배출량거래제도의 가장 일반적인 형식으로서 EU-ETS에서 채택하고 있다. 이 방식은 사전에 설정된 온실가스 배출량의 상한에서 거래를 허가하여 참가자간에 자유롭게 매매가 가능하도록 한 제도[5]이다. 배출기업에 온실가스의 배출상한(cap)을 부과하고 이 기준보다 온실가스를 많이 배출하면 그에 해당하는 만큼 배출권을 탄소시장에서 구매해야 하며, 배출상한보다 적게 온실가스를 배출하면 그 감축분만큼을 탄소시장에서 팔거나 또는 배출권을 예치할 수 있다.

Baseline & Credit형의 배출량거래는 온실가스의 배출감축기간과 배출량 등의 기준을 정해 그 기준으로부터 감축노력을 한 것을 배출량으로 받아들여 판매가 가능한 제도이다. 개별적인 환경투자사업에서 온실가스 배출을 줄였을 때 그 감축분만큼 배출권을 제공하여 이를 시장에서 거래하도록 하고 있다. 여기에는 청정개발체제와 공동이행제도가 있다.

(3) 제도의 장단점

배출권거래제도는 선진국들이 온실가스 감축의무에 따른 배출쿼터를 국제시장에서 거래할 수 있게 하는 제도로서 환경목표를 최소비용으로 달성할 수 있고, 오

5) 이 방식은 배출량을 매 상대부문마다 제한이 가능하므로 배출효과가 높은 지구온난화대책으로 실시가 능한 제도이다. 배출량거래의 절차는 최초에 기준년도로부터 배출감축량을 결정하고 일정배출량을 발행한다. 그 뒤, 배출량의 상대부문전체로부터 나라와 기업 그 외의 주체에서 일정배출량을 분배한다. 여기서 분배방식은 그 주체의 과거배출량을 기준으로 하여 무상으로 배분하는 그랜드퍼저링방식과 입찰에 의해 각 주체에 구입되는 옥션방식이 있다. 또한 배출량을 산정하면 당초의 배출량과의 차가 발생하여 특히 배출량이 웃돌아 자력으로 감축이 곤란한 경우에는 배출량 거래제도를 활용한다. 실제 배출량과 정해진 배출량이 일치하면 목표달성이 된다.

염총량의 직접관리가 가능하며, 배출권 판매 및 구매업체에 대한 기술개발 유인이 높고, 효율적인 자원배분을 촉진하는 가격기구 역할을 하는 등의 장점이 있다.

반면 감시, 행정 및 거래비용이 크고 시장의 불확실성에 따른 위험비용이 발생할 수 있으며, 적정 환경목표 설정이 선행되어야 하는 문제점도 존재한다(윤영채 · 김종서, 2009).

2) 공동이행제도

(1) 개념

공동이행제도(Joint Implementation: JI)는 선진국이 타 선진국의 온실가스 감축사업에 투자하여 감축분을 목표수치달성에 이용하는 제도로서 교토의정서 6조에 정해져 있다. 프로젝트실시에 협력하는 선진국 A를 투자국, 프로젝트를 받아들이는 선진국 B를 호스트국으로 부르며 선진국간 프로젝트의 결과에서 발생한 배출감축량과 흡수증대량에 기초하여 발생한 온실가스 배출 감축실적인 배출권을 프로젝트 참가자간에 나누어 가지는 것이 가능하다.

배출권은 정해진 배출량으로서는 활용가능하나 수치목표가 설정되어진 선진국간의 정해진 배출량의 소득과 이동 때문에 선진국 전체의 총 배출틀의 양은 변하지 않는다. 배출권을 취득하려면 스스로 프로젝트를 실시하여 배출권을 취득하는 방법과 타사로부터 배출권을 구입하는 방법, 기금에 출자한 배당으로서 배출권을 받는 방법 등이 있다.

온실가스의 감축프로젝트를 실시하기 위해서는 전문기술과 경비가 필요하게 된다. 프로젝트를 개발하기 위한 위험부담을 수반하게 되므로 타 사업자가 프로젝트를 실시하기에 필요한 노동과 기술노하우를 제공하는 대가로서 금전적 보수를 받는 프로젝트 수탁사업자가 존재한다. 또한 프로젝트로 취득한 배출권은 화폐가치를 가지며 그 배출권은 매매가 가능하게 된다.

(2) 제도의 주요형태

공동이행제도의 주요형태는 두 가지가 있다. 먼저 토지이용사업인데 예로는 산림보존, 조림, 식림, 지속가능한 산림관리 등이 있다. 두 번째 형태는 에너지 프로젝트이다. 이는 연료전환, 열병합발전, 신재생에너지, 에너지 효율성을 통해 온실가스 배출을 감소시킨다.

이외에도 화석연료 사용을 감소시키기 위해 산호초와 플랑크톤의 탄소 흡입 능력에 기초한 프로젝트, 매립지와 대목축장의 메탄 흡입 프로젝트도 개발 중이다(김종달, 2001).

3) 청정개발체제

(1) 개념

청정개발체제(Clean Development Mechanism: CDM)는 선진국과 개발도상국이 공동으로 온실가스 감축사업을 실시하여 감축분을 투자국(선진국)의 배출감축목표에 이용 가능하도록 하는 제도이다. CDM사업은 사업자가 사업계획서를 작성하여 CDM운영기구의 타당성 확인을 받아 국가승인기구로부터 지속가능한 발전에 기여하는지에 대한 승인을 받아야 한다. 국가승인이 있으면 CDM집행위원회의 등록을 거쳐 사업자의 모니터링과 CDM운영기구의 검증을 거쳐 CDM집행위원회에서 배출권을 발행한다. 개발도상국의 사업자는 발행받은 배출권을 선진국의 정부나 기업에 판매하여 경제적 이익을 얻는다.

이 제도는 지금까지 국제협력은 선진국으로부터 개발도상국으로의 일방적인 협력인 것에 반해 CDM에서는 쌍방향간 협력이 필요하다. 지금까지의 국제협력과는 크게 다르며 CDM은 지금부터 발전성이 높은 형태이다.

(2) 제도의 목적

청정개발체제의 목적은 개발도상국의 지속가능한 개발을 돕는 동시에 부속서 국가(선진국)의 온실가스 감축의무를 비용대비 효과적으로 달성하는 것이다. 따라서 선진국은 청정개발체제사업을 통해 개발도상국에서 보다 적은 비용으로 온실가스를 감축할 수 있는 사업을 수행하고, 그 결과 발생한 온실가스 감축실적을 자국의 감축실적으로 인정받고, 개발도상국은 자국의 온실가스 감축과 더불어 선진국의 자본을 유치하거나 기술이전을 받음으로써 지속가능한 발전에 기여한다.

(3) 제도의 편익

선진국은 개발도상국에 기술, 자본을 투자하고 배출권을 확보함으로써 비용효율적인 온실가스 감축을 달성하고, 개발도상국은 선진국으로부터 선진 기술,

자본을 투자받음으로써 국제적인 온실가스 감축 노력에 동참하고 신기술을 확보하는 편익을 달성하는 장점이 있다.

〈표 5.2.6〉 교토메커니즘의 주요내용

구 분	근 거	주요내용
배출권거래제	· 교토의정서 제17조	· 선진국(Annex I)의 감축공약을 고려하여 선진국이 배출할 수 있는 온실가스의 최대 허용량을 부여한 다음, 목표달성을 위하여 허용량의 거래를 허용하는 제도
청정개발체제	· 교토의정서 제12조	· 선진국(Annex I)이 개발도상국에서 온실가스 저감사업을 수해하여 발생한 감축분을 선진국의 감축실적으로 인정하는 제도
공동이행제도	· 교토의정서 제6조	· CDM과 유사한 제도로서, 선진국(Annex I)간에 온실가스 저감사업을 수행하여 발생한 감축분을 공동의 감축실적으로 인정하는 제도, 러시아 및 동구 유럽과 같이 시장경제체제로 전환된 국가를 주요대상으로 함

자료: 환경부 · 그린스타트 네트워크(2009), 그린리더 업무매뉴얼, p.14.

제3절 파리협정과 신기후체제

1. 의의

1) 개요

제21차 유엔기후변화협약 당사국총회(COP21)가 프랑스 파리에서 열려 2020년 이후 새로운 기후변화 대응체제 수립을 위한 최종합의문인 파리협정(Paris Agreement)을 2015년 12월 12일 채택하였다. 이 협정은 선진국에게만 온실가스 감축의무를 부과한 교토의정서와 달리 모든 당사국이 구속력 있는 온실가스 삭감에 합의한 협약이라는 점에서 의의가 크다고 할 수 있다.

협정에서는 세계 평균기온 상승목표를 산업혁명이전 보다 2℃ 미만으로 억제하는 2도목표를 설정하였으며, 동시에 해수면 상승으로 위기에 처한 도서국과 최빈국들의 요구를 반영하여 1.5도목표를 위한 노력을 명시하고 있다.

이 협약의 장기적인 목표로는 지속적인 온실가스 감축노력을 통하여 2050년 이후에는 인간의 활동으로 배출되는 온실가스의 양이 나무, 해양 등 자연이 흡수하는 양보다 적게하여 자정능력 범위내 도달한다는 목표를 제시하고 있다.

그리고 현재의 온난화 원인이 선진국의 온실가스 배출에 기인하였다고 보아 선진국이 더 많은 책임을 지며 개발도상국의 기후변화 대처를 지원하는 내용도 포함하고 있다. 이를 위하여 선진국이 개발도상국을 지원하기 위해 2020년까지 매년 1,000억 달러의 기후재원 조성을 목표를 정하고 기술개발과 이전에 노력한다고 규정하였다. 또한 온실가스 감축이행과 점검을 위하여 2023년부터 5년마다 모든 당사국을 대상으로 감축상황을 점검하는 제도를 설치하기로 하였다.

파리협정은 55개국 이상의 참여와 온실가스 배출량이 총배출량의 55% 이상에 해당하는 국가가 비준을 하는 2가지 조건을 충족하면 발효된다. 협정서명식은 2016년 4월 22일 미국 뉴욕에서 열릴 예정이며, 후속회의는 파리협정 특별작업반을 신설하여 2016년 모로코 당사국총회(COP22)에서 진행될 예정이다.

2) 배경

파리협정과 신기후체제의 등장은 1997년 12월 제3차 기후변화협약 당사국총회에서 체결된 교토의정서 체제에서 출발한다고 볼 수 있다. 교토의정서는 기후변화협약의 지구온난화 대응이 충분한 효과를 거두지 못하고 있다는 인식하에 국가별로 의무적 온실가스 감축 목표치를 부여하여 실행력을 높이고자 하였다.

그러나 교토의정서 체제에서는 당사국을 선진국과 개발도상국으로 구분하여 선진국에게만 감축의무를 부여하고, 개발도상국은 자발적인 감축노력 의무를 주어 형평성 측면에서 한계를 가지고 있었다. 지구온난화에 대한 대응은 지구상 모든 국가가 수행하여야 함에도 불구하고 당시 선진국으로 분류된 37개국과 유럽연합에만 의무를 부과하였다. 더욱이 세계 온실가스배출 1위국과 3위국인 중국, 인도는 개발도상국으로 분류되어 감축의무가 없게 되었다. 또한 감축목표 설정방식이 각 국가의 여건에 따라 설정하는 상향식이 아니라 기후변화협약에서 감축량을 부여하는 하향식이었다.

따라서 미국과 일본, 캐나다를 비롯한 일부 선진국은 지구온난화 방지의 실효성에 의문을 제기하면서 교토의정서 비준을 거부하였으며, 개발도상국은 선진국에게 현행 온난화의 책임에 따른 의무 불이행을 이유로 2009년 12월 덴마크 코펜하겐에서 87개 국가만 합의문을 지지해 협상은 결렬되었다.

이를 극복하기 위해 2011년 12월 남아프리카공화국 더반에서 열린 당사국회의에서 신기후체제에 대한 논의가 시작되었다. 이 회의에서는 교토의정서 제2차 공약기간이 끝나는 2020년 이후 모든 국가가 참여하는 신기후체제를 정비하기로 합의한 더반패키지를 발표하였다.

이후 카타르 도하, 폴란드 바르샤바와 페루 리마 당사국회의에서 협상을 계속하여 결국 모든 국가가 참여하는 신기후체제를 파리 당사국회의 이전에 발족한다고 합의하였다.

이에 따라 프랑스 파리에서 세계 196개국 정부대표가 참석한 가운데 파리당사국회의가 2015년 11월 30일 개최되었으며 12월 12일 파리협정이 체결되었다.

〈표 5.2.7〉 교토의정서와 신기후체제 비교

구 분	교토의정서	신기후체제
개최지	· 일본 교토	· 프랑스 파리
채택	· 1997년 12월 채택, 2005년 발효	· 2015년 12월 12일 채택
대상국가	· 선진 37개국+유럽연합 (미국, 러시아, 일본, 캐나다 불참)	· 선진 · 개발도상국 모두 포함한 195개국
적용시기	· 1차공약기간: 2008~2012년 · 2차공약기간: 2013~2020년	· 2021년 이후
감축목표 설정방식	· 하향식(top-down)	· 상향식(bottom-up)
목표 및 주요내용	· 온실가스배출량을 1990년 수준보다 평균 5.2% 감축 · 선진국에만 온실가스 감축목표치부여 · 미국의 비준거부, 캐나다 탈퇴, 일본과 러시아의 제2차공약기간 불참 등으로 한계점 노출	· 지구평균기온 상승폭을 산업화이전대비 2도이하로 억제하며 1.5도까지 노력 · 선진국의 개발도상국 지원(매년 1,000억 달러) · 협정은 구속력이 있으며 2023년부터 5년마다 점검
한국	· 감축의무 없음	· 2030년 배출전망치 대비 37% 감축안 제시

3) 추진경위

지구온난화를 막기 위한 국제적인 대응은 유엔환경계획과 세계기상기구 주관으로 1988년에 설립된 IPCC에서 출발하였다. IPCC의 설립은 지구온난화에 대한 측정과 분석에 대한 과학적 합의의 기틀을 제공하는 계기가 되었다. 그리고 1990년 스위스 제네바에서 열린 제2차 세계기후회의를 거쳐 1992년 브라질 리우데자네이루에서 최초의 기후변화에 대응하는 국제협약인 유엔기후변화협약이 정식으로 체결되었다. 그러나 기후변화협약 가입국은 온실가스 배출억제에 노력은 하지만 국제법적 구속력이 없었다. 이에 따라 1997년 교토에서 개최된 당사국총회(COP3)에서 선진국의 온실가스 감축의무를 규정하는 교토의정서의 채택에 합의하였다. 교토의정서에서는 선진국들이 2008~2012년 온실가스 배출량을 1990년 대비 5.2% 감축할 것을 목표로 정하였다.

2005년 공식 발효된 교토의정서는 기후변화에 관한 대표적인 국제규약으로 자리매김하게 되었다. 그러나 중국, 인도 등 대규모 온실가스 배출국이 감축의무국에서 제외되고 미국과 일본 등 선진국이 국내사정을 이유로 이탈하면서 교토의정서는 한계점을 가지게 되었다.

또한 2012년 만료되는 교토의정서를 대신할 구속력 있는 협정이 필요하지만 선진국과 개발도상국의 입장 차이가 첨예하게 대립하면서 합의가 쉽지 않았다. 이에 따라 2011년 남아프리카 더반에서 열린 당사국총회(COP17)에서 당사국들은 교토의정서 적용기간을 2020년까지 연장하기로 하고 모든 국가가 참여하고 법적구속력을 가지는 신기후체제의 설립에 합의하였다. 그러나 신기후체제 설립을 위한 논의를 계속하기로 합의했을 뿐 구체적인 실행방안에 대해서는 선진국과 개발도상국사이의 의견을 좁히지 못하여 2012년과 2013년 카타르 도하와 폴란드 바르샤바 당사국총회에서는 괄목할 만한 성과를 올리지 못하였다. 2014년 페루 리마에서 열린 당사국총회에서는 파리 당사국총회에서 채택할 신기후체제를 앞두고 중간합의를 이끌어 내는 성과를 거두었다. 중간합의의 내용은 전 세계 169개국이 처음으로 함께 온실가스 감축에 동참하며, 선진국과 개발도상국간 심각한 견해 차이에도 불구하고 공통적이지만 차별화된 책임을 명시하였다. 2015년

11월 29일에 시작된 파리 당사국총회에서는 교토의정서가 만료되는 2020년 이후 모든 나라에 적용되는 새로운 기후변화 대응체제의 설립에 합의하였다.

2. 주요내용

파리협정은 세계 온실가스 배출량의 90% 이상을 차지하는 195개 국가가 합의한 국제적인 협정으로 1997년 온실가스 감축목표를 제시한 교토의정서의 뒤를 잇는 체제이다. 이행방안 마련을 위한 후속협상은 2016년 이후 진행되지만 폐회와 동시에 신기후체제 시대가 개막되었다고 할 수 있다.

신기후체제는 온실가스 배출감소, 기후변화대응 재원조성 등을 통하여 환경과 경제·사회 발전의 조화를 이루는 지속가능발전을 추구하게 된다. 이를 위하여 파리협정에는 장기목표, 온실가스 감축, 적응, 재원마련, 이행점검 등에 대한 구체적인 내용을 담고 있다.

1) 장기목표

신기후체제의 장기목표는 세계 평균기온 상승을 산업혁명이전 보다 2℃미만으로 억제하는 2도목표를 설정하였다. 또한 해수면 상승으로 위기에 처한 도서국과 최빈국들의 강력한 요구를 반영하여 1.5도목표 달성을 위하여 노력하기로 하였다.

21세기 말에는 배출되는 온실가스의 양이 나무, 해양 등 자연이 흡수하는 양보다 적게 하여 인간활동으로 인한 온실가스 배출 제로를 목표를 제시하고 있다.

2) 감축

온실가스 감축과 관련하여 국가별 자발적 기여방안을 모든 국가가 스스로 정하여 5년 단위로 제출·이행하기로 하였다. 기여방안의 제출은 의무로 하되 이행에는 국제법적 구속력을 두지 않고 목표실천을 위하여 각국은 국내적으로 노력하기로 하였다.

그리고 각국의 감축목표를 상향조정하기 위하여 2023년부터 5년 단위로 목표를 수정하고 전세계적인 차원의 점검시스템을 도입한다. 또한 전세계의 모든 국가가 2020년까지 장기 저탄소개발전략을 제출하도록 한다.

3) 적응

적응은 실제 또는 예상되는 기후자극과 영향, 효과에 대응하는 생태학적, 사회적, 경제적 시스템의 조정을 나타내며, 온실가스의 배출을 줄이더라도 과거배출로 인한 영향은 지속되므로 이에 대한 적응이 필요하다. 따라서 모든 국가는 국가적응계획을 수립하고 관련보고서를 제출하도록 한다.

파리협정은 온실가스 감축 뿐만 아니라 기후변화 적응 중요성에 주목, 모든 국가가 국가적응계획을 수립하고 적응계획과 이행내용 보고서를 제출해 공유할 것을 명시하고 있다.

4) 손실 및 피해

개발도상국에서 기후변화의 부정적 영향과 관련된 손실과 피해를 해결하기 위해 설립된 바르샤바 국제메커니즘을 지속적으로 운영한다. 그리고 손실과 피해에 대한 바르샤바 국제메커니즘의 이행을 지도하는 집행위원회의 역할을 강화하기로 하였다.

파리협정에서는 온난화에 따른 피해 경감책에 대한 세계목표를 설정하고 실제로 일어난 피해구제를 규정하고 있다.

5) 기후재원

기후변화협약 제11조에는 선진국이 개발도상국의 기후변화 대응성과를 지원하기 위하여 기후재원을 조성하고 공급할 의무를 규정하고 있다. 기후재원에는 지역, 국가, 다국적 재원이 있으며, 재원은 공공, 민간 및 대체적인 자원으로부터 도출될 수 있다.

파리협정에서는 개발도상국에서의 온실가스의 배출억제와 온난화 피해대책을 추진하기 위한 선진국의 자금지원을 의무화하고 있으며 2020년부터 매년 최소 1,000억 달러를 조성하여 개발도상국을 지원한다고 명시하고 있다. 또한 기후재원 마련을 위하여 선진국뿐만 아니라 경제력이 있는 신흥국의 자발적인 자금조성도 장려하고 있다.

6) 기술개발 및 이전

기후변화협약은 선진국의 친환경적인 기술과 노하우를 다른 당사국 특히 개발도상국으로의 이전을 촉진하고 이를 용이하게 하기 위한 모든 실행가능한 조치와 재정을 취해야 하며, 이를 통하여 개발도상국이 협약의 조약을 이행할 수 있도록 도움을 주어야 한다고 규정하고 있다. 원활한 기술개발과 이전을 위하여 칸쿤 당사국총회(COP16)에서 기술메커니즘의 설립과 기술집행위원회, 기후기술센터의 관련사항이 합의되었다. 그러나 기술이전협상에는 상당한 입장차이가 선진국과 개발도상국 사이에 존재하고 있다. 효율적인 기술이전을 위하여 파리협정에서는 기술메커니즘을 강화하기로 결정하고, 협정의 이행을 지원하는 기술집행위원회와 기후기술센터와 네트워크화를 수행하기로 하였다. 또한 원활한 기술개발과 이전을 위하여 재정 및 기술지원의 제공을 강화하기로 하였다.

7) 역량강화

기후변화에 효과적으로 대응하기 위해서는 개발도상국의 역량강화가 중요한 과제로 부상하였다. 개발도상국의 역량강화 프로그램은 2001년 마라케시 당사국총회에서 프레임워크가 처음 제기된 이후 2010년 칸쿤에서 기후변화 역량강화 활동을 다루는 결정문이 도출되었다. 이 결정문은 접촉창구와 국가조정기구 등의 제도적 역량과 기후변화 커뮤니케이션, 교육 등에 관한 역량강화 활동에 합의를 하였다. 파리협정에서는 개발도상국의 지속적인 역량강화를 위하여 파리위원회 설립을 결정하였다.

8) 투명성

파리협정에 의하면 당사국은 감축행동과 지원의 투명성을 제고하기 위한 노력을 하여야 한다고 되어 있다. 신기후체제의 온실가스 보고·검증제도는 칸쿤에서 합의된 보고의무, 국제검토제도 등을 포함하여야 한다. 특히 개발도상국은 감축행동의 투명성 제고를 위해서 칸쿤합의문과 추후에 채택된 결정문에 따라 국가인벤토리를 포함한 2년주기 감축행동보고서를 제출하고 국제차원의 검토를 받아야 한다.

9) 이행 · 점검

파리협정에서는 5년마다 상향조정된 온실가스 감축목표를 제출하도록 하고 있으며 다음 목표제출시에는 이전보다 향상된 목표를 제시한다는 원칙에 합의하였다. 또한 국제사회가 공동으로 검증하는 이행점검시스템(global stocktaking)을 만들어 2023년부터 5년마다 당사국이 탄소감축약속을 지키는지 검토한다. 이행·점검을 위한 보고서에는 국가 온실가스 인벤토리, 감축목표 달성경과 등의 보고가 의무화된다. 보고내용은 전문가 검토와 다자협의를 거치며 관리절차를 강화하되 개발도상국에게는 유연성을 허용하고 개발도상국의 기후변화 대응을 지원하는 내용도 합의문에 포함하였다.

3. 평가와 과제

1) 평가

파리협정은 1997년 체결된 교토의정서 이후 18년만에 합의된 법적구속력을 가진 새로운 체제로 세계 각국이 협조하여 지구온난화에 대응하는 역사적인 전환점이 되었다. 이 협정은 세계의 평균기온 상승을 산업혁명이전 대비 2℃ 미만으로 억제하는 것을 1차목표로 하고 있으며, 해수면의 상승 등 온난화의 위협에 당면하고 있는 도서국가의 의견을 반영하여 기온상승 폭을 1.5℃ 미만으로 억제하기 위한 노력도 병행하기로 하였다.

그리고 세계 전체의 배출량을 가능한 빨리 감축하여 21세기 후반에는 실질배출량을 제로로 한다는 야심적인 목표를 세우고 있다. 이 목표의 달성을 위해서 선진국에게만 감축의무를 부과하였던 교토의정서와는 달리 2020년 이후에는 개발도상국을 포함한 모든 나라가 5년 단위의 감축목표 제출과 대책강구가 의무화 되었다.

파리협정의 타결에 따라 세계전체의 온실가스 배출량의 60%를 넘는 개발도상국이 배출가스 감축에 동참함으로써 지구온난화 방지에 큰 역할을 할 것이라 기대하고 있다. 파리협정은 개발도상국과 선진국 모두가 참가하는 역사상 최초의 기후변화 대응체제의 구축이라는 점에서 높은 평가를 내릴 수 있다.

2) 과제

파리협정은 몇 가지 과제도 함께 안고 있다. 우선 파리협정에는 교토의정서를 이탈했던 미국과 세계 최대의 온실가스 배출국인 중국이 동시에 참가하는 체제를 만들기 위해서 목표달성 의무가 규정되어 있지 않으며 불이행시의 벌칙규정이 없다는 점이다.

다음은 감축목표의 제출할 때마다 목표를 상향조정하는 규정과 5년 단위의 검증시스템을 통하여 실효성을 담보할 수 있는가도 과제로 남는다.

또한 최대의 쟁점이 된 개발도상국 자금지원 문제는 연간 1,000억 달러라는 구체적인 숫자를 본문에 넣는 대신 선진국은 2025년까지 연간 1,000억 달러의 자금조성을 목표로 한다는 결정을 별도로 함으로써 선진국과 개발도상국사이의 타협을 도모하였다. 선진국과 더불어 경제력이 있는 신흥국에게도 자금조성을 유도함으로서 온난화의 영향을 받고 있는 개발도상국 지원이 확대될 것을 기대하고 있다. 그러나 도서국가를 비롯한 개발도상국의 온난화에 의한 위협은 커지고 있고 필요한 지원을 충분히 실현할 수 있는가의 여부가 과제로 남는다.

제4절 기후변화 관련 국제협약의 평가와 과제

1. 평가

기후변화협약은 금세기에 진행되고 있는 범지구적인 환경오염과 기후변화의 원인이 인류의 활동에서 기인하였다는 인식을 공유하고 전세계가 함께하는 대응노력의 결실이라는 점에서 높은 평가를 내릴 수 있다. 1988년 6월 대기변화에 관한 세계회의에서 기후변화방지를 위한 대책마련이 촉구되고, 동년 11월 IPCC가 설치되었고 1992년 6월 유엔환경개발회의에서 드디어 기후변화협약이 제정되었다. 일반적으로 국제간 문제는 각국의 이해관계가 상충되기 때문에 해결을 위한 공통분모를 찾는데 많은 시간이 소요되고 있지만, 기후변화협약의 경우는 공통의 관심사에 대한 의견통일과 이를 실행하기 위한 국제협약의 제정에 이르기까지 일사천리로 진행되었다. 이후 기후변화협약에서는 기후변화방지를 위한 구체적인 실천방안을 모색하기 위한 당사국총회를 매년 개최하여 중요한 합의를 도출하고 있다.

특히, 1997년 열린 제3차 교토 당사국총회에서는 주요국의 구속력 있는 온실가스 감축안을 담은 교토의정서가 채택되어 본격적인 기후변화방지를 위한 행동모드의 진입을 알렸다. 교토의정서는 기후변화의 책임과 능력에 따라 부속서국가와 비부속서국가로 구분하여 우선 부속서국가인 38개국에 대하여 2008~2012년 기간의 온실가스 감축량을 명문화하여 구속력 있는 대응체제를 구축하였다는 점에서 의의가 있다. 2012년 이후의 감축안에 대한 논의는 제13차 당사국총회에서 발리로드맵으로 합의되어 기간을 2020년까지 연장하였다. 또한 2020년 이후에는 선진국과 개발도상국 모두가 참여하는 신기후체제 출범을 제17차 당사국총회에서 합의하였다. 기후변화협약은 2015년 현재 195개국이 가입하고 있어 전 세계가 함께하는 기후변화 대응체제이며 무엇보다도 기후변화문제에 대하여 빠른 속도로 대응하고 있다는 점을 높이 평가할 수 있다.

2. 과제

기후변화에 따른 국제적 공조노력은 기후변화협약과 교토의정서를 토대로 진행되고 있다. 기후변화협약의 성립으로 국제사회는 기후변화에 대응하는 기본적인 틀을 구축하였으며 교토의정서를 통하여 기후변화에 대응하기 위한 주요국의 구체적인 의무를 결정하였다. 교토의정서는 2008~2012년 주요국의 국가별 온실가스 감축목표 설정에 합의하여 노력한 결과 소기의 성과를 거두었다고 평가할 수 있으나 몇 가지 과제도 안고 있다.

첫 번째 과제는 2013년 이후의 각국의 온실가스 감축목표에 대한 원만한 합의가 이루어지지 않아 당초 2018년에서 2020년으로 기간이 연장되었으며, 미국, 중국, 일본, 캐나다 등 온실가스 대량 배출국이 불참하고 있어 이들 국가의 참여를 유도하는 것이 중요한 과제이다. 미국의 경우는 독자적인 기후변화대응 프로그램을 운용하고 있으나 기후변화대응의 실효성을 높이기 위해서는 미국의 적극적인 참여가 필요하다.

두번째 과제는 2020년 이후 세계의 모든 국가가 의무적으로 온실가스 감축에 참여하는 신기후체제의 발족을 위하여 선진국과 개발도상국간의 원만한 합의를 도출해야 한다. 선진국은 신기후체제하에 개발도상국의 적극적인 참여를 요구하고 있으며, 개발도상국은 자국의 경제적 상황을 이유로 온실가스 감축에 소극적이며 선진국의 재정 및 기술적 지원을 요구하고 있다. 기후변화협약은 선진국과 개발도상국 양측의 의견을 조율하여 세계의 모든 국가가 참여하는 체제를 구축하여 효율적인 기후변화에 대응하여야 할 것이다.

세번째 과제는 개발도상국의 기후변화 대응을 재정적으로 돕기 위해 2020년까지 선진국이 제공하겠다고 약속한 1000억 달러의 녹색기후기금을 확보하는 것이다.

추천자료

기후변화와 국제협력을 살펴보기 위해서는 과거 국제사회가 채택한 협약, 협정 등을 참고하는 것이 도움이 된다. 특히 외교통상부의 기후변화협상 바로알기를 참고하기 바란다.

산업자원부・에너지관리공단(2012), 알기 쉬운 기후변화협약.
외교통상부(2008), 기후변화협상 바로알기, 외교통상부.
환경부(2008), 기후변화의 이해.
환경부・그린스타트 네트워크(2009), 그린리더 업무 매뉴얼.
http://www.unfccc.int/(유엔기후변화협약)
http://www.gihoo.or.kr(기후변화홍보포털)
http://www.unep.or.kr(국제연합환경계획 한국위원회)
http://www.crik.re.kr(한국기후변화대응센터)

tip

파리협정(Paris Agreement)

기후변화협약 195개 협약 당사국은 2015년 12월 12일 파리에서 열린 총회 본회의에서 2020년 이후 새로운 기후변화체제 수립을 위한 최종합의문을 채택했다. 이 협정은 선진국에게만 온실가스 감축의무를 부과한 교토의정서와 달리 모든 당사국이 구속력 있는 온실가스 삭감에 합의한 협약이라는 점에서 의의가 크다고 할 수 있다.

협정에서는 세계평균 기온 상승목표를 산업혁명이전 보다 2℃미만으로 낮추기로 하였으며, 동시에 해수면 상승으로 위기에 처한 도서국과 최빈국들의 요구를 반영하여 1.5℃ 감축을 위한 노력을 명시하고 있다.

환경과 개발에 관한 유엔회의(United Nations Conference on Environment and Development: UNCED)

UNCED는 개발위주의 경제성장 및 산업화로 지구전체의 환경이 급속히 악화되고 있으며 이에 따라 환경보전과 경제개발을 동시에 조화시키면서 지속가능한 경제성장을 달성하기 위한 국제적 논의의 필요성이 제기됨에 따라 1992년 브라질 리우데자네이루에서 열린 회의이다. 이 회의는 178개국과 68개 국제기구가 참여한 범지구규모의 국제회의로 일명 Earth Summit 또는 리우회의라고도 하며 향후 지구환경보전을 위한 세계협력의 기본원칙에 합의하고 지속가능한 개발목표 달성을 위한 기본원칙인 리우선언의 채택과 리우선언의 이행을 위한 21세기 지구환경보전 실천강령인 의제21의 채택 등 중요한 업적을 남겼다.

기후변화에 관한 정부간 패널(IPCC)

IPCC는 세계기상기구와 유엔환경계획에 의해 1988년 설립된 조직으로, 인간 활동에 대한 기후변화의 위험을 평가하고 보고서를 발간하는 역할을 하고 있다. IPCC는 독자적인 연구를 추진하지 않으며 기후변화를 감시하거나 관련현상으로 야기되는 문제에 대해서는 관련분야 종사자에게 맡기고 있으며 과학적인 근거를 확인하는 중점을 두고 있다. 현재 IPCC가 발표하는 보고서는 기후변화에 관한 논쟁에서 가장 설득력이 있는 것으로 공식토론에서도 널리 쓰이고 있다. IPCC는 미국의 앨 고어 전 미국부통령과 함께 2007년 노벨 평화상 수상자로 선정되었다.

탐구학습

1. 주요개념
   - 유엔기후변화협약(UNFCCC)
   - 당사국총회(COP)
   - 교토의정서(Kyoto Protocol)
   - 발리로드맵(Bali Road-map)
   - 신기후체제

2. 토론과 과제
   - 유엔기후변화협약(UNFCCC)의 주요내용
   - 교토의정서의 주요내용과 한계점
   - 발리로드맵과 Post-2012체제
   - 더반플랫폼과 신기후체제

참고문헌

국무총리실 기후변화대책기획단(2008), 기후변화대응 종합기본계획.
김남진(1995), 행정법Ⅰ, 법문사.
김종달(2001), 환경과 사회, 경북대학교출판부.
김형국(2011), 녹색성장 바로 알기, (주)나남.
외교통상부(2008), 기후변화협상 바로알기, 외교통상부.
윤영채 · 김종서(2009), "지구온난화 방지를 위한 실효적 방안 연구", 사회과학연구, 제20권1호, 충남대학교 사회과학연구소.
이진행(2002), "기후변화협약에 따른 교토의정서 체제", 고려대학교 대학원 박사학위논문.
한국방송신문연합회(2009), 녹색성장과 신환경정책Ⅰ.
환경부(2008), 기후변화의 이해.
환경부 · 그린스타트 네트워크(2009), 그린리더 업무 매뉴얼.
御園生 誠(2008), 温暖化と 資源問題の 現實的 解法, 丸善株式會社.
打川 和男 · 內藤 高志(2008), 温暖化對策の 基本と 構造みが よ～くわかる本, 秀和株式會社.
http://geis.kemco.or.kr(온실가스배출량 정보시스템)
http://www.gihoo.or.kr(기후변화홍보포털)
http://www.unep.or.kr(국제연합환경계획 한국위원회)
http://www.climate.go.kr/home/03_policy/01.html(기상청 기후변화정보센터)
http://www.unfccc.int/(유엔기후변화협약)

제3장

기후변화와 주요국가의 대응

제1절 기후변화와 국가대응의 의의

1. 기후변화와 국가대응의 배경

기후변화에 대한 우려와 국가적인 대응방안 마련의 시급성은 이제 새삼스러운 이슈가 아니다. 기후변화에 대한 영향은 어느 한 지역 혹은 한 나라에 그치는 것이 아니며, 우리가 살고 있는 지구환경에 심각한 영향을 미치는 만큼 모든 국가는 기후변화 대책수립에 다 같이 나서야 할 때이다.

산업혁명의 영향으로 다량의 온실가스가 배출됨에 따라 지구대기중 온실가스의 농도가 증가하여 지구의 표면온도가 상승하는 지구온난화 현상이 초래되었다. 세계의 기후 및 환경분야의 전문가로 구성된 기후변화에 관한 정부간 패널(IPCC)연구팀의 제3차 보고서는 북반구의 빙산이 1950년 이래로 약 10~15%감소하고 있다고 발표하였다. 그리고 인위적 온실가스 배출량은 1970년 대비 2004년에 약 70% 증가하였다고 한다. 또한 전세계 평균기온이 지난 100년(1906~2005년)간 0.74°C상승하였다고 발표하였으며, 21세기에는 기후변화의 속도가 더욱 빨라질 전망이다.

지구온난화를 가속화하는 온실가스는 국가경제의 원동력인 산업활동과 우리의 일상생활과 밀접하게 연관되어 발생한다. 온실가스 배출억제를 위한 국제사회의 노력이 강구되고 있으며 지구온난화 대책은 국제사회의 최우선 의제로 대두되었고, 선진국을 중심으로 국제적인 협력과 아울러 국가적인 차원에서 지구온난화에 따른 온실가스 감축노력을 하기에 이르렀다.

2. 기후변화와 국가대응의 의의

온실효과에 따른 지구온난화로 지구의 평균온도가 상승하면서 빙하의 감소, 해수면 상승, 국지적인 침수와 불규칙한 자연재해, 농작물 피해, 말라리아, 댕기열 등 각종 질병을 야기하여 세계 각국은 엄청난 경제적 손실을 입고 있다.

온실가스 감축에 따른 세계 각 국가의 공감대 형성은 기후변화협약, 교토의정서 등을 체결하는 성과를 낳고 있다. 글로벌 환경문제에 대하여 선진국은 적극적인 대응을 통해 환경분야 일자리 창출과 에너지 효율화 노력으로 경제성장의 동력으로 삼고 있다.

따라서 온실가스 감축을 통한 지구온난화 방지에 대한 주요국가의 대응의 내용을 살펴봄으로써 우리나라의 대응방향 설정에도 참고할 필요가 있다.

3. 기후변화와 국가별 대응내용

기후변화 문제를 해결하기 위해 지구상의 국가들은 각종 기후변화에 따른 국제협약을 체결하고 글로벌차원의 대응을 진행하고 있다. 이와 관련하여 국가별로 중·장기 온실가스 감축목표를 설정 및 공표하고 관련입법을 제정하여 추진하고 있는 실정이다. 영국은 2050년까지 1990년 대비 80% 감축, 미국은 2025년까지 배출량 증가억제를 목표로 설정하였고, 중국도 2010년까지 GDP당 에너지 소비량 20% 감축목표를 설정하였다. 또한 기후변화대책을 국가성장동력으로 활용하는 차원에서 영국의 경우는 2020년까지 신재생에너지 비율을 15%로 확대할 계획을 갖고 있다.

대부분의 지구온난화에 선도적으로 대처하는 나라들은 온실가스의 감축목표를 설정하고 달성일정을 정하여 추진하고 있으며 관련정책을 분야별로 적응하고 산업화하는 방식으로 대처하고 있다. 한 단계 나아가서 온실가스 감축을 새로운 세계 경제체제에 활용하려는 움직임이 일어나고 있는데 미국은 온실가스 감축을 적극 이행하지 않는 국가의 수출품에 대한 추가관세 부과 등 구체적인 무역제재 방안을 고려하고 있다. 이와같이 세계 각국은 자국의 이해관계에 맞추어 지구온난화와 관련된 환경문제에 대하여 적극적인 대응을 하고 있다.

〈표 5.3.1〉 주요국가의 지구온난화 및 기후변화방지 대책

국가	주요내용
EU	· 교토의정서에 의한 1차 공약기간 이전부터 온실가스 감축을 위한 노력 지속 · EU집행위는 2020년까지 EU의 온실가스 배출량을 1990년 대비 최소 20%, 여타 선진국 동참 시 30%까지 감축하겠다는 정책 기조 설정, 2050년까지는 60~80% 감축 (전 지구적으로는 50% 감축), 신재생에너지 비율 20% 확대 및 에너지효율 개선촉진 · 2005~2007년까지 EU내에서 배출권거래제도 시행후 2단계 배출권거래제 시행중
영국	· 2050년까지 90년 대비 온실가스 배출량 80% 감축 설정('07.11) · 에너지 효율향상과 연료전환, 재생가능에너지 확대 위해 기후변화부과금, 배출권 거래제, 기후변화 자발적 협약 등 시행 · 기후변화 대응 강화(하이브리드카 구매 촉진책, 신재생에너지 보조금 증액 등)
독일	· 지구온난화문제에 빠르게 대응하여 신재생에너지 관련 기술개발과 시장선점 주력 · 2020년까지 1990년 대비 40% 감축 · 2020년 감축목표달성 위한 종합에너지・기후프로그램은 온실가스의 배출을 줄이기 위해 에너지효율의 향상과 재생가능에너지 확충목적('07. 8)
미국	· 2012년까지 온실가스배출집약도(온실가스배출량/GDP)를 18%까지 낮춘다는 자체 목표 수립시행, 동북부(RGGI)와 서부(WCI)의 주를 중심으로 배출권거래제(Cap & Trade) 도입준비 · 2025년까지 배출량 증가억제를 목표로 설정, Lieberman-Warner's Act 상원 환경위 통과('07.12) · 2050년까지 2005년 대비 70% 감축, 2017년까지 휘발유 소비량 20% 감축을 위한 대체에너지 비중 확대(3%→15%) 등 대책 발표('07.1) · 켈리포니아주는 온실가스 배출을 2020년까지 25% 감축하는 법안 제정('06년), 그 밖에 버몬트, 뉴욕 등 29개 주에서 온실가스 감축 목표 수립 · 오바마 정부출범 이후 의회는 기후변화 관련 10개의 법안제출 등 활발한 대응 논의
일본	· 지구온난화 대책의 추진에 관한 법률 제정('98) 및 개정('06) · 내각총리를 본부장으로 하는 지구온난화대책 추진본부 운영중 · 2005년부터 자발적 배출권 거래제도 시행 · 2050년까지 현재수준에서 60~80%의 온실가스 배출량 감축을 설정('08.6) · 2020년까지 2005년 대비 14% 감축이 가능할 것으로 전망 · 가계・상점・기업간 삼각 CO_2 배출량 거래제도('08.9), 이산화탄소 삭감 은행의 도입 · 2003년 기후변화캐피탈(climate change capital)이 창업, 탄소시장에 투자
중국	· National Climate Change Programme 발표('07.6) · GDP당 에너지소비량을 2010년까지 2005년 대비 GDP당 에너지 소비량 20% 감축, 2020년까지 30% 추가 감축, 신재생에너지 10% 확대 목표 설정 · 2020년까지 온실가스 배출량을 45% 줄이겠다고 약속('10.2) · 개발과 동시에 에너지 보존을 우선시하는 것을 원칙으로 에너지 효율 개선, 에너지 구조의 최적화 및 에너지 보존에 대한 국가목표 수립

멕시코	· National Climate Change strategy 발표('07.5) · 주요 산업별로 2007년~2014년까지 CO_2 약 1억 톤 감축잠재량 제시함 · 2012년까지 매년 탄소배출을 5천만 톤씩 줄여나가겠다고 발표('09.6.5)

자료: 기후변화홍보포털 웹사이트.

제2절 세계 각국의 대응내용

1. 유럽 주요국의 대응내용

1) 유럽연합(EU)

EU는 국제사회로부터 기후변화 대응에 있어서 선도적인 역할을 해오고 있는 것으로 평가받고 있다. EU는 1991년부터 집행위원회를 통해 온실가스 배출억제와 에너지효율 개선을 위한 공동전략을 마련하는 등 다양한 기후변화 대응프로그램을 추진해 오고 있다. 특히 배출권거래제의 시행, 에너지세 및 탄소세의 도입, 에너지 효율개선을 위한 기술혁신, 재생가능에너지의 확대 등 다양한 정책수단을 병행하고 있다.

EU의 주요정책으로는 유럽기후변화프로그램(ECCP), 통합적 오염예방 및 관리지침(IPCC Directive), EU기후·에너지패키지(EU Climate and Energy Package) 등이 있다. 2000년에 수립된 유럽기후변화프로그램은 EU의 기후변화에 관한 법과 정책을 개발하고, 공동체 및 회원국들의 효과적인 온실가스 감축방안 도출을 위한 기본적 체제로서의 역할을 하고 있다. 또한 이 프로그램은 재생가능에너지, 고효율 열병합발전, 건물에너지, 운송, 농업, 폐기물처리 등 배출권거래제 이외의 영역에서 CO_2저감 및 에너지효율 향상을 위한 다양한 정책을 집행하고 있다.

또한 EU에서는 2008년부터 대기, 물, 토양의 오염과 폐기물 배출량을 줄이기 위해 오염잠재력이 높은 산업시설과 농업시설들이 일정수준 이상의 환경조건을 만족시켰을 경우에만 운영을 허가하는 통합적 오염예방 및 관리지침을 운용하고 있다.

2009년 6월 법제화된 EU기후·에너지패키지는 EU 전체의 기후·에너지 관련 정책목표의 설정과 목표달성을 위한 구체적 방안을 제시하고 있다. EU는

20-20-20을 정책목표로 설정하고 있는데, 이것은 2020년까지 1990년 온실가스 배출량 대비 20%를 감축하고 재생에너지 비율을 20% 이상으로 확대한다는 계획이다. 그리고 여기에는 재생에너지 사용촉진, EU배출권시스템 개선, 회원국의 경제상황에 따른 감축의무 분담 등이 주요내용으로 포함되어 있으며 탄소포집·저장 기술개발과 안전한 이용을 위한 법적 틀도 마련하고 있다.

그리고 2011년 3월 EU집행위원회는 2050년까지 온실가스를 1990년 대비 80~95% 감축한다는 장기목표를 담은 2050 저탄소사회를 향한 로드맵을 발표하여 장기적인 비전을 제시하고 있다(김용건 외, 2012).

〈표 5.3.2〉 EU 주요정책 개요

정 책	내 용
유럽기후변화 프로그램(ECCP)	· 2000년 수립된 이래 EU의 기후변화에 관한 법과 정책을 개발하고, 공동체 및 회원국들의 비용효과적인 감축방안 도출을 위한 기본적 체제로서의 역할 · 재생가능에너지, 고효율 열병합발전, 건물에너지, 운송, 농업, 폐기물처리 등 배출권거래제 이외의 영역에서 CO_2 저감 및 에너지효율 향상을 위한 다양한 정책 집행
통합적 오염 예방 및 관리 지침(IPCC Directive)	· 오염 잠재력이 높은 산업시설과 농업시설들이 일정 수준 이상의 환경조건을 만족시켰을 때 운영
EU 기후·에너지 패키지(EU Climate and Energy Package)	· 2009년 6월 법제화되어 기후·에너지 관련 정책목표와 이의 달성을 위한 구체적 방안을 제시 · 유럽의 정책목표로 20-20-20을 설정: 2020년까지 1990년 온실가스 배출량 대비 20%를 감축하고 재생에너지 비율을 20%이상으로 확대한다는 계획 · 재생에너지 사용 촉진, EU-ETS 탄소배출권 시스템 개선, 회원국 경제상황에 따른 감축의무 분담 등이 주요내용으로 포함 · 탄소 포집저장기술개발과 안전한 이용을 위한 법률적 틀 마련
2050 저탄소사회를 향한 로드맵(Road-map for moving to a low carbon economy in 2050)	· 2050년까지 온실가스를 1990년 대비 80~95% 감축한다는 장기목표, 부문별 목표달성 경로를 설정

자료: 주요국 온실가스 감축정책 동향 및 시사점, 김용건 외(2012), 한국환경정책·평가연구원.

2) 영국

영국은 보수당의 Thatcher수상 집권기인 1972년 EU의 전신인 EEC에 가입하였으나, 당시는 사회정책에 대한 견해의 차이로 EU와 거리를 두고 있었으며 EU가 추진하던 환경정책에도 적극적으로 참여하지 않았다. 그러나 노동당인 Major수상과 Blair수상으로 정권이 교체됨에 따라 EU와의 관계에 변화를 보이게 되었다. 특히 Blair수상은 EU속의 영국이라는 구호 아래 EU에서 영국의 리더십 확보를 목표로 설정하고 적극적인 행보를 보였다.

이후 영국은 EU의 환경정책에 적극 동참하여 2010년에는 교토의정서의 목표 달성과 함께 영국 온실가스정책의 기본틀이 되는 영국기후변화프로그램(UK Climate change Programme)을 발표하였다. 이 프로그램에서는 1990년 대비 온실가스를 20% 삭감한다는 목표를 설정하였으며, 기후변화부과금, 배출권거래제도 등 경제적 수단과 함께 기후변화 자발적협정을 중심으로 하는 당시로서는 선진적인 정책을 도입하였다.

기후변화부과금(Climate Change Levy: CCL)은 에너지 효율향상과 연료전환, 재생가능에너지 확대를 위하여 온실가스를 배출하는 기업의 연료소비에 대해 부과금을 징수하는 제도로 2001년 4월에 도입되었다. 그리고 배출권거래제(Emission Trading Scheme: ETS)는 기업들이 온실가스 배출을 합의한 감축목표 이하로 줄인 경우 배출권을 시장에서 거래할 수 있는 제도로 2002년 4월부터 시행하고 있다. 기후변화 자발적 협정(Climate Change Voluntary Agreement: CCVA)은 기업이 자발적으로 에너지사용이나 CO_2배출 감축목표를 정하여 정부와 협약을 맺으면 이들 기업에 대해서는 기후변화부과금을 80% 경감해 주는 제도이다.

Blair수상의 뒤를 이은 Brown수상도 흐름을 이어받아 2008년 에너지와 환경담당 두 개 부처를 기후변화에너지부(Department for Energy & Climate Change)로 통합하여 에너지정책과 기후변화정책을 일괄적으로 다루는 체제정비를 하였다.

그리고 2008년에는 기후변화법(Climate Change Act 2008)의 제정을 통해 2050년까지 1990년 대비 80%의 온실가스를 감축한다고 공표하였다. 2009년 5월에는 기후변화법에 명시되어 있는 감축목표의 달성을 위해 재정적으로 지원하는 탄소예산(Carbon Budget)을 입법화하였다. 그리고 7월에는 국가의 전부문에 걸쳐 저탄소사회로의 로드맵을 제시하는 저탄소전환계획(The UK Low Carbon Transition Plan)을 발표하였다. 이 계획에서는 발전부문, 가정부문, 건물부문, 수송부문으로 구분하여 부문별 온실가스 감축목표를 설정하고 있다. 또한 영국정부는 환경을 고려한 경제성장 전략에 관한 저탄소산업전략(Low Carbon Industrial Strategy), 재생에너지에 관한 재생가능에너지전략(Renewable Energy Strategy) 수송부문의 온실가스 감축에 관한 저탄소수송 녹색미래(Low Carbon Transport: A Greener Future) 등의 정책보고서를 발표하였다. 그리고 2011년에는 정책보고서를 기초로 하여 탄소계획(The Carbon Plan: Delivering our low carbon future)을 발표하여 저탄소사회를 향한 국가의 종합적인 로드맵을 제시하기에 이르렀다(김용건 외, 2012).

〈표 5.3.3〉 영국의 기후변화 대응

시기	주요내용
2000.11	· 영국 기후변화 프로그램(UK Climate Change Programme) 수립
2001.04	· 기후변화부과금(Climate Change Levy: CCL) 도입
2008.10	· 기후변화에너지부(Department for Energy & Climate Change) 신설
2008.11	· 기후변화법(Climate Change Act 2008) 발효
2009.05	· 탄소예산(Carbon Budget) 입법화
2009.07	· 저탄소전환계획(The UK Low Carbon Transition Plan) 수립
2011.12	· 탄소계획(The Carbon Plan: Delivering our low carbon future) 수립

3) 독일

독일은 기후변화 문제에 빠르게 대응하여 이미 1980년대 후반부터 실태조사와 대책을 내놓기 시작했다. 이러한 배경에는 당시의 독일에서의 산성비에 의한 산림파괴, 체르노빌 원자력발전소 폭발사고로 인한 죽음의 재 유입, 화학물질 유출에 따른 라인강의 오염 등 환경재해가 있었다. 기후변화에 대한 독일정부의 대응내용을 살펴보면 온실가스 배출량 감축정책, 기후변화적응, 기후변화분야 국제협력으로 대별할 수 있다.

우선 온실가스 배출량 감축정책부터 살펴보기로 하자. 독일은 온실가스 배출량 감축을 위하여 배출권거래제도의 운영, 에너지전환 정책의 추진, 기후・에너지 펀드(Climate and Energy Fund)의 운영 등 다양한 정책으로 대응하고 있다. 독일은 2011년 9.2억 톤의 온실가스를 배출하여 EU-15개국 전체 배출량 36.6억 톤의 25.1%를 차지하는 유럽 제1의 온실가스 배출국가이다. 교토의정서에 의한 독일의 온실가스 감축목표는 2012년까지 1990년 대비 21%이며, 2011년 현재 약 26.7%를 감축실적을 보이고 있다. 그러나 제1차 교토의정서 이후 온실가스에 대한 규제강화가 예상됨에 따라 독일은 보다 적극적인 대응을 하고 있으며 그 내용은 다음과 같다.

첫째는 배출권거래제도의 운영을 강화하는 것이다. 독일은 2012년에 끝난 제2기 EU-배출권 시스템에 의해 전체 온실가스 배출량의 49.1%가 관리되고 있으며 약 1,700개 사업장이 배출권거래제도의 적용을 받고 있었다. 제3기 EU-배출권 시스템에서는 회원권별 할당에서 EU차원의 상한설정 및 할당으로 변경하고, 2020년까지 매년 1.74%씩 할당량을 감축할 계획이다. 또한 2013년의 할당량은 20.4억 톤으로 하였으며 할당량의 절반이상을 경매로 거래하고 있다.

둘째는 에너지전환(Energie Wende)정책의 추진이다. 독일의 경우, 배출되는 온실가스의 80%는 에너지와 관련된 것이다. 따라서 독일정부는 2010년 9월에 에너지계획을 수립하고, 2011년 6월에 에너지원 전환의 신속한 실행을 위한 종합법률(Legislativpaket)을 의결하였다. 더불어 일본 후쿠시마 원자력발전소 사고를 계기로 2022년까지 모든 상업용 원자력발전소를 폐쇄하기로 결정하였다. 독일정부는 종합법률을 토대로 2011년 국가에너지기본계획(Energiekonzept)을 수립하고, 신재생에너지 확대, 에너지효율화 등을 적극 추진하고 있다. 이 영향으로 풍력발전, 태양광발전이 증가하여 2012년에는 전력생산량의 약 25%를 신재생에너지로 충당하고 있다.

셋째는 기후에너지기금의 운영이다. 독일정부는 배출권거래제에서 발생한 세수(2012년 3.5억 유로)를 활용하여 에너지전환 정책을 지원하기 위한 재원으로 운영하고 있다. 이 기금은 건축물 에너지효율 개선프로그램, 전기자동차 확대보급, 에너지 다소비기업에 대한 재정지원, 신재생에너지 연구개발지원, 지자체 및 국제지원 사업 등에 활용하고 있다.

다음은 기후변화 적응분야에 대한 내용을 살펴보기로 하자. 독일정부는 2008년 기후변화 적응전략(Adaptation Strategy)을 채택하고, 2011년 세부실행계획 확정하였다. 주요내용은 기후변화에 의한 취약성을 줄이고, 자연 · 사회 · 경제 측면에서의 적응능력 향상을 목표로 설정하고 있으며, 접근방법으로는 사전예방적 접근, 지속가능성 확보를 기본원칙으로 하여 상호연계, 참여, 네트워킹 강화로 추진하고 있다. 대상분야는 농업 · 산림 · 어업, 물 · 홍수관리, 산업 · 공장 안전, 재정 · 보험, 생물다양성, 보건, 교통, 관광, 토양 등 15개 분야를 지정하고 있다. 대응체계는 연방정부의 모든 부처를 포괄하는 작업반을 운영하고 있으며, 연방정부와 주정부 환경장관이 참여하는 상설위원회를 연 3회 운영하여 기초지자체연합과 협력기회를 만들어 가고 있다.

마지막으로 독일의 기후변화분야에 대한 국제협력의 내용을 살펴보기로 하자. 독일 환경부는 독일 경제협력개발부와 공동으로 2008년부터 독일 기후에너지기금을 활용하여 기후변화에 대응하는 개발도상국을 대상으로 재정지원 프로그램을 추진하고 있다.

이 프로그램의 지원분야는 온실가스감축, 기후변화적응, 산림보호 프로젝트, 기후변화와 생물다양성 등 4개 분야로 구성되어 있다. 온실가스 감축분야는 저탄소발전, 온실가스 통계관리, 자발적 감축행동, 에너지효율 향상, 신재생에너지 개발 등을 지원하고 있다. 기후변화적응 부문은 국가와 지역단위 적응대책 수립, 기후변화 재해대비 보험체계 도입, 생태계 적응대책 등을 지원하고 있다. 산림보호 프로젝트는 탄소저장, 생물다양성 측면에서 중요한 열대산림보호 프로젝트를 지원하고 있다. 기후변화와 생물다양성부문은 기후변화 적응대책과 연계된 생물다양성 보전을 지원하고 있다(김용건 외, 2012).

2. 아시아 · 태평양 주요국의 대응내용

1) 일본

일본의 기후변화 대응에 관한 국가목표와 기본방향은 1998년에 공표된 지구온난화대책추진대강에서 기본틀이 정해졌다고 할 수 있다. 여기에는 환경과 경제의 양립, 단계적 대책의 추진방법, 각 기관 단체의 협력, 국제사회와의 연계추진 등이 명시되어 있으며, 목표를 달성하기 위한 수단으로 1998년 지구온난화대책법이 제정되었다. 이 법률에는 정부, 지방자치단체, 사업자, 국민 등 각 주체의 온실가스 감축노력 의무를 규정하고 있으며, 2005년 개정을 통하여 온실가스의 산정, 보고, 공표제도를 도입하였고, 2008년 개정을 통하여 교토의정서에서 규정된 감축목표(6%) 달성을 위한 구체적인 대책추진과 교토메커니즘을 활용한 배출권의 취득 및 활용기반 등을 정비하였다.

그러나 이러한 대책은 온실가스 감축을 위한 중장기적인 비전이 결여되어 있다는 비판과 일본의 적극적인 국제공헌이 필요하다는 국제적 압력이 높아지면서 2050년까지 온실가스 배출을 절반수준으로 감축하겠다는 목표설정과 이를 위해 최근년도 대비 60~80%의 온실가스 감축을 약속한 소위 후쿠다선언을 2008년에 발표하였다. 그리고 후쿠다선언을 뒷받침하기 위해 2008년 저탄소 사회구축 행동계획이 마련되었다. 뒤이어 2009년 하토야마수상은 2020년까지 1990년 대비 25%를 감축하겠다고 중기감축목표를 발표하였다. 이러한 변화의 흐름에 편승하여 환경성의 자주참가형 배출권거래제, 경제산업성의 국내CDM제도, 경제산업성과 환경성 공동의 통합형 배출권거래제도가 시행되었으며, 아울러 지방자치단체로서 최초로 동경에서 2010년 총량규제방식의 배출권거래제가 도입되었다.

2009년 하반기에는 환경성주도로 배출권거래제와 지구온난화대책세(탄소세)의 도입을 명시적으로 규정하는 지구온난화대책기본법의 입법이 추진되었다. 이 법안에는 온실가스 배출량을 2020년까지 1990년 수준의 25%를 감축한다는 감축목표의 명문화, 2050년까지 80%의 온실가스 배출을 감축한다는 장기목표의 명시, 국가차원의 총량제한 방식의 배출권거래제의 조기실시, 지구온난화대책세의 2011년 도입, 재생가능에너지 발전의 전량 고정가격 매입 등의 내용을 담고 있다. 지구온난화대책세는 2012년 10월부터 실시가 확정되었다. 그리고 2010년에는 저탄소산업의 육성 및 산업 전반의 저탄소화를 촉진하기 위해 에너지환경 적합제품의 개발 및 제조업의 촉진에 관한 법률(저탄소투자 촉진법)이 제정되었다. 아울러 에너지절약 기술의 개발, 비용대비 효과를 감안한 각종 에너지절약 및 저탄소 기술과 설비에 대한 세제우대 조치 등이 강구되고 있다(김용건 외, 2012).

〈표 5.3.4〉 일본의 기후변화대책

연도	대 책	주요내용
1998	· 지구온난화대책추진대강 설정	· 환경과 경제의 양립, 단계적 대책의 추진방법, 각계각층의 협력, 국제사회와의 연대
1998	· 지구온난화대책추진법 제정	· 각 주체(정부, 지방자치단체, 사업자, 국민)의 노력의무를 규정
2002	· 지구온난화대책추진대강 개정	· 교토의정서 목표달성 계획의 책정 - 6% 감축내역을 대책별로 설정하고, 경제인단체연합회의 자주행동계획 점검 등에 관한 내용 포함
2005	· 지구온난화대책추진법 개정	· 온실가스의 산정, 보고, 공표 제도 창설
2008	· 지구온난화대책추진법 개정	· 온실가스의 산정, 보고, 공표 제도 변경 - 공장 단위에서 사업자 단위로, 교토 메커니즘의 크레딧 취득 및 활용기반 정비
2008	· 후쿠다선언	· 2050년까지 전 세계 배출량을 절반수준으로 정하자는 장기목표를 선언
2009	· 중기 감축목표 설정	· 2020년까지 2005년 배출량 대비 25% 감축
2010	· 지구온난화대책 기본법안 마련	· 총량규제 배출권거래제의 도입, 지구온난화대책세(탄소세)의 창설, 재생에너지의 공급 확대

2) 중국

중국은 기후변화 대응문제에 소극적이었으나 제9차 중화인민공화국 국민경제와 사회발전 5개년계획(1996~2000년)이후 전향적으로 태도변화를 보이기 시작하였다. 동 계획에서는 연간 에너지소비를 당초계획 대비 5% 감축, 이산화황(SO_2)과 화학적 산소요구량(COD)등 주요 오염원의 감축목표를 구체적으로 제시하였다. 이는 개발도상국중 가장 먼저 에너지절약과 오염물질 배출저감을 목표로 제시한 사례에 해당한다. 2002년에는 제16차 공산당회의에서 지속가능한 발전을 국가기본정책방향으로 채택하였으며 이후 제10차 5개년계획(2001~2005년)에서는 10%의 에너지절약 목표를 세웠으나 급속한 경제성장으로 인하여 에너지소비가 오히려 7.5% 증가하였다.

이후 중국정부는 2007년 6월 중국 기후변화대응 국가방안을 발표하여 기후변화 문제에 대한 입장과 방향을 설정하고 에너지절약 및 탄소배출 저감을 실현하기 위한 국가 기후변화대응 영도소조를 설립하였다. 그리고 동년 10월에 후진타오 총서기는 제17차 중국공산당회의에서 환경 및 자원문제를 중국의 발전이 직면하는 가장 중요한 문제라 천명하여 정책의 최우선 순위에 두었다.

더불어 중국정부는 이전 계획기간에 수립한 에너지절약 목표달성에 실패했던 점을 감안하여 제11차 5개년계획(2006~2010년)에서는 법적으로 구속력이 있는 목표를 처음으로 수립하였다. 그리고 중국은 제11차 5개년계획기간 동안 1차 에너지 소비에 있어서 수력, 원자력, 풍력 등 비화석 연료의 비중을 10%까지 늘리는 동시에 에너지 집약도를 20% 감축한다는 목표를 세웠다. 중국이 추진하고 있는 에너지절약과 배출량감축을 위한 주요정책에는 에너지효율의 향상, 신재생에너지의 도입, 탄소배출권거래제의 시범운영, CDM프로젝트 활성화, 탄소세도입 등이 있다. 기후변화 대책마련에 소극적이던 중국의 이러한 변화는 2020년 이후 신기후체제의 도입에 대비하여 저탄소체제로 전환하기 위한 내부적 역량구축 노력의 일환이라고 할 수 있다.

중국은 2009년 개최된 코펜하겐 당사국총회를 통해 2020년까지 단위 GDP당 CO_2배출량을 2005년 대비 40~50% 감축할 것과 이를 사회발전 중장기계획에 포함시킬 것이라는 입장을 공식적으로 발표하였다. 그리고 2011년 3월에는 전국인민대표회의와 전국인민정치협상회의에서 국가탄소집약도 목표달성을 위한 신규정책들을 집중적으로 발표하였다. 특히 제12차 5개년계획(2011~2015)을 통해 중국은 기존보다 더욱 적극적인 목표를 세우고 있다(김용건 외, 2012).

〈표 5.3.5〉 중국의 주요 에너지 및 온실가스목표

항 목	제12차 5개년계획(2015)	중기목표(2020)
에너지 집약도	· 2010년 대비 18% 감축	
탄소 집약도	· 2010년 대비 18% 감축	· 2005년 대비 40~50% 감축
총 에너지 중 비화석연료 비율	· 11.4%로 확대	· 15%로 확대
원자력발전 용량	· 40GW 목표	
풍력발전 용량	· 70GW 추가설치 목표	
태양광발전 용량	· 5GW 추가설치 목표	
수력발전 용량	· 120GW 추가설치 목표	

자료: 중국 국가발전개혁위원회(NDRC).

중국이 기후변화에 대응하는 정책은 크게 온실가스 감축과 기후변화에 대한 적응으로 구분할 수 있다. 감축정책수단으로는 에너지의 효율개선, 대체에너지 이용장려, 삼림지개발, 이산화탄소 저감을 위한 기술개발과 기술이전을 들 수 있다. 기후변화적응과 관련된 정책수단으로는 식량안보 및 삼림, 생물다양성 보존을 위한 정책, 수자원 보존을 위한 이니셔티브 등 자연자원 관리, 홍수방지 제방강화 및 남에서 북으로 물길 변환, 벌목의 제재, 조류에 반하는 해안기반시설의 건축강화를 위한 수단 등 기반시설 관리, 산불과 질병을 비롯한 해충의 제어를 위한 모니터링 및 예보와 조기 경보시스템의 강화 및 구축 등이 있다(김정인 · 김진욱, 2008).

3) 호주

호주는 기후변화에 취약한 경제 · 사회적 구조로 미약한 정도의 기후변화에도 다른 선진국에 비해 큰 피해를 입을 수 있다, 호주의 평균기온은 1910년 기준으로 0.9℃ 상승하였으며, 2030년까지 평균기온이 1990년을 기준으로 1℃ 상승할 것으로 예상된다. 따라서 기후변화에 대한 적극적인 대응과 더불어 조속한 감축정책 마련이 요구되는 상황이다. 이에 호주정부는 2010년 발표를 통하여 2020년까지 2000년 기준으로 5%의 온실가스 감축을 선언하였으며, 국제적 동향을 감안하여 향후 25%까지 조정이 가능한 신축적 목표를 제시하였다. 2020년 기준

5% 감축은 1억 5900만 톤의 CO_2감축 내지 2020년 배출전망치(BAU)대비 23% 감축에 해당한다. 또한 2050년까지는 2000년 기준 80%의 온실가스를 감축할 계획을 수립하여 저탄소경제 진입을 원활하게 하고 국제적 신뢰도를 제고하는 것을 목표로 삼고 있다.

호주는 중기목표의 이행을 위하여 직접할당방식을 시행하고 있다. 2008년 말 2010~2013년에 대한 직접할당량을 발표하였고, 이후 2년 단위로 할당량을 정하기로 하였다. 그리고 호주정부는 2020년까지 전체 발전량의 20%를 신재생에너지로 공급할 것을 의무화하였다. 이와함께 매년 2%의 온실가스 배출증가가 전망되는 상황에서 호주는 탄소가격, 재생에너지, 에너지효율, 토지이용 등에 관한 정책도입을 추진하고 있다.

특히 호주는 2011년 제정된 청정에너지패키지(Clean Energy Legislative Package)를 통하여 탄소가격 메커니즘(Carbon Pricing Mechanism)이라는 일종의 탄소세 혼합형태의 배출권거래제를 2012년부터 시행하고 있다(김용건 외, 2012).

3. 아메리카 주요국의 대응내용

1) 미국

미국은 세계 최대의 이산화탄소 배출국[1]이면서도 기후변화에 대한 과학적 불확실성, 개발도상국 불참 및 자국경제에 미치는 영향 등을 이유로 2001년 교토의정서에서 탈퇴를 선언하고 독자적인 행보를 보이기 시작하였다. 2003년 3월에 2012년까지 온실가스 배출집약도(온실가스배출량/GDP)를 18%까지 낮춘다는 자체목표를 수립하였으며, 2007년 7월에는 2025년까지 배출량 증가억제를 목표로 설정하는 Lieberman-Warner's Act가 상원 환경위원회를 통과하였다. 또한 2050년까지 2005년 대비 70% 감축목표를 제시하고 2017년까지 휘발유소비량 20% 감축을 위한 대체에너지 비중확대(3%→15%)와 같은 대책을 발표하는 등 자체적인 기후변화 대책을 강구하고 있으나 다른 선진국에 비하여 여전히 소극적인 자세를 유지하고 있었다.

---

1) 미국은 1990년을 기준으로 했을 때 전 세계 배출량의 약 25%를 차지하며 온실가스 배출량이 세계 1위였으나 2000년대 들어 그 비중은 20%수준으로 줄어들었음(환경부, 2008).

그러나 민주당의 Obama정부가 들어서면서 종전의 자세에서 벗어나 지구온난화 방지와 에너지 효율향상, 청정에너지의 보급을 목적으로 하는 청정에너지·안보법안이 하원을 통과하고 최초의 온실가스 규제정책을 도입하는 등 적극적인 태도로의 전환을 보이고 있다.

Obama정부가 출범하면서 미국의회는 기후변화관련 10개의 법안을 내놓는 등 활발한 대응을 논의하고 있는데 이들 법안에는 온실가스 감축을 적극 이행하지 않는 국가의 수출품에 대한 추가관세부과 등 구체적인 무역제재 방안까지 포함하고 있다. 석유화학, 기계공업 등 구기술(old technologies)대신 1990년대 IT에 이어 신재생에너지와 같은 녹색기술(green technologies)을 새로운 국가 주력산업으로 육성하기로 하였다. 또한 녹색기술에 향후 10년간 1,500억 달러 이상을 투입하여 500만개 이상의 일자리를 창출하여 새로운 성장동력으로 육성한다는 계획도 수립하였다.

이러한 계획을 이행하기 위한 미국의 주요 온실가스 감축정책은 다음과 같다. 첫째는 2010년 1월부터 시행하고 있는 온실가스 배출의무보고 제도이다. 이 제도는 대형사업장을 대상으로 온실가스 배출량보고를 의무화하는 것으로 온실가스 감축정책 시행을 위한 정확한 정보제공에 목적이 있다. 둘째는 2011년 2월 시행된 대형 고정배출원 온실가스 허가제도 의무화이다. 이 제도는 연간 10만 톤 이상의 온실가스를 배출하는 신규 및 보수시설에 대해 온실가스의 배출허가를 받도록 하는 제도이다. 셋째는 발전소의 탄소오염기준 강화를 들 수 있다. 2012년 3월 미국환경청은 신규발전소의 탄소오염기준을 강화하는 새로운 규제를 제안하였다. 전력발전소의 배출은 미국의 CO_2배출량의 40%를 차지하고 있으므로 이 규제를 통하여 대규모 온실가스 배출감소가 기대되며 탄소포집·저장 기술적용의 확산이 기대된다. 넷째는 자동차 온실가스/연비관리 제도의 도입이다. 미국 연방정부는 1970년 의무적인 연비표준인 기업평균연비 프로그램을 도입하여, 기준을 달성하지 못하면 미달성분 0.1mpg당 5.5달러의 벌금을 부과해 왔다. 자동차에 대하여는 이와 같은 방식의 연비규제를 해오던 미국은 2009년 5월 연비기준 상향조정 및 온실가스 감축계획이 내포된 자동차 온실가스 배출량 저감정책을 발표하여 2016년부터 15.1㎞/ℓ으로 상향 조정함과 더불어 155.3g/㎞로 온실가스를 줄이도록 하는 온실가스 규제제도를 시작할 계획임을 밝히고 있다.

또한 지방정부 차원에서도 기후변화에 대응하는 노력을 하고 있다. 동북부의 각 주와 서부지역의 주를 중심으로 배출권거래제를 도입하고 있으며, 특히 캘리포니아주는 온실가스 배출을 2020년까지 25% 감축하는 법안을 2006년 제정하였고, 그밖에 버몬트, 뉴욕 등 29개 주에서 온실가스 감축목표를 수립하였다(김용건 외, 2012).

2) 멕시코

멕시코는 전세계 온실가스 배출량의 1.5%를 차지하고 있으며 라틴아메리카에서 두 번째로 많은 온실가스 배출국이다. 멕시코는 기후변화에 대응하기 위하여 2007년 5월 국가기후변화전략(National Climate Change Strategy)을 발표하였다. 주요내용은 산업별로 2007~2014년까지 CO_2 약 1억 톤의 감축을 제시하였다. 이후 2009년 6월 5일 세계환경의 날에는 2012년까지 매년 CO_2의 배출을 5천만 톤씩 줄여 나가겠다고 발표하였는데 이는 멕시코 전체 배출량의 약 8%에 해당한다.

또한 멕시코는 기후변화의 사회적·경제적 비용을 평가하기 위한 사업계획을 발표하였으며, 에너지절약 전구의 개발, 학교환경교육의 강화, 캐리비언 해안의 고래·상어보전지역을 포함한 5개의 새로운 보전지역의 지정계획을 수립하는 등 기후변화에 대응하여 활발한 활동을 하고 있다.

그리고 멕시코는 기후변화일반법을 제정하여 기후변화에 대응하는 기본적인 법체계를 정비하고 있다. 이 법률은 우리나라의 저탄소녹색성장기본법과 같이 기후변화에 대응하는 정부의 정책 및 전략이 포함되어 있으며 2012년 6월 6일에 제정되어 2015년 4월 2일 개정된 것으로 총 9개 장과 116개 조항으로 구성되어 있다. 그리고 이 법률은 멕시코헌법이 명시하는 환경보전 및 보호의 의무에 기초하여 제정되었으며, 주요목적으로 ① 쾌적하고 건강한 환경에서 살 권리 보장, ② 대기환경 보호를 위한 배출가스를 규제, ③ 기후변화 완화 및 적응활동에 관한 규정 마련, ④ 기후변화 완화 및 적응을 위한 교육·연구 및 기술개발의 활성화, ⑤ 저탄소 경제성장의 추진 등을 들고 있다.

또한 이 법의 제2장에서는 연방정부의 역할에 대한 규정을 담고 있는데, 기본적으로 연방정부는 기후변화관련 국가정책과 전략을 수립하고 추진하여야 하며, 동시에 국민에게 기후변화관련 정보를 제공하기 위한 정보제공 절차를 마련하고, 국가전략사업을 마련하여야 한다. 그 밖의 역할로는 기후변화기금조성, 배출권거래제도 운영, 기후변화 완화 및 적응을 위한 과학기술 연구장려, 지방정부 및 기초자치단체와의 업무협력, 기후변화 관련규정 준수 감시 등이 있다(세계법제정보센터, 2015).

또한 멕시코는 2010년 칸쿤에서 유엔기후변화협약 당사국총회를 개최하는 등 기후변화 대응에 대한 국제적인 역할에도 적극 나서고 있다.

제3절 국가대응의 전망과 과제

1. 전망

세계 각국은 지구온난화의 원인이 되는 온실가스 감축과 관련된 산업 및 기술에 대하여 선도적인 위치를 차지하려는 움직임이 증가할 것으로 전망된다.

첫째, 경제・사회 각 부문별로 탄소집약도(carbon intensity: CI)[2]를 개선하고, 신재생에너지 등 기후친화산업을 국가적인 신성장동력으로 육성하려는 적극적인 노력이 치열해지고 있다.

둘째, 저탄소형 생활양식과 국민의식의 확산이 추진될 것이며 산업, 농업, 산림, 해양, 생태계 등 부문별로 감축 및 적응대책을 추진하고 산업화할 것으로 전망된다.

셋째, 지구온난화에 따른 기후변화 대처에서 국제사회에서의 입지를 강화하고 리드해 가려는 움직임이 커질 것으로 전망되며 이를 활용한 새로운 경제질서를 구축하려는 국가들에 의해 그린라운드와 같은 세계경제질서의 새로운 패러다임 형성이 가속화될 것으로 전망된다.

---

2) 탄소집약도란 소비한 에너지에서 발생된 CO_2량을 에너지 총 에너지소비량으로 나눈 값을 말한다. 탄소집약도가 높다는 의미는 상대적으로 탄소함유량이 높은 에너지 사용 비율이 높다는 것을 말한다. 예를 들어 같은 열량의 에너지를 얻기 위해 전체를 석탄으로 소비하는 경우와 전체를 천연가스로 소비하는 경우를 비교하면 전자의 경우가 후자에 비해 탄소집약도가 높다(CI = TC(탄소톤) / TOE(석유환산톤)).

2. 과제

세계 주요국가의 지구온난화에 따른 대응을 토대로 하여 우리나라도 국제사회의 일원으로 지구온난화에 따른 기후변화에 대처하기 위하여 다음과 같은 능동적이고 적극적인 대처가 필요하다.

1) 국가 온실가스 감축목표 설정에 따른 감축·적응 노력

2010년 G20의장국으로서 온실가스 감축목표를 배출전망치(BAU)[3] 대비 30% 감축하기로 2009말 코펜하겐 회의에서 발표하였다. 개발도상국의 지위를 부여받아 온실가스감축 의무국가는 아니지만 주요 온실가스인 이산화탄소 배출량이 세계 9위로서 저탄소사회로의 전환을 위해 목표치를 공포하였는데 산업·국토·교통·산림(탄소 흡수원)·생태계·농업 등 부문별로 실질적인 감축 및 적응노력을 선행함으로써 선도자(early mover)역할을 수행하여야 할 것이다.

2) 기후관련분야 산업화전략 추진

환경문제를 새로운 세계경제 패러다임으로 형성하려는 움직임에 대하여, 기후관련 산업분야에 대하여 국가적인 차원에서 탄소포집·저장 등 신재생에너지 관련 핵심기술을 개발하고 보급을 확대하는 지원을 하여야 한다. 또한 해외 CDM 추진 등 기후변화위기를 국가성장의 동력으로 활용하는 기회로 전환하도록 추진하여야 한다.

3) 국제협력분야의 활성화

동아시아 기후 파트너십 등 개발도상국 기후변화대응 지원사업 확대를 통한 기후산업의 해외진출의 기반을 조성하고, 아시아·태평양 파트너십, 한·중·일 기후변화협의체 등 선진국과 차별화된 국제협력의 강화를 추진하여야 하겠다. 이를 통해 선진국과 개발도상국간의 가교 역할을 수행하여야 할 것이다.

---

3) BAU(business as usual)는 특별한 조치를 취하지 않을 경우 배출될 것으로 예상되는 미래 전망치를 나타낸다. 따라서 2020년의 BAU라고 하면 인위적으로 감축 노력을 하지 않을 경우 현재의 추세로 볼 때 오는 2020년 배출될 온실가스의 총량을 추정한 것이다. 여기에는 경제성장률, 국제 유가, 에너지효율 개선 추이 등 온실가스 배출과 관련한 다양한 요소들이 감안돼 있다.

추천자료

기후변화에 대응하기 위해서는 전 지구적 국제사회의 협력이 필요하다. 이에 관한 내용은 유엔과 환경부 등의 홈페이지를 참고하기 바란다.

김용건 외(2012), 주요국 온실가스 감축정책 동향 및 시사점, 한국환경정책・평가연구원.
문진영, 이성희(2014), 최근 주요국의 온실가스 감축노력과 시사점, 대외경제정책연구원.
윤인택(2012), 교토의정서 이후 기후변화 협상 동향, 기후변화대응전략연구소.
http://world.moleg.go.kr/World/SouthAmerica/MX/law/25747(세계법제정보센터)
http://www.bmu-klimaschutzinitiative.de/en/news(주독일 한국대사관)
http://www.gihoo.or.kr(환경부 기후변화홍보포털)
http://www.unfccc.int/(유엔기후변화협약)

tip

미국 주도 주요국가 회의(Major Economies Meeting: MEM)

기후변화에 대응하는 국제적인 프로세스는 유엔이 주도하는 유엔기후변화협약에 의해서 추진되고 있다. 한편 미국은 교토의정서 탈퇴를 선언한 이래 2007년 9월 각국의 상황을 고려한 유연한 온실가스 감축체제의 논의를 희망하며 16개 온실가스 다배출국이 참여하는 주요국회의를 개최하였다. 주요참여국은 G8, 중국, 인도, 멕시코, 브라질, 남아공, 한국, 호주, 인도네시아, EC로 전세계 온실가스 배출의 80%를 차지하고 있다.

주요국회의는 2050년 범지구적 장기목표, 2020/2030년 국가별 중기목표 설정을 추진하고 있으며, 발리로드맵에 따른 유엔프로세스를 보완하는 기능을 가진다(외교통상부).

유럽경제공동체(European Economic Community: EEC)

유럽경제공동체는 로마조약에 의거하여 1958년 서독, 프랑스, 이탈리아, 벨기에, 네덜란드, 룩셈부르크 등 6개국의 경제통합을 위하여 설립되었으며 이후 영국, 아일랜드, 덴마크, 그리스, 스페인, 포르투갈 등 6개국이 합류하였다. 1967년 각각 독립되어 있었던 ECSC(유럽석탄・철강공동체)와 EURATOM(원자력공동체)을 흡수하여 EEC는 유럽공동체(European Community: EC)라고 불리게 되었다. EEC는 1968년 역내관세의 철폐, 역외공통관세의 부과, 수입수량제한의 철폐를 중심으로 한 관세동맹의 체결과 역내 농업의 합리적 발전, 역내 농산물의 적절한 공급, 농산물의 적정 가격보장 등을 기본목표로 한 공동농업정책을 실현하였다. 이후 경제·통화동맹을 추진, 정치동맹으로 발전을 모색하여 유럽지역의 막강한 경제블록으로 군림하게 되었다.

녹색기술

녹색기술은 저탄소녹색성장을 구현하기 위한 온실가스 감축기술, 에너지 이용 효율화 기술, 청정생산기술, 청정에너지 기술, 자원순환 및 친환경 기술 등 사회·경제 활동의 전 과정에 걸쳐 에너지와 자원을 절약하고 효율적으로 사용하여 온실가스 및 오염물질의 배출을 최소화하는 기술이다.

탄소포집 · 저장(Carbon Capture & Storage: CCS)

CCS기술은 화력발전소 등의 이산화탄소 대량 배출원에서 이산화탄소를 대기로 방출하지 않고 물리, 화학적인 기술을 이용하여 이산화탄소만을 분리해낸 뒤 이를 압축하여 파이프라인 혹은 선박을 이용하여 수송, 폐가스전 등의 검증된 저장소에 저장하는 기술이다. 이 기술은 지구온난화의 주범인 CO_2의 대량방출을 직접적으로 감축가능하게 함으로써 온실가스 대응 및 저탄소 녹색성장을 위한 중점 녹색기술로서 각광받고 있다.

탐구학습

1. 주요개념
   - EU 기후 · 에너지 패키지
   - 영국 탄소계획
   - 후쿠다 비전
   - 미국 청정에너지 · 안보법안
2. 토론과 과제
   - 미국의 기후변화 대응 정책의 주요내용
   - 중국의 에너지전환 정책
   - EU의 기후변화 대응의 주요내용
   - 신기후체제와 각국의 기후변화 대응방향

참고문헌

김용건 외(2012), 주요국 온실가스 감축정책 동향 및 시사점, 한국환경정책・평가연구원.

문진영,이성희(2014), 최근 주요국의 온실가스 감축노력과 시사점, 대외경제정책연구원

윤인택(2012), 교토의정서 이후 기후변화 협상 동향, 기후변화대응전략연구소

윤영채・김종서(2009), "지구온난화 방지를 위한 실효적 방안 연구", 사회과학연구, 제20권1호, 충남대학교 사회과학연구소.

이진행(2002), "기후변화협약에 따른 교토의정서 체제", 고려대학교 대학원 박사학위논문.

환경부・그린스타트 네트워크(2009), 그린리더 업무 매뉴얼.

http://www.unep.or.kr(국제연합환경계획 한국위원회)

http://www.crik.re.kr(한국기후변화대응센터)

http://www.climate.go.kr/home/03_policy/01.html(기상청 기후변화정보센터)

http://world.moleg.go.kr/World/SouthAmerica/MX/law/25747(세계법제정보센터)

http://www.bmu-klimaschutzinitiative.de/en/news(주독일 한국대사관)

http://www.gihoo.or.kr(환경부 기후변화홍보포털)

http://www.unfccc.int/(유엔기후변화협약)

제4장

녹색성장과 국제개발협력

제1절 녹색성장과 국제개발협력의 의의

1. 녹색성장과 국제개발협력의 배경

초기의 국제개발협력은 국제 적십자사나 교회가 중심이 된 국제구호활동이 주류였고, 자국의 이익을 위한 원조나 기술지원 등은 작은 규모로 이루어졌다. 이후 국제적으로나, 국내적으로 다양한 이유로 국제개발협력이 체계적으로 시행되어 왔다. 최근에는 글로벌 패러다임의 변화로 국제개발협력은 새로운 국면을 맞이하고 있다. 이를 구체적으로 살펴보면 다음과 같다.

첫째, 국제적으로는 제2차 세계대전 이후 대부분의 식민지는 정치적으로 독립하였으나 서구 열강의 오랜 수탈로 인해 빚어진 가난의 참극에 대해 국제사회가 공동의 책임을 져야 한다는 목소리가 높았다. 이를 위해 다자간 협력을 목적으로 국제기구들이 생겨나기 시작하였다. 1944년 브레턴우즈(Bretton Woods)회의에서 국제개발부흥은행(IBRD)과 국제통화기금(IMF)등이 설립되었고, UN 및 UN 산하기구들을 통해 국제협력을 도모하게 되었다(KOICA ODA교육원, 2012).

둘째, 국내적으로는 제2차 세계대전 이후, 일본의 식민지배로부터 해방됨에 따라 정치·경제·사회·문화의 모든 영역에서 급격한 변화를 맞이하게 되었다. 한국사회는 1950년대 말까지 전쟁으로 인해 황폐화된 경제를 복구하는 것이 최우선 과제였다. 이에 따라 서구 선진국으로부터 긴급 구호성 원조와 전쟁복구·경제재건을 위한 원조를 받게 되었으며, 미국과 UN이 주도한 원조가 1960년대까지 이루어지게 되었다(KOICA, 2008).

이후 1991년 1월에 한국국제협력단법을 제정하였고, 동법에 입각하여 같은

해 4월 외무부 산하 한국국제협력단(Korea International Cooperation Agency: KOICA)을 공식 발족하였다. 프로젝트사업, 국내초청연수사업, 해외봉사단 파견(World Friends Korea), 해외재난긴급구호, 인도적 지원사업, 민·관 협력사업, 국제기구를 통한 지원사업 등 활발하게 사업을 추진하고 있다. 또한 민간 분야에서도 원조사업 및 국제협력 등에 관한 다수의 시민단체들이 활동을 하고 있는데, 국제개발협력민간협의회(Korea NGO Council for Overseas Development Cooperation: KCOC)에서 발간한 2011년도 한국 국제개발협력 시민사회단체(Civil Society Organization: CSO) 편람에 의하면, 현재 약 85개 이상의 유관 시민단체가 결성되어 다양한 활동을 전개해 나가고 있다.

셋째, 최근에는 성장 위주의 개발을 추진한 결과 발생된 환경문제와 지속되는 빈곤문제에 대한 국제사회의 인식이 확대되면서 기후변화, 지속가능한 개발, 녹색성장 등에 대한 관심이 증가하고 있다. 기후변화는 오존층 파괴, 지구온난화, 열대림 파괴로 기후변화가 가속화되면서 국경을 초월해 선진국·개발도상국 모두에게 심각한 피해를 주고 있다.

한편 국제개발협력에서 녹색성장이 주요 관심사로 떠오르게 된 배경을 요약하면 다음과 같다. ① 기후변화 및 녹색성장 관련 이슈는 전 지구적인 문제로 한 국가의 힘으로는 달성하기 힘들기 때문에 국가 간의 협력이 필요하다(KOICA, 2012). ② 수원국인 개발도상국들이 기후변화에 특별히 취약하기 때문에 ODA가 이 문제에 관심을 가질 수 밖에 없다(Leary and Kulkarni, 2007). ③ 수원국인 개발도상국들이 녹색성장에 대해 실질적인 필요성을 자각했기 때문에 ODA에 있어서도 향후 녹색성장 의제는 지속적으로 증가될 수 밖에 없다(박희수, 2011).

2. 녹색성장과 국제개발협력의 개념

우리가 일반적으로 사용하고 있는 녹색성장과 국제개발협력의 개념은 각 분야에서 서로 상이하게 사용되어 왔다. 여기서는 녹색성장과 국제개발협력의 개념에 대해 알아보고자 한다. 녹색성장과 국제개발협력의 개념은 두 가지 차원에서 개념정의가 가능하다. 하나는 국제개발협력에서 녹색성장의 개념이고 다른 하나는 녹색성장에서 국제개발협력의 개념이다.

1) 국제개발협력에서 녹색성장의 개념

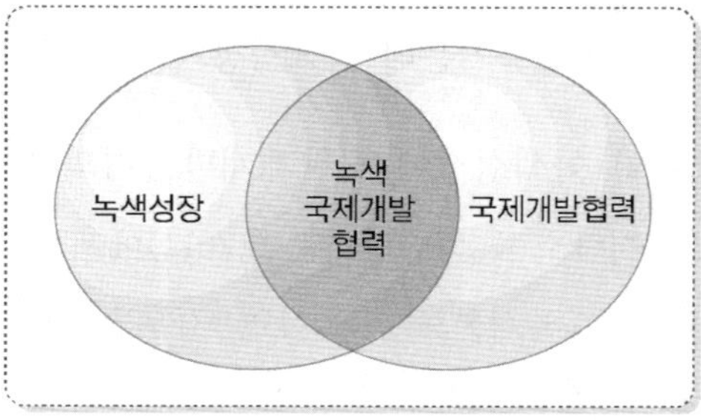

[그림 5.4.1] 녹색성장과 국제개발협력 개념

국제개발협력은 개발원조를 비롯하여 기타 공적자금, 수출신용, 민간투자와 같이 다양한 협력방식을 통해 국제사회가 공동으로 개발도상국의 경제사회발전을 촉진하는 활동이다. 본 장에서는 좁은 의미의 국제개발협력을 개발원조의 개념으로 정의하고자 한다. 경제협력개발기구(OECD)의 개발원조위원회에서는 공적개발원조(Official Development Assistance: ODA)의 개념을 중앙정부와 지방정부를 포함한 공공기관이나 이를 집행하는 기관이 개발도상국 및 국제기구에서 제공한 자금의 흐름(resource flows)으로 정의한다. 이외에도 국제협력, 경제협력, 개발협력, 공적원조 등 개념이 유사하지만 정의가 다른 용어와 구분없이 사용하는 경우가 많다.[1] 국제개발협력의 중요성이 높아지면서 OECD 개발원조위원회(Development Assistance Committee: DAC)를 중심으로 공적개발원조를 개편하자는 움직임이 활발해지고 있는 가운데 환경분야 ODA는 기후변화와 지구온난화 문제 등으로 인해 국제개발협력에서의 위상과 비중이 확대되었다. ODA와는 별도로 2009년 코펜하겐 녹색기후기금(Copenhagen Green Climate Fund: CGCF)을 창설해 2020년에 연간 지원규모가 1000억 달러에 이르는 제3세계 원조를 추진하고 있다. 우리나라는 리우+20 회의를 통하여 녹색성장의 주도적 국가 도약을 천명하였다. 녹색성장위원회의 녹색성장국가전략보고서(2009)에 따르면 녹색 공적개발원조 비중을 2020년에 30%, 2050년에 40%까지 확대하는 방안을 발표하였다. 일반적으로 공공재적인 성격을 지니면서 생태 효율

---

1) 유사용어에 대한 개념정의는 다음과 같다. 첫째, 국제협력은 국가간 및 국가와 국제기구간의 모든 유·무상 자본협력, 교역협력, 기술·인력협력, 사회문화협력 등 국제사회에서 발생하는 다양한 형태의 교류를 총체적으로 지칭하는 개념이다. 둘째, 경제협력은 선진국과 개발도상국간, 선진국 상호간, 개발도상국 상호간 경제 분야의 제반 협력관계를 의미한다. 셋째, 개발협력은 개발도상국의 경제성장이나 복지에 기여할 수 있는 개발재원의 이전을 의미하며, 주로 선진국이나 국제기구로부터 개발도상국에게 이전되는 재원을 가리킨다. 넷째, 공적원조는 특수 목적의 (구)사회주의 국가 및 선발 개발도상국에 대한 원조를 가리킨다.

성이 높은 환경친화적인 국제개발협력을 녹색 ODA로 지칭한다.

여기서는 국제개발협력에서 녹색성장의 개념은 국제개발협력의 여러 영역의 다양한 활동가운데 녹색성장 분야에 국한한 활동으로 정의한다.

2) 녹색성장에서 국제개발협력의 개념

저탄소 녹색성장기본법(2011)에서는 녹색성장의 개념을 에너지와 자원을 절약하고 효율적으로 사용하여 기후변화와 환경훼손을 줄이고 청정에너지와 녹색기술의 연구개발을 통하여 새로운 성장동력을 확보하여 새로운 일자리를 창출해 나가는 등 경제와 환경이 조화를 이루는 성장으로 정의하고 있다.

녹색성장은 국내뿐만 아니라 해외에서도 활발이 논의되고 있는데 UNESCAP는 녹색성장을 저탄소 및 사회적으로 지속가능한 발전을 촉진하기 위하여 환경적으로 지속가능하고 경제의 진보를 강조하는 정책으로 정의하였고, OECD(2011)는 자연자산이 우리의 행복을 결정짓는 자원과 환경서비스를 지속적으로 공급할 수 있도록 보장하면서 경제성장과 발전을 촉진하는 것으로 정의하였다.

여기서는 녹색성장에서 국제개발협력의 개념은 녹색성장의 여러 영역 가운데 국제개발협력에 국한한 것으로 정의한다.

3) 녹색성장과 국제개발협력의 개념

녹색성장과 국제개발협력의 개념은 주로 환경분야에 대한 공적개발원조로 이해될 수 있으며, 이에 관한 논의는 매우 다양하게 이루어지고 있다. 따라서 다양한 선행연구들의 논의 내용을 종합하여, 녹색성장과 국제개발협력에 관한 개념을 파악해 보고자 한다(기후변화정책연구소, 2012).

첫째, 2001년 일본 국제협력사업단(2001)에서는 스스로 환경문제를 해결해 나갈 수 없는 개발도상국을 지원하는 것으로, 녹색성장과 국제개발협력은 국가가 공적자금을 가지고 개발도상국의 환경문제를 직·간접적으로 해결하기 위해 실시하는 원조사업으로 정의하였다. 또한 그 분야로서 주거인프라, 산림보호, 오염방지, 자연환경 보호, 재해예방, 에너지 절약, 자원보호, 대체에너지 등을 제시하였다.

둘째, Hicks 등(2008)은 녹색성장과 국제개발협력을 전 지구적, 혹은 지역적 환경문제의 대응, 수원국 외부의 환경에 대해서도 긍정적인 영향을 일으킬 수 있는 사업에 대하여 이루어지는 대외원조로 간주하고, 그 분야로서 전 지구적 환경 자원의 보호 및 강화, 기후변화 및 프레온가스(Chloro Fluoro Carbon: CFC) 배출, 생물다양성 관련 사업, 대기 및 수질오염 등을 포함하였다.

셋째, 강연화(2009)는 녹색성장과 국제개발협력을 단순히 환경적 측면에 국한된 개념으로부터 벗어나 기후변화에 대한 적응 등을 포괄하는 개념으로 받아들여야 한다고 강조하고, 환경을 고려하고, 개발도상국의 기후변화 대응을 위한 감축과 적응을 지원하는 국제개발협력으로 정의하였다. 또한 그 분야로서 에너지 효율, 신재생에너지, 물관리, 환경보전, 산림관리 등을 제시하였다.

넷째, 녹색성장위원회(2012)는 자연훼손과 환경오염을 최소화하고, 이를 다시 경제성장의 동력으로 활용하며, 에너지 · 자원의 효율적 이용 및 기후변화 대응역량 배양을 통한 지속가능한 발전을 도모하는 것으로 정의하였다. 또한 그 기준으로서 화석연료의 사용 축소, 환경친화적 기술 및 산업의 경제동력화, 에너지 · 자원의 효율성 향상 및 자원순환 촉진 등을 제시하였다.

이상과 같이 녹색성장과 국제개발협력은 환경분야에 국한되었던 것에서 기후변화 감축과 적응 등이 더욱 고려된 개념으로, 점차 녹색성장의 전반적인 분야를 모두 포함하는 개념으로 활용되고 있다. 따라서 이를 녹색 국제개발협력이라 정의한다. 녹색 국제개발협력은 환경과 기후변화 이슈만을 포함한 협의의 개념을 넘어서 경제의 기반시설 및 생산능력 제고와 관련된 산업까지 포함하는 신성장동력 창출, 삶의 질 제고, 국제적 위상 강화, 그리고 환경적 이슈까지 포함하는 국제개발협력이라는 포괄적인 의미이다.

3. 녹색성장과 국제개발협력의 중요성

최근 국제적 논의는 전 지구적 차원의 새로운 비전으로서 저탄소 녹색성장 패러다임을 성장전략으로 제기하고 있다. 여기서는 녹색 국제개발협력의 중요성을 논의해본다.

첫째, 개발도상국은 기후변화로 인한 북극 및 남극지대의 기온상승, 빙하감소, 홍수, 가뭄 및 해수면 상승 등에 취약한 자연 · 생활환경과 산업구조를 가지고 있다. 지리적으로 태풍이나 사막화가 빈발하는 지역에 위치해 있는 국가들이 많고, 해수면 상승으로 인해 존재 자체가 위협받는 군소 도서국이 다수이다. 또한 기온의 상승과 비정상적인 강수량 증가는 말라리아와 뎅기열과 같은 전염병과 수인성 질병을 확산시켜 인간 건강에 위협이 된다. 특히 동남아시아와 서남아시아는 세계에서 도시화가 가장 급속도로 이루어지고 있는 지역으로, 이 지역의 급증한 인구가 기후변화에 의한 홍수나 가뭄과 같은 자연재해에 적절히 대처할 수 있는 기반시설이나 재정능력이 취약하다. 이외에도 인구의 대부분이 농업에 종사하며, 또한 농업종사자 대부분이 최저소득층이기 때문에 기후변화에 의한 자연재해는 치명적이다.

둘째, 선진국들은 이미 저탄소사회로의 전환을 본격화하면서 녹색성장 정책을 지속적으로 추진하고 있다. 이에 반해 녹색기술과 녹색산업에 대한 인식과 준비가 미흡하고 경제발전에 대한 욕구가 상대적으로 클 수밖에 없는 개발도상국들은 저탄소사회로의 전환으로 인해 오히려 선진국과의 격차가 더욱 심화될 것으로 우려하고 있다(Munasinghe, 2008).

셋째, 녹색 국제개발협력을 통해 선진국이 획득한 생태효율적(eco-efficient) 생산과정, 재활용자원 사용, 자연자원 활용과 새로운 직업 창출 등을 위한 다양한 지식과 기술들이 개발도상국들에게 전수되어야 한다. 이를 통해 선진국과의 발전격차를 크게 완화하고 기후변화에 대응하여야 한다. 대표적인 원조국가인 일본은 2010년 전체 ODA의 63%를 환경부문에 사용하였으며, 노르웨이는 2010년 전체 공적개발원조의 38%를 환경관련 활동에 사용하고 있다. 개발협력에서의 환경에 대한 관심은 환경을 위한 금융이전에서도 나타나고 있는데, 세계은행은 2011년 전체 차관의 14%를 환경 및 자원관리와 관련해서 지급하였다.

제2절 녹색성장과 국제개발협력의 국내외 동향

1. 국제 동향

기후변화 대응 등 개발도상국에 대한 녹색성장 지원은 과거 UN을 중심으로 이루어졌으나, 최근에는 세계은행(World Bank), UN 아시아・태평양경제사회위원회(UNESCAP), 아시아개발은행(Asian Development Bank: ADB), OECD 등 다양한 국제기구들이 기후변화 완화 및 적응, 에너지 효율성, 신재생에너지 등의 분야에서 지원을 확대해 나가고 있다.

첫째, OECD의 경우 개발도상국들의 녹색성장을 위한 4대 지원전략을 설정하는 등 보다 체계적인 지원을 도모해 나가고 있다. 이를 간략히 살펴보면 다음과 같다(OECD, 2010). ① 자연자원 관리 및 거버넌스로서 삼림, 수산, 토지, 생태계의 효과적인 관리 및 사용과 관련제도 및 규제개혁 등을 지원한다. ② 기후변화 적응으로서 기후변화에 대한 취약성 및 피해복구, 대응방안 등을 지원한다. ③ 저탄소 성장지원으로서 온실가스 감축, 에너지 분야(신재생에너지, 에너지 효율 등) 개혁을 지원한다. ④ 개발 및 빈곤감소로서 기후변화에 대한 대응전략과 개발전략의 통합 등을 지원한다.

둘째, 개발도상국의 녹색성장을 위한 국제협력개발 대표사례로서 2010년 세계은행의 중국 난징(南京) 도시환경개선 프로젝트, UNESCAP의 생태효율적인 도시인프라 프로그램, ADB의 지속가능한 교통 이니시어티브 등을 들 수 있다. ① 세계은행의 중국 난징 도시환경개선 프로젝트는 2010년 중국 난징의 환경개선을 위해 세계은행에서 약 1억 달러의 차관 제공을 결정하면서부터 시작되었으며, 총 2억 5천 4백만 달러의 재원을 통해 도시 중앙의 장난(江南) 폐수처리공장의 처리 능력을 강화하고, 현재 5개 자치주에 있는 폐수수거와 처리시설의 개선을 추진하고 있다. ② UNESCAP의 생태효율적인 도시인프라 프로그램은 수자원과 폐수, 교통과 같은 도시인프라와 그 서비스가 제공하는 생태효율성을 측정하는 방법을 개발하기 위하여, 현재 아시아국가 주요 도시들을 대상으로 하는 프로젝트를 수행 중에 있다. ③ ADB의 지속가능한 교통 이니시어티브는 아시아권 개발도상국들에게 연평균 58억 달러를 지원함으로써 보다 쾌적하고 에너지 효율적인 교통체계 구축 및 발전을 도모해 나가고 있다(정진규, 2011).

2. 국내 동향

우리나라는 녹색성장 의제를 확산시키기 위한 노력을 지속적으로 전개하고 있다. 여기서 녹색성장은 에너지와 자원을 절약하고 효율적으로 사용하여 기후변화와 환경훼손을 줄이고 청정에너지와 녹색기술의 연구개발을 통하여 새로운 성장동력을 확보하며 새로운 일자리를 창출해 나가는 등 경제와 환경이 조화를 이루는 성장을 말한다. 우리나라의 녹색성장 정책은 단순히 환경과 경제가 상호 시너지효과를 갖는 차원을 넘어서, 시장과 정부의 적절한 역할분담을 통해 인간의 삶의 질을 향상시키고 행복을 증진시키는데 궁극적 목표가 있는 미래지향적인 국가발전전략이다(강성진, 2010).

우리나라는 국제적인 녹색성장의 확산을 위하여 개발도상국을 지원하고 있다. 우리나라가 주도적으로 설립한 국제기구인 글로벌녹색성장연구소(Global Green Growth Institute: GGGI)에서는 현재 에티오피아, 캄보디아 등 개발도상국의 녹색성장전략 수립 및 이행을 지원하고 있다. 2014년말 현재 GGGI에 24개 회원국이 참여하고 있으며, 우리나라를 비롯해 영국, 덴마크, 노르웨이, 호주, UAE, 카타르가 주요 공여국이다(GGGI, 2014).

또한 덴마크 등 주요 녹색성장 파트너와의 양자적 녹색협력도 강화하고 있다. 우리나라와 덴마크는 2011년 최초의 가치동맹인 한-덴마크 녹색성장동맹을 출범하고 매년 녹색성장동맹회의를 개최해 오고 있다. 2014년 3월 제4차 녹색성장동맹회의가 친환경 선박 및 해양산업, 지속가능한 에너지, 에너지 효율성을 주제로 서울에서 개최되었으며, 양국 관계부처·기관 및 기업간 다양한 협력 MOU를 체결하였다(외교부 웹사이트).

제3절 녹색성장과 국제개발협력의 주요내용

1. 관련법률

1) 국제개발협력 관련법률

(1) 한국국제협력단법

우리나라는 1991년 1월 14일에 한국국제협력단법을 제정하여 현재까지 시행해 오고 있다. 이 법은 대한민국과 개발도상국가와의 우호협력관계 및 상호교류를 증진시키고 개발도상국가의 경제·사회발전을 지원하기 위하여 한국국제협력단을 설립하여 각종 협력사업을 추진함으로써 국제협력 증진에 이바지함을 목적으로 하고 있다(제1조).

담당기능은 첫째, 개발도상국가를 위한 사업으로서 연수생의 초청, 전문인력의 파견, 해외봉사단의 파견, 개발조사, 재난구호, 물자·자금 및 시설의 지원 등을 수행한다. 둘째, 국제협력을 위한 사업으로서 민간단체의 국제협력활동에 대한 지원, 외국의 원조 관련 기관 및 국제기구와의 협력, 국제협력에 관한 이념 및 정책의 수립 등을 위한 조사·연구 등을 담당한다. 셋째, 정부가 위탁하는 사업을 수행하며, 그 밖에도 이상의 사업추진에 따른 교육·훈련·홍보 및 각종 부대사업 등을 수행한다(제7조).

이에 입각하여, 2015년 3월까지 KOICA는 네팔, 동티모르, 라오스, 몽골, 베트남, 솔로몬군도, 스리랑카, 아프가니스탄, 인도네시아, 캄보디아, 파키스탄, 필리핀 등 아시아권 13개 국가와 가나, 나이지리아, 르완다, 모잠비크, 에티오피아, 우간다, 카메룬, 코트디부아르 등 아프리카권 8개 국가, 볼리비아와 콜롬비아 등 중남미권 4개 국가 등 28개국에 30개 해외사무소를 운영하고 있다.

(2) 국제개발협력기본법

2010년 1월 25일 이명박 정부에서는 국제개발협력기본법을 제정하여 같은 해 7월 26일부터 시행하였으며, 이후 약 5차례의 개정을 통해 시행해 오고 있다. 이 법은 국제개발협력에 관한 기본적인 사항을 규정하여 국제개발협력정책의 적정성과 집행의 효율성을 제고하고 국제개발협력의 정책목표를 효과적으로 달성하게 함으로써 국제개발협력을 통한 인류의 공동번영과 세계평화의 증진에 기여함을 목적으로 한다(제1조).

또한 이 법에서는 다음의 주요내용을 담고 있다. 먼저 개발도상국의 빈곤감소, 여성·아동·장애인의 인권향상, 성평등 실현, 지속가능한 발전 및 인도주의를 실현한다. 둘째, 협력대상국과의 경제협력관계를 증진한다. 셋째, 국제사회의 평화와 번영을 추구하는 것을 기본정신으로 하고 있다(제3조 제1항). 특히 ① 개발도상국의 빈곤감소 및 삶의 질 향상, ② 개발도상국의 발전 및 이를 위한 제반 제도·조건의 개선, ③ 개발도상국과의 우호협력관계 및 상호교류 증진, ④ 국제개발협력과 관련된 범지구적 문제 해결에 대한 기여 등을 달성목표로 하고 있다(제3조 제2항).

2) 녹색성장 관련법률

녹색성장 관련 법률로는 경제와 환경의 조화로운 발전을 위하여 저탄소 녹색성장에 필요한 기반을 조성하고 녹색기술과 녹색산업을 새로운 성장동력으로 활용함으로써 국민경제발전을 도모하고, 저탄소 녹색성장 사회를 구현하여 국민의 삶의 질을 높이고 국제사회에서 책임을 다하는 성숙한 선진 일류국가로 도약하는 데 이바지함을 목적으로 저탄소 녹색성장기본법을 2010년 1월 13일에 제정하여 시행하고 있다. 한편 국가의 저탄소 녹색성장과 관련된 주요 정책 및 계획, 그 이행에 관한 사항을 심의하기 위하여 국무총리 소속으로 녹색성장위원회를 두고 있다.[2)]

2. 주요내용 및 특징

1) 산림과 국제개발협력

산림분야의 국제개발협력은 생태학적 손상 및 생태학적 동시 감축을 유발하는 개발도상국의 무분별한 산림개발로 인한 산림황폐화와 이를 방지하기 위한 산림보전, 생물다양성 보존, 임목개량 등을 포함하는 사업을 말한다. 또한 기후변화와 지구온난화의 대응과 사막화 방지 등이 그 목적이다.

우리나라는 산림선진국으로써 우리의 산림녹화 기술과 경험을 전수함으로서 국제사회에 대한 기여와 국가간 협력을 강화하기 위해 개발도상국 산림 황폐화 방지사업, 산림보전 및 복원 기술 공동연구, 양묘장 건립, 황사방지 및 모니터링 시설 건립, 환경친화적 소규모 생태산업 개발 등 개발도상국의 주체적 자연환경 보전역량 강화에 앞장서고 있다.

---

2) 이에 관한 내용은 제1편 제4장 기후변화와 저탄소 녹색성장관리에서 상세한 설명을 하고 있다.

2) 녹색에너지와 국제개발협력

녹색에너지 분야의 국제개발협력은 개발도상국의 산업발전에 기반이 되는 화석에너지의 인프라를 개선하고 신재생에너지의 사용 확대를 위한 녹색에너지 개발사업을 말한다. 지구촌은 현재 기후변화와 자원고갈의 위기에 직면해 있다. 특히 기후변화 문제는 기상재해를 유발하는 것은 물론 생태계 질서를 근본적으로 뒤흔들며 인류의 생존을 위협하고 있다. 지금과 같이 에너지 다소비체제가 지속될 경우 지구촌이 치러야 할 경제적 손실은 매년 세계 GDP의 5~20%에 달할 것이란 전망이다(Stern Review, 2006). 여기에 개발도상국의 경제개발은 더욱 기후변화와 지구온난화에 부정적 영향을 미친다. 이에 대응해 나온 녹색에너지는 석유, 석탄, 원자력 등 환경공해의 주요인이 되는 하드에너지와는 달리 태양열, 지열, 풍력, 조력, 파력 등 환경을 훼손하지 않는 청정한 자연의 소프트에너지를 말한다. 우리정부는 한국국제협력단을 통해 개발도상국에 신재생에너지 기술지원, 녹색에너지 발전소 설립 개발 컨설팅, 적정기술 연구 등을 지원하고 있다.

3) 수자원과 국제개발협력

수자원 분야의 국제개발협력은 개발도상국의 수자원 활용 및 수해대응 역량강화를 통한 지속가능한 경제성장 지원에 해당하는 분야로, 집중호우와 극심한 가뭄 등 강수 패턴의 변화에 대응한 수자원 관리, 지하수 및 하천 수질오염 처리와 예방, 산업 및 생활용수 및 하수처리 역량강화로 개발도상국 내 생활환경 개선 지원 등을 목표로 하고 있다. 우리 정부는 한국수자원공사를 통해 수자원분야 인프라 구축과 국민 삶의 질 개선을 위한 댐 개발, 수력발전, 상수도 공급 및 수도시설운영 효율화 사업 등 통합 물관리사업을 추진하고 있다. 이외에도 KOICA, 한국농어촌공사 등 여러 공공 및 민간기관에서 지하수 개발, 저수지 개발, 수력발전사업 등 개발도상국의 수자원 분야 발전을 위한 도움을 제공하고 있다.

4) 농업 · 농촌개발과 국제개발협력

농업 · 농촌 분야의 국제개발협력은 개발도상국 농촌지역 주민의 생활환경개선을 위한 생활기반시설 구축, 농업생산성 향상을 위한 생산기반 조성과 영농기술 지원, 농산물 활용 및 부가가치 제고를 위한 가공시설 지원, 지속적인 농업발전을 위한 정책수립 지원 및 인력양성 등 농업 및 농촌개발을 위한 다양한 사업분야를 의미한다. 구체적인 사업으로는 농지개발, 상하수시설 지원, 품종개량 및 재배기술 지원, 가공 및 유통시설 지원, 농업정책 수립능력 배양 지원 등이 있다. 개발도상국에서 1일 1불 미만으로 생활하는 빈곤인구의 75% 이상이 농촌지역에 거주하여 국제개발협력에서 농업·농촌분야가 가지는 영향력이 크다는 것을 알 수 있다. 특히 개발도상국 경제성장시 농업 기반 GDP 증가는 비농업분야 대비 평균 2~4배 높은 것으로 조사되어 그 중요성을 알 수 있다.

5) 녹색인재개발과 국제개발협력

녹색인재개발 분야의 국제개발협력은 협력국의 인적자원개발, 조직역량 및 제도구축에 효과적으로 기여하고자 우리나라가 경제개발과정에서 축적한 경험과 기술을 개발도상국과 공유함으로써 개발도상국의 경제사회발전에 기여하고자 하는 사업을 의미한다. 급변하는 국제사회환경 속에서 인적자원개발은 매우 중요하다. 이를 위해 개발도상국 공무원, 기술자, 연구원, 정책결정자 등을 대상으로 인적자원개발(Human Resources Development: HRD) 사업을 실시하고 있다. KOICA에서는 글로벌연수 사업을 통해 교육, 보건, 공공행정, 농림수산, 산업에너지 등 다양한 분야를 교육하고 연수과정을 통해 얻은 지식과 기술을 연수생들이 자국에 효과적으로 적용할 수 있도록 돕고 있다.

제4절 녹색성장과 국제개발협력 사례

녹색성장과 국제개발협력의 사례는 크게 두 가지로 살펴볼 수 있다. 첫째, 글로벌 및 국가차원이다. 지구 환경변화는 그 범위가 광역적이고 빠르게 변화하고 있어 공동의 노력과 대응체계 수립이 필요하다. 또한 국가적으로 국제개발협력 전담기구를 설치하여 체계적 지원이 요구된다. 둘째, 자치단체 및 대학차원이다. 글로벌 및 국가차원에서 지원이 어려운 사업은 자치단체 및 대학차원에서 녹색 국제개발협력이 필요하다. 이는 국가적 차원에서는 한계가 있는 사업을 세부적으로 추진할 수 있고, 사업 수행능력의 전문성을 높일 수 있다. 본 절에서는 글로벌 및 국가차원의 사례를 그린국제기구의 녹색사업, 튀니지 코르크 참나무숲 지속가능개발사업, 그리고 스리랑카 홍수피해방지 배수시설 설치사업을 통해 살펴본다. 다음으로 자치단체 및 대학차원의 사례를 경상북도와 (재)새마을세계화재단의 글로벌 새마을 시범마을 조성사업, 영남대학교 지구촌상생인재양성사업단의 캄보디아 농촌 태양광 보급사업, 그리고 영남대 박정희정책새마을대학원의 녹색인재육성사업을 통해 살펴본다.

1. 글로벌 및 국가차원

1) 그린국제기구의 녹색사업

기후변화와 환경에 대한 관심이 증가하고있는 가운데 그린국제기구의 개발사례를 살펴보면 다음과 같다. 첫째, 유엔(UN) 녹색기후기금(GCF)이다. 개발도상국의 기후변화 대응을 지원하기 위해 설립된 기금으로 녹색기후기금 운용사례는 개발도상국 기후변화 대응을 위해 설립된 기금으로는 적응기금(adaptation fund), 탄소펀드(carbon funds and facilities), 기후투자펀드(climate investment funds), 지구환경금융(global environment facility), 최빈국기금(least developed countries fund), 특별기후변화기금(special climate change fund), 지구재해감소 및 회복금융(global facility for disaster reduction and recovery) 등이 있다. 의료사업 기금으로는 말라리아 퇴치를 위한 글로벌펀드, 백신과 면역을 위한 국제동맹(GAVI) 등이 있다.

둘째, 기업의 기후환경 관련 활동, 즉 기업의 사회적 책임이다(corporate social responsibility: CSR). CSR은 자원과 에너지 절약 및 효율적 이용을 통해 기후변화에 대응하고 환경오염을 최소화하는 것을 목표로 하는 기업의 녹색경영 전략 및 비전이다. CSR 사례로는 미국 보스턴지역의 의료기구 제작회사의 혁신 및 개선과 가솔린 자동차의 혁신(오염물질 배출량의 10% 감소효과)을 들 수 있다.

셋째, 유럽연합의 녹색 공적개발원조이다. 유럽연합은 개발도상국의 환경개선을 목표로 생물다양성, 기후변화, 사막화 방지를 중점내용으로 하는 녹색 공적개발 프로젝트를 진행하였다. 환경분야 공적개발원조 규모는 2006~2007년 24억

6,100만 달러에서 2009~2010년 28억 3,100만 달러로 점차 증가하는 추세이다. 스웨덴, 영국, 프랑스, 독일, 스페인, 이탈리아 등이 참여하고 있다. 최근에는 한국·유럽의 협력도 이루어지고 있으며, 녹색 공적개발원조 프로젝트 사례는 다음과 같다. 청정에너지 공급으로는 COOPENER 프로그램, 지역 태양열 에너지 프로그램 등이 있다. 지속가능한 산림자원 개발 및 관리로는 TREES 프로젝트, TroFCCA(열대 삼림 및 기후변화 적응 프로젝트), VEGETATION 프로그램, VGT4AFRICA 프로젝트, PUMA 프로젝트 등이 있다. 기후변화 관련 연구사업으로는 CarboAfrica 프로젝트, 기후변화 위한 유럽과 남미 네트워크, 적응과 완화 전략 프로젝트 등이 있다[3].

2) 튀니지 코르크 참나무숲 지속가능개발사업

우리나라의 산림관리·개발분야에 대한 국제개발협력의 대표적인 사례는 튀니지 코르크 참나무숲 지속가능개발사업을 들 수 있으며, 이에 대한 구체적인 내용을 살펴보면 다음과 같다(한국국제협력단 웹사이트).

튀니지는 산림의 보전을 국가적 우선순위로 지정하여 보호·관리하고 있으며,

자료: 한국국제협력단 웹사이트.

[그림 5.4.2] 튀니지 서북부지역에서 생산된 코르크

3) 유럽연합 녹색 공적개발원조 정책에 참여하는 각 나라들의 사업에 대한 자세한 내용은 유럽의 ODA 정책과 한·유럽 개발협력(대외경제정책연구원, 2012)을 참고할 수 있다.

지역주민과 국가경제에 기여도가 높은 서북부지역의 코르크 참나무숲(전체 국토의 6%)에 대한 친환경적 복원을 위해 노력하고 있다. 이 지역은 튀니지의 유일한 산림지대로서 양질의 코르크 생산 및 목축환경을 제공하고, 연간 1,000㎜ 내외의 풍부한 강우량으로 주요한 수원함양기능을 제공하는 등 생태적·경제적 중요성이 매우 높다.

그러나 체계적인 관리가 제대로 이루어지지 못해 1930년대 약 140,000ha에서 현재는 50% 수준인 70,000ha로 급격히 면적이 감소한 상태이다. 튀니지 정부는 이 지역의 자연적인 복원 및 갱신능력회복을 위해 국가적 노력을 기울이고 있으나, 아직까지 뚜렷한 효과가 미흡한 상황이다. 특히 산림의 훼손은 기후변화와 지구온난화, 생물다양성 감소 등 범지구적 환경문제와 결부되어 있어 그 중요성이 매우 높다.

이에 튀니지 정부는 우리정부에 자국의 산림쇠퇴 원인을 분석하고 이를 복원하기 위한 방법 등에 관한 지원을 요청하였다. 우리나라는 2007년부터 2010년까지 4년에 걸쳐 우리 측의 전문가와 튀니지 농림수자원연구원의 기술진에 의해 공동으로 연구개발사업을 진행하였으며, 현재 튀니지 코르크 참나무 숲의 복원과 보전 및 지속가능한 개발을 위해 다양한 방안을 강구해 나가고 있다.

3) 스리랑카 홍수피해방지 배수시설 설치사업

우리나라의 수자원 개발·관리 분야에 대한 국제개발협력의 대표적인 사례는 스리랑카 홍수피해방지 배수시설 설치사업을 들 수 있으며, 이에 관한 세부 내용

◀ 사업대상지역 침수피해 장면

▲ 침전물이 쌓인 배수로

▲ 배수로 건설 공사 현장

자료: 한국국제협력단 웹사이트.

[그림 5.4.3] 스리랑카 발라체나이지역 홍수피해방지 배수시설 설치사업

을 살펴보면 다음과 같다(대외경제협력기금 웹사이트; 한국국제협력단 웹사이트).

스리랑카의 동북부에 위치한 발라체나이 지역은 상습 침수지역으로서 기존 하수로 시설들이 붕괴되고, 각 구간마다 쓰레기 및 온갖 침전물, 그리고 불법 건축물들로 인해 배수가 원활히 이루어지지 않아 우기(雨期)에 침수피해가 매우 심각한 곳이다.

스리랑카 재난구호부는 상습적인 침수피해와 2004년의 해일(쓰나미) 피해로 이 지역주민들의 어려움이 더욱 커진 점 등을 감안하여 우리정부에 이 지역의 주거여건 개선을 위한 홍수피해 방지시설 사업지원을 요청해 왔다. 이에 우리 정부는 390만 달러의 사업비를 지원하여 밀집 주거지 일대에 신규 배수로 준설 및 기존 배수로 정비작업을 통해 홍수피해를 최소화하는데 기여하였다.

2. 자치단체 및 대학차원

1) 글로벌 새마을 시범마을 조성사업

경상북도의 (재)새마을세계화재단은 2013년 1월 출범한 비영리공익재단이다. 이 재단의 설립목적은 새마을운동의 성공경험을 국제사회와 공유하고, 개발도상국의 농촌발전과 빈곤퇴치에 기여함으로써 인류 공동번영의 보편적 인류애를 구현하는데 있다. 이를 위해 재단은 새마을리더 봉사단 파견 및 시범마을 조성, 해외거점 민·관·연 거버넌스 구축, 새마을운동 포럼, 글로벌 새마을 청년 봉사단 운영, 대학생 새마을 해외 봉사단 파견, 외국인 초청 새마을연수 등의 사업을 하고 있다. 새마을 시범마을 조성사업은 기존의 원조방식과 차별화하여 개발도상국 현지주민의 주인의식 및 자립역량 강화에 초점을 맞추어 스스로 지속가능한 발전 콘텐츠를 설정하도록 유도하고 있다. 2014년까지 8개국 24개의 아프리카, 아시아 등 개발도상국 농촌마을이 조성되었으며 현재도 사업을 진행하고 있다[4].

2) 캄보디아 농촌 태양광 보급사업

영남대학교 새마을국제개발학과는 2015년부터 시행하고 있는 지방대학 육성

---

4) 구체적 사업은 ① 새마을조직 육성 및 주민 의식개혁, ② 새마을회관 건립, 주택개량, 마을안길 포장 등 환경개선 사업, ③ 현지 여건을 반영한 맞춤형 소득증대 사업 등이다.

및 대학특성화사업(University for Creative Korea: CK)에 선정되어 5년간 지구촌상생인재양성사업단을 통해 새마을 국제개발 전문가 양성을 위한 사업을 전개하고 있다. 이 사업의 일환으로 캄보디아 농촌 마을에 이동식 태양광발전기구 보급 사업을 추진하였다. 캄보디아의 전기 공급율은 30% 수준으로 특히 농가보급률은 13% 수준으로 매우 낮다. 농촌의 경우 개인사업가가 사업수익을 위해 소발전기를 이용하여 공급하므로 전기요금이 도시전기에 비해 2~3배 가격이 높은 실정이다. 이에 따라 영남대학교 새마을국제개발학과는 전기 보급률이 낮고, 사업지역의 주민들과 담당 공무원들의 사업 추진의지가 상대적으로 높은 베트남 농촌지역 깜뿟주 11개 마을을 선정하였다. 깜뿟주 군내 5개 마을의 초·중등학교 및 병원에 각 2대씩 보급하는 마을주민 참여형 태양광 보급사업을 시행하였다. 이 사업은 IT·에너지, BT산업 맞춤형 창의화공 인재양성사업단과의 협력사업으로 인문학과 공학의 융합을 통한 파급효과 극대화를 꾀하였다. 본 사업은 농촌지역 전기 보급률 향상에 기여하였으며, 마을주민들과 공동으로 제작·설치하여 공동체의식을 함양하는 계기가 되었고, 장차 인근 마을에 기술 이전시 마을주민 소득증대에도 기대가 된다.

3) 녹색인재 육성사업

영남대학교는 2011년 11월 박정희정책새마을대학원을 개원하였다. 설립 목적은 첫째, 한국의 성공적인 경제사회발전과 새마을운동의 경험을 널리 세계인과 공유하고, 둘째, 인류공영에 대한 이바지와 대한민국 국격 향상이다. 박정희정책새마을대학원은 석사학위과정과 비학위과정을 운영하고 있다. 2013년 첫 새마을학 석사 배출을 시작으로 2015년 2월까지 총 71명의 석사를 배출하였고, 2015년 11월까지 총 누적 입학생 56개국 340명과 졸업생 37개국 123명이 배출되었다. 2014년도에는 박정희정책새마을대학원이 KOICA 개발도상국 지역개발지도자 양성 석사학위과정 운영기관으로 선정되었고, 베트남 호치민 국립 정치아카데미와 베트남 농촌개발 공동정책연구 수행을 위한 협약 체결, 러시아 우랄주립경제대학교와 교류협정 체결, 그리고 아프리카-아시아 농촌개발기구(Afro-Asian Rural Development Organization: AARDO)와 교류협정을 체결하는 등 글로벌 녹색인재

양성을 위해 다양한 프로그램을 운영하고 있다.

3. 시사점

녹색성장과 국제개발협력은 개발도상국의 경제와 환경의 조화로운 발전을 위한 지속가능한 발전을 목표로 하고 있다. 이상의 사례를 통해 글로벌 및 국가적 차원의 녹색 국제개발협력과 자치단체 및 대학차원의 녹색 국제개발협력을 살펴보았다. 이를 산림, 녹색에너지, 수자원, 농업·농촌, 녹색인재개발로 나누어 시사점을 살펴보면 다음과 같다.

첫째, 개발도상국의 무분별한 산림개발은 기후변화와 사막화를 악화시키고 있다. 산림은 개발도상국의 환경문제뿐만 아니라 글로벌 차원에서도 중요한 아젠다이다. 녹화사업과 연구개발 등을 통한 산림의 자연복원 및 갱신능력 회복 노력이 이루어져야 한다.

둘째, 자원고갈 문제와 온실가스 문제가 대두되면서 신재생 에너지가 미래의 대체 에너지로 주목받고 있다. 녹색에너지는 석탄·원유·원자력 등의 하드에너지와는 달리 소프트에너지를 통해 개발도상국의 친환경적 발전에 기여할 수 있다. 이에 따라 태양열, 지열, 웅력, 조력, 파력 등 환경을 훼손하지 않는 청정에너지 개발이 요구된다.

셋째, 수자원 활용 및 관리, 수해대응 역량강화 등은 개발도상국의 생활환경을 개선할 수 있는 요인이 된다. 기후변화로 인한 가뭄·홍수·해수면 상승 등은 기아·영양실조·난민 등 문제를 불러일으킨다. 특히 개발도상국은 인프라 투자, 과학기술 등이 부족해 재난에 취약할 수밖에 없다. 이를 위해 배수시설 설치, 지하수 개발, 저수지 개발, 수력발전 사업 등이 요구된다.

넷째, 개발도상국 대부분은 농업분야에 산업이 치중되어 있다. 1일 1불 미만으로 생활하는 빈곤인구의 75% 이상이 농촌지역에 거주하고 있다. 농업·농촌 개발은 개발도상국 빈곤문제 해결과 경제발전 등에 기여할 수 있다. 따라서 농업생산성 향상을 위한 생산기반 조성과 영농기술 지원, 농산물 활용 및 부가가치 제고를 위한 가공시설 지원, 그리고 주민의 의식 및 자립역량 강화 등이 중요하다.

다섯째, 인적자원은 급변하는 국제사회환경 속에서 중요한 역할을 담당한다.

선진국의 경제사회발전 과정에서 축적한 경험과 기술을 개발도상국에 전수하여 역량개발과 제도구축을 지원하여야 한다. 이를 통해 개발도상국의 인적자원개발 및 개발과제 대처능력 제고에 기여하여야 한다. 따라서 공무원, 기술자, 연구원 등 녹색인재육성이 필요하다.

제5절 녹색성장과 국제개발협력의 전망과 과제

1. 녹색성장과 국제개발협력의 전망

글로벌 시대에 국가간 관계는 확대되고 특정 국가의 문제는 지구촌 문제가 되며, 개별국가의 독자생존은 어려운 실정이다. 따라서 국제사회의 공동 대응은 그 어느 때보다 중요해지고 있다. 국제개발협력도 이를 달성하기 위한 글로벌 공공재에 대한 투자로 인식되고 있으며, 개발도상국의 실질적 발전을 지원하는 통합적 협력에 초점을 둔 개발 이슈로 범위가 확대되고 있다(이련주, 2010).

첫째, 최근 UN, OECD 등 국제사회에서는 원조규모의 확대(more aid), 원조효과성 제고(better aid), 글로벌 원조체제(aid architecture)의 변화에 큰 관심을 가지게 되었다. 즉 원조규모를 늘리고 공여국과 수원국의 파트너십을 통해 원조의 효과성을 높이며, 다양한 원조주체들간 조화와 협력이 추구될 전망이다.

둘째, 녹색성장 국제개발협력은 현재 새천년개발목표(MDGs)의 종료 및 평가, 국제사회 내 Post-2015 개발의제 논의 심화, 지속가능발전목표(SDGs)의 수립 및 시행 등 그 어느 분야의 국제개발협력 보다 더욱 많은 관심을 받고 있다. 녹색성장에 대한 국제사회의 인식과 공감대가 현재 우리나라에서 추진 중인 녹색성장 5개년계획, 국제개발협력 강화 등과 맞물려 돌아가게 될 것이다. 이에 따라 우리나라의 녹색성장 국제협력개발의 양적·질적 확대는 불가피할 것으로 전망된다.

2. 녹색성장과 국제개발협력의 과제

1) 범국민 인지도 · 지지도 제고

국제개발협력 및 공적개발원조의 재원은 정부예산이 대부분을 차지한다. 사업의 성공여부는 일반국민의 참여와 지지에 달려있다. 그러나 아직까지 이에 대한 국민들의 인지도나 지지도가 결코 높지 않은 수준으로 평가된다. 국제사회에서의 이미지가 장래 국가생존의 결정적인 요소가 될 수 있다. 이러한 상황 하에서 국제개발협력이 국가의 이미지 형성에 매우 중요한 영향을 미친다는 점을 감안할 때, 일반 국민들의 보다 긍정적이고 적극적인 관심과 태도가 요구된다(전승훈 · 김소원, 2009).

이를 위해서는 국제개발협력에 대한 홍보 확대도 중요하겠으나, 무엇보다 관련 사업에 대한 국민들의 직접참여 분위기를 조장하고 기회를 대폭 확충함으로써 범국민 인지도와 지지도의 획기적인 제고방안을 모색해야 한다.

2) 민 · 관 협력관계 강화

민관협력(public-private partnership: PPP)은 공공부문과 민간부문이 파트너십을 형성하여 수행하는 각종 공공서비스의 조달 및 이와 관련된 제반 행위를 의미한다. 국제개발협력에 있어 PPP는 개발도상국의 개발을 목표로 한 사업을 추진함에 있어 민간재원과 공적개발원조가 동시에 투입되는 것을 뜻한다. 가장 이상적인 PPP는 개발재원의 효과적인 사용을 통해 민간기업의 적절한 수익성을 확보하고, 공공부문의 효율화 및 양질의 공공서비스를 제공하는 것이다. 이러한 삼자 상생구조를 마련하여 수원국의 지속가능한 경제사회발전에 기여하여야 한다(곽재성, 2012).

이에 최근 우리나라에서도 국제개발협력을 추진해 나가는데 있어 민간부문을 중요한 파트너로 인식하여 다양한 PPP 프로그램을 운영하고 있다. 2010년 국제개발협력 선진화 방안의 일환으로 민간부문과의 협력을 대폭 확대한다는 계획을 수립하였으며, 한국국제협력단에서도 2010년부터 민관협력 공모사업을 시작하였고, 2011년부터는 Global CSR이라는 브랜드로 사업을 시행하고 있으나, 아직까지 그 효과는 높지 않은 실정이다.

따라서 NGO, 연구기관, 재단, 대학, 민간기업 등 다양한 민간 주체들과의 파트너십을 구축하고 민간의 참여를 보다 활성화함으로써 국제개발협력의 인적·물적·지적 재원을 확충해 나가는 동시에 사업결과에 대한 효과성을 확보해 나가야 할 것이다.

3) 원조의 투명성 제고

국제개발협력이나 공적개발원조의 투명성 제고는 공여국의 원조예산 집행의 효율화 및 원조정책의 선진화에 도움이 될 뿐 아니라, 개발 현장에서 수원국의 원조 예측성을 제고함으로써 효과적인 개발협력을 가능하게 한다. 더 많은 원조와 동시에 더 효과적인 원조를 고민해야 하는 현재, 각국이 원조정책의 투명성을 확보하는 것은 피할 수 없는 선택이다. 우리나라는 상대적으로 원조의 역사가 짧으나, 개발에 성공한 경험을 기반으로 많은 개발도상국들에게 공감을 주고 있다. 나아가 우리나라가 투명성 제고 등 국제개발협력 정책의 선진화를 위해 끊임없이 노력하는 것은 다른 공여국들에게도 귀감이 될 수 있을 것이다(민지혜, 2015).

추천자료

녹색성장과 국제개발협력을 이해하기 위해서는 우리나라의 대외무상협력사업 전담기관을 살펴볼 필요가 있다. 한국국제협력단은 외교통상부 산하기관으로 우리나라와 개발도상국가와의 우호협력관계 및 상호교류를 증진하고 이들 국가들의 경제사회발전을 지원하고 있다. 이 외에 외교부 개발협력 홈페이지, 글로벌녹색성장연구소, 녹색성장위원회 등을 참고하면 이해에 도움이 될 것이다.

http://www.devco.go.kr(외교부 개발협력)
http://www.gggi.org(글로벌녹색성장연구소)
http://www.greengrowth.go.kr(녹색성장위원회)
http://www.isvil.net(경상북도 새마을운동)
http://www.koica.go.kr(한국국제협력단)
http://www.mofa.go.kr(외교부)
http://www.ngokcoc.or.kr(국제개발협력민간협의회)
http://www.odakorea.go.kr(국무총리실 개발협력정책관실)

tip

국제부흥개발은행(International Bank for Reconstruction and Development: IBRD)

국제부흥개발은행(IBRD)은 세계은행(World Bank)으로 불린다. 1944년 미국 뉴햄프셔 주의 브레튼우즈(Bretton Woods)에서 열린 연합국 간의 국제통화금융회의(UN Monetary and Financial Conference)에서 국제통화기금(International Monetary Fund: IMF)과 함께 설립 협정안이 채택되었으며, 1945년 12월 세계은행 협정안이 발효되어 설립되었다. 개발도상국의 경제성장을 위한 생산적인 프로젝트 지원이 주목적이다. 제2차 세계대전 이후 황폐화된 국가의 재건에 필요한 재원을 지원하고 민간의 외국 투자에 참여하고 보증한다. 또한 국내 투자의 원활화를 촉진시킨다(외교부).

국제통화기금(International Monetary Fund: IMF)

1944년 체결된 브레턴우즈협정에 따라 1945년에 설립되어, 1947년 3월부터 국제부흥개발은행(International Bank for Reconstruction and Development: IBRD)와 함께 업무를 개시한 국제금융기구다. 이 두 기구를 총칭하여 브레턴우즈기구라고도 하며 약칭은 IMF이다. 2011년 기준 가입국은 총 188개국이며, 본부는 미국 워싱턴 D.C.에 있다(두산백과).

동아시아 기후파트너십(East Asia Climate Partnership: EACP)

기후변화에 취약한 아시아 지역 개발도상국의 기후변화 대응을 위한 우리나라의 국제개발협력 사업이다. 2008년 일본 도야코에서 열린 G8 정상회의에서 이명박 대통령이 처음 제안했으며, 2008년부터 2012년까지 5년간 총 2억달러(2,000억원)의 자금을 공적개발원조(ODA) 형태로 지원하고 있다. 현재 한국국제협력단(KOICA) 주관으로 10개국 대상, 20개 프로젝트형 원조가 진행되고 있다.

지속가능발전목표(Sustainable Development Goals: SDGs)

UN의 지속가능발전목표(SDGs)는 2015년에 종료되는 새천년개발목표(MDGs)를 대체하는 것으로서 목표는 ① 빈곤 근절, ② 기아해소 · 영양개선 · 농업발전, ③ 건강 및 복지증진, ④ 교육보장, ⑤ 양성평등 및 여성역량 강화, ⑥ 물 · 위생 이용가능성 및 관리보장, ⑦ 신에너지 접근보장, ⑧ 지속가능 경제성장 · 고용 증진, ⑨ 지속가능 산업화 증진, ⑩ 국가내 및 국가간 불평등 완화, ⑪ 지속가능한 도시 · 인간정주지 조성, ⑫ 지속가능한 소비 · 생산 패턴보장, ⑬ 기후변화 대응강화, ⑭ 해양 · 바다자원 보존 및 지속가능 사용, ⑮ 생태계 보호 · 복원 및 삼림관리 · 사막화방지, ⑯ 평화사회 증진, ⑰ 글로벌 파트너십 활성화 등이다.

OECD 개발원조위원회(Development Assistance Committee: OECD DAC)

OECD의 24개 전문분야별 위원회의 하나로 개발도상국에 대한 원조 확대 및 활동의 효율성을 높이기 위해 설립된 것으로 각종 재원의 흐름을 파악하고 회원국 간 원조정책에 대한 협의 및 조정을 담당한다. 이에 가입하기 위해서는 공적개발원조총액이 1억달러 이상이거나 국민 순소득대비 0.2%를 초과해야 한다. 우리나라는 2009년 11월 25일 24번째로 가입했다(한경 경제용어사전).

(재)새마을세계화재단

경상북도가 설립한 (재)새마을세계화재단은 2013년 1월 출범한 비영리공익재단이다. 새마을운동의 성공경험을 국제사회와 공유, 개발도상국의 농촌발전과 빈곤퇴치에 기여함으로써 인류공동번영의 보편적 인류애를 구현하고 있다.

영남대학교 새마을국제개발학과

영남대학교는 2015년부터 기존의 지역 및 복지행정학과를 새마을국제개발학과로 명칭을 변경하여 새마을국제개발 인재를 양성하고 있다. 기존의 지역개발과 복지행정 영역에 새마을국제개발이라는 새로운 영역을 결합하여 글로벌시장에서 활약할 인재를 키워낸다. 새마을국제개발학과는 교육부의 대학특성화사업의 지원 분야로 선정되어 연간 8억원의 대규모 지원을 받게 되었으며 이에 따라 학생들에게 해외연수, 해외봉사활동, 글로벌상생장학금 등 다양한 지원을 하고 있다.

박정희정책새마을대학원

박정희정책새마을대학원의 설립목적은 한국의 성공적인 사회경제적 발전과 새마을운동의 경험을 널리 세계인과 공유함으로써, 한편으로는 인류공영에 이바지하고 다른 한편으로는 우리의 국격 향상에 기여하는 데 있다.

이를 위해 개발도상국을 포함, 세계 각국으로부터 매년 수십 명의 젊은이들을 선발하여 우리의 성공적인 경제발전의 성공전략과 경험, 박정희 대통령의 국정철학과 통치리더십, 각종 공공정책의 내용과 집행과정, 새마을운동의 성과와 경험 등을 교육시키고 있다. 또한 국제개발협력 분야에서 우수한 인재를 교육시켜 개발도상국과 원조수원국의 빈곤 퇴치와 자조·자립적인 발전기반 구축에 크게 기여하고 있다.

탐구학습

1. 주요개념
   - 국제개발협력
   - 녹색 국제개발협력

• 공적개발원조(ODA)

2. **토론과 과제**
   • 국제개발협력의 필요성과 효과성
   • 녹색 국제개발협력의 효율적 추진전략
   • 바람직한 녹색 국제개발협력의 중점과제

참고문헌

강성진(2010), "녹색성장과 한국경제", 한국경제연구, 제28권 제1호, 한국경제연구학회.

곽재성(2012), "국제개발과 민관협력", 국제개발협력, 2012년 제3호, 한국국제협력단.

기후변화정책연구소(2012). 녹색성장 국제적 확산을 위한 녹색 ODA 운영체계 구축방안, 녹색성장위원회.

김황용(2010), "KAFACI, 아프리카에 희망의 씨앗을 뿌린다", 그린매거진, 제59호, 농촌진흥청.

민지혜(2015), "원조 투명성 및 효과성 제고와 IATI 가입", 국제개발협력, 2015년 제2호, 한국국제협력단.

박형중(2007), 구호와 개발 그리고 원조 : 국제논의 수준과 북한을 위한 교훈, 해남.

손혁상 · 장지순(2011), "새마을운동의 국제개발협력사업화 현황 분석과 대안적 접근 모색 : 권리에 기반한 접근(RBA)과의 접목 가능성을 중심으로", 세계지역연구논총, 제29권 제3호, 한국세계지역학회.

이계우(2009), "국제개발협력의 변화와 추세", 국제개발협력, 2009년 제1호, 한국국제협력단.

이련주(2010), "국제개발협력 선진화 방안", 국제개발협력, 2010년 제4호, 한국국제협력단.

이 윤 · 이정석 · 홍용석(2015), "지속가능발전목표와 공적개발원조 : 물과 위생을 중심으로", 환경정책, 제23권 제2호, 한국환경정책학회.

임형백(2011), "새마을운동의 아프리카 공적개발원조(ODA) 적용 방향", 한국지역개발학회지, 제23권 제2호, 한국지역개발학회.

전승훈 · 김소원(2009), "개발원조에 대한 대국민 여론조사 및 정부의 국제개발협력 정책의 방향연구", 국제개발협력, 2009년 제2호, 한국국제협력단.

정지원 · 송지혜(2014), "Post-2015 개발의제 : 논의동향 및 시사점", KIEP 지역경제포커스, 제8권 제30호, 대외경제정책연구원.

정진규(2011), 개발도상국 녹색성장 지원의 국제적 동향 및 시사점 : 녹색도시개발 부문을 중심으로, 국토정책 Brief, 국토연구원.

조희연(2002), 발전국가의 변화와 국가-시민사회, 사회운동의 변화 : 한국에서의 발전주의적 성격 및 사회운동 변화를 중심으로, 진보와 보수, 이학사.

주성수(2011), 국제개발과 국제원조, 시나리오친구들.

한국국제협력단(2008), 국제개발협력의 이해, 한울.

한국국제협련단(2009), 지구촌에 새긴 KOICA의 발자국 1991~2009, 푸른세상.

한국국제협련단(2011), 한국국제협력단 20년: 1991년~2010년, 한국국제협력단.

한국국제협련단(2012), 국제개발협력 첫걸음, KOICA ODA교육원.

한국국제협력단(2014), 캄보디아 독립형 태양광 발전소 건립사업 사후평가 보고서, 한국국제협력단.

홍성걸(2011), ODA 리포트, 오래.

Hicks, R. L., B. C. Parks, J. T. Roberts & M. J. Tierney(2008), Greening Aid? Understanding the Environmental Impact of Development Assistance, Oxford University Press.

Munasinghe, M.(2007), Addressing the Sustainable Development and Climate Change Challenges Together : Applying the Sustainomics Framework, Keynote Speech of Beijing Forum 2008.

OECD(2010), Interim Report of the Green Growth Strategy.

SDSN(2014), Indicators for Sustainable Development Goals, UN Sustainable Development Solution Network.

결 론

기후변화와 녹색성장의 전망과 과제

본 편은 기후변화와 저탄소 녹색성장의 전망과 과제를 다룬다. 앞에서 논의한 각 장의 내용을 요약하여 정리하였다. 그 내용은 기후변화와 녹색성장, 녹색에너지, 녹색경제, 녹색실천, 그리고 기후변화와 국제협력으로 구분하였다.

Ⅰ. 기후변화와 녹색성장

1. 기후변화와 지구온난화

먼저 기후변화와 지구온난화를 전망해보자. IPCC 제5차 평가보고서에 의하면 인간의 활동이 기후시스템에 미치는 영향은 분명한 사실이며 기후변화가 인류와 자연시스템에 폭넓은 영향을 미치고 있다. 이러한 영향의 전망을 지권, 수권, 기권, 생물권으로 나누어 살펴보면 다음과 같다. 지권은 봄철과 겨울철 가뭄의 증가가 예상되며 기온상승으로 인해 토양의 사막화와 황사현상의 증가가 전망된다. 수권은 지표 유출량의 증가, 지하수 함양량 감소, 홍수량 증가가 예상되며 해역의 온난화 현상으로 먹이망 구조의 변화, 1차 생산량의 변화, 주요어획 어종의 변화와 어획 해역의 이동을 수반할 것으로 예측된다. 기권은 금세기 말 한반도 연평균 기온은 현재 추세로 온실가스 저감 없이 배출된다면 4℃ 이상 상승할 것으로 전망된다. 또한 극한기후의 변화에서는 호우일수(+0.7일), 폭염일수(+5.8일), 열대야일수(+10.8일)는 증가하는 반면 서리일수, 결빙일수, 난방도일의 감소가 전망된다. 마지막으로 생물권은 CO_2 농도와 온도의 증가에 따라 식물들의 개화시기가 빨라지고, 한랭성 식물들의 경우 수평적, 수직적 분포지가 축소되며, 난대성 식물들의 경우는 분포지가 확대될 것으로 전망된다. 또한 기후대 이동에 따른 산림 생육지 분포의 변화와 재배 가능한 농작물 종류 및 재배 작형이 변화되고 그에 따른 병·해충·잡초 발생양상도 달라질 것으로 전망된다.

다음으로 기후변화와 지구온난화의 향후 과제를 보자. 첫째, 기후변화로 인한 지권의 피해를 최소화하기 위한 다방면의 노력이 필요하다. 특히 가뭄의 취약성 평가는 과거 실측자료가 불명확하여 가뭄지표의 정량화에 많은 어려움이 있다. 이에 대한 각 분야 전문가들의 연구와 관심이 필요하다. 둘째, 변화하는 기후 조건 아래에서 수자원량을 유지하기 위해서는 생태계기반 수자원관리가 필요하다. 또한 인공적인 해중림의 조성, 바다목장을 이용한 어류 서식처의 제공으로 더욱 건강한 해양생태계를 유지하려는 노력이 필요하다. 셋째, 국가 및 지자체의 기후변화 적응전략 및 기법 발전을 위한 다양한 연구와 정책적 관심이 지속적으로 필요하다. 넷째, 고산 식물 등 기후변화 취약종에 대하여 서식지 전체의 종합적인 보존 대책 마련이 필요하다. 기후변화의 피해는 줄이고 이를 국가 경제에 유리하게 이용할 수 있도록 장·단기적 적응 전략과 정책을 수립·이행하여야 한다.

우리나라는 저탄소 녹색성장기본법을 제정함으로써 국가 및 지방자치단체의 기후변화 적응대책 수립을 위한 법적 토대를 마련하고 있다. 이 토대를 바탕으로 관계부처와 지자체의 협동, 그리고 국민적 관심을 통해 미래 기후변화에 대비한 정책 수립이 이루어져야 할 것이다.

2. 녹색성장

먼저 저탄소 녹색성장을 전망해보자. 첫째, 우리나라는 녹색한국의 발전단계를 4단계로 나누고 3단계인 2020년에는 녹색성장 7대 선도국가, 4단계인 2050년에는 세계 5대 녹색선진국 달성을 목표로 하고 있다. 이러한 목표가 달성되면, 국가는 온실가스의 효과적 감축 및 기후변화 적응역량을 강화하고 녹색성장 글로벌 리더국으로서 국제적 위상을 확립하여, 저탄소 녹색성장을 통한 녹색일류국가 구현이 가능할 것으로 전망된다. 둘째, 녹색 신산업분야 시장 확대 및 기술력 제고가 요구될 전망이다. 특히 녹색 중소기업의 녹색기술 등을 통한 경쟁력 강화가 요구된다. 셋째, 국민들 또한 녹색마을·녹색시민·녹색가정을 확산하고, 녹색 국토공간·건축물 확대 및 친환경 녹색교통 체계 확산으로 녹색생활을 통한 녹색 선진국민 구현이 가능할 것으로 보인다. 뿐만 아니라 취약계층에 대해서도 서민대상 녹색사회안전망 확충과 서민층 녹색일자리 창출 및 교통·의료서비스 확충 등도 가능해질 것으로 예상된다(녹색성장위원회, 2009b).

다음으로 우리나라 저탄소 녹색성장의 향후 과제를 보자. 첫째, 추진주체별 효율적인 역할분담이다. 저탄소 녹색성장정책을 효율적으로 추진하기 위해서는 추진주체별 역할분담을 체계적으로 하고, 총체적으로 시행되어야 한다. 탄소배출권 거래제도와 관련하여 여러 중앙부처간 의견대립을 하는 경우를 통해서도 알 수 있듯이 중앙과 지방간, 기업, 국민간, 그리고 정부 내 소관 부서별로 이해가 매우 다양하기 때문에 효율적인 역할분담이 요청된다. 둘째, 국민적 공감대 형성과 참여확대이다. 녹색성장 국가전략을 효율적으로 추진하기 위해서는 중앙정부나 지방자치단체 등 행정주체의 노력만으로는 한계가 있다. 따라서 민간부문에 대한 실질적 인식·행동의 변화를 이끌어내고, 국민들의 적극적인 참여를 유도하기 위해 민간협의체 등을 구성·운영할 필요가 있다. 그리고 경제사회발전에 대한 패러다임 전환과 녹색생활의 정착을 위해 적극적인 대국민 홍보와 교육을 통한 범국민적 운동으로 확산시켜 나가야 한다. 셋째, 소외계층에 대한 녹색사회 안전망 확충이다. 저탄소 녹색성장정책의 추진은 사회적 약자인 소외계층에게 큰 부담으로 작용할 수 있으므로, 소외계층에 대한 안전망 확충계획도 병행 추진되어야 한다. 따라서 안정적인 공급체계 구축, 저소득층 주택 냉·난방 효율성 제고 등 취약계층에 대한 에너지 복지 사각지대를 해소하기 위한 노력이 이루어져야 되고, 서민들을 위한 녹색일자리 창출, 대중교통편의 증진 및 교통비 경감, 원격의료 보건서비스 등도 사전에 충분히 고려되어야 한다. 넷째, 국제적 위상 및 역할 제고이다. 국제사회에서 저탄소 녹색성장정책의 주도권을 확보하기 위해서는 글로벌 기후변화 대응 및 녹색성장 논의에 적극적으로 참여하고 협력하여, 녹색성장 모범국가로서의 위상을 정립할 필요가 있다. 그리고 동아시아 기후파트너십에도 적극 참여하고, 공적개발원조 등 기금에 대한 공여 확대를 추진함으로써 개발도상국의 녹색성장을 지원해주는 노력도 병행해야 하며, 녹색인프라·녹색정책·녹색기술 분야 등에 대한 국제적 허브를 구축하여 바람직한 녹색성장 모델을 제시할 필요가 있다.

Ⅱ. 녹색에너지

1. 신재생에너지

먼저 신재생에너지에 대해 전망해보자. 첫째, 조력에너지, 수소에너지 등에서 선진국과 개발도상국가간의 기술수준 차이가 더욱 확대될 것으로 전망된다. 따라서 세계시장을 선점하기 위한 정책적 지원과 기술개발 투자가 필요하다. 둘째,

태양광에너지, 풍력에너지, 지열에너지를 중심으로 녹색에너지의 활용은 점차 늘어날 것으로 예상된다. 특히 태양에너지는 그 활용가능성이 매우 높은데 이미 유럽, 미국, 일본 등의 선진국에서는 활발하게 이용되고 있다. 셋째, 신재생에너지의 의무사용이 확대될 것으로 전망된다. 특히 공공건축물에서 신재생에너지 사용을 의무화하는 규정이 시행되고 있으며, 민간 대형건축물에서도 신재생에너지 의무사용이 강화될 것으로 전망된다.

다음으로 신재생에너지의 향후 과제를 보자. 첫째, 바이오디젤, 해양에너지 등의 성장잠재력이 큰 에너지부문에 대한 기술개발에 소홀하다. 따라서 새로운 분야에 대한 녹색에너지 개발이 꾸준히 이루어질 경우 환경적으로 무해하고 무한한 청정에너지 시장을 선점할 수 있다. 둘째, 공공 및 민간 건축물의 건축시 신재생에너지 의무사용을 강화할 필요가 있다. 신재생에너지는 아직 화석에너지에 비해 경제성이 낮은 것이 현실이다. 따라서 이를 통해 신재생에너지의 시장확대를 유도할 필요가 있다. 셋째, 태양광에너지, 풍력에너지 등의 기술은 이미 개발도상국의 기술수준이 선진국 수준에 근접하고 있어 국제적 분업체제의 마련이 필요하다. 태양광 셀 등의 생산은 중국 등 가격경쟁력을 가진 국가에서 선점하고 있어 발전시스템, 축전지 등의 고부가 틈새시장 개척이 요구된다.

2. 에너지의 수요관리

먼저 에너지수요에 대해 전망해보자. 첫째, 에너지 수요관리가 이산화탄소를 저감시키는 방안으로 주목받을 것이다. 기후변화협약 등 국제환경규제가 강화되고 온실가스 감축이 세계적인 아젠다로 주목받으면서 에너지의 수요를 효율적으로 관리할 필요성이 있다. 둘째, 에너지 수요관리의 범주가 확대될 것으로 전망된다. 즉 에너지 수요관리는 전기에너지뿐 아니라 열, 천연가스 등으로 그 범위가 확대되고 있다. 그리고 최종소비의 측면에서도 산업, 상업, 가정 등의 단말기에서부터 수송부문 등으로 확대되고 있다. 셋째, 에너지 수요관리 정책은 에너지 수입에 소요되는 비용을 감소시킬 수 있고 적극적인 환경규제 대응이 가능하다. 특히 최근 향후 화석에너지 고갈에 따른 고유가 시대에 대처하기 위해서도 에너지 수요관리의 중요성은 증가할 것으로 전망된다.

다음으로 에너지 수요의 향후 과제를 보자. 첫째, 부하중심의 수요관리 정책을 효율중심으로 전환시키는 것이다. 부하관리는 에너지수요를 시간적으로 이전시켜 최대부하를 감소시킴으로써 설비투자를 줄이는 효과가 있지만 절대적인 에너지사용량 측면에서 효과는 크지 않다는 점에서 효율향상 정책을 확대할 필요가 있다. 둘째, 에너지 수요관리에 민간부문의 참여를 확대할 필요가 있다. 이를 통해 에너지 수요관리에 대한 기업과 국민의 호응을 확보할 수 있다. 셋째, 통합적 에너지 수요관리가 필요하다. 그간 전력, 가스, 열 등 에너지원별 산발적인 수요관리로 인해 국가적 관점에서 통합적 수요관리를 하는 데는 한계가 있었다. 따라서 전체 에너지원을 대상으로 에너지믹스를 고려한 통합적인 에너지 수요관리 정책이 필요하다.

3. 에너지의 안전

먼저 에너지 안전에 대해 전망해보자. 첫째, 원자력 안전규제가 강화될 것으로 전망된다. 방사성폐기물 보관 및 처리, 원자력발전소 운영 및 관리, 의료용·산업용 방사선기기 활용 등에서 원자력 안전에 대한 관심이 증가할 것이다. 둘째, 원자력발전소 해체시장에 대한 관심이 증가할 것이다. 초기에 건설한 원자력발전소의 교체주기가 도래함에 따라 원자력발전소의 해체시장이 각광받을 것으로 전망된다. 셋째, 중국, 인도 등의 개발도상국에서 전기수요가 급증함에 따라 이들 국가를 중심으로 전지구적인 원자력에너지의 비중은 증가할 것으로 예상된다.

다음으로 에너지 안전의 향후 과제를 보자. 첫째, 원자력에너지의 안전성 확보를 들 수 있다. 원자력에너지의 안전성은 크게 발전시설의 안전성, 폐기물보관관리의 안전성을 들 수 있다. 최근 후쿠시마사태에서 볼 수 있듯이 발전시절에 대한 자연재해, 인위적 충격 등으로부터 안전성을 확보하기 위한 노력이 필요하다. 둘째, 원자력 해체에 대한 관심이 필요하다. 향후 원자력 해체 시장이 신성장산업으로 부상할 것으로 전망된다. 따라서 해체기술에 대한 R&D를 통해 경쟁력을 확보하고 적극적인 해외시장 개척이 있어야 한다. 셋째, 원자력안전을 둘러싼 사회적 갈등을 해소해야 한다. 원자력발전소 및 폐기물저장소의 입지를 둘러싸고 막대한 사회적 갈등 비용이 발생하기도 한다. 이에 원자력발전의 안전성을 강화하고 지속적인 이미지 제고활동을 통해 원자력안전을 둘러싼 사회적 갈등을 최소화해야 한다.

Ⅲ. 녹색경제

1. 녹색산업

먼저 녹색산업에 대해 전망해보자. 첫째, 향후 녹색산업의 영역이 점점 확대되고, 녹색산업의 성장을 위한 국제적 협력과 경쟁이 가속화될 것으로 전망된다. 따라서 경쟁우위를 확보하기 위하여 기술개발을 비롯한 다양한 노력이 필요하다. 특히 신재생에너지, 물산업, 그린카산업 등에 대한 시장은 타 산업에 비하여 크게 증가될 것으로 보이는 바, 성장가능성이 높은 산업을 중심으로 한 기술개발이나 사업화 전략이 필요하다.

둘째, 우리나라는 세계 10대 에너지 소비국으로서 온실가스 감축에 대한 국제적 규제가 강화될 것으로 보이는 바, 이는 녹색산업의 지속적 성장에 대한 기회로 작용할 것이다.

셋째, 녹색산업의 성장을 통한 일자리 창출의 선순환 구조 구축을 위한 노력이 전개될 전망이다. 따라서 녹색전문인력을 양성하기 위한 다양한 사업이 추진되고, 원활한 인력수급을 위한 녹색일자리 정보체계 구축 등이 강화될 것으로 보인다.

다음으로 녹색산업의 향후 과제를 보자. 우선 국가적 차원의 과제로는 기초연구의 지속적 발전을 위한 지원체계 구축을 들 수 있다. 이를 위해서는 녹색기술에 대한 정부의 기초연구 지원 비중을 확대해야 한다. 그리고 부처별·산업별 맞춤형 전략 마련 및 범부처 차원의 연계 및 협력을 통한 녹색기술의 연구개발사업 추진이 필요하다.

다음으로 지역적 차원의 과제는 기존 산업군의 오염물질 배출여부 확인 및 대응전략 수립이다. 이를 위해서는 특정범위에서의 환경오염 총량 및 환경오염 저감시설 설치 등이 요구된다. 그리고 지역차원의 생태에너지 발전전략 구상 등의 장기적 발전전략 수립과 탄소시장에 대한 관심과 대응이 요구된다.

마지막으로 기능적 차원의 과제는 첫째, 기술 혁신역량 강화이다. 녹색산업에 대한 중장기 단계별 기술 및 투자로드맵을 수립하여 기술개발과 제품상용화 투자가 연계되어 이루어질 수 있도록 전략을 마련해야 한다. 둘째, 스트림간·이업종간 상생협력 촉진이 필요하다. 중장기 국가기술개발과제 선정에 소재-부품-모듈-완제품으로 이어지는 스트림간·이업종간 협력과제가 우선 선정될 수 있도록 기술과제 선정방식을 개선해야 한다. 셋째, 중소 부품소재기업의 육성이 필요하다. 중소기업 R&D 지원효율화 및 혁신형 중소기업을 집중적으로 지원해야 한다. 넷째, 국제협력 강화가 필요하다. 녹색기술과 녹색산업의 육성을 위해서는 자체 기술개발도 중요하지만 선진국과의 기술협력을 통한 원천기술확보 전략이 시간 및 투자면에서 효율적일 수 있다. 다섯째, 수출산업화를 위한 해외시장 개척 지원이다. 녹색제품의 수출마케팅지원을 위해 녹색제품 전문국제전시회를 개최하여 홍보·마케팅력을 강화해야 한다.

2. 녹색기술

먼저 녹색기술에 대해 전망해보자. 첫째, 녹색기술은 정보통신기술 이후 가장 유망한 기술로 각광받고 있다. 녹색기술은 환경위기 및 자원위기에서 벗어날 수 있는 대안으로 부상하고 있다. 태양광과 같은 재생에너지기술, 이산화탄소 포집 및 저장(carbon capture & storage: CCS)기술은 기후변화대응에서 핵심적 역할을 수행하는 녹색성장의 원동력으로 부상하고 있다. 우리나라를 비롯하여 세계 각국의 정부도 녹색기술개발을 우선과제로 추진하고 있다(조환익, 2009). 둘째, 녹색기술의 융합 및 복합화가 지속적으로 전개될 것으로 전망된다. 즉 전통적인 녹색기술이 IT, NT, BT 등과의 융합 및 복합화되는 추세가 가속화될 것이다. 셋째, 분야별 시장규모에 대한 전망을 보면, 스마트그리드, 에너지저장, LED조명, 그린카, 이산화탄소 포집 및 저장 등의 부문에서 시장규모가 크게 확대될 것으로 전망된다.

다음으로 녹색기술의 향후 과제를 보자. 선진국 수준의 녹색기술을 확보하기 위해서는 기술개발에 대한 투자 외에도 다양한 분야의 노력이 필요하다. 첫째, 민간의 수요를 파악하고 이를 반영해야 한다. 기술육성정책의 수립에 있어 민간

분야의 수요를 보다 폭 넓게 진단하고 이를 반영하는 것이 필요하다. 둘째, 효율적인 연구개발체계를 구축해야 한다. 민간기업은 확보된 기술을 바탕으로 하는 응용연구 위주로 개발하고, 기초 및 원천연구는 대학과 연구기관에서 주도하는 역할분담이 필요하다. 셋째, 에너지, 자원, 환경기술의 균형을 유도해야 한다. 녹색기술이 주로 에너지기술에 치중되어 왔는 바, 녹색성장사회를 구현하기 위해서는 에너지관련 기술 이외에 자원활용과 환경기술에 대한 관심과 정책의 우선순위화도 필요하다. 넷째, 국가차원의 녹색기술에 대한 분류체계를 정립해야 한다. 다섯째, 녹색기술과 관련된 투자의 확대가 필요하다. 녹색기술의 개발과 활용에 대한 효율성을 제고하기 위해서는 신규사업에 대한 투자도 중요하지만, 기존사업에 대한 투자확대도 필요한 분야임을 명심해야 할 것이다.

3. 녹색기업

먼저 녹색기업에 대해 전망해보자. 온실가스배출량의 절반이상은 산업부문에서 배출되므로 기업의 참여는 필수적이라 할 수 있다. 첫째, 녹색성장정책에 부응하여 노력하는 녹색기업은 점차 증가할 것이다. 둘째, 기후변화에 대응하기 위한 국제사회의 관련 규제는 더욱 강화될 것으로 예상된다. 따라서 녹색기업은 적극적인 녹색기술의 개발을 통해 녹색산업을 선도하여 관련 시장을 선점함으로써 기업의 영속성 유지와 성장잠재력을 높일 수 있을 것으로 전망된다.

다음으로 국내의 기업들이 녹색기업으로 변화되고 성장하기 위해서 해결해야 할 과제를 보자. 첫째, 녹색경영에 대한 마인드 제고이다. 기업경영에서 환경과 녹색에 대한 위상을 재정립하고 사업구조, 조직문화, 경영체제전반 등에서 종합적인 접근을 해야 한다. 둘째, 녹색기업은 온실가스와 폐기물 감축활동 전개, 기술개발 및 공정 개선, 친환경 제품개발 등을 통해 오염물질 배출량 감소, 친환경 기술경쟁력 확보 등을 적극 추진해야 한다. 셋째, 기업의 저탄소 경영활동에 대한 정부의 지속적인 지원과 시민단체·국민들의 감시와 관심 및 모니터링이 필요하다.

Ⅳ. 녹색실천

1. 녹색생활

먼저 녹색생활에 대해 전망해보자. 저탄소 친환경생활운동과 같은 녹색생활은 개인차원의 선택문제가 아니라 반드시 참여해야만 하는 당면과제라고 할 수 있다. 녹색생활이 가져올 몇 가지 주요한 변화를 살펴보면 첫째, 국민들은 녹색소비자로서 녹색제품의 선호도가 높아짐에 따라 녹색제품이 확대될 것이다. 둘째, 그리노믹스의 확산이 보편화 될 것이다. 셋째, 스마트워크는 정부, 민간기업 등으로 더욱 확대될 것으로 예상된다.

다음으로 녹색생활의 향후 과제를 보자. 녹색생활의 성공적인 안착을 위해서는 국민의 실천적인 참여와 지속적인 캠페인이 필요하다(환경부 외, 2011). 첫째, 녹색생활의 실천을 유도하기 위한 인센티브의 확대가 필요하다. 둘째, 녹색소비의 확산을 위한 정보제공을 확대해야 한다. 셋째, 녹색생활이 안착되도록 대국민 캠페인의 지속적인 전개가 필요하다. 저탄소 친환경생활운동과 같은 캠페인을 지속적으로 전개하고 확대하여야 한다.

2. 녹색 NGO

먼저 녹색 NGO에 대해 전망해보자. 녹색 NGO의 역할과 영향력은 저탄소 녹색성장 사회에서도 확대될 것으로 예상되는데 그 이유는 다음과 같다. 첫째, 녹색성장의 구현을 위해서는 정부·기업·국민의 공동 노력이 요구되는데 녹색 NGO를 상호협력의 대상으로 인식하여 정부의 부족한 힘을 녹색 NGO가 해결할 수 있는 메커니즘으로 나타나게 될 것이다. 둘째, 녹색 NGO는 환경윤리의 형성과 확산에 기여할 것이며, 환경문제와 관련된 지역이기주의·집단이기주의·개인이기주의 등의 문제도 상당부분 해소할 것이다. 셋째, 녹색 NGO는 변화의 주역으로서 아래로부터의 협력적 사회변화를 추진해나갈 것으로 기대된다.

다음으로 녹색 NGO의 향후 과제를 보자. 녹색 NGO의 발전과 지속성을 위해서는 첫째, NGO본연의 내부역량 강화가 필요하다(김태환, 2008). NGO가 본연의 역할과 기능을 제대로 수행하기 위해서는 내부 문제의 해결이 우선되어야 한다. 둘째, 녹색 NGO의 활동역량 강화가 필요하다. 녹색 NGO는 환경과 경제의 조화를 이루는데 선도적인 민간의 역할을 수행하여야 한다. 셋째, 해외 환경 NGO와의 교류확대에 노력해야 한다. 세계화시대에 맞게 외국의 환경 NGO들과 교류하고 연대하여 세계시민의 입장에서 국내와 전 지구적인 환경문제 등에 대한 해결책을 모색하여야 할 것이다.

3. 녹색거버넌스

먼저 녹색거버넌스에 대해 전망해보자. 지구적 차원의 환경문제를 해결하기 위한 새로운 접근방식으로 대두된 녹색거버넌스는 국가의 역할과 영향력이 점점 약화되는 추세와 달리 그 중요성이 증대될 것으로 전망된다. 첫째, 국제적으로는 1992년 리우 회의의 의제21과 2002년 세계지속가능발전정상회의(World Summit on Sustainable Development: WSSD) 이행계획에서 강조된 건전한 거버넌스(good governance)가 지속가능발전 및 녹색성장을 달성하기 위한 과정과 수단으로서 점차 강조될 것이다.

둘째, 국내적으로는 1990년대 이후 민주화, 분권화, 삶의 질에 대한 수요 증가 등의 흐름과 맞물려 정부, 시민, 기업의 참여와 파트너십에 의한 거버넌스적 접근이 대안적인 문제 해결 기제로 부각되었고, 이는 향후에도 유지될 전망이다.

셋째, 지방자치단체 차원에서도 녹색거버넌스는 주민이 참여하는 단순한 형태에서 벗어나, 지방정부와 기업간의 협약을 통한 녹색활동을 실천하는 적극적 형태로 전개될 것으로 전망된다.

넷째, 거버넌스의 확대에 따라 거버넌스가 이전의 문제 해결 방식에 비해 어느 정도 효과적인지에 대한 관심도 증가할 것으로 보인다.

다음으로 녹색거버넌스의 활성화를 위한 과제를 보자. 첫째, 정책적 분야는 녹색사회자본의 확충이 선결과제이다. 정부와 국민, 정부와 시민단체, 국민과 국민간의 신뢰구축과 녹색인재네트워크 형성 등 사회적 자본을 확충하는 것이 필수적이다. 또한 녹색성장 추진체계를 구축하고 녹색성장정책에 대한 의사결정과정에 시민의 적극적인 참여를 보장해야 한다. 그리고 녹색거버넌스를 위해서는 각종 지원제도도 필요하다.

둘째, 행정적 분야에서는 저탄소 녹색성장업무추진 담당 중앙부처를 일원화할 필요가 있다. 또한 녹색성장 전담조직 신설에 따른 추가업무에 대응할 수 있도록 지자체 총 정원을 상향 조정할 필요가 있다. 그리고 녹색성장업무의 추진은 지방자치단체가 주축이 되고 기업, 주민, 시민단체, 유관기관 등이 협력하여 녹색성장에 대응하는 것이 바람직하다.

4. 녹색교육

먼저 녹색교육에 대해 전망해보자. 첫째, 녹색교육은 사회변화를 녹색성장의 기준에서 판단할 수 있는 사고력을 지니게 하며, 환경문제의 예방과 해결에 적극적으로 참여할 수 있는 시민양성에 기여할 것이다(김형국, 2011). 둘째, 녹색성장의 성패는 국민의 이해와 참여에 좌우되며, 교육의 중요성이 부각됨에 따라 학교환경교육과 사회환경교육은 더욱 확대될 것으로 전망된다. 셋째, 녹색교육은 환경교육이 지향하는 지속가능발전보다 실천성을 중요시함에 따라 다양한 체험프로그램과 실천운동이 발굴되고 활성화될 것으로 기대된다.

다음으로 녹색교육의 활성화를 위한 향후 과제를 보자(교육부; 녹색성장위원회 외, 2009). 첫째, 초·중등교육단계의 녹색교육 확대이다. 어릴 때부터 녹색생활을 습관화할 수 있도록 녹색교육의 비중을 확대하는 방향으로 나아가야 한다. 녹색교육 인력의 양성을 위해 녹색교육 연수를 강화하고 교육기관을 육성해야 한다. 둘째, 대학단계에서의 녹색교육 및 평생교육 강화이다. 그린캠퍼스 운동을 확대·추진해야 하고, 교육프로그램 개발과 체험프로그램 운영 등 대학의 지역서비스를 강화해야 한다. 또한 지자체, NGO와 녹색생활 확산을 위한 실천운동을 전개하는 등의 노력이 필요하다. 셋째, 녹색교육의 세계화 추진이다. 국제기구의 환경 및 녹색성장 관련 교육에 동참하고, 녹색교육에 대한 국제협력 및 공조체제를 구축하여야 한다.

V. 기후변화와 국제협력

1. 국제협약

먼저 기후변화와 국제협약에 대해 전망해보자. 첫째, 기후변화와 지구온난화라는 범지구적인 환경문제를 해결하기 위해서는 전 세계국가의 협력 등 국제협약은 필연적으로 요구된다. 둘째, 현재 온실가스 감축에 개발도상국의 참여를 요구하는 선진국과 국제사회에 대한 기술적·재정적 지원확대를 요구하는 개발도상국 사이의 상반된 이해관계는 구체적인 협약체결과 실천에 걸림돌이 될 것이다. 셋째, 지구온난화에 따른 온실가스배출규제, 환경규제는 그린보호주의, 탄소세, 벌과금부과 등 새로운 무역규제로 이어져 새로운 세계경제질서체계를 구축할 것으로 예측되며 국제협력은 향후에도 그다지 순탄하지 않을 것으로 전망된다.

다음으로 기후변화와 국제협약의 향후 과제를 보자. 첫째, 국제협약의 명확한 목표설정이다. 선진국, 개발도상국 공히 온실가스감축 등의 명확한 목표설정이 있어야 하며 특히 온실가스배출량이 많은 국가들은 보다 긴밀한 협력으로 지구온난화방지에 선도적인 역할을 하여야 한다. 둘째, 달성수단의 구체화이다. 국제협약의 이행을 지원하기 위하여 공동의 국제연구를 통해 불확실한 기존의 개념정립과 과학적이고 객관적인 자료와 논의가 필요하다. 무엇보다도 온실가스의 개념정립부터 요구되며 과학적 논의를 토대로 온실가스감축방안, 대체에너지 적응, 선진국의 환경관련기술의 과감한 개발도상국 이전과 개발도상국에 대한 재정지원의 수단을 구체화하는 것이 요구된다. 셋째, 피드백을 통한 이행의지의 강화이다. 온실가스감축 목표 대비 실행여부에 대하여 일관된 기준에 의한 평가가 이루어져야 하며 이를 토대로 실적이 미흡한 국가에 대한 제재가 필요하다. 즉 합리적인 피드백을 통한 검증으로 이행의지를 강화해야 한다. 국제협약에의 적극적인 참여는 에너지를 절감하고 신재생에너지 관련기술로 세계시장의 선도, 새로운 고용창출 등 개별 국가경제발전에도 도움이 된다는 인식의 전환이 요구된다.

2. 주요국가의 대응

먼저 기후변화와 주요 국가의 대응에 대해 전망해보자. 세계 각국은 지구온난화의 원인이 되는 온실가스 감축과 관련된 산업 및 기술에 대하여 선도적인 위치를 차지하려는 움직임이 증가할 것으로 전망된다.

첫째, 경제·사회 각 부문별로 탄소집약도(carbon intensity: CI)를 개선하고, 신재생에너지 등 기후친화산업을 국가적인 신성장동력으로 육성하려는 적극적인 노력이 치열해지고 있다. 둘째, 저탄소형 생활양식과 국민의식의 확산이 추진될 것이며 산업, 농업, 산림, 해양, 생태계 등 부문별로 감축 및 적응대책을 추진하고 산업화할 것으로 전망된다. 셋째, 온난화에 따른 기후변화 대처에서 국제사회에서의 입지를 강화하고 리드해가려는 움직임이 커질 것으로 전망되며 이를 활용한 새로운 경제질서를 구축하려는 국가들에 의해 그린라운드와 같은 세계경제질서의 새로운 패러다임 형성이 가속화될 것으로 전망된다.

다음으로 기후변화와 주요국가의 향후 대응과제를 보자. 세계 주요국가의 지구온난화에 따른 대응을 토대로 하여 우리나라도 국제사회의 일원으로 지구온난화에 따른 기후변화에 대처하기 위하여 다음과 같은 능동적이고 적극적인 대처가 필요하다.

첫째, 국가 온실가스 감축목표 설정에 따른 감축·적응노력이다. 우리나라는 온실가스를 2030년까지 배출전망치(BAU) 대비 37% 감축하기로 2015년 6월 국제사회에 공표하였다. 목표 달성을 위해서 산업·국토·교통·산림(탄소 흡수원)·생태계·농업 등 부문별로 실질적인 감축 및 적응노력을 선행함으로써 선도자(early mover)역할을 수행하여야 할 것이다. 둘째, 기후관련분야 산업화 전략 추진이다. 환경문제를 새로운 세계경제패러다임으로 형성하려는 움직임에 대하여, 기후관련 산업분야에 대하여 국가적인 차원에서 탄소포집·저장 등 신재생에너지관련 핵심기술을 개발하고 보급을 확대하는 지원을 하여야 한다. 또한 해외 CDM 추진 등 기후변화위기를 국가성장의 동력으로 활용하는 기회로 전환하도록 추진하여야 한다. 셋째, 국제협력분야의 활성화이다. 동아시아 기후 파트너십 등 개발도상국 기후변화대응 지원 사업 확대를 통한 기후산업의 해외 진출의 기반을 조성하고, 아시아·태평양 파트너십, 한·중·일 기후변화협의체 등 선진국과 차별화된 국제협력의 강화를 추진하여야 하겠다. 이를 통해 선진국과 개발도상국간의 가교 역할을 수행하여야 할 것이다.

3. 기후변화와 녹색성장의 국제개발협력

먼저 녹색성장과 국제개발협력에 대해 전망해보자. 첫째, 글로벌 시대에 국제사회의 공동 대응은 그 어느 때보다 중요해지고 있다. 국제개발협력도 이를 달성하기 위한 글로벌 공공재에 대한 투자로 인식되고 있으며, 개발도상국의 실질적 발전을 지원하는 통합적 협력에 초점을 둔 개발 이슈로 범위가 확대되어 나가고 있다(이련주, 2010). 둘째, UN, OECD 등 국제사회에서는 원조규모의 확대(more aid), 원조효과성 제고(better aid), 글로벌 원조체제(aid architecture)의 변화에 큰 관심을 가지게 되었다. 즉 원조규모를 늘리고 공여국과 수원국의 파트너십을 통해 원조의 효과성을 높이며, 다양한 원조주체들간 분절화 방지를 위해 조화와 협력이 추구될 전망이다. 셋째, 녹색성장 국제개발협력은 현재 새천년개발목표(MDGs)의 종료 및 평가, 국제사회 내 Post-2015 개발의제 논의 심화, 지속가능발전목표(SDGs)의 수립 및 시행 등 그 어느 분야의 국제개발협력보다 더욱 많은 관심을 받고 있다. 녹색성장에 대한 국제사회의 인식과 공감대가 현재 우리나라에서 추진중인 녹색성장 5개년계획, 국제개발협력 강화 등과 맞물려 돌아가게 될 것이다. 이에 따라 우리나라의 녹색성장 국제협력개발의 양적·질적 확대는 불가피할 것으로 전망된다.

다음으로 녹색성장과 국제개발협력의 향후 과제를 보자. 첫째, 범국민 인지도와 지지도의 제고이다. 국제개발협력 및 공적개발원조에 대한 일반 국민들의 인지도나 지지도가 결코 높지 않은 수준이다. 국제개발협력은 국가 이미지 형성에 매우 중요한 영향을 미친다. 따라서 우리나라도 국제개발협력에 적극적인 관심을 가져야 한다. 이를 위해서는 국제개발협력에 대한 홍보 확대도 중요하겠으나, 무엇보다 관련 사업에 대한 국민들의 직접참여 분위기를 조장하고 기회를 대폭 확충함으로써 범국민 인지도와 지지도의 획기적인 제고를 도모해 나갈 필요가 있을 것이다. 둘째, 민·관 협력관계의 강화이다. 국제개발협력에 있어 민관협력

(public-private partnership: PPP)은 개발도상국의 개발을 목표로 한 사업을 추진함에 있어 민간재원과 공적개발원조가 동시에 투입되는 것으로 대단히 중요하다. 따라서 NGO, 연구기관, 재단, 대학, 민간기업 등 다양한 민간 주체들과의 파트너십을 구축하고 민간의 참여를 보다 활성화함으로써 국제개발협력의 인적·물적·지적 재원을 확충해 나가는 동시에 사업결과에 대한 효과성을 확보해 나갈 수 있다. 셋째, 원조의 투명성 제고이다. 투명성 제고는 공여국의 원조예산 집행의 효율화 및 원조정책의 선진화에 도움이 될 뿐 아니라, 개발현장에서 수원국의 원조 예측성을 제고함으로써 효과적인 개발협력을 가능하게 한다.

Inc. Series of Korea Research Institute for Regional Balanced Development

Climate Change and Green Growth

Seong Keun Lee, Sungjo Ahn, Sanggon Kim
Jongsoo Kim, Sunghwan Park, Kwanguk Ro

Appendixes : Preface and Contents

Preface

The Earth is mainly composed of the pedosphere, hydrosphere, atmosphere and the biosphere. They are the dynamic system exchanging energies and are changing consistently. Over recent years the earth's environment has changed dramatically. You can easily find that earthquakes, volcanic activities, climate change and global warming occurred and biodiversity is quickly being destroyed all over world. The reason is a rapid growth in world population and an indiscriminate destruction of the environment by carbon emission due to economic growth. Green Growth has emerged as the major counterstrategy for dealing with climate change and global warming. Green Growth means the balanced development between the economy and the environment.

How can we make the environment of the planet sustainable and promote its economic growth at the same time? We attempt to find the answer in green growth which categorically covers green energy, green economy, green living and cooperation of the international community. Firstly, green energy is an important and effective stand against climate change and global warming. Green energy consists of supplying new renewable, management of demand, and safety of energy. Secondly, the establishment of a green economic system is needed. In order to promote green industry technical progress has to be encouraged with the creation of a green company. Thirdly, we also need to implement policies that promotes a greener society. Green living, green NGOs, green governance and green education should be encouraged. Lastly, the cooperation of the international community should be demanded in order to tackle climate change and global warming. In an attempt to cope with climate change and the environmental problems it brings, the international community establishes international agreement, national actions, international development and cooperation in various fields.

This book consists of 5 chapters. Chapter 1 deals with climate change and the basis of low carbon green growth. Chapter 2 covers green growth and energy management. Chapter 3 addresses the issue of low carbon green growth and the establishment of a green economic system. Chapter 4 deals with low carbon green growth and the creation of a green society. Chapter 5 talks about climate change and cooperation and the action of the international community. In conclusion demonstrates climate change and the prospects and tasks of low carbon green growth.

Why do we learn, fulfill and diffused policies that mitigate climate change and promotes green growth? Firstly, it's a matter of universal value formation related to the changing of the earth's environment. Secondly, the international community expects to apply green knowledge to effectively address the issue of climate change and global warming and therefore create a green growth society. Thirdly, the academic community needs to take the initiative in leading people in the responsibility that is required in a green growth society. Fourthly, this can be achieved through green growth and green governance promoted by governments, private organizations and individuals. Finally, the cooperation of the international community by cultivating people of talent who are interested in addressing the issues necessary for a greener society. In conclusion, the ultimate goal of this book is to expand the understanding of climate change and green growth as well as report on the environmental changes necessary to motivate people to take action.

I split the Green Growth and Regional Management that I wrote into 2 volumes since the book was extensive. The first one is a general theory of climate change and green growth, and the other is green management. Also, I added parts of green energy and the economy that addresses the issue of climate change by introducing green growth policies. Contents of international agreements and actions between leading countries to achieve low carbon green growth through international development and cooperation in addressing climate change through the cooperation and actions of international community was also added. In addition, the prospects and tasks of climate change and low carbon green growth were included in the conclusion. I edited in tips and references related to the main ideas and issues in every chapter of this book.

Seong Keun Lee was in charge of the basic of climate change and green growth, the international development and cooperation with green growth prospects and tasks; Suonghwan Park covered the basics of management of low carbon green growth, green governance and international development and cooperation; Kwanguk Ro was in charge of contents of climate change and international agreement and actions of leading countries; Sanggon Kim wrote about green economy; Jongsoo Kim dealt with the practice of green society; Sungjo Ahn took a role in the field of energy.

I assume that the readers of this book will be diverse. The prospective readers can be undergraduates or graduate students majoring in Global Development, Regional Development, Urban & Regional Planning, Political Science, Public Administration, Business Administraion, Ecology, Civil Engineering, Architecture, Forestry and Landscape Architecture. Also, they include researchers, officials in this field, CEOs in companies and non-governmental organizations.

The writers drew on many researcher's studies of climate change, low-carbon green growth as well as reports and books written by Korean scientists. We appreciate everything they offered.

Seong Keun Lee, the representative writer, and Dr. Sungjo Ahn from Daegu Gyeongbuk Development Institute enthusiastically devoted themselves to publishing this book as a member of the editing staff. Also, Jungyo Seo, a graduate student specializing in Regional Development and Welfare Administration at Yeungnam University participated in the editing and writing of this book.

Thanks you Rep. Hyonsun Bae of Beopmunsa for publishing it and Jin Young Kim for editing and revising.

There might be minor errors or imperfections in spite of their devotion. I promise that I will provide a book of good quality by collecting your opinions and criticisms.

Representative Writer, Seong Keun Lee

Contents

국문색인

ㅈ

영문색인

인명

집필진 약력

■ **이성근 / 대표저자**
서울대학교 대학원 환경계획학과
(도시 및 지역계획학전공) 졸업
행정학박사
영남대학교 정치행정대학
지역 및 복지행정학과 / 새마을국제개발학과 교수
SKL2682@ynu.ac.kr

■ **안성조**
영남대학교 대학원 지역개발학과 졸업
행정학박사
대구경북연구원 부연구위원
ahnsj@dgi.re.kr

■ **김상곤**
영남대학교 대학원 지역개발학과 졸업
행정학박사
경북테크노파크 기업지원팀장
royal@gbtp.or.kr

■ **김종수**
영남대학교 대학원 지역개발학과 졸업
행정학박사
(주)제일감정평가법인 이사
kjosoo@hanmail.net

■ **박성환**
영남대학교 대학원 지역개발학과 졸업
행정학박사
전 울산광역시 행정부시장 / 전 전국시도지사
협의회 사무총장
shwanpark@hanmail.net

■ **노광욱**
일본 코베대학 대학원 경제학연구과 수료
경제학박사
(사)지역개발연구원장
rokuk@hanmail.net

기후변화와 녹색성장

2016년 2월 20일 초판 인쇄
2016년 2월 25일 초판 1쇄 발행

저 자 이 성 근 외 5 인
발행인 배 효 선
발행처 도서출판 法 文 社
주 소 10881 경기도 파주시 회동길 37-29
등 록 1957년 12월 12일/제2-76호(윤)
전 화 (031)955-6500~6 FAX (031)955-6525
E-mail (영업) bms@bobmunsa.co.kr
(편집) edit66@bobmunsa.co.kr
홈페이지 http://www.bobmunsa.co.kr
조판 법 문 사 전 산 실

정가 27,000원 ISBN 978-89-18-12284-7